eye.
守望者
——
到灯塔去

同济大学"欧洲研究"一流学科建设项目
"欧洲思想文化与中欧文明交流互鉴"子项目资助课题

# 走向全球城市社会

陆兴华 著

城市哲学 2

南京大学出版社

图书在版编目(CIP)数据

走向全球城市社会：城市哲学. 2 / 陆兴华著. —
南京：南京大学出版社, 2024.10
ISBN 978-7-305-27439-8

Ⅰ.①走… Ⅱ.①陆… Ⅲ.①城市－哲学－研究－中
国 Ⅳ.①B

中国国家版本馆 CIP 数据核字(2023)第 233358 号

| 出版发行 | 南京大学出版社 | | |
|---|---|---|---|
| 社 址 | 南京市汉口路 22 号 | 邮 编 | 210093 |

ZOUXIANG QUANQIU CHENGSHI SHEHUI: CHENGSHI ZHEXUE ER
书　　名　**走向全球城市社会：城市哲学 2**
著　　者　陆兴华
责任编辑　章昕颖

照　　排　南京紫藤制版印务中心
印　　刷　江苏凤凰通达印刷有限公司
开　　本　880 mm×1230 mm　1/32　印张 15.875　字数 406 千
版　　次　2024 年 10 月第 1 版　2024 年 10 月第 1 次印刷
ISBN　978-7-305-27439-8
定　　价　98.00 元

网　　址　http://www.njupco.com
官方微博　http://weibo.com/njupco
官方微信　njupress
销售咨询　(025)83594756

＊版权所有，侵权必究
＊凡购买南大版图书，如有印装质量问题，请与所购
　图书销售部门联系调换

《周礼》对理想城市做了规定：长方形，每边长九里，四边各有三扇门。

——段义孚

城市须由以下三者占据：生产性劳动、作品和节日。

——亨利·列斐伏尔

一点都不长根和须的阿姆斯特丹，却是一座根茎城市，被各种运河外牵，里面的各种生活设施，都与各种疯狂、商业式战争机器连接。

——吉尔·德勒兹和费利克斯·瓜塔里

手机时代，城市已经是可穿戴设备。

——本杰明·布拉顿

如果手机和平台减少了城市住民的思想的可能性，那城市怎么才会有智能呢？难道城市不要市民，自己就智能得起来的吗？

——贝尔纳·斯蒂格勒

# 目 录

前　言 ·················································· i

第一章　城市是"写"出来的 ························· 001
第二章　城市空间、斗争与作品 ····················· 121
第三章　行走在街道上 ······························· 243
第四章　城市与电影 ·································· 275
第五章　全球城市化之中国化 ······················· 325
第六章　向生物圈敞开的城市 ······················· 393

后　记　从智慧城市走向开放的智能城市 ·············· 471

# 前　言

开始于1848年，在1945年后声势浩大的全球城市化，走向了城市的全行星化，过去四十多年的中国城市化，是其中最浓重的一笔。本书作者曾被生猛地搅拌其中，甚至也是其产物。亲爱的读者们，也是一边被这一全球城市化过程摔打，一边翻读着本书。作为资本积累和运动的不可阻挡的后果，这一席卷全行星的城市化，像一处堆肥，你我身处其中，正被发酵着，不知自己将如何变形。

被发酵，被蒸馏，被罐装，被快递，被内卷，是被卷入全球城市化中的每一个人的命运。在这过程中，空间被生产，人则被当作这种生产所需的资料、能源被再生产。城市成了一座工厂，它通过生产和再生产人的日常生活来抽取利润，以便维系和加速资本的全球流动。难怪人们都难堪地遇到了这样的情境：城市建好了，可是，到哪里去找安身之地和日常生活呢？甚至，哪里有人口来填充这些造好的城市呢？

列斐伏尔在《城市革命》中推断，这种全行星范围内的城市化，正在将所有的城市和社会都拽入一个正在到来的全球城市社会的轨道。当前，城市社会虽未实现，但人们已事先身在其虚拟空间内。当前的城市生活已以全球城市社会的到来为前提，并将在未来的社会实践和日常生活中实现。人们提前过着全球城市社会的生活,像艺术家围着她将要完成的作品那样,围着手中正制作的全行星城市的规划图,想对它做理想的定型,并进一步敲定它。

身处如火如荼的城市化进程中的人们,还是不由得要这样问:当前这不可阻挡的一切,在以水泥、钢筋、光纤和手机屏幕为形式铺排到大地上之前,是如何一点点地被酝酿,最终铺展到这个星球的地表的?它后面到底有什么样的力量在策动?为什么这铺天盖地涌现的一切没经多少铺垫,就顷刻发生在这颗行星的表面,将高铁、支付宝和美团这些看上去很亮丽、很科幻的种种"客观精神",呈现在当代中国的大地上?这一如此巨大的前冲力,以前是如何积储起来的呢?

本书尝试从城市哲学的角度去回答上述问题,并进一步深思以下问题:

(1) 对于今天已处于城市云计算平台上的人们而言,"城市"到底是什么?

(2) 如何从今天的城市云计算平台的角度,去重新理解过去所有时代的人类城市实践?具体来说,从今天的中国城市化回看人类过去的全部城市实践,也就是中国城市化前传,应该怎样来被书写?

我们看到,芒福德(Lewis Mumford)从文明史角度追溯了整个人类城市史,得出的是一个相当悲观、灾难性的结论:背后那架巨型机器通过计算机来操控人类,破坏城市环境,人类最终走向以原子弹爆炸或全球变暖为标志的自我毁灭。而城市背后的深层结构，他认为就是那架带我们走向毁灭的深渊的可怕的巨型机器。布拉顿则将全球城市化后面的云计算平台、控制论大机器，称作堆栈（the Stack），城市的历史和未来都被认为是堆叠在这架控制论机器之中的。他乐观地认为，今天的城市必然建立在这一基础结构上，这必然成为新的主权风景，已经没有其他的背景可供选择。城市也许得快点消亡，这样就可以让能够综合感应的全行星计算平台或堆栈成为身处气候危机和生态自动化中的人的最终可依赖的平台。

本书则认为，中国过去四十多年的城市化，这种社会主义经济体制里的城市化，也为我们理解城市到底是什么和城市这一人类生存格式将往哪一方向进化，提供了全新的认知框架。因而，我们有可能重新思考西方人所说的城市和城市化的历史，并将当代中国的城市化放进人类过去 2500 年的总体城市实践之中，在此基础上探寻中国城市化的未来和人类城市的未来。因为，正如列斐伏尔所说，城市没有历史，只有未来。中国城市化将一个超乎想象的未来突然预支给我们。愕然之余，我们必须定神思考一下：这一以钢筋、水泥、光缆和传感器为代表，已经被实现的不曾预料的全球城市化，之前到底是怎么一点点积储起来的？也可由此回头推算是怎样的一系列事件的发生，才促成了今天的这一成果。这就是本书所要写的。

中国城市化的内在性平面连接着全球资本主义的内在性平面。它被放入世界历史和世界市场，却从中国城市化实践角度被从头讲述。这一讲述重新组装了人类城市的经验、实践、语法和思想，为找到一种算法时代的新的城市哲学，做出了观念上的铺垫。

本书主要用技术哲学的眼光来追溯这一 2500 年的城市实

践。斯蒂格勒的技术哲学，尤其是其关于集体体外化的理论，在本书中担当了重任。基于这一方法论眼光，本书分别从2021年的当代中国城市化和过去2500年的城市实践出发，通过厘清城市与技术的关系，从头来回答下面这一对问题：

从技术层面上讲，城市到底是什么？
或者说，城市对于一个技术生命而言，到底是什么？

针对这一对问题，本书如此回答：城市是一个集体体外化过程，是一条需要被领航的大船。我们必须探问：今天的城市云计算平台从技术层面上说，对我们到底意味着什么？它是不是城市的新本体，是不是未来城市的种子？而且，回答"什么是城市"这一问题，也应将今天技术状态下的城市的实存之（技术）本体［比如海德格尔说的（技术座架）］，将《人类世与平台城市：城市哲学1》中所说的那个云计算平台城市或堆栈，考虑在内。我们必须在每一步上都问自己：未来，在新的技术条件下，城市会不会有新的构型和本体？如果有，那么是不是说，"城市到底是什么？"这一问题，也只有在未来的具体技术场景中才能被回答？城市是什么，仍将由未来的技术条件来定夺？

斯蒂格勒的技术哲学向我们强调，技术是最新的书写形式，而城市是每一个时代的新技术式书写的结果。这就是说，今天，计算机之间搭出的云计算平台的"打印"和"扫描"，这一在人们的手机界面上被天天升级、人们也被动参与其中的写、读，出现在手机屏幕这一最新的技术界面上的书写和被书写，正在使城市天天代谢、进化，不断变形。这一平台化身为阿里云、美团和拼多多，同时"扫描"和"打印"着人们身处的城市，甚至"扫描"和

"打印"着人们。它使城市成了手机可以调度的一个道具室,而我们也成为其中的配角。

斯蒂格勒的技术哲学眼光还使我们看清这样一种城市现实:外卖平台的快递员的骑行线路,正在重新"打印"出街道网格;外卖平台后面的平台机器,则又重新"扫描"着城市网格和每一个住民的消费、交通行动踪迹背后的元数据,并用后者去训练出更好的算法,来进一步捕捉城市中的人们的踪迹,以便更好地营销,从人们身上盈利。本书认为,从当代城市的这一云现实出发,人们反而可以很快地回溯东西方城市的起源,以技术哲学和城市哲学的眼光,去重讲城市这一人类聚集地的历史,去展望城市在云平台上、在技术-生物圈内的未来。

借用斯蒂格勒的技术哲学之眼光,我们还可以这样说:城市的源头不在西方,不在东方,不在过去,而在未来。本书聚焦的中国城市化过程,将要重新编目城市这一人类冒险的前世今生,让我们看清全球城市化的前路。这是要编目过去2500年的人类城市实践;从当前平台的角度出发,用城市哲学这种形式讲出来。因为,只有从今天的城市实践出发,才能讲得清我们眼前的这一城市现实的来龙去脉,才能参悟中国城市化对我们而言是一种怎样的集体命运,才能理解正经历城市化的人应该在生物圈中寻求怎样的一种命运。

本书第一章从讨论斯蒂格勒技术哲学中的"写与说的对冲构成了城市"这一点出发,努力打通当代的平台式城市与个人独治下的古雅典,将当代中国城市化的故事,放入人类城市的总体发展史中。那么,古雅典与平台式城市,这两者在本书中到底是如何被接通的呢?这正是本书的一个预设:先假设已有的关于历代城市实践的记载和讨论都被搅拌到了今天的城市话语之大数据中,再从这一大数据出发,倒过来看看发生在今天的中国的城市化,在被平台化之前,曾经是什么模样；又是什么使中国城市化仅仅四十余年里突然就狂飙突进。

第二章就顺着这一眼光，基于亨利·列斐伏尔的城市哲学，去分析西方城市化的核心——城市空间商品化——的深层语法；去描述抽象空间背后的那一套统治逻辑，是如何成为全球资本主义发展的关键，成为今天统摄城市全球化过程的网架，又如何在国内、国际层面上，在货币资本的力量和国家政治的控制下，继续操纵着全球其他地区的城市化过程。根据列斐伏尔的说法，这一抽象空间

>既是货币的力量和国家的政治，也是国内和国际两个层面的商业世界的反映。它依赖一张由银行、生意，和大生产中心构成的广大网络。高速公路、机场和信息网络从外向内地干预着它。在这一抽象空间之内，资本积累的摇篮、财富之地、历史的主体、历史空间的中心，也就是城市，被引爆了。[1]

从今天的全行星范围内的城市化过程这一角度看，我们原来所指的历史性城市（也就是由线性书写来阐释图像的时代里的城市），已在全球资本主义抽象空间中一个个内爆。我们必须用自己的身体实践加上社会实践，去重新聚合它们，最后形成一个城市社会或全行星城市社会或生物圈城市社会，后者也许还同时是一个后地理政治、后民族国家的生物圈内的全球城市社会。今天，我们必须认识到，就如列斐伏尔提醒我们的：

---

[1] Henri Lefebvre, *State, Space, World*, trans. by Gerald Moore, Minnesota University Press, 2009, pp.187-189.

作为整体的空间已进入了资本主义的现代化生产方式,被用来生产剩余价值。地面、地下、上空,甚至光和夜,都同时进入生产力和产品之中。通信和交换的多重网架,也成了生产手段的一部分。城市和它的各种装置(机场和火车站等),也是(固定)资本的一部分了。[1]

甚至我们通过手机留在云计算平台的个人元数据,也被平台公司挪作其固定资本。握着手机的每一个人,也都成了app们的固定资本或流动设备。在城市的资本主义抽象空间里,时间被抽空,住民的身体时间被当作必要劳动,像石油和煤炭那般被抽取,来为剩余价值的生产服务,后果可想而知。

这一抽象空间背后的统治逻辑是12世纪后全球资本主义原始积累的基本语法,是迄今西方全球城市化过程中运行的主要程序。但是,这一抽象空间也正越来越遭遇资本利润率递减法则的高墙,因为以抽象空间为语法来开展的空间生产

旨在对社会生产关系加以外生产,于是也就马上启动了同一性逻辑和重复性策略。但这一官僚空间与其自身的各种条件和它的各种后果相矛盾。当空间非要被占领,被控制,被弄得有利于再生产时,不久就会发现自己被那些非再生产的东西包围:自然、场地、本地、地区性、国家性,甚至世界性和全行星性的层面。基层群众的空间实践活动尽管不连续与多重,但不久就会转头回到前资本主义的空间中。它有时会提出一种反

---

1 Henri Lefebvre, *State, Space, World*, op. cit., p.78.

空间,后者会将由国家-官僚理性组织起来的所有空间引爆。[1]

这一统治全球资本主义市场的抽象空间,也正在被气候变化和全球云计算平台拖进全行星化空间,为一个全行星城市社会的到来做铺垫。新的城市革命意味着我们必须将自己从这一已被包围的抽象空间之中解放出来。

第三章从德·塞托(Michel de Certeau)街上行走的神学出发,来讨论城市是如何在个人在街上行走之中成为作品的,以此来进一步发展列斐伏尔"城市是个人的作品"这一伟大思想。《对城市的权利》(1967年)所说的"作品"的法语词根,也带有"打开"的意思。作品打开了人的本地,但它也需要我们从本地出发,去一次次重新打开它。这就是城市在我们手里的命运。那么,个人如何去打开城市,使它成为自己的作品呢?这一个叫作城市的作品能为个人打开什么?它又如何打开了城市中个人的本地?

第四章从街上行走能带给我们时间-图像,可以帮我们一次次重新排练出自己的城市这一角度,通过阐述城市与电影的关系,来进一步强调城市是个人排练出来的作品。对于在街上行走的个人而言,目前存留的城市只是旧道具间,正等待她通过在街上行走,由她的时间-图像的带动,去排练出她的新城市。这一章特别倚重德勒兹的电影思想,努力在新现实主义之后的电影实践里探寻城市中的时间-图像是如何形成,如何成为观众的新作品的种子的。电影与时间-图像这一条线贯穿全章,对法国导演雅克·里维特的电影作为城市中的排练,或在城市中排练城市,和日本导演小津安二郎将城市变成时间-图像,变成流淌的时间这两个案例,做了重点

---

[1] Henri Lefebvre, *State, Space, World*, op. cit., p.189.

分析。

第五章聚焦城市全球化的中国化阶段，来分析中国的城市化在城市全球化或城市的全行星化过程中扮演的角色。该章强调，在发生了"全球城市化的中国化"或"城市的中国化"的转折之后，中国的城市化将会重新定义城市、生物圈内的城市等人类栖居或幸存地的格式。而城市本来也就是一种由我们新的居住实践进一步定义的人类幸存方式。城市的中国化将是对于过往的全部人类城市实践的又一次总编目，也将是全球城市化过程中的一次再出发。

全球城市化到了其中国化阶段时已发生质变，更因遭遇气候危机和全行星空间内的云计算平台这两种新现实，而逼迫全体人类在当前节点上重新思考在生物圈内的城市化的新方向。因此，中国的城市化必然会成为全人类都关注的议题，因而它也须替全体人类做出在生物圈内幸存的榜样。而这将是一个将城市当成学习领土和Media Lab 的集体学习的过程。

第六章从生物圈内的城市的命运这一角度，来辩证地看待城市作为人类的最后留守地和作为生物圈内的新的出发点这一角色矛盾，并探讨我们应该对城市做什么和城市应该为我们做什么。斯蒂格勒对生物学家阿尔弗雷德·洛特卡（Alfred Lotka）提出的体外化理论做了当代发展，将城市看作一种集体体外化过程、一种集体体外化器官。这为我们讨论城市在生物圈内的命运做出了重要的指引。基于此，该章将生物圈内的城市当成人类共同寻求新文明的学习领土，当作培育贡献式经济的实验室和试验田。它强调了贡献式城市这一眼光：城市住民必须是贡献者，一个通过学习而不断进一步理解他与全行星空间的关系的城市住民。城市中的知识和工作被看作生物圈内的个人的两个奋斗目标。贡献式收入制度也被视为未来的生物圈内的城市经济的基础。而全行星城市社会被看作一个生物圈内新的地理政治、地理技术、地理经济的建设目标。该章还通过引入社会学家拉图尔、哲学家斯洛特戴克（Peter Sloterdijk）、全行星设计思想家布拉顿、生物学家马古利斯（Lynn Margulis）、人类学家罗安清（Anna Tsing）等人的相关论述，来多方面展现城市在生物圈内的命运。

诺贝尔文学奖得主、波兰作家托卡尔丘克说：今天的世界的大问题是，我们不仅对未来没有现成的叙事框架，就连对具体的当前，对极速转变中的世界，我们也没有叙事框架。只有无穷无尽的各种马斯克式的营销故事。斯蒂格勒给我们留下的教导是，我们必须依靠

- 贡献式研究的方法；
- 学习的实验室领土的各种试验。[1]

城市是我们的贡献式研究和贡献式经济的实验室、试验田。

当前的民族国家地理联盟实际上鼓励各国在国际层面互相竞争，在反熵斗争中虚与委蛇，凡事取短期眼光。这正是使全球人民感到政治无能，无法实事求是地面对全球问题的主要原因。为此，斯蒂格勒号召我们激活人类学家莫斯（Marcel Mauss）的"互联国"概念，去综合所有的民族国家本地，在全球所有层面上使本地之间互相打开，并基于互联国之内的一个个心智本地，去实验一种与熵斗争的经济，来整合人类体外化过程中的不可还原的药性层面。康德留给我们的关于全球主义的想象也不够用了。这同时要求我们动员年轻一代的学习者和研究者、经济投资者和公共机构，都去致力

---

[1] Bernard Stiegler et al., *Bifurquer*, LLL, 2020, p.221.

于贡献式研究和贡献式经济的领土实验,将城市变成一方各种新的人类幸存于上的实验室领土。

把一方城市领土变为实验室,这就是斯蒂格勒与他的蓬皮杜同事们在巴黎北郊所做的"平原公社"实验室领土项目。其实,这在中国也能被轻松实现,因为,这正是政府一直在召唤人们做的事。麻省理工学院的 Media Lab 的用意,也在于此。

在互联国的构架下,各个本地之间互相打开,这就不只是一种梦想。这是因为,人类生命是一种"被体外化地组织"的生命,是被联合国这样的"人工器官"所限定的组织,必须被一步步地打开。但是,在人类世,这些"人工器官"越来越显得不合法和不可信了,因为它们并没考虑到反熵的任务,正将人类带向死胡同。[1] 人的生命只有被机构化,才能生产出逆人类熵。因此,构成作为最复杂的有机体的互联国的各机构,才是共同的反熵事业的最终保证。但是,我们看到,今天的社交平台阻滞了各种机构的功能,不让真正的互联网和互联国到来。它本身成了一条虚假的道路。社交平台是一条灾难性的死胡同。它正像一条蛇那般缠着城市。

新城市革命与城市的数字化本可以合拍,如果后者带来一种与城市的贡献式经济在功能上相称的新的体面。但是,大数据的算法专政限制了城市的分枝的可能性。我们必须一方面持续地利用技术在城市功能上的药性作用;另一方面又构想和创造出有助于阐释、慎思和集体决策的逆人类熵的城市基础结构,来克服智慧城市的技术毒性,以及它所带来的城市住民的无产阶级化——后者的主要表现是住民失去了活、做、思的知识和能力。这要求城市投资和建设也必须转向本地知识和本地性,而不是以利润和增长为第一目

---

[1] Bernard Stiegler, *Bifurquer*, op. cit., p.223.

标，必须用贡献式城市平台，去对抗在功能上被强加的云计算平台所号称的在大公司与城市之间的各种"合作"模型，比如滴滴等平台与城市的合作模型。真正智慧的城市必须是智能城市，能打开新技术、工业和社会模式的可能性，跃过社会和技术关卡，发明出新的栖居方式、新的生活方式，为广大城市住民找到新的社会-技术栖居地。

在修改本书稿时，笔者已从读者对《人类世与平台城市：城市哲学 1》的批评中得到了很多滋养，笔者的回应已体现在本书表达的这些观念之中。《人类世与平台城市：城市哲学 1》是对笔者眼界内的城市哲学基本文献的梳理和评述，是要搭建出一个公共的讨论框架。本书则呈现了很个人的研究态度、眼光和立场，可能会与读者的价值观、哲学观有更多的碰撞。希望读者能理解作者想要在城市哲学这一系列文本中主动呈现出学术研究的对抗性和外交性这一苦衷，多多批评、论争，形成各自的学术立场和原则，以及自己的城市行动和策略。

最后要感谢同济大学"欧洲研究"一流学科建设项目对《人类世与平台城市：城市哲学 1》和本书的慷慨资助。感谢南京大学出版社对本人的城市哲学写作项目的支持。

陆兴华

2024 年 6 月 10 日

# 第一章
## 城市是"写"出来的

## 1　城市是"我们"

关于"我们"的故事,其实是从一座城市开始的,这座城市的名字叫"雅典"。今天的这个"我们"(The We),普遍主义眼中的这个"我们",我们如今最习惯于指认的这个"我们",这一过去500年的全球化中的主角,就是由雅典广场上开始的那一哲学思考所带来的,并且正以这种叫作"哲学"的方式,被继续往下排练。哲学一直是我们向自己问出并要到一个"我们",要到一个城市的手段。城市让我们有了哲学,而我们用哲学得到了那个"我们"。

这一哲学,也就是"我们"。

城市带给我们哲学,也是哲学使这个"我们"成了城市。是先有了城市,其广场上才诞生了哲学,才终于有了一个"我们"。而哲学是从这个行星上最古老的城市之一雅典——的广场上诞生的那种提问方式。它是苏格拉底的那种提问方式。苏格拉底用"什么是 X?"的提问方式,从冥界将哲学钩了出来,也将城市钩了出来。有了哲学,才有了今天能够这样来提问的这个"我们",您作为读者和本人作为本书作者,也仍身在其中,一次次重构着这个"我们"或城市。但在今天的云计算平台城市上,这个"我们"却越来越被分裂。城市正在变成一个云计算平台,我们到哪里去找自己的内在性平面,来栖居其中呢?城市正在成为平台城市。

这是《人类世与平台城市：城市哲学1》讨论的主题。

此时，我们都已开始怀疑今后还能不能再找回这一"我们"了。

而"我们"的源头，也就是雅典，从它所继承的"古代神话精神联合体"中脱胎而来，[1]最后才走向了我们今天所说的"人类世平台城市"这种格式。这一走向平台城市的过程，是由当时从埃及传入希腊的语音-拼写式书写技术最早催发并推动的，到今天才蔚为大观。雅典最初是从埃及那里学到了使用书写较正式图形第三存留（orth-graphic tertiary retention）的方式。[2] 而我们知道，书写是技术的源头，是被今天的云计算平台后面的算法所执行的那种技术的源头。从今天往回看，柏拉图当初正是通过书写，才能用形而上学将西方拉出悲剧时代，将其绑定到一个书写的时代上，这才有了后来的古腾堡革命、工业革命、文化工业时代、互联网革命和全球城市化，直到今天大数据云平台成为全球城市的基座，也就是堆栈。我们栖身的这个人类世全球平台城市，是其直接后果。[3]

正因为今天被并入全球云计算平台的城市就是这种书写技术的必然后果，所以，我们必须与它背后的控制论回路做斗争，实时实地地与它对练，去找到我们的未来，为这个叫作"城市"的人类集体幸存单位找到下一个停靠的码头。也不是第一次发生这样的事了。历史上，一次次地，最新的写的方式总导致恶果，

---

[1] Bernard Stiegler, *Nanjing Lectures: 2016 - 2019*, trans. by Daniel Ross, Open Humanities Press, 2020, pp.109-116.

[2] Ibid., p.119.

[3] Ibid., p.125.

需要一代代的"我们"用更新的写,去对冲、压倒新技术的毒果。而城市也只是克服了这样的最新的写的毒果后的状态,是治疗这种用新的写去对冲和压倒旧的写时所引起的病的结果。可以说,今天的城市已是阿里云、美团及其快递系统扫描和打印出来的,未来城市也将是我们吸纳了这种最新的写的毒果之后,通过治疗,然后发明出新的书写之后的结果。在城市发展的每一刻,我们总需用一种新的写,去压倒正在使我们中毒的那种写,用新的说去对冲、压倒当前的这一种写,才能形成新的城市,走向一个由新的"我们"形成的城市。

法国哲学家贝尔纳·斯蒂格勒提醒我们,只有在新的说主导、压倒了写这一状态下,才会有城市;只有用最新的技术,使一切都可被文字化,使新知识在全民面前都可被不断解释,可被连续辩论、讨论和争论时,才会形成新的城市。[1] 我们只能从写到说、再从说到写地从旧的城市走进新的城市,而不只是在旧城里更新和改造。城市是在我们用新的说压倒了旧有的写的状态之后一次次重新冒出来的。我们只能这样一次次走入新的城市之中了。

今天的城市正承受着这种由最新的数码式书写技术所带来的后果。从模拟技术转向数码技术这一过程,已对城市造成重大冲击。沿着上文的逻辑,如果我们不能够用今天的新的说,去压倒云计算平台对城市中的我们的数码式的写,那么,明天的城市将是一个摆脱了人的理性之掣肘的疯狂、非人的平台城市、智慧

---

[1] Bernard Stiegler, *Nanjing Lectures*, op. cit., p.169.

城市、自动城市。[1] 一方面，今天的城市已具有了巨型机器的平台性；另一方面，它也将不得不成为生物圈内的城市，受气候危机威胁的人类也将不得不走进生物圈内的新的集体幸存通道。城市正同时在全球化过程中和生物圈内失界，身在其中的我们应作何打算？

当前，手机平台正捕捉着我们自己的活、做、思的元数据，帮助平台公司形成更强大的数据库，将它用在机器学习和深度学习中去训练计算机；并从这一大数据中培育、升级出新算法，来更好地捕捉我们用户。云计算平台通过美团和拼多多的配送线路，不断打印出一层层新的城市网格。在这个被时时扫描和打印着的平台城市中，居住者的每一个行动踪迹，都成为新的个人元数据，被转交给城市的控制论式平台机器。[2] 这使得城市这架巨大

---

[1] Bernard Stiegler, *Qu'appelle-t-on panser？*，Ⅰ，LLL.，2018，p.319. 按照斯蒂格勒的说法，人工智能时代的人工愚蠢是：人工智能以工业方式挖掘大数据，将我们搭接到莫名其妙的意义上，由此结扎了我们的无意识，使我们不会使用位于我们自己身上的前个体文化池，不会做出我们自己的期待，压抑我们的梦、记忆和想象。2018 年 11 月 21 日斯蒂格勒在同济大学建筑与城市规划学院所做的题为"城市新智能"的演讲中，做出了智慧城市和智能城市之间的区分，强调智能城市是我们使它智能的，在气候危机下，其实我们应该帮助城市获得更多的新智能，因而必须将城市变成一个三代人以上的共同的学习领地。智慧城市是一个错误的目标，如能实现，也是一种人工愚蠢。

[2] 祖博夫从平台机器对个人元数据的围猎，讲到平台机器通过监控而替代了统治人们的政府这一悚人现实。这是对芒福德的巨型机器的一个拔高的说法。(Shoshana Zuboff, *The Age of Surveillance Capitalism*，Allen Lane，2019，p.102，p.371.)《人类世与平台城市：城市哲学 1》所讨论的平台城市则还考虑到云计算平台与城市住民之间的控制论回路，也就是互相递归的各种可能性，与斯蒂格勒关于今天的城市必须拿出新的智能这一号召相呼应。

的书写和算法机器继续一遍遍地重新把我们扫描和打印到其中。但是,逆转总也可以同时发生在这一过程中:我们的主动的写和说,也同时使我们走向新的知识和新的工作,最终也使我们走进新的城市之中。从古雅典到今天,上演的是同一出叫作"城市"的史诗。

从古雅典以来,人们总一厢情愿地想要把城市建立在某一种美德之上,使其奠基于某一桩既正义又优美的事业之上。人们甚至想要像小说家狄更斯那样,给眼前的这个伦敦加上一层基督教人道主义眼光下的幸福伦敦的滤镜,好让生活在资本主义苦难中的伦敦人有一个盼头。今天,我们还能够为城市找到这样既正义又优美的目标,当作发展的方向吗?今天的城市还需要某种美德来当基础吗?如果需要这样一种美德,那它是哪一种?[1] 什么才是人类世、气候危机下的城市美德的基础呢?本书将在最后一章回答:那是生物圈内的人与其他物种的共生;在生物圈里,城市将成为这种共生的入口。

## 2  城市是"写"出来的

但是,也正因为有了城市,才有了哲学,我们才能另行开头,去讲出一个关于"我们",也就是这个不断到来的集体的新的故事,才会有被我们认作天经地义的"历史"叙述。在每一时代,正是所有人的说和写,积累成了后人看到的城市,才有了后来关于

---

[1] Bernard Stiegler, *Nanjing Lectures*, op. cit., p.262.

城市的那些故事,才有了关于城市的历史的种种版本。[1] 也需知道,从来就不是只有那些活出了"诗意"的人的元数据,才能积累成城市,才成为历史的主题。实际上,是城市里的每一个人通过自己的说、读、写、释,才编织出了那一个作为个人自己的作品的城市;而且他们也通过如此操作,将一个个城市追认为他们自己创作出来的个人作品。这些个人作品的叠加才形成了我们所说的城市。

而这一切其实都是从最初在雅典中央广场的八根旋转木柱上刻下的那些法律条文开始的:

> 书写从一开始就是一种纪念碑,是一种字母建筑。城市的法律被刻到了那些长方形的木柱上,后者被垂直地插在一架可围着主轴旋转的机器上。这是一架让人来读和让人来写的机器,就竖在城市的中央,就坐落在城市公共会堂(Prytaneum)边,靠近灶神赫斯提亚(Hestia),也就是那一共同的

---

[1] 段义孚也从"说"的角度来探寻城市的起源。我们的说照亮我们所住的地方,使它成为城市。"城市是启蒙之地,在有煤气灯和电灯之前很久,城市就是照亮之地……从古雅典开始,城市就是人类的道德和智性的实现之地。为什么?因为城市是言语最被集中的地方。而言语才使我们成了我们现在这种样子。我们的道德地位随我们的说和未说而升降。……城市比任何其他场景都更富于语言活动和语言背景。严肃和敏感地介入的言语,是通向道德自律和真理的路径。难怪苏格拉底说他不从'田野和树林'学习,而是在街上、市场、运动场或在神庙的过道上,从与他的同胞的对话中学习。"(Yi-Fu Tuan, *Romantic Geography*, The University of Wisconsin Press, 2013, p.125.)

灶屋(hearth)，那是权力的中心。[1]

今天城市中央广场上的这八根木柱，就是隐在城市背后，由软件、程序、感应器、手机和城市基础设施构成的云计算平台或堆栈了。今天城市的权力中心，已不在中央广场上，而是隐蔽在手机的屏幕-界面后面，即云计算平台上。今天的城市是由我们在手机屏幕上的读和写的动作留在云平台界面上的大数据积累而成。大数据是一种数码短记忆材料，时时喂着云计算平台，帮助它们不断精进算法，将人类居住的城市推进一种永远停不下来的扫描和打印过程。它由一种控制论回路来操纵，再通过快递员的身体，通过计算机无限次的递归运算，来加速、增强、升级，使城市成为一架制造着自己的未来的控制论机器。城市陷入这种循环式递归运算过程，成为一架时时刻刻都与每一个人产生联系的云机器。我们已落进它铺设的各种网架之中，成为它的网中之鱼。但是，不管怎么说，未来的城市也仍将是从我们在手机屏幕上的这种读、说、写之中涌现的，要靠我们来读出、说出、写出这一新城市。与此同时，每一个人也都通过手机屏幕，无时无刻不在制造着这种3D打印材料般的数码城市第三存留，也同时通过后者，来制造出那一将要到来、正被我们自己打印出来的城市。也许也正在将我们自己打印在其中。

同时，城市中的所有人的体外化式个体化，从欲望、符号到形式，从设计到消费，从消化、排泄到污染的过程中所积累下来的

---

[1] Marcel Detienne, "L'espace de la publicité, ses opérateurs intellectuels dans la cité", in Marcel Detienne (ed.), *Les savoirs de l'écriture en Grèce ancienne*, Presses Universitaires de Lille, 1988, p.46.

所谓数码城市第三存留,正继续被我们打印成那一将要到来的城市。我们的集体体外化过程打印着它。[1] 最终,我们不得不说,城市就是一种集体体外化有机体;它也是当前的集体体外化的结果和原因。我们在城市中生产出来的数码城市第三存留,也被我们转而打印、塑造为城市空间。而这一由数码城市第三存留打印出来的新城市,同时也在打印和塑造着我们的身体和那一个"我们":"我们"也只能通过云计算平台来塑造"我们"了。这时,哲学的位置在哪里?城市哲学又从何下手?

当前这一叫作城市的数码式集体体外化过程,也事关未来的新经济:城市作为一种集体体外化过程,本身也在给我们生产出各种未来。经济作为城市的生产和再生产过程的一部分,也是基于这一数码式集体体外化过程的。城市被我们"写"出来,但它也反过来"写"我们,也将我们"写"进它之中,也将规定城市中的新经济的格式,正如美团、菜鸟、京东和拼多多对于社区卖菜这一场地的争夺向我们表明的那样。平台城市正在用一种新语法来规定我们应该如何去过日常生活,如何过得能够滋生更多的消费。毫不夸张地说,是云计算平台在将城市的日常生活当一个牧场来经营。

城市这一集体体外化过程当前正走向疯狂。这就像当初雅典人使用了书写技术之后,衡量每一个人的新生活方式(个人体外化)的标准,也就需要通过公共政治空间,通过各种形式的大众或社交媒体上的争论,在一片沸沸扬扬中,才被强加到全体雅

---

[1] 体外化甚至体外器官学(术)是研究和开发简单、复杂和超复杂体外化有机体的进化的理论、学科或技术。(Bernard Stiegler, *Nanjing Lectures*, op. cit., p.241.)

典人身上，才能治疗其集体体外化过程一样。这是因为，城市只有用新的语法状态，来重新规定已存在的这一事实状态，才能脱离它当前的疯狂状态。

一种能够规范集体体外化过程的新的语法状态，才带来了新城市。城市写自己，也这样地重写着在城市中谋生的我们。当初的那种叫作书写的新技术，也将古雅典推入长期的纷争和危机之中无法收场，正如在今天，社交媒体也正在使这个全球社会遭遇后真相政治和网络民粹主义，使人类的自我治理及其政治哲学原理受到严重挑战，使原有的治理框架瘫痪。[1] 今天，如果没有新的公共力量介入，就将由平台城市来规定那一限制我们的集体体外化过程，将某种规范当前生活方式的新标准强加到我们头上。我们此时正处在这种被动状态中。

因此，在云计算平台上，关于城市该向何处去的论争重点落在：如何找到算法技术专制下城市集体体外化的新的公共标准，在公共政治空间内，通过各种辩论，去推动关于这一新标准的各种讨论，然后找到集体体外化的新标准，发明各种全新的生活方式？

发生于古雅典以及之后各时代城市中的那些事儿，从今天回头看，显然是各种危机在城市中引发的种种连环的慢性症状，我们称之为历史。一座城市的历史往往只是其各种症状的发作过程史。甚至，一座城市的历史也可被看成人身上某一慢性病的长久恢复过程，可被看成这一"我们"的集体的身、心康复史。城市

---

[1] Bernard Stiegler, *Qu'appelle-t-on panser？*，Ⅰ, op. cit., p.327. 从每一个人身上猎取的元数据成为平台公司网架化的固定资本，同时也成为人类的命运极限，剥削并摧毁着人类普遍智性。

的历史是这种不断从其集体体外化病程中一次次恢复过来的历史。它总是似乎还未康复，还未被一种好不容易才找到的治疗方式完全治愈，就又进入新的病状。城市的健康成了对它自身长期和多变的病症的一种对冲。城市总是为了健康而矫枉过正，这是它的宿命。城市的历史是一个集体技术生命与其身上的各种症状不断搏斗的过程。

城市的历史也是一种永未停歇的内部斗争（polemos）的过程，具体表现为一种永久的多层面的冲突，表现为各种斗争形式，发生在日常生活中的每一个角落，比如它们就发生在我们每个人的手机屏幕上。这种斗争当然也包括那些较平和的方式，比如那种支撑着市民之间理性交往的苏格拉底式对话中的灵魂的长回忆（anamnesis，或译为深度回忆）与城市的当前规范之间的冲突。有了苏格拉底式对话，我们就可通过每一个人身上的逻各斯，来理性地将城市中的种种冲突，表演到人们对话的逻辑式推理和决断过程之中。通过逻各斯，对话者有了某些语用标准来要求自己和他人。哲学家尤尔根·哈贝马斯因此将这种对话理性理解为自然语言对我们强加的伦理-语用规则，后者是公共政治空间中的理性交往的基础。不过，他仍只是从康德伦理学来看待这一交往理性，后者仍须依赖每一个人的自觉，只是实践性的，不是法则性的。总之，在对话过程中建立有共同约束力的城市生活新标准，有助于大家在集体体外化过程中找到新的衡量标准，做出集体判断，让个人能够在此基础之上进一步做出自己的集体个体化。

这么看的话，在政治式城邦中，每一个公民想必也都须是法官才对。正如在生物圈内、在气候危机下，判定我们自己的每一个行为是否逆熵，是否有助于生命的肯定性力量，也需要每一个人单独地、独特地做出决断；在这一问题上，每一个人都必须成为自己的所有事务的法官。但是，在后真相状态下，在社交媒体里，这也导致各执己见后的言论走向民粹主义状态，像我们经常在社交媒体和网上见到的那样，各种幸存论、灾难论、崩塌论也总因此同时到来。但不管怎么说，城市就是这样一个时时需要被治疗的场地。

斯蒂格勒要我们关注：在柏拉图对话中，城市内的所有人之间，看上去都在进行着这种准-苏格拉底式对话，每一场对话实际上都已经诊断出了雅典这个城市在某一刻的病理或精神状态，找到了下一刻需做出的抉择。城市就是靠这样的对话维持着。这听上去很夸张：城市的健康状态，居然被每一场朋友之间的苏格拉底式对话所预判、摆布、决定；一场苏格拉底式对话就已诊断出了城市的健康状态。而苏格拉底式的对话，是要将朋友间的互相提问抛回冥界，绕回到被集体继承的远古神话联合体那儿，再从那里拖回一些答案，来帮我们反思当代城市中的各种价值观之争。这种对话方式是要将我们灵魂的另一半从地下死物质层那儿连根拔起，拖入长回忆，与地上的另外半个灵魂合上，由此来挑战柏拉图式的书写或形而上学式操作，也就是说，来对抗写，来对抗技术。[1] 这正是苏格拉底式对话的根本，也是被斯蒂格勒奉作圭臬的、与脸书和推特们所代表的地狱式技术斗争的那一决定性的说的方式。

根据苏格拉底的观念，对话像钓鱼那样，要用提问当诱饵，从冥界钩出答案，将我们的当前缠进去，使我们不会被当前的大数据库封闭住。所以，斯蒂格勒说，苹果手机的屏幕和它后面的界

---

[1] Bernard Stiegler, *Nanjing Lectures*, op. cit., p.150.

面、美团这样的app和平台公司，才是我们应该以最快速度逃离的地狱。只有苏格拉底式的对话，才能导向新方向，才能帮助我们摆脱在场形而上学（这一"在场"在今天具体表现为平台城市的各种app）对我们的捕捉。

苏格拉底的对话《美诺篇》对人类的逻各斯使用做出了伟大的演示。对苏格拉底自己而言，这是活的对话；对柏拉图而言，它是被写下来的不朽文本。它毫无疑问是西方哲学史的源头。因为它首次明确了苏格拉底对话术的追求目标：要我们用长回忆或深度关怀式对话，去包扎自己所生活的城市。它的这种逻各斯使用方式，后来就转变为柏拉图的理念论，再后来就成了德国观念论的基础。而在马克思和恩格斯的《德意志意识形态》中，在机器和工业时代，它终于也被用来责疑工业革命的目标。马克思的"人的技术式生产"这一说法，是这种从柏拉图到黑格尔的理念论的另一端，也是从《美诺篇》而来。[1] 人通过利用自然和技术，生产出了自己所需的生产资料，而这一生产进而也生产了人

---

[1] 斯蒂格勒认为，《美诺篇》是西方哲学的矩阵，柏拉图沿着它发展出形而上学，导致了后来的德国观念论，马克思和恩格斯用技术式生产的思想颠覆了它，尼采和海德格尔又激活了它。它其实也是讲：生物圈内衡量我们的新生活方式的标准，那些新的体外化标准，也需要我们借助那一长回忆，次次都重新去寻找。美诺的困境是：苏格拉底啊，你说你自己都不知什么是美德，那你怎么寻它？哪怕你已碰到它了，你怎么知道就是它？苏格拉底这样回应：如要我直说，那我只能说，我忘了美德了，所以我要找它，但它却潜伏了，因为它属于冥河，漂上来后，很快又会沉下去的。与你对话，是想要与你一起去回忆，看看有什么会回转，那回转的东西因而是精灵，是诱惑物，就像魔鬼也只是其中的一例，它们只是显灵、回返物和延异。斯蒂格勒强调，苏格拉底说的美德，是衡量我们当前的生活方式正当性的标准。我们必须在当前一次次重新寻找它。柏拉图对话中的那个高尔吉亚，那个诡辩论者，就是今天大学里的学者和科学家。他们能给你一个可靠的标准。他

本身。这也是斯蒂格勒向我们强调的那种体外化和集体体外化过程的先声。而城市就是人生产和再生产自己的空间,生产出自己的生产和生活资料后,也去生产出自己的生活空间,也就是生产出城市空间的后果。城市同时是这种人对自己的技术式生产的原因和结果。

为了在今天的城市云平台这一架控制论机器上找到出口,数码时代的我们也仍需重新回到苏格拉底的对话位置上,因为只有像他那样在对话中不断提问,为当前的体外化找到新标准,我们才能摆脱最新的书写技术带给我们的毒性。因为,我们的技术命运(像海德格尔说的那种)与我们的城市命运是捆绑在一起的。生活在生物圈也就意味着,我们必须符合某种生态正义地生活在我们自己建造并居住的城市之中。

苏格拉底在对话中向我们提出了一条哲学之外的伟大原则:用对话压倒书写,才能使城市健康。将多少新技术用到城市建造之中,我们也就需要一样多,甚至更多剂量的阐释、对话、提问和表演,去平衡它,然后压倒它。如果城市是一架基于法律的书写机器,那么,人类要健康地生活于其中,就必须用自己的说、对话和种种社会实践,去架空城市这一架书写机器对我们的"写",然后走向自己更主动的写和说,将自己的生存空间当作一个艺术作品来创作和表演,并最终创制出自己的那一城市。我们必须主动

---

(接上页)们也依赖他们自己的元语言,比如,最显著的就是,他们评论和研究文学的文本,居然是极其反文学和反写作的。本来,文学和科学是我们用来捅开现实的那些技术,是用来打开当前,敞开它,通过概念运动,将我们拉进一个更大的总体之中的,结果,文学和科学,以及对它们的研究,后来就僵化到今天这种样子。但是,不管怎么说,我们只能用当前的技术、技术物去找到我们自己的时间:因为技术就是时间。这就是斯蒂格勒的三卷本《技术与时间》对我们说出的。

第一章 城市是"写"出来的 015

先"写"城市才对。因此,苏格拉底说的城市中的正义和羞耻,也要根据当前城市中的药性、药学和药术的状况,来解释和诊断。

## 3　在手机屏幕上读出、写进城市

在当代城市中,我们也只有从最新的技术手段和算法格式出发,依赖大数据经济的维持,才能探寻到关于我们自己的当代体外化的那些真理,也就是新的衡量标准,并没有第二个地方可借道。随着数字第三存留——也就是用算法加以格式化的大数据——的到来,后真相也急增。而正被自己的硅谷搅得天翻地覆的美国,正不断地寻找新的受害者,最后就将世界的其他部分当成了替罪羊。[1] 尽管如此,我们也仍只能用大数据和算法平台,用新的技术物,而不只是用那个汉字会意系统和我们的宗教、本地和古老生活方式,来框定我们今天的"存在的历史"和"真理的历史"。我们只能以当前手上的那些技术手段,去找到我们的未来。也许,必须从我们的手机屏幕出发。我们只能在当前的城市中,找到自己的那一个伟大的城市,不可能只依赖建筑和城规帮我们另找,或用另外的办法去建或装出一个来。必须从我们每一个人自己那儿开始建那个城市,因为城市必须是每一个人自己的作品。

创作出一个新城市的任务落在每一个人头上,具体就落实在云平台上每一个人的手机屏幕-界面上,这就要求我们把手机屏幕上的读、写、说,当作真正的"自我技术",当作开始我们自己的

---

[1] Bernard Stiegler, *Qu'appelle-t-on panser？*, Ⅰ, op. cit., p.319.

城市实践和生命实践的入口。[1] 这是要用我们自己的过去,去储存所读、所写、所说,将后者当作我们当前的地基,从中出发,去关怀这个千疮百孔的世界,并通过关怀这个世界,治疗我们自己落脚的这个城市,为它找到一个未来。当前,手机屏幕后面的界面和平台已成了"美团们"的固定资产,人们只是在手机上读、写、说,给它们打着工,像过去时代的织机或机床旁边的工人所做的那样。但不管怎么说,城市的未来仍由我们今天时时刻刻在手机屏幕-界面上的写、读、说来定夺。我们必须在自己的说、读、写中,与自己身上的未成年人式的懒惰做斗争,去为那个未来负责。卡尔维诺说,正是在阅读时,我们才可以将自己当他者来理解,并由此出发,在自己身上去理解一切,在自己身上为自己而思考。[2] 为自己而思考,这是要把控我们自己的命运。在云计算平台上,我们仍不得不依赖这种真理的历史(依赖本时代的技术去找到真理),依赖当前流行的技术媒介,找到我们的新生活方式的衡量标准,继续我们的集体体外化和个人体外化。这是我们无法摆脱的城市命运,手机屏幕-界面上的读、写、说,同时也是我们最后的殊死搏斗。

可以说,当前手机屏幕上就已涉及平台城市的数字第三存留问题上的严峻的政治选择。[3] 手机上的读、写、说并不是简单的

---

1  Bernard Stiegler, *Dans la disruption*, LLL, 2016, p.315.
2  卡尔维诺在《如果在冬夜,一个旅人》中说,城市是我们自己所讲的那一个故事。"你仍相信每一个故事都必须有一个开头和结尾?在古代,故事只能以两种方式结束:通过了很多考验,男主人公与女主人公终于结婚了,或者,他们死了。所有故事所要参照的意义都有两面:生命的继续,和死的不可避免。"(Italo Calvino, *If On A Winter's Night A Traveller*, Vintage Books, 1998, p.259.)
3  Bernard Stiegler, *Dans la disruption*, op. cit., p.318.

事。读,其实就是我将自己变成他者去读;写和说,是要将我自己拖到他者的位置上去写和说。我们必须通过读、写、说,来帮我们离开这个控制论机器式的平台城市对我们的统治,走向某种逆熵式延异。斯蒂格勒就这样反思他自己的读、写、说与他的世界关怀之间的关系,讲述他如何通过监狱里面的读、写、说来延异,而成为严肃地关怀这个世界的人:

> 我由一个曾经的文学青年无果的读写开始,然后疯狂地爱上了读写本身,将读写当作每天的修炼。正是这种对于读写的疯狂,使我免受这个世界的疯狂的毒害。[1]

由此,他指责福柯和德里达不懂上面这个道理,说他们在1960年代就疯狂问题的互相较劲,显示出他们在这个问题上仍都幼稚。实际上,每一个公民自己的勇敢的读、写、说,就可以对城市之病——比如云计算平台上那些个人和集体的疯狂、特朗普在推特上表现出的那种疯狂——做出治疗。雅典立法者梭伦和现代艺术史学家阿比·瓦堡(Aby Warburg),都在这方面为我们做出了示范。

自从城市成为一种纪念碑式的书写机器之后,城市住民由于学会了读写,也就被暴露在大众媒体和社交媒体的界面上。他们写,于是也就要被这架大机器所写。一次次的冲突曾让人惊心动魄。梭伦就是在雅典新旧势力的激烈冲突之中,为雅典写下了新的法律。这种对新的法律的书写,是一种纪念碑式的建筑,也是字母的建筑,是对人民的新的专制,是一种新的技术统治的强

---

[1] Bernard Stiegler, *Dans la disruption*, op. cit., p.308.

加,必然会带来毒性,因为这是写压倒了说。但幸好,梭伦自己也是一个优秀的诗人,可以用他的诗歌式的写,去补救、压倒他那种法律之写(软件之写、程序之写)。自从被设置了法律这一写的机器之后,城市就为人民的各种读、写、注释和阐释所操持。从此,是人民的讲述和被讲述在塑造着城市本身了。[1] 在这时开始的众说纷纭中,我们就需不断立下新的法的状态,来对冲那种新的写的技术带来的后真相状况。

海德格尔认为,在城市中,当这种写与说(对话)对冲时,*nomos*(切割之大法)就与 *phusis*(自然)平行到来,就会出现希腊人所说的 *thesis*(定位,规定),或者说新的 *nomos*。[2] 这时,我们就需要另一种写,来平衡这种形而上学式的写。所以,城市在每一个时代都是如此地需要它自己的梭伦。实际上,在每一个城市住民身上,也都一样激烈地发生着这种说和写之间的尖锐对冲,他们个个都是梭伦。每一个人都不得不成为城市的立法者,以各自不同的方式,去成为梭伦式立法者,甚至自己对自己立法。苏格拉底的对话就是做给每一个城市住民看的,是对其城市生存正当性的思考之示范。今天的数字生活也要求我们每一个人都成为这样一个法官,对我们自己立法,去写出我们时代的《美诺篇》。

斯蒂格勒将苏格拉底的这一对话术,看成城市的集体体外化过程中,两个技术时代之间冲突的调解手段。苏格拉底愿意与每一个雅典人对话,希望在对话的结构中依然保住能够调节雅典的正义的尺度,而不是光通过读写,就直接认定一个新的标准、尺

---

1 Marcel Detienne, *Les savoirs de L'écriture en Grèce ancienne*, op. cit., pp.31-32.
2 Martin Heidegger, *Introduction to Metaphysics*, trans. by Gregory Fried and Richard Polt, Yale University Press, 2014, pp.17-18.

度、法律。他相信,只有将真理放在对话之中接受检测,才能使新的记忆技术对城市的冲击变得尽可能小。保持对话,比从对话里得到真理更重要,这是苏格拉底的优美的城市广场教学法的首要原则。他的对话是要邀请尽量多的雅典人进入这种对话,与他们在对话中重新凝聚成一个新的城市。我们今天的城市也处在这样一个关头。从霓虹灯到摩天大楼,城市景观正离间着我们,也离间着我们每一个人与那一作为自己的作品的城市之间的关系。在这一既离间,又递归着我们的城市空间里,我们如何才能与其他人一起凝聚成一个城市,使每一个人都在其中找到和进入自己创作出的那一座城市呢?你我之间如何开始今天的苏格拉底式对话呢?

应该保持何种对话方式,才能使我们找到自己的那一个城市,并且用对话改进对话?斯蒂格勒说,苏格拉底自己就已看到,当时的字母式、文字式体外化过程,正在使雅典人失度。他为此而想要与每一个他在街上遇见的雅典人辩论,想通过诚恳的对话,去修复同时代人的过度和失度。同样,马克思和恩格斯也在他们的时代里,目睹了由工业革命带来的过度和失度。他们从黑格尔那里借用了关于外化的思想元素,然后也如苏格拉底那样,与同时代人讨论工业革命之后的种种异化问题,比如善意地与那些英格兰古典政治经济学家辩论资本主义的出路在哪里。于是,他们把黑格尔在《精神现象学》和《逻辑学》中所论述的外化概念推进了一大步,用它来讨论站在机器边上的工人被异化和被无产阶级化的状态。[1] 我们今天在手机屏幕前被废人化,与马克思和恩格斯所关心的、与苏格拉底所关心的工人被总体异化的

---

[1] Bernard Stiegler, *Nanjing Lectures*, op. cit., p.432.

那一状态,其实并无两样。但是,我们想用对话去重新凝结一个自己的城市这一努力,却正被各种大数据平台挫败。

算法和软件,以及作为其应用的 app,正是用来绕开现存法律的,现存的法律是对付不了它们的(因为新技术是新的法,所以对付新技术带来的后果需要动用新的法律)。硅谷的作用,其所谓的创新,就是用来绕开现存法治的。冲破现有的法规和法律,这正是硅谷在美国的真正作用。软件、算法和 app 正是帮资本家绕开当前法律的管治的,我们必须另行找到一种新的法的状态来限制它。[1] 因而,城市哲学和新城市实践必须先推动新的法的状态到来,再用它去覆盖当前由技术现实强加给我们的事实状态(state of fact)。事实状态的最好例子,就是所谓的 Tina

---

[1] Shoshana Zuboff, *The Age of Surveillance Capitalism*, op. cit., p.417/717 (Kindle pages). 祖博夫引用奥登《来自中国的十四行诗 八》来形容我们今天所处的危难场景:

> 一切变得快到他的生命都被覆盖了,
> 最后他就忘了周围这么多长得如此快的东西是干啥的了:
> 他挤进众人之中,但变得孤单。

她想用这几句诗来哀叹:谷歌故意破坏它的搜索结果,来垄断它从我们身上挖去的行为剩余。它又用安卓系统将我们在手机和网上的踪迹尽收囊中。它将我们逼到墙角,最后我们就不得不接受它的条款。(Ibid., pp.131-132/636.)谷歌使那些从我们日常生活中盗取的行为剩余更具预测力,更能成为改变我们未来行为的指令(也就是用我们自己生产出来的元数据转而来递归我们)。然后,谷歌就把那些在后面粘连着我们的行为剩余的关键词,拿到广告市场上去拍卖。谷歌死皮赖脸地要凑到我们身边,为了能用我们的个人元数据去帮它挣广告费,它恨不得贿赂我们,给我们一路买单。为了夺得我们每个人留下的城市踪迹,多的时候,谷歌光是在那个街景项目上就一下子惹上 12 项官司。换个公司,老板早就泄气了。但谷歌不,它坚持认为自己才是未来的仲裁者,厚脸皮地认为告它的人是还没理解它的未来。(Ibid., p.152/636.)

第一章 城市是"写"出来的　　021

("There is no alternative."):你看,又有什么办法?只能这样,没有另选的。今天的科学家、码农和开发者都要我们这样先死了心。他们的种种研发和设计,就是为了使我们进一步死了心,要我们相信所谓机器人将要来抢夺我们的饭碗,要我们在害怕中先认命。实际上,我们知道,元语言、程序、算法,也正在使学者、科学家、投资者成为机器人,使他们成为废人,正如智慧城市使城市住民进入人工愚蠢之中,被彻底边缘化到了城市之外。我们已很难开始那种苏格拉底式对话。

为此,我们必须在当前的体外化过程之上强加新的衡量标准。要知道,新的城市数字第三存留,也反过来会影响我们进一步的体外化。我们必须在自己所处的事实状态之上强加一种新的法的状态,在自我治疗的过程中,找到一个全新的时代。在这一点上说,从《德意志意识形态》开始,到《资本论》第一卷,马克思从体外化又滑回到了体内化,比如在那一著名的关于建筑师和蜜蜂的讨论之中。马克思后来在《资本论》第一卷中认为,建筑师超过蜜蜂的地方,在于造房子之前,他的"头脑中"就先有了概念,而蜜蜂的建造则完全是生物处在自然之内时的本能反应。[1]这是返回到体内化式的理解中了。而照先前他和恩格斯的《德意志意识形态》里的说法,建筑师头脑里不光有概念,而且,他的体内器官还被那些包围他的体外器官,也就是人工器官,比如说城

---

[1] Bernard Stiegler, *Nanjing Lectures*, op. cit., p.432. 另见:"最蹩脚的建筑师从一开始就比最灵巧的蜜蜂高明的地方,是他在用蜂蜡建筑蜂房以前,已经在自己的头脑中把它建成了。"(马克思,《资本论》,第一卷,人民出版社,1975年,第202页)斯蒂格勒认为马克思在这里未考虑到建筑师的设计是他的体外化过程的一部分:他是在将图纸、工具、建筑工地上的民工、材料、社会对建造的支持结构都用到他的建筑过程之中,并不只是将脑中的观念实现到眼前这么简单。这是一个使用技术的过程。

市、桌椅、铅笔、软件、程序和法规所辅助，后者才是他的技术器官，反过来拓展着他能做出什么样的建造的可能性。在斯蒂格勒看来，早期的这一说法反而才是更合理的，也更符合本书的立场：城市和建筑本身也是我们的集体体外化的一部分，我们只能在有问题的城市之内，去创造出新的城市；城市是我们的集体体外化过程。[1] 按照这种关于集体体外化的理论，在用建筑和城规去塑造城市时，我们作为创作者也被这一塑造过程不断塑造。我们与所居住的城市之间是互塑的：我们用人工器官，也就是技术器官，去塑造城市，城市反过来也塑造了我们。实际上，我们是永远都陷在这一住民与城市之间互塑的集体体外化过程之中的。艺术家波伊斯说的社会雕塑，也是这一互塑的一部分。

于是，斯蒂格勒这样提醒我们：必须用体外化眼光去升级马克思主义的技术性外化眼光，警惕被技术异化、被机器架空的工人在知识生产上的被无产阶级化。我们总是忘记人类的技术使

---

[1] Bernard Stiegler, *Nanjing Lectures*, op. cit., p.85. 城市公民权是在公元前7世纪末经由技术中介而形成：书写技术带来了城市公民权。这是许多作者的共同结论，如马鲁（Henri-Irenee Marrou）、韦尔南（Jean-Pierre Vernant）、梅叶森（Igbace Meyerson）、德蒂安（Marcel Detienne）、赫夫劳克（Eric Havelock）、翁格（Walter Ong）都认为，城市起源于书写性存留。政治城邦的自我审核，不光与技术，也总与书写有关。因为人类社会或多或少、或快或慢地总被新技术改造：如面纱、丈量、六子棋、双轮犁、弹弓、指南针、蒸汽机、汽车、电影、电台、化肥、原子弹、算法、推特的发明，都帮助形成了新的城市，并继续改造着它。新的书写方式，也就是新技术，改造了城市的节奏，这种改造正不断加快，以至于全社会必须决定通过形成一些社会组织，并给这些社会组织创造一定的存在条件，以便控制新技术改造城市的速度。安提戈涅或少女通伯格所呼吁的，就是这一改造的紧急性。

新技术引领的集体体外化才是城市的本体。城市规划想用建筑和街道的设计来改造城市，是离题万里。

用中的体外化特性,忘记人类技术的器官术、药术特性。[1] 同时,斯蒂格勒也批判本雅明、阿多诺、哈贝马斯对技术的考虑都过于狭隘,认为他们仅仅将技术看成资本捕捉劳动的工具,不知道技术也是人这一心智生命本身的存在条件。这些批判理论的代表性人物没考虑到技术的器官术、药术特性,没将人的技术命运看作人一步都无法离开的体外化过程,更不知道城市正是这样一个将所有人都卷入其中的集体体外化过程。

尽管今天的体外化已到了超物质阶段,但我们在理解物质时,往往还在用牛顿物理学和麦克斯韦尔的电磁学,哪怕在理解数字第三存留对我们的城市未来的延异时,也仍如此。我们已经知道,微电子体外化、纳米-电子体外化实际就是量子(很快将是生物-电子)式体外化,必将造成人类进一步的信息式和计算式体外化,进而影响我们的精神-象征体外化。我们已到了体外化的量子-纳米级阶段。从这个当代角度再回看马克思关于建筑师与蜜蜂的故事,就会给我们带来全新的视角。今天,建筑也应该被辩证地理解为人对自己的体外化的最宏观的理解,被理解为在这种理解之下生产出来的空间产品,正像码农写出的程序。建房子只是中间的一个小环节。终极地讲,建筑是对处于自身的体外化过程的人在生物圈中的总体存在方式的裁剪。同样生活在生物

---

[1] 今天的固定资本被彻底计算化了。更深一层看:我们在每一个行为上都成了西西弗斯,必须"持续地批判我们自己的体外化、药性极限,才能够往前走"。因为,我们的行为"总是同时逆熵和增熵的了,我们身上的这种能被不小心带出的可怕力量,古希腊人称它为过度,海德格尔称它为暴力,苏格拉底称它为药罐"。斯蒂格勒警告我们,对我们当前技术处境的描述不应跟着计算机科学走,而应回到形而上学的位置,不然,我们就会失去方寸。(Bemard Stiegler, *Dans la disruption*, Babel, 2016, pp.158-161.)

圈中的蜜蜂,却不会体外化,只有人才会;是人带领动物、植物和晶体走向宇宙,这是量子生态学带给我们的清晰的眼光。[1]

而建筑也是建筑师自己的体外化方式,与所有的书写方式或技术使用一样,本身也带有对建筑师自己而言的药-毒性。建筑师是要用自己的作品去参与那个叫作"城市"的集体化过程,并进而通过其个人的人类世设计教学法,带大家创造出自己的那一座城市。他们应该成为那种集体体外化的教练。必须承认,建筑总已是人对已建成的建筑的进一步的体外化式回收,是对人工器官的不断重新使用,是要在进一步的体外化过程中,不断形成更多的体外-技术器官,去干预城市的集体体外化过程。同时,在城市空间里,其他人无意间留下的踪迹,也都有可能成为集体的技术器官,会对后人产生矫正式影响,随机地影响后续的文化。而这一后续随机形成的城市第三存留,从此又会塑造所有未来的城市住民,在艺术家波伊斯所说的社会雕塑的意义上,如广场及其雕塑那样。正如他的《七千棵树》这个作品对后代的影响一样。我们正应该从这个意义上来理解城市的历史,将它理解为一个个新的"我们"的形成。

而且,城市本身也是被这种矫正式字母和文字第三存留不断

---

[1] 在弗朗索瓦·拉怀勒(François Laruelle)的量子生态学中,人被认为是矢量,不是主体,所以必须将人、动物、植物、大地同时当成生态的主角。对他而言,生态学是我们人类的思考方式,而不是(研究如何)吃(才有利于环境)的方式,是弥赛亚地去旅行的方式,而不是栖居的方式。它要为人类设计出新的道路,是帮人类通过地球而回退或被吸入宇宙的方式。人在本地栖居,只是为了休息后能够旅行得更远,但人身上也携带了植物性,于是总易于固着于土壤,正如人也易于固着于天空或洞穴。(François Laruelle, *En Dernière Humanité: La nouvelle science écologique*, Cerf, 2015, p.193.)

地一遍遍地重"写"出来的。因而,城市没有历史,只有它身后的基于城市数字第三存留的连续的集体体外化过程。这是我们站在今天的平台城市上才觉悟到的。因此,今天,我们应该比城市哲学家列斐伏尔想得更深远才对:城市是每一刻都在变的;今天的城市正在更快地变形。它像一个被写的文本,每天都不同于昨天:我们在写它,它也在写我们。[1] 正在自我打印的城市写建筑、写诗、写小说;我们只是帮城市写它自己;我们每一个人都在帮它写,以便将我们自己写到它里面去,但我们不能就此打住,而是必须写回去,然后写出我们自己的城市。

城市是作者,同时也是一个正被集体创作的文本。城市的未来将是我们继续从它之中挖掘、阐释出来的新作品。城市的未来也需要在我们的帮助下,由城市这架写读机器"写"出来。但是,手机上的短视频与广告,成了今天市民的真正日历。白天上班,晚上还要在电视机、电脑和手机屏幕前上班。他们忘了去"写"那一作为他们自己的作品的城市。

---

[1] 列斐伏尔认为,视觉、可见性和可读性主导了空间,形成了我们对视觉空间、可读空间和抽象空间的恋物拜物,和对失去的或重新找回的自然空间、绝对的宗教政治空间、淫荡或死亡空间的迷恋。生产出来的空间本来就不是给我们读的,而是给一个有身体和生命的人在其城市情境中去亲身经历的。(Henri Lefebvre, *La production de l'espace*, anthropos, 1981, p.165.)

而且,城市中被生产出的纪念碑空间总是将一种可读证据强加给我们。它说出它想说的,但同时也掩盖了很多其他东西,掩盖了政治的、军事的——极端处会是法西斯主义——的目的。纪念碑假装自己是表达集体的思想和意志的符号,要来捍卫权力意志。(Ibid., pp.168-169.)

## 4　说压倒写之后才出现城市

根据法国古人类学家、古希腊思想学者让-皮埃尔·韦尔南的理解，政治式"城市"国家是在迈锡尼时期结束，过了很长的一段黑暗时期之后，才出现于希腊的：

> 最早的希腊世界，正如迈锡尼的牌圖（tablet）向我们指示的那样，是以很多方式与那个时代的近东诸王国关联的。……但只要我们一开始读荷马，画面就开始大变。[1]

从瓦纳克斯（wanax，迈锡尼王国最高等级的贵族）式统治方式跃向城市治理，这一点最明显地体现于那时开始使用的新日历上。瓦纳克斯那时已负责宗教生活，紧盯着日历来统治其领土。迈锡尼王国那时就已经是使用文字-记忆技术的城邦，因为，我们知道，日历后面一定会有一个庞大的书写-记忆存留装置作为支撑。这整个日历系统就依赖于书写和对记录的保存，并形成递归回路：记录之后，后面的记录就会对前面的记录做出进一步的筛选。正是这一递归回路保证了今天的城市与其起点实时关联。

根据布拉顿的说法，在今天的城市里，我们同时遭遇了很多个虚拟版本的城市。过去的城市模型里的那些噪声、残渣和回音，也仍滞留于今天的城市空间之中。我们开车时通过手机寻路和定位，就是在训练平台上的内容或媒介模型。平台如要通过机

---

[1] Jean-Pierre Vernant, *The Origins of Greek Thought*, Cornell University Press, 1982, p.9.

器学习和深度学习来递归我们的消费行为,就须通过模拟,事先制作很多虚拟的城市版本,因为只有在后者的模型里,平台才能识别出正在城市街道上行走的你我。只有虚拟的城市版本里的公交车司机按了那一虚拟的喇叭,你我才能在现实中遇到无人驾驶汽车按的喇叭。只有虚拟的你我被准许进入那一栋虚拟的大楼,真实的你我才能被准许进入那一真实的大楼。大量建立这些影子城市和镜子城市,是无人驾驶的先决条件。而每一个虚拟世界都会有它自己特定的"总体"角度,这完全基于我们用什么图式让计算机"看见"。所以,在今天真实的城市街道上行走时,我们的肉身已在与邻近的数据中心发送的我们身体的各种幽灵版本打交道了。我们已活在这种计算机模拟过程之中。我们要它真,它才能够成真:我们做的是我们想要模型以为我们要它做的,只有这样,那一模型和它后面的平台,才能相应地改变我们周围的世界。但是,城市仍是基于它对自己未来的想象来改变的,以上这一切仍要跟着城市的变而变。[1] 城市应该走向哪一种未来,仍是由我们每一个人如何操作城市这一写读机器、舆论机器、立法机器这一点决定的。这在当前仍是被悬置的。

在多立安人入侵后,这一文明及其存留装置就消失了。最终,瓦纳克斯就向王者执政官(Basileus)让了位,

> 瓦纳克斯这个称谓也被执政官这个说法取代……书写消失了,似乎就被遗留在王宫的废墟上了。当希腊人在公元9世纪末重新发现它时,已是向腓尼基人借用的了,所借的

---

[1] Benjamin Bratton, *The New Normal*, Strelka & Park Books, 2020, p.254.

就不光是另一种书写系统——一种语音文字系统,而且还是一种剧烈差异的文化因素:那不再是一群会写字的人的专长,而是共同文化中的一个因素了。[1]

韦尔南从其古人类学方法论指引下的考证出发,咬定了这一借用。但是,我们基于今天的技术书写经验和城市实践,还可做出这样一个判断:一旦采用了书写这种新的存留系统,一种新的个体化空间就会被打开,于是雅典也就开启了一个全新的公共政治时代,生成了那一时代特有的后真相、民粹主义政治空间,如在我们这个脸书时代里所发生的那样。那时也出现了城市公告和公共舆论,它们也越发世俗化;"世俗"的意思是:通过记和写,城市中的每一个人都能看得到,每一种城市里的事物都变得清晰、袒露、明显——使其尽量公共化,发布在人人面前,像手机屏幕上的美团式 app 上那样明晰。也就是说,通过书写将公共精神和公共力量更清晰地陈示到每一个自由民面前。这是对至那时一直统治着人们的那种半神话性、半悲剧性文化结构的激烈颠覆。神圣与世俗之间的绝对分野,这时也终于松动。城市于是取代了神话-悲剧世界。

城市走进世俗生活之后,一种新的差异化系统到来了,各部落都形成新的社会组织。雅典进入一种以书写为标志的体外化过程的新阶段。这时,执政官梭伦在立法上推动城市的进一步司法化,使这一由新书写启动的城市化过程,能主动接受新的体外化标准的约束。新式的城市终于也被置于新的法律目光之下,被

---

[1] Jean-Pierre Vernant,*The Origins of Greek Thought*, op. cit., p.37.

法律这一用书写来规范书写的方式所审视。[1]

城市就这样漂浮在书写化的不同阶段（刻录、印刷、电子模拟和数码化）之上。它是所有城市住民接纳新的书写方式之后形成的新的跨个体化过程，是一个集体体外化有机物代谢的结果：

> 随着心理、集体的个人化，被集体地生产出来的东西成为知识的形式和社会的结构，于是技术联合场景也变成跨个体性的前个体（pre-individual）基底。这些心理-集体个人于是在这之后也成为共同的部落人、共同的宗教信徒、共同公民、同胞，或成为在生物圈中或多或少地失界或复界的复杂体外有机体中的合作者。直到这些个人也成为贡献者。这些贡献者所贡献的，是对于与人类熵作斗争这一事业的贡献，那是一种为我们所称的逆人类熵而做出的斗争，但这种逆人类熵是与反熵不同的，后者只是间歇性的，而逆人类熵会变成自己反对自己的空的形式：它不可还原地具有药性

---

[1] 柏拉图的对话主要是关于回忆的，是要从长回忆里剔除短记忆材料，通过这种叫作辩证的方法（而不是像苏格拉底那样，将真理放进对话之中），来检测它。柏拉图的形而上学首要地是要拒绝文本化记忆和文本化、文字化的记忆的技术人工物，将心理根源绝对化。他要长翅膀的灵魂而不要身体，也就不奇怪了，因为，身体时刻都会体外化，后果总不可收拾。《斐德诺篇》里的"长翅膀的灵魂的降临"神话和"赛斯发明书写"神话，是柏拉图主义的起源，因为，从这两处开始，书写式存留标准被柏拉图定为基本本体论的基础（Bernard Stiegler, *Nanjing Lectures*, op. cit., pp.100-101.）。正是书写才使一个新的"我们"变得可能：城邦出现了。上面这一点也是本书的中心思想。

也是这个"我们"维持了城邦的统一。这个"我们"在城邦中追求心理、集体的个体化；"集体"在这里也可被简单地理解为"政治"。政治是使我们成为我们的方式。

（只是作为机构），而反熵是一种间歇性行动，只是间歇性地作用于人类熵。[1]

也正因此，热力学的熵定律也必须被运用到我们对城市历史的理解之中。没有对城市与熵增的关系的理解，我们对城市的历史和未来的理解，就将是短视、偏狭的。因此，城市并没有历史，因为它是每一个时代里新到来的书写方式与那时代的住民的说、写、读、阐释之间对冲的结果。城市的本体及它的命运，在每一刻都是未定的。但由于新的书写方式的介入，各种群体在城市空间里逐渐以新的方式融合。今天手机上的微信就在帮助城市形成新的公众，正如在18世纪中叶之后，沙龙和咖啡馆曾是形成公共空间的纽带，但形成的是不同的公众。在新的书写方式的支撑下，城市每每成了一个收养不断到来的新的他者的地方，成为一个不断被重新格式化的政治共同体。在用新的书写方式去规范集体外化的过程中，梭伦之所以能在古雅典的城市定型过程中起到这么关键的作用，主要还是因为他自己不仅是立法者，而且也是一位在雅典家喻户晓的诗人。他的工作有两个面向：既用诗歌来帮助民众挑战他自己的法律书写，也同时使这两者一直保持脆弱的平衡。书写化一开始总是使城市的集体个体化过程瘫痪，之后却又成为人们的疗救工具，被用来挽救这一城市的集体个体化。诗之写治疗了城市中的法之写，正如德里达所说，能对付原子弹的只有文学。利奥塔也指出，对抗资本主义式绩效考核的，只有后现代式寓言和各种新发明的语言游戏。但他们都没有认识到热力学第二定律向我们揭示的城市的进化与熵的关系。这也是

---

1　Bernard Stiegler, *Nanjing Lectures*, op. cit., p.309.

本书特别要强调的一个标签。

书写带给了城市药性,使城市总处于中毒和复苏的摇摆之间。作为集体的书写-技术式生命过程的城市,也总是中了它自己的新的"写"的毒。用来解毒的,是钟楼、教堂、市政厅和街道、邻里,这些城市的物质第三存留帮助了城市的集体个体化,是集体体外化过程所需要的外在技术器官,是之后城市空间内的排练过程所需的道具。它们帮助了那个"我们"的集体体外化。本书要用来自斯蒂格勒技术哲学的技术"体外化"这一概念,来看城市的历史性存在,而不是像在今天的城市研究中流行的那样,用历史决定论式的眼光,来看城市的发展过程,默认它只是一个物质堆积到今天的过程,以为我们只要守护这个许多代人留下来的遗产,就够硬生生地将一个正在形成中的当代城市,当成一个需要我们保护的古城,被关于它的种种故事吸引,将城市的历史当成我们习惯写出的那种几百年、几千年间发生的故事,却忽略它在当代也时时发生着体外化,正进入新的被排练的过程。

有了书写之后,城邦中的一切就都变得可书面化,可被解释,可用语言来组织了。言语也变得有论争性,连人与人之间的说话,也都成为一个个的辩证(对话)场景,在其中,那些可被个体化的差异,也能被反复突出,甚至次次都可独特地被上演。这样的状态下,言语和对话就成为能压倒其他权力表达的工具。这时,言语和对话也成了公开辩论、讨论、争论的内容本身。知识不再被保存在家族传统之内,而是可以公开被质疑了。在这种说压倒了写的状态中,城市才出现。

书写技术的到来也在古雅典促成了更多的释经活动,带出各种阐释、争议和面红耳赤式的当场辩论。[1] 两千多年后,我们也

---

[1] Jean-Pierre Vernant, *The Origins of Greek Thought*, op. cit., pp.49-50.

在柏拉图留下的这么多对话的书面记录中,侧面聆听到其中的争论味儿。这些争论示范了城邦的自由状态下,个人之间的对话中的那些互戏(interplay):分明是故意作对,谁也说服不了谁,每天为一个新的目标而争,最后人人仍待在自己的独治状态中,而不是保持现代民主中那种人人退回自身的克制的自治。柏拉图本人甚至还为这种纷乱感到绝望,因为他认为,雅典人如果一个个都如此任性、好争,民主终难达成。在戏剧家埃斯库罗斯到柏拉图之间的那一时期,人民的信念和知识分子的信念之间的鸿沟,在荷马之前只是隐性的,而至此时就几乎彻底裂开,于是也导致了神话联合体的逐渐瓦解。[1] 神话联合体是指苏格拉底在对话中反复援引的雅典之前的那 9000 年的神话传统。

从古雅典的这一书写化经历中,我们看到,城市只有成为一种由说来压倒写的集体个体化过程,才会健康。但这一健康,就如同身体的健康,总是某种亚健康。因为,城市虽然稳住了一个此时的"我们",但是,里面的每一个人都仍在继续使用城市这架写读机器和新的书写技术,同样会使城市的集体个体化走向贫乏、脱力。就如使用手机屏幕和社交平台之后,我们就有可能把自己拖进后真相政治和网络民粹主义的话语世界,随便拾起一个角色就来扮演,使我们自己被废人化。因为,城市本身是一架巨大的写读机器,通过它,作为读者和写者的公民,会被暴露在那些屏幕和界面上,转而不得不被拖进公共空间的进一步开放之中,因而也更进一步地被搅拌到公共舆论空间,被卷入漩涡。就如同在 2016 年的美国大选中,"剑桥分析"这个数据操纵公司在

---

[1] Eric. R. Dodds, *The Greeks and the Irrational*, University of California Press, 1951, p.180.

知道了人们都已被卷入后真相的漩涡之后,就通过脸书对用户的政治倾向做长期跟踪,精准投放与选举有关的各种信息和广告,对不同的人采用不同的煽风点火方式,一对一地影响了大选的结果。能够做到这样,是因为,脸书、美团的界面和平台,已经是今天的城市后面的真正本体,是可以操纵城市的真正的技术-媒介场景了。在类似脸书这样的大数据平台上,要团结成一个"我们",将会困难重重。在云计算平台上,城市已经是一个有待到来,但总还未到来的东西。

但是,先不说这个"我们"的形成,就是城市中的人的个体化,在新技术被广泛使用后,也总有失败的可能,会导向过度,造成坏的失序。"我们"可能不能像波德莱尔和马奈那样,去形成自己的那一个时代了。城市的基础需依赖全体公民通过广泛争论形成的那一话语结构来维持。而进一步到来的新技术,则又会成为城市的更大的破坏者,需要这个"我们"对它重新包扎:

> 随着铁器时代的到来,有权者已失去所有的体面,也失去所有的羞耻,他们要逃离这个世界,要飞升到天堂。这时,个人激情的过度就会大行其道,社会关系的主要特色就是暴力、狡诈、独裁和不正义了。[1]

当时的古希腊城市一直都建立在合约的基础上,刻意要让人知道这个"我们"终于走到了一起,城市住民在心理和集体中走向了某种集体个体化,最后仍出了问题。今天,平台城市里的我们可能再也没有机会这样走到一起,来形成一个"我们"了。

---

[1] Jean-Pierre Vernant, *The Origins of Greek Thought*, op. cit., p.74.

而正因"我们"走到一起,才形成了历史,也形成了城邦,尽管这个过程总是跌跌撞撞、磕磕碰碰,城市本身也一直挣扎于一连串的危机之间,随时处于正在痊愈但新的症状又开始冒出来的紧急关头。这样看去,这个"我们"从来都是生活在某一个平台上,今天也并不例外;只是今天进一步加速,这些症状更明显地暴露到了我们面前。

## 5　城市的源头在未来

显然,古希腊或古雅典的历史,并不是中国城市的历史,本书之前的追溯,也只是一种技术哲学式的对城市起源的追问,并没有追溯中国城市的"那一"源头,也没有必要这样做。我们也许已用不着去问下面这个问题:中国城市有自己单独的起源吗?或:哪里才是中国城市的起源?在今天的城市化过程中,我们正在遭遇的,是从雅典开始的全球资本主义内在性平面的广延化及波动,是由书写化形成的人类集体体外化过程的一系列大震荡中的某一次。

根据斯蒂格勒的说法,这一场首次发生于古雅典的存留技术(书写、字母拼写)革命,之后也发生于西欧,17世纪莱布尼茨吸收中国《易经》的通用计算法则,并将其运用到西方的数学原则之中,而决定性地影响了今天全球资本主义的计算语法和经济法则。也就是说,今天的全球平台城市,其后的基础语法中,本来也含有中国对全球计算式资本主义系统背后的那一计算装置的组装所做出的贡献。

而在今天的中国大地上实际上发生着比其他国家更轰轰烈

烈的书写存留革命，表现为像"华为"式通信技术和"九章算法"数字技术这样的卓越表达，另外还要加上像高铁和长三角特大城市群雕塑着地球表面那样的一系列新工业存留革命。中国的城市化是全球城市化的登峰造极，并且看上去正一路绝尘而去。从这一中国现实看，从古雅典开始的西方的城市存留的历史，也就是在19世纪中叶之后表现为城市化的那个历史，对中国的城市化建设有决定性的影响。这样看，光去追溯中国城市自身的源头，并不全面。

而且，正是借助于全球资本主义系统这架翻译器、这种全球资本主义内在性平面，才使这一从古希腊开始的城市的书写化命运，也与每一个当代中国人日常生活产生关联，成为平台城市的现场。今天的快递和支付软件，也正通过云平台上的控制论回路，转而升级着操纵未来人类命运的全球堆栈后面的城市深层语法；与此同时，中国的当代城市化正成为全球市场的真正发动机。

而这些，在斯蒂格勒看来，都没有脱离苏格拉底对我们的预先警告：在这一全球资本主义系统的控制论回路里，只有长回忆才能将我们缠绕到更大的未来命运之中，才能摆脱5G、6G芯片及其集成电路板对人们的进一步扫描和打印，才能避免被脑机接口这样的"技术"骚扰，帮人们的灵魂找到像苏格拉底所说的向地下绕行的通路。这时，人们的使命是通过不断的重新学习（学习型社会、城市作为学习的领地，贡献式经济的实验场地），来战胜机器学习及其深度学习所训练出来的新算法对个人数字踪迹的捕捉，以便在生物圈内树立本地的逆熵格局，努力幸存于这个自身正在走向熵满的行星上。

今天，在讨论城市的历史时，我们总忘了或不肯承认：正是新技术将我们拖进了更大的黑洞里，之后，我们也必须更高明地使用新技术，从那一黑洞中挣扎着爬出来。而当代思想和当代哲学则回避了技术问题，顾左右而言他。在斯蒂格勒看来，当代的思辨实在论就回避了巴什拉（Gaston Bachelard）的现象-技术（phenomeno-technics）这一眼光，没有认识到，正是用了新技术，我们才能挖掘到源-化石，到达人来到地球上之前的那一时间和空间之中。就算是物的先古性，也要通过最新的技术媒介，才能被最终触及。而实际上，被我们打印到5G和6G芯片上去的超密集成电路，也是先验的，相当于将人类的数学函数公式喷涂到硅晶片上，而我们都误以为它是物质存在了。就算最前沿的数论（哪怕是康托的那种），也无法使我们非技术式地去看物。思辨实在论者们企图逃避人类的技术命运，轻松地讨论如何帮人类找到一个"第四世界"或"正义秩序"，像西方哲学一向在做的那样，逃避技术问题，以为可以不通过技术，就能疗救、改造当前现实。[1] 而且这一"第四世界"或"正义秩序"也正是对城市问题，对这个"我们"的逃避。

在斯蒂格勒看来，哲学家巴迪欧尽管也回到了柏拉图的理念论，假装在坚持，其实却是在反对历史唯物主义，这阻碍了他去理解人类在全球城市化之中的命运，使他至今仍沉浸在那种关于解放政治的事件哲学里。与斯蒂格勒对柏拉图的重释相比较，我们会发现，巴迪欧所不知道的是，在对话中，苏格拉底是在用他的借助于诗和神话的说，来压倒柏拉图的形而上学式的写，是要用灵魂的长回忆，去回收柏拉图的形而上学及其必然会带来的教条主义式、后真相现实，帮我们开始新的城市实践，活到一个我

---

[1] Bernard Stiegler, *Nanjing Lectures*, op. cit., pp.366-367.

们自己创作的城市之中。柏拉图相信灵魂能躲进永恒时间而不朽,以为有了"写",灵魂就不会被拉回神话时代、悲剧时代,就可以确保不朽。斯蒂格勒则向我们强调,只有苏格拉底式提问,才是在逆溯时间,努力回到源头,尽管每次都回到了不同的源头,让灵魂从冥界一次次返回,一次次复生。

在《美诺篇》里,柏拉图称这一次次的回返为长回忆,而信息则是他说的短记忆。后来,这一长回忆又被尼采称作同一者的永恒回返,而现在则又被斯蒂格勒形象地称作心智三文鱼沿溪流洄游去下种的过程。事实上,人人都是通过长回忆回到源头,回到冥界,像心智三文鱼那样,去寻根和下种,再回来。而那一源头是6000年前的人类世界,是远古的全球神话联合体,希腊、中国、印度和埃及在那时共处于一个有灵论的世界之中。法国人类学家菲利普·德斯科拉(Philippe Descola)最近通过对三个大陆板块上同型部落文化的研究,描述出了这些不同大陆板块上的文化的普世特征,强调人类可通过长回忆绕回去的那个全球有灵源头,仍将是人类必须寻找的精神归宿。[1] 也就是说,6000年前,全球人类就已生活在某一种全行星城市里,活在同一种有灵论之中了。这一全球人类学还向我们指出,生物圈是人与其他物种共处的本体论平面,在其中,人与动物之间的灵魂可被普遍交换。

---

[1] 根据这一全球人类学,德斯科拉认为,中国园林和日本园林也是有灵论式的,很具有亚马孙精神。园林不是对自然的驯服和模拟,而是使本地向宇宙打开,使杂草丛也对人有意义,仿佛是神灵镇守住了这块野地,使这片"自然"对人类而言成为风景。这与海德格尔、斯蒂格勒对艺术作品的定位也是一致的:艺术作品是希腊神庙或梵高画里的鞋,帮我们打开本地。向本地敞开,就像中国式的窗和亭那样,是为了向宇宙更好地敞开。(Philippe Descola, *Par-delà nature et culture*, Gallimard, 2015, pp.69-70.)

这种有灵论被认为一直是远古人类的共同世界观。这就是著名的人类学本体论转向，影响了社会学家和哲学家拉图尔、哈曼等，是我们理解当代人类和地球的命运与接下来的人类在生物圈内的命运的一个非常重要的参照。

实际上，苏格拉底在其对话中就已经在向我们示范如何对时间(历史、时代)，也就是作为源头的错失的历史或作为技术的历史，做出全新的阐释。他向我们指出，每次我们都只是回到了不同的源头，而后者每次都有待我们重新去做出阐释。但不知是幸运还是不幸，每一次，我们也的确总是回到了另一个源头，做出了全新的阐释。通过写，通过手机的屏幕与其后的界面，通过里面的各种输入法，我们就可展开今天的阐释学政治，用我们自己的寓言式、文学式智能，去书写出一个自己的城市作品。正如在当代，哪怕要哀叹传统文化的潦倒，哪怕要控诉中国文字书写传统在手机屏幕上被抹杀，我们也必须这样游回源头，一次次地在新技术的界面上对传统做出全新的阐释，并在这种长回忆式的追索中，去重新学习传统。在云计算平台上，我们人人都被迫成为一条心智三文鱼，只好拼命摆尾，想要逆着大数据的激流而上，去完成自己的心理、集体个体化，并同时走向在集体中的跨个体化。城市是我们不断集体洄游形成的回路。

斯蒂格勒认为，人因使用新技术而走向了精神和感性的贫困时，也就处于飞鱼腾空的那一刻：跳空，回看自己原来所处的技术生境是什么样的，再重新扎回水中。他一再重复亚里士多德《论灵魂》中的这一句：人是一种心智式灵魂，只是间歇式地清醒的，在清醒的那一刻，才像飞鱼那样看清了自己的技术处境。他认为，鱼只有飞出水面时，才明白自己原来一直都身处水中；人是飞鱼,水是技术;人这一技术生命一直处于技术之中,但并不知道这一"技术"的存在,只有像飞鱼那样跳出水面时,才能看清自己所处的一直维持着自己的存在的技术场景到底是什么样的。人与技术的关系的这一说法也可被用到人与城市之间的关系上。城市也是这样的一条江或一缸水。城市哲学是要协助读者自己也成为飞鱼,起跳一次,来看清自己生活其中的那一城市的技术处境,然后更深情地重新扎入水中。

我们不得不成为一条心智三文鱼,拼命摇尾巴,从大海游回急溪的源头,去产下我们自己的卵,在源头处留下种子,在这样的一次次难度系数增加的穿越中,为我们自己的生命找到意义。我们每次游回去,都是游回一个不同的源头,都在那儿留下种子,因而给我们带来了一个个不一样的未来。我们正是这样一次次回到雅典,一次次回到那个早已化为乌有的古长安,也这样一次次回到那个处于另一个精神本体上的亚马孙森林或流域。我们需要这样反复洄游,才能有救。虽然身处城市,我们也仍只拥有飞鱼的命运,被时时都在改变的技术场景或者说那一水体主宰命运。我们必须一次次游回不同的源头,城市才不会变成我们的囚室。

此时被关押在城市的水泥格子里的我们,如果不主动开始自己的城市实践,也就是说,用我们的说、对话、演、社会雕塑去改造我们身处的城市空间,那么,我们也就只是一条条的小金鱼。我们在水缸里的进食和排泄(体外化),我们在生境内所做的一切,也将决定水中的营养或毒性的刻度,进一步悬置我们的未来。但我们也只能在目前这一有限的人工条件下,来悲剧式、药性地完成自己的体外化,活下去,然后发出自己的光。城市将永远是这样一个带着药性向前进化的集体体外化有机体。

## 6　城市是每一个人的集体个体化场地

苏格拉底排练着古雅典每一个住民之集体个体化的对话，被柏拉图记录下来，然后整理成书稿，被摆到我们面前。之后，这些对话还将被一代代人在他们自己的时代里重新排练、上演，再卷入他们的下一代。在每一场对话中，苏格拉底总是说完就又有更多的话要说，有更多的问题要提出，总使柏拉图的记录不能最终算数。斯蒂格勒说，最后，苏格拉底反而是两面通吃，用说和提问吞下了柏拉图的记录和书写。[1] 苏格拉底就这样为未来的各个技术时代如何过好技术式生活、如何进行自己的城市实践，做出了种种示范。在今天也一样，我们的说必须压倒手机屏幕上的城市对我们的写，才能开始我们自己的城市实践，得到自己的作品：城市。

当雅典当局根据这样的记录控告他腐蚀、毒害青年，要判他死刑时，苏格拉底却很淡定，因为他深知自己的工作对于雅典这个城市的重要性。他平静地说，还有什么事能比马上就死，去见春天之神珀耳塞福涅（Persephone），终于能与俄菲斯、荷马一起逍遥更加合算？他早就等不及了。[2] 在这一点上，斯蒂格勒提醒我们，苏格拉底的发问，实际上仍在启发我们：我们也总能绕到互联网背后，绕到地下、冥界，用某种更新的媒体，去讲出比社交媒体上的后真相深远得多的故事，能讲到谷歌的搜索引擎都不够用，讲得连窃听者都要不知所措、羞愧得连连求饶。这是因为，苏格拉底认识到了书写的毒性，于是就用提问和对话，去治疗由

---

1　Bernard Stiegler, *Nanjing Lectures*, op. cit., p.131.
2　Ibid., p.131.

书写生成的毒果。而柏拉图则通过封堵苏格拉底的那一张提问的嘴,用形而上学将西方拉出了悲剧时代,将其绑定到了书写的时代,也就是基督教的时代,也就是用全球资本主义系统来加持、重叠基督教而形成的全球化时代——这是掩耳盗铃。[1] 但是,作为形而上学的代表的书写的时代,在今天正处于不可挽救的崩塌之中,我们也正惶惶然于自己将奔向哪种新的"写"的格式。这时,根据斯蒂格勒的说法,我们仍得回到苏格拉底的提问和对话之中,才能为我们自己找到北,才能走向新的集体个体化。

斯蒂格勒在《南京课程》中重讲了这一关于苏格拉底与书写、与城市的故事:苏格拉底并不害怕书写,反而是比柏拉图更好地掌握了处理书写给人类带来的后果的方法:让对话、神话、梦、灵魂一次次绕回冥界,而后又能生猛地回返。柏拉图却迷信灵魂不朽术,想用书写去建立形而上学,于是反而走向辩证化和在场形而上学。

那么,苏格拉底到底有什么样的对付书写、大数据库、后真相的方法呢?他总是在提问,不让柏拉图的书写固定,总有更多的话要说。每当这时,柏拉图既书写,又参与对话,但最后总是用写来解决问题,妄想用形而上学去终结之前的悲剧时代、神话联合体。今天,柏拉图的形而上学在城市中最终遇到了云计算平台,撞墙而归,但我们仍企图用柏拉图的这一套路蒙混过关。

而苏格拉底在对话中总想要到达那一疯魔时刻,在那时,他求助于神话,尤其是求助于珀耳塞福涅神话,以便绕到冥河那一头,再绕回来,走进新的梦里,使他自己的灵魂更新,全新地面对任何一个雅典人。而在今天,在作为云计算平台本身的城市里,我们也必须天天如苏格拉底那样做,才能走向某种集体的个体

---

[1] Bernard Stiegler, *Nanjing Lectures*, op. cit., p.125.

化。但在云计算平台城市里,我们如何回返,然后又"绕回"呢?

这种人人必须加入的集体个体化,在苏格拉底之后,也已成为人类的共同伦理生活的一部分,成了一代代人对自己的责任伦理的训练。我们一旦用了新的书写方式,就必须继续以另外的方式讲出故事,这样才可通过从精神死物质层、生物死物质层、地质层绕回来,甩掉、替换掉新书写方式落在我们身上的毒性,来治疗我们的精神。《斐德诺篇》告诉我们,灵魂是不朽的,而身体是会死的,而对话和长回忆,则是更新灵魂(九年就须换一个灵魂)的途径。这是对每一个人的伦理要求:每一个城市住民都必须追求一种共同的城市精神生活,用新的体外化标准来衡量集体的生活方式,然后自己发明出一种新的生活方式,也就是主动发明一种新的跨个体化过程,在一条叫作"城市"的集体的大船之内,就如在麦尔维尔的小说《白鲸》中的那条船上,接受自己的命运,也就是人人自己的集体个体化。

苏格拉底亲自演出的这一用对话和长回忆去战胜书写带来的毒性的故事,也是关于逻各斯和技术之间的长期斗争的故事,这个故事在今天对我们仍有启发。这个关于技术的故事在《普罗泰戈拉篇》中是这样被讲述的:技术(字母、文字式书写)给人带来悲剧式命运,因而使必死之人只能听从赫尔墨斯的指示,用他送来的正义和羞耻,来解释他们自己身处的药性情境,去理解自己的悲剧式处境(如尼采在《悲剧的诞生》中向我们讲述的那样),然后通过自我治疗,走出这一病状。同样,在今天,网架化的固定资本已成为人类命运的支架,从背后剥削并摧毁着人类的普遍智性。[1] 这时,我们总是一不小心就会找替罪羊,通过一些

---

[1] Bernard Stiegler, *Qu'appelle-t-on panser?*, Ⅰ, op. cit., p.327.

仪式性牺牲品,来否定,不认账,也就是说,通过祭杀牺牲品,来找到受害者,当成我们的替代品,也就是找某种基督来祭杀,也就是通过后真相政治操控,通过民粹主义、法西斯主义,来找到怨恨对象,以便让我们疯狂地逃避今天面临的真正的问题。[1]

因此,我们今天对于数码现实、大数据经济、超人类主义式的市场营销的批判,必须是苏格拉底式对话与长回忆(逻各斯)和当代数码存留(技术)之间的长久斗争的继续,而不应简单化,不应再去找一些替罪羊,像20世纪所有批判理论和所有政治意识形态术所做过的那样。[2] 我们必须悲剧式地思考自己当前的技术处境,从人类的集体体外化角度,从对人类熵的克服这一角度,来思考全球平台城市这一技术场景中的人类城市命运。因此,本书所倡导从技术哲学眼光出发,来思考城市的未来。

总之,在城市中,作为书写化的新形式的哲学的到来,也会冲毁苏格拉底式的心智灵魂的技术首要性。柏拉图就想借用新的书写技术,去掩盖人本身是技术的产物这一点;也想要创制形而上学和辩证术,来抵抗本身也是由书写带来的那些毒性。他想用技术去压抑技术的药/毒性之两面,而这最后肯定是做不到的。因此,斯蒂格勒提醒我们,技术从来是哲学的非思,是哲学的盲点;技术在柏拉图时代通过书写这一形式,就直接挑破了哲学这个气球。柏拉图却仍想用哲学、形而上学和辩证法去掩盖、治疗那个时代暴露的技术问题。但是,从另一方面讲,在新的技术条件下,也只有通过城市或哲学生产出来的真理(新的集体生活标准、新的技术标准),才能限制或维持技术:这就是哲学所应追求

---

[1] Bernard Stiegler, *Qu'appelle-t-on panser?*, Ⅰ, op. cit., p.324.
[2] Ibid., p.322.

的那一真理，那是天天都在重新到来的集体新知。这是要在今天的技术条件下，用媒介去调节我们当代的集体个体化过程所生产出来的新知识。那是在新的知识型（episteme）上生产出来的知识，同时也是关于我们在新的技术条件下应该去过一种什么样的技术式生活这一点的最新衡量标准。[1] 正是在遗忘了这一集体新知的意义上，海德格尔指责我们也遗忘了存在，指出我们不能用最新的技术、媒介、信息，去生产出新知识，用一种新的体外化标准，指导我们新的生活。他甚至悲观地认为，我们在现代技术这一座架上，像旋转木马一样被控制，将再也下不来，因为无从找到集体新知了。他已不相信人类能找到一种新的法的状态来限制这种集体的技术命运。

海德格尔的这一悲观看法当然是不对的。但是，对在人类世的这种后真相状态下，如何生产出集体新知的问题，对这个海德格尔所说的"真理的历史"问题，我们更应严肃地看待。须知，斯蒂格勒提醒我们，我们作为猎人、农耕者和消费者等体外化式存在者，往下走时，必然会自吞式地毁灭生物圈，所以，我们必须找到能够阻止我们自己走向毁灭，同时也毁灭这个星球的最后那几道护栏。[2] 我们必须集体地走向一种逆人类（熵）的方向。这也许会要求我们与过去6000年的人类历史告别。必须找到一个反人类性、反人类学式的开始，找到一个逆人类熵学、逆人类熵式的开始。而城市必须是，也只能是开始这种逆人类熵式实践的实验室和试验田。

---

1　Bernard Stiegler, *Qu'appelle-t-on panser？*，Ⅰ, op. cit., p.347.
2　Ibid., p.187.

## 7 城市必须抵抗技术超人类主义解决方案

19世纪末,在物理学家发现了热力学第二定律后,尼采发现,统计热力学式地将社会活动概率化,也会使心理和集体个体化短路。如果最后只有中值才能作数,那么,每一个人的个体化,也就如在穆齐尔的《没有个性的人》中那样会被另构。[1] 平常,我们只是说,官僚主义式管理或消费行为的营销,正在误导我们的日常生活,给我们设定了假目标、假未来。今天则是,新认知资本主义经济向我们强加了选择新的体外化可能性的那些外来标准,使这种"中人形而上学"又具体化为超人类主义式的市场策略,化身为一门门具体生意,一个个风投项目,一个个具体的管理指标,借智慧资本主义之名,以创新为借口,像妖怪一样缠住我们的集体个体化过程,正如谷歌的语言式资本主义广告生意对几千种人类语言和20亿以上的网络使用者的跨个体化过程所做的那样。[2] 我们的跨个体化过程回路,这时就被通过文化

---

1 Bernard Stiegler, *Qu'appelle-t-on panser ?*, I, op. cit., p.276.
2 谷歌合股于1998年。创始人曾将它当成解放性、民主性的社会力量。是阿米特·帕特尔(Amit Patel)出于信息挖掘的考虑,提出用数据记录表重建用户的思想、感觉和兴趣,来实现佩奇的综合人工智能理想。谷歌的工程师们很快将之实现:一组流动的关联行为数据,并将搜索引擎变成一个递归式学习系统,不停地改进搜索结果,触发了一次次新的产品创新——拼写更正、翻译和声音识别。搜索后形成的数据废料,居然成了黄金。(Shoshana Zuboff, *The Age of Surveillance Capitalism*, op. cit., p.70.)
于是,我们越用谷歌,就越帮谷歌学到更多的东西,形成祖博夫说的行为价值再投资循环。谷歌用户是标准的监控资本主义所需要的用户,我们是谷歌的原材料提供者。谷歌对我们的行为有兴趣,是为了让它的机器智能更好地捕捉我们,不是为了关心我们。谷歌用我们提供的原材料制造产品,是为了帮大公司预测我们的行为,并不在意我们在做什么。在谷歌的广告业务中,广告商是谷歌的客户,谷歌的搜索用户不再是目的本身,而成了谷歌帮其他人达到其他目的时的手段。

产业来开展的营销过程捕捉，今天的社会的内卷，极大程度上是这种以绩效为目标的社会的普遍营销所造成的。

这时，在算法治理下，却出现了一种新的意识形态，叫"超人类主义"。它也想告诉我们应该如何去适应目前这一新的人类体外化阶段，却将后者当成体内化的新种类，要用某种脑技术，以人工智能为名义，从外向内去改造人脑，直接聚焦于体内器官的进化——还没做成功，就已到处在宣讲——它被具体表述为：脑机接口。他们一点都没有往体外化方面考虑，只想着体内化式进化、生理器官内的进化，也就是说这些自称科学家的超人类主义者，根本不懂技术式体外化，不懂移民火星也是人类体外化的一部分。智慧城市计划也带着这一超人类主义的期许，忘记了城市是人的体外化的结果。

超人类主义不仅是一种意识形态，也同时是一种自带的营销手段（马斯克是它的化身）。其政治上的目的，是要将市场标准当成人类体外化进化的唯一标准，将其强加到未来人类的头上。它最终是一种绕开人类理性，让市场接管一切的意识形态计划。[1] 它要我们逃避人类的技术式命运，以创新为借口，将我们的集体体外化过程，也就是人类的共同未来，彻底置于市场营销的管理和开发之下。

今天的城市数码经济无疑是要将更加不同的行动者整合到平台上，是对目前的平台公司GAFAM（谷歌、亚马逊、脸书、苹果、微软）支撑的技术企业的数码经济的扩展。我们无法用传统的单向的价值链来分析所有这些公司的用户（顾客、社区和企业）的流动和使用，无法搞清它们是如何通过丰富的内容或更有

---

1 Bernard Stiegler, *Nanjing Lectures*, op. cit., p.10.

针对性的制造,来创造价值的。不论怎么说,算计由用户贡献的流量和价值,是 GAFAM 的经济模型的基础。这些平台公司使不同价值能互利共生(mutualised),只在某些点上将其货币化。[1] 这些平台公司提供服务,以便使企业和个人用户贡献和创造新价值来供他们掠夺。这些服务大多数是对用户免费的,还被人误以为潜在地带来了新知识,但它们只涉及使用,并不允许用户在其中展开知识实践。在过去的 20 年里,上述平台企业就这样给我们构建了这种城市生态系统。

今天,平台公司的用户数量和数据体量,已达到主权国家运行的规模。脸书甚至想创造自己的货币,并想要成立一个能裁决内容冲突的法庭,正如其公共事务主任英国前副首相克雷格(Nick Clegg)所提议的。如落实,这就进一步加强了其平台的执照颁布权,稳固其主权地位。这一货币和自立法庭是要把我们带回封建时代的割据状态中。在平台公司设立的经济模型中,平台收集的数据和元数据,还有物品制造的供应入口,正是平台公司的货币收割点。这些收割点正是靠着提供很对企业和用户胃口的服务和工具来实现的。人们就像中世纪的佃农,为了使用工具、基础结构、这些平台手里的互利共生服务,也为了得点小利,自愿被平台公司奴役。[2] 脸书的铸币和法庭计划证明,城市层面、领土层面和本地层面已被打通。关于城市和领土的组织和运行,我们必须从全新的条件下来思考,而对于智慧城市超人类主义眼光的设计,如最近的脸书的元宇宙计划,是最危险的一种

---

[1] Bernard Stiegler et al., *Bifurquer*, op. cit., pp.124-125.

[2] 齐泽克对谈瓦鲁法基,*Indigo Festival*, Oct. 21, 2012, 见: https://www.bilibili.com/video/BV1zf4y1M7Rx? share_source=copy_web。

方向。

　　实际上,我们根本不应该像马斯克那样小气地动这种脑筋,而应该像《白鲸》里的亚哈船长那样,展开每一个人自己的体外化过程,因为只有能够将自己的个人技术式成为之药性、器官性和体外化命运表演给大家看的人,才能是贡献者,才能是逆熵者,才是艺术家,才是超人。马斯克的这种做派不是超人式,而是末人式的姿态。正如尼采所说,艺术家必须在旧文明中同时成为病人和医生,成为敢于最先对自己用新药的人。他们是超人们的教练。而超人类主义者们则往往选取了一种抢跑道和作弊的小偷思维,心里只想着风投和营销。智慧城市这一说法也误解了人类智能,将城市当成了超人类主义的玩具城,将城市化、城规和城市更新当作房地产开发后的化妆术。

　　在城市领土上的集体体外化式进化(美国生物学家阿尔弗雷德·洛特卡提出的进化理论,与达尔文的体内式进化方向不同)这一理论眼光,是理解我们今天在城市中的技术处境的望远镜。[1] 斯蒂格勒提醒,我们必须以这一体外化思想为底座,来重写技术哲学和城市哲学,再来具体地面对城市问题。因而,在讨论城市时,我们必须直面这一现状:新计算式资本主义统治下的城市平台(或社交平台或后面还将冒出的平台)正在抹掉任何逆人类熵式分枝的可能性。这时,正如海德格尔所说,就只有一个神能救我们了,但我们还说不出它的名字。而它其实可能叫:一

---

[1] 1945年,生物学家洛特卡指出人的体外器官的进化走的是完全不同的一条道路。"除了连续许多代的竞择式幸存中的解剖结构和生理功能上的缓慢适应,在可被称作体外进化的对我们天生的接收器装置的那种远为快速的'人工'辅助,越来越增强人的适应能力。"[Alfred Lotka, "The Law of Evolution as the Maximal Principle", in *Human Biology* 17:3(1945), p.188.]

第一章　城市是"写"出来的

种在整个生物圈、技术圈内实施的逆熵经济、一种贡献式经济、一种城市学习领土上被重新培养出来的新的生活方式支持下的贡献式经济。[1] 我们没有别的去处,城市也是我们展开自己的逆熵实践的唯一实验室和试验田了。

这倒并不是说我们就应该拒绝当前的最新技术使用。作为技术式生命,我们仍像需要土豆那样需要手机屏幕及其界面。就此,斯蒂格勒号召:我们必须为理论式计算机科学找到新的基础。[2] 这是因为,目前的算法经济后面的计算技术将人类交换的很多内容都屏蔽掉了。逆熵经济,和我们作为体外化生命形式所要求的贡献式经济,要求我们打破计算式技术桎梏,将人类交换中携带的更多内容也包括进来。否则,我们由计算机辅助的各个层面的交换,会将一切都最终计算为一堆灰烬,会将交换之自动化发展到毁灭人类自己树立的终极目标。

斯蒂格勒甚至说,正是1945年以来的人类学、经济学和计算机科学都太简单地理解了人类交换,才造成今天算法经济的自我打败。[3] 他反复与中国听众说,中国应该独自去开始一桩自己的新革命事业:去重新发明互联网+、普遍自动化、另一种"智慧城市"和多样化的逆熵工业,而这一切必须建立在我们今天在城市的学习领土上重新建立起来的新的贡献式经济模型之上。

而当前,首先,我们必须在全球范围内反对马斯克式的超人类主义式营销。我们应该遵从尼古拉斯·乔治斯库-罗根

---

1　Bernard Stiegler, *Qu'appelle-t-on panser？*, Ⅰ, op. cit., p.114.
2　Ibid., p.110.
3　Ibid., p.148.

(Nicholas Georgescu-Roegen)的生物-经济学眼光。[1] 我们必须认识到,在今天的城市集体体外化过程中,器官的体内和体外直向进化都在加速,而且正进一步被控制论回路操纵。堆积于平台城市的数字第三存留,必然会改变作为我们的集体体外器官的城市的体外直向进化。用新的本地组织,用新的冒险和游戏,来干预城市的这种直向进化,在共同的城市生活中,走向人人的本地逆熵的生活方式,应成为今天的城市政治的头号任务。

这首先要求我们走出当前流行的那些超人类主义城市策略。对此,斯蒂格勒的建议是,必须动用公共力量,用新的法的状态,来镇压当前城市中已夸张到神话般的那些事实状态的不可一世。这种将被我们引入的人类世里的新的法的状态,必须建立在人类学家马塞尔·莫斯所说的互联国的基础上,为此必须先取缔目前的联合国框架内,各民族国家之间形成的地理政治联盟背后的旧有逻辑,代之以那一以世界大学系统为先导、以新型互联网为中

---

[1] 罗根是熊彼特在哈佛大学的助手,后来追随洛特卡的体外化进化之学说,据此提出了"生物式经济"概念。从他的观点出发,我们就能看到,马克思之后的政治式经济其实也是一种体外化经济:知识和技能可成为固定资本的一部分,知识和技能的积累也是对社会大脑的关系生产力的积累和升级,它们被吸收到资本中来与劳动力对抗,在今天,在消费社会结构里剥削我们每个人的日常生活。这就造成一种无产化:我们自己的知识和技能被平台公司捕捉,成为固定资本,成为剥削我们自己的手段,我们由此更不知如何开始自己的知识活动。(Bernard Stiegler, *Nanjing Lectures*, op. cit., p.59.)基于洛特卡和罗根的想法,斯蒂格勒提出,体外化的历史是心智的历史,后者总是来自心理内化和社会组织,每次都构成一个新的时代,这一时代同时也是一种经济,在一个时间相里"发展"着它自身。同时,每一种经济也是政治式和力比多式的,在每一种情形中都构成新的友爱形式。(Ibid., pp.332-333.)因而,新的时代及其新经济形式,是构成新的城市这一某一时代里的集体体外化的要件。

介的全球互联国框架内的普遍经济、贡献式经济模式,必须像换血那样彻底才行。[1] 在中国,这还意味着在城市化进程中寻找到一种新的集体生活方式。

## 8 当代城市的全行星处境

迪佩什·查克拉巴蒂(Dipesh Charkrabarty)向我们指出,全球化也在全行星范围内拉网式地清除了野生动、植物,又矛盾地仅仅为了保护人类,而伤害动物群种和生物植被。他认为,正是一百多年来全球范围内的野蛮城市化,才造成了众多野生动物的灭绝,也因此,本来寄生到野生动物身上的病毒,现在就要寄生到城市居住者身上来了。[2] 对此,追随共生理论的生物学家们想必会这样反对:倒是人想要寄生到野生动物上而不能,才造成其免疫系统的自我攻击,从而造成自杀式疫情。应该说,是人无法适应生物圈内的那一细菌-病毒层,无法共生到一张覆盖全球的病毒之网上,才会引起他们自身体内的免疫反应,而使相关器官受到人自身的免疫器官和免疫系统的自杀式攻击。新冠疫情反而表明,是人类正在被踢出生物圈,而不是病毒要到人类身上寻求庇护。全球城市化使人类不得不重新谋求与病毒层共生。

查克拉巴蒂以上关于全行星化后果的推理,仍是基于霍布斯的政治哲学,仍认为在主权者的保护下才能达成社会契约。这种

---

[1] Bernard Stiegler, *Qu'appelle-t-on panser？*, Ⅰ, op. cit., p.200.
[2] Dipesh Charkrabarty, "World-Making, 'Mass' Poverty, and the Problem of Scale," see: https://www.e-flux.com/journal/114/366191/world-making-mass-poverty-and-the-problem-of-scale/.

保守主义眼光，在本书看来是有问题的。这种霍布斯式的政治哲学认为，民族国家系统的建立，本就是为了保护人类自己，尽管总会保护过度。当前已没有那些吃人的食肉兽，只剩下细菌和病毒能威胁人类——这威胁也常常被我们的大众媒体放大，被理解成从更低的层面上向人类发动进攻。这时，查克拉巴蒂却认为，除了民族国家这个格式，没有更大的主权者和主权框架可以保护我们。这等于是要我们在全球疫情大流行下，从全球城市化带我们进入的全行星空间，又退回民族国家之内。

疫情带来了一个严肃的政治哲学问题：民族国家仍是保护民众的最好的政治形式吗？查克拉巴蒂的回答显然是肯定的。另外，查克拉巴蒂还进一步指出，从全球向全行星升级的过程中，印度为了使这一升级后涌现的大量底层穷人能够脱贫，仍需依赖石油和基础工业化。在新的碳排放的政治背景下，这也完全是出于无奈，其有点迟来的现代化，也只是对历史的补救。哪怕这加剧了温室效应，也仍属正当诉求。查克拉巴蒂于是认为，这已证明，拉图尔的"从未现代过"这一断言，是有问题的。所以，拉图尔叫第三、四世界的人民再也不要去搞现代化这一倡议，也是错误的。照查克拉巴蒂的说法，全行星化因此应该缓行，须等一下印度和其余的第三、四世界国家，得先让它们赶上。本书认为，查克拉巴蒂的想法是典型的后殖民主义的全球论思路，听上去是为第三世界说话，我们对此却应慎思。

而拉图尔的"我们从未现代过"这一说法，从美国和欧洲的角度看，事实上是说西方的现代性计划失败了。西方白人未能做出现代化示范，却要求第三、四世界的国家快点实现现代化，快点跟上他们。在疫情期间，欧美国家也被拉进了拉图尔说的非现代性之中。这时，美国和中国之间在技术、金融、政治制度上的冲突,将决定这一行星化的走向。这可能就是已进行了500年的全球化的一个重要分水岭。

拉图尔说,这一次疫情也许只是为应对下一次更大的灾情的预先培训。此刻,我们不禁要问:在人类世的风雨里,一片什么样的大地,才能最终包裹住我们啊?没有一种风景能安慰我们。田野上没有了那些曾给印象派画家们提神的罂粟花,因为欧盟的农业文件禁止种植它。看到被风吹得窸窸窣窣的树,我们就黯然神伤:它们正摩拳擦掌,等着人类灭亡,好蹿到300米高。太阳?它的温暖也很可疑,温暖之后就是地球增温。看来看去,就只有在我们自我隔离中的窗外的月亮,还能带来些安慰。我们像卡夫卡《变形记》里的主人公,惊恐万状。[1] 拉图尔建议我们倒着读卡夫卡的《变形记》:我们像主人公那样不想成为甲虫,而想要成为其他昆虫,但仍走不了多远,如何才能落地啊?我仍是飞得太快啦!千万不能坠毁啊!我有GPS,但就是找不到本地。我一遍遍掠过地面,我的油箱快空了,我不能再这样下去了啊。[2] 全球隔离的经验既让我们如此痛苦又如此悲剧性地富有启示,让我们看到了那些能对人做出护育的全新面向。

目前,全人类在同一条船上了。人类一方面觉得自己是囚徒,另一方面也奇怪地感到自己被解放了。一方面觉得窒息,另一方面又觉得自己呼吸上了新空气。我们也许应该用"全行星意识"来命名这种新感觉。我们应该说:被隔离的全球人民,请团结起来吧!你们有共同的"敌人"!你们的"敌人"是像马斯克那样相信还另有一个行星可开发的人。隔离生活带给我们的最大

---

[1]  Bruno Latour, *Où suis-je？*. Les Empêcheurs de penser en rond, 2021, preface(Kindle pages).

[2]  Ibid., p.12/251(Kindle pages).

教训是：我们必须以另外的方式栖居于同一个地方，而这需要我们拿出杂技演员般的工夫，像罗安清所说，得天天练功，才能待在同一个地方。每一个人都还待在家里，但从此必须以另一种方式待在家里。[1] 我们发现，我们活在其中的这个装有空调的"气泡"，温度是由我们自己的行动决定的。这才是真正的隔离，而这一命运是我们集体选择的。我们必须像训练在平衡木上保持平衡那样艰难地活在原地。这就是我们的"成为昆虫"之路。这就是我们在被隔离时发生的那一"变形记"。

在同一期 *e-flux* 杂志专栏上，哲学家许煜用黑格尔的主奴辩证法来探索全行星空间的前路。在许煜看来，身在中国的我们，必须从现在开始，就来激烈地构想一种全行星规模上的人类思想，一种能够从全球化走向世界化，再进一步走向全行星化的思想。许煜从一种宇宙论式技术思想出发，企图为这种全行星思想指明方向：必须以生物多样性、精神多样性和技术多样性为这种全行星思想的追求的目标框架。他将德·卡斯特罗（Eduardo Viveiros de Castro）的角度主义（perspectivism）和多重自然主义（multinaturalism）当作这种全行星思想的新样板。[2]

---

[1] Bruno Latour, *Où suis-je ?* . Les Empêcheurs de penser en rond, 2021, preface, p.34（Kindle pages）.

[2] Yuk Hui, "For a Planetary Thinking", see：www.e-flux.com/journal/114/366703/for-a-planetary-thinking. 德·卡斯特罗在将人看作非人的同时，认为动物和精灵也将它们自己（和它们自己的物种）看作人：当它们在人的屋里和村里时，它们也将自己知觉为一个人为构型的存在者，也通过一种文化形式来理解它们自己的行为和特点。这些动物和精灵将自己知觉为人的食物，比如美洲豹将人的血看作木薯啤酒，秃鹰将腐肉内的蛆当成烤串鱼片，也将它们自己的身体特征（外皮、羽毛、爪和尖嘴）理解为华服或文化工具。它们甚至还像人类安排自己的机构那样，来安排它们的社会系统，也有酋长、萨满、外婚和仪式。（Eduardo Viveiros de Castro, *Cannibal Metaphysics*, trans. by Peter Skafish, Univocal Publishing, 2009, p.57.）

第一章 城市是"写"出来的

不然，他认为，我们将面对这样的当代新现实，且大数据平台经济将进一步拖垮这个行星的能源链条、情感纽带和欲望经济，带我们走向更加不可收拾的感性贫困和无产化。就如我们在这一已经习见的平台城市的例子中所看到的：外卖快递员这一人类肉身，正被平台公司征用，来为计算机和机器当导航工具，以弥补算法的缺陷。"人-电瓶车游牧者"这一组装，通过"人-app"发出的订单，在战场一样的街道上被快速推进，转而去推动云计算平台本身运行的加速。平台城市网格内的一切，就这样全由城市住民的饥饿和欲望所驱动的心理地理来持续推动。也就是，我们的饥饿也被用来使城市平台的运算和运行加速。这些电瓶车上的游牧者冒着被车撞的危险，避免来自数据的行为惩罚，进入如同《银翼杀手2049》中的复制人的非人遭遇。比如，拼多多的"多多买菜"就是通过"线下地推""预售加自提"，组织社区团购，进一步加速其平台的算法运行，将我们的日常生活场景也拖进平台的控制论回路之中，使人人都成为给平台公司加速的算子，使我们生活中的欲望、幻觉和变态，也都能为云计算平台的加速服务。

城市化过程之上被叠加了这一全行星化，这是早就被许多学者预测到的。早在2010年，保罗·维利里奥就向我们指出，城市化过程使速度本身成了发展的目标。从理论上推理，这最后必将导致人类集体地从这个行星出走。今天加速的后果，是将人类甩出地球，哪里还轮得到我们悠悠然地去造火箭，去为火星移民做仔细的准备。哪怕是未来地球表面的火星支援系统，也得在现有的资本主义全球系统中被开发出来，本身也会受制于周期性发作的全球金融危机所造成的种种波折。也许，我们应该趁疫情之后，将许多做事的方式、思考的方式、过日子的方式丢到一边。有些方式我们会怀念，有些是我们早就该抛弃了的，这次终于有了理由。[1]

本书倡导的城市哲学支持一种新的实在论式的全行星政治的形式，认为只有后者才能对抗全球各地正在兴起的民粹主义和法西斯主义，才能用公正、有效、理性，因而是现实主义的管治形式，来替换以美国为代表的地理政治格局中的半帝国主义式的无政府状态。已没有任何退路，我们必须栖居到这个已被改变的世界里。[2]

今天的社会已是递归式地自我构成的，我们应该主动被机器感应，而不应该跟着哲学家们将其当作监控。西方过分追求个体化，是监控最被批评的原因，对监控一词太小题大做，就会把社会感应看成对个人的阴险冒犯。布拉顿认为，疫情已经向我们证明，城市中的大规模自动化及其对人员、软件、货物的接力，让我们同时见证了社会协和与社会闭塞。[3] 口罩就已证明，伦理与我们的好意与恶意根本无关，而只与我们的接近之后果有关。关于生物政治的哲学却将生物学只看成控制的工具，于是让各方都不待见它。实际上，哲学真的不应该再对以全行星云计算平台为基础的全行星城市社会横加干涉了，这是疫情给我们的启示之一。哲学这时就必须主动以全行星城市社会为导向。城市哲学应该从新冠疫情中汲取关于平台城市和全行星感应的新教训。新冠疫情要求我们开始一种全行星规模上的积极的生物政治行动。它须有三个头号目标：信息最重要，加强公共管治，技术机构和社会机构也必须同样高效。[4]

布拉顿因此批评福柯和阿甘本都对生物政治持消极态度，没

---

1　Benjamin Bratton, *The Revenge of the Real*, Verso, 2021, p.8.
2　Ibid., p.9.
3　Ibid., p.13.
4　Ibid., p.30.

看见阴沟和尸体,是中产阶级一心想要的那种干净的自治思路。疫情中,身体的生物政治式生命是公共的,是可交换的和位于主体之间的。这也一直是流行病学的基础。社会作为生物学组装在机器的感应、模型和反应的帮助下,必须能对自己做出反应。

疫情使得每一个人都是一个节点,每一个人都必须为这个节点负责到底。福柯的《安全、领土与人口》追溯了欧洲中世纪以来这样的做法:通过正常化,通过医疗管治,来分清不同年龄段死多少个人是正常的,并取各段的标准,再通过各种疫苗之类的手段,使所有身体都去主动适应自己那段的标准:这就是正常化。但是,与阿甘本一样,福柯的这一思想,也是消极的生物政治姿态,站在我们的自由意志这一边,对病毒网络却取一种掩耳盗铃的态度。

平时在城市里,用计算机来感应,大家都以为是用人脸识别之类的手段来监控大家。而在疫情中,大家都对监测感应不那么害怕了。这对于云计算平台上的全行星城市的建立,是一个好消息。布拉顿是这方面的乐观派,已从全行星视角对超人类主义式策略做了积极的理解,已经相信了全行星设计是人类未来幸存的不二之路。

## 9　在日常空间与全行星空间之间

1970年代初,列斐伏尔已强烈地感受到,日常生活正在被全行星化。[1] 而在今天,日常空间无时无刻不在通过那一架云计算

---

1　Henri Lefebvre, *State*, *Space*, *World*, op. cit., p.283.

平台机器，被GPS式地组装出来，被手机屏幕强加到每一个人头上。我们应该这样向列斐伏尔汇报：我们正为手机屏幕后面的平台机器煞有介事地去过某种日常生活给人看，那也是我们必须天天向云计算平台交的作业，是为了完成市场装置分配给我们的每日消费任务。人的生命时间和生命形式中的悲剧性，被按摩成血管射向肌肉的一次次脉冲，人人都或多或少地成了快递员。

这种被各种手机app张罗出来的生活中的日常性，掩盖了现代世界曾经经历的种种转变。在20世纪，我们还能说，日常性本来是被闹钟、工厂、公司、交通和超市组装出来的。工厂的计时钟和家里的闹钟、休闲和旅行，构成了日常性。今天，就连这一日常生活也被全行星化，本身也成为对世界的整合和被世界的整合。我们同时过着两种日常生活：体外化-技术圈内的日常生活，和被城市化过程挤兑的、人人正在过着的数字奶牛场中的日常生活。云计算平台上的日常生活，是一种被递归的生活：我们怎样去生活，也将影响平台的算法，而反过来进一步递归我们的日常生活，最后是我们自己在使平台更高效地递归我们的日常生活：恶性循环。这已经是一种以手机为中介的半自动日常生活了。这是斯蒂格勒说的"自动社会"。

同时，气候危机和生态自动化这两者又将世界进一步带进全行星化。而在20世纪，是全球总体革命和无产阶级在使全球化走入全行星化。这两个导向都在向我们暗示一种总体的全球革命的到来，后者将以某种方式宣告资本主义、资产阶级、国家、家庭、民族、工作、分离的个人等的终结，那也将是历史的终结、经济的终结、政治的终结。一旦进入世界市场，国家也被世界化了，同时被打开和关闭了通向世界的通道。这时，全球城市化正在通向的那个全球城市社会也必须向全行星空间敞开了。这时，全行星空间同时成了我们的产品和作品,也成为我们的剧场和剧本、可能性场地、无法被预见的东西的突然涌出之处。

法国大革命之后被我们所构想的民族国家,黑格尔想象的那个绝对和完美的国家,正在这一全行星空间里走向消亡。民族国家将要内爆,因为它一直被卡在各种矛盾之间,被从外面和里面击打着它的各种压倒性力量撕碎。是世界性和全行星性正在消灭民族国家。在这一全行星化过程中,社会关系、婚姻和家庭的崩解,对于全球国家来说,打击将会很大,我们已看到了其初期后果。

那么,在以上预判下,原有的政治式经济也会在全行星规模下、在世界市场的框架中被彻底改造。今天的世界市场已不是各种帝国主义势力所能完全掌握的一个主权实体,也不再与任何一个帝国重合。世界市场是复杂的,也是被强加的,而从另一角度看,却又是脆弱的和受到威胁的。它同时包含商品和资本市场。这一双重性使我们无法不加批判地将马克思关于商品的逻辑和语言用到它之上。中国在1978年改革开放后,其经济是在这一外围的世界市场里披荆斩棘,腾飞起来的。

中国在全球城市化过程中面对了世界市场内新的劳动分工现实。我们知道,技术性劳动分工会引入互补性(生产性操作互相隐含),而社会劳动分工也总会同时引入盲目和非理性的不平等和冲突。在当前的世界市场框架中,原有的生产关系并未消失,仍然存有那些具体的互动和交换。正是通过那些互动和交换,世界市场在地球表面铺排出了各种新的构型。因而就产生了国家、人民、阶级之间,空间中的、关于空间的种种新矛盾。在这一新的世界性框架或世界市场的新格局下,旧的政治经济学必须被置换为空间政治经济学。[1] 中国的城市化对于全球城市化的引领，也要求我们拿出生物圈内人类集体幸存的新策略，而这要求我们首先在中国这一实验室领土上找到，甚至发明出新的经济模型和新的生活方式。

列斐伏尔号召我们以弗朗索瓦·佩鲁（François Perroux）和萨米尔·阿明（Samir Amin）的极、中心和边缘等概念为基础，来建立一种空间政治经济学。他要我们认识到，经济中的一切都正在被全行星地动员、被空间化和被辩证化地看待。关于增长和和谐发展的抽象模型，已全都失信，也过时了，这一眼光被证明是很超前的。对城市的规划和半规划，已让位给了空间规划（该不该这样做，是中国国内 2021 年的一个争论焦点）。空间规划意在处理各种流动：能源流、原材料流、货币流、劳动力流、货物流、人口和物品的混合流、符号流、信息和理解流、象征流和资本流等。它努力连接和协调空间中这些多重的流动。[2] 那么，它是在哪种空间里处理这些的？

国土空间规划是要在世界性层面上的巨大的地缘政治单位内，来处理这些流动。而在这一全行星空间内，城市肌理也被占领，并被进一步生产。它转而会升级到更高的版本，去侵犯空间的整体，而这是西方城市化的核心过程。这一全行星空间也加入了各国城市化对货、物、商品的生产。它还推动大规模的生产性消费，比如在世界各地建大量标准小区，叫人们来买套房，以便将卖场里的那些室内陈设都搬回家，以此来促进全球生产流转和

---

[1] Henri Lefebvre, *State, Space, World*, op. cit., pp.200-202 书中所引的《全世界性和全行星性》为 1972 年 10 月 2 日列斐伏尔在利马大学建筑系的讲话。

[2] Ibid., p.201.

全球资本流动的加速。全行星空间已彻底地不中立,城市空间此时也成了经济、社会和政治的统治工具。

这时,空间成了场地,成了对社会生产关系再生产的场地,尤其成了对资本主义社会生产关系再生产的场地。于是,在城市化过后,我们留给下一代的,居然将是这么一个局面:房地产开发这一过程,使得城市空间里已没有让年轻人获得尊严的工作。

为什么城市里将会没有什么工作可找?因为全球资本主义系统已进入了残酷的金融资本主义增长的最后阶段,但资本要在全球范围内获得年增长3%的利润率,已比登天还难,创造出来的工作机会,也就多半是格雷伯说的"毫无意义的工作"。这种工作的数量再多,也满足不了经济系统急着扩大的内需,集体消费上不去,进一步投资也徒劳。而正是金融资本制造出来的毫无意义的工作在社会中制造着"躺平者"。后者就是斯蒂格勒说的社会各阶层的废人化和非人化。工业时代,资本家将那么多的人拖入并没有像样工作的城市,是为了制造劳动力常备军,为资本系统降低工人的工资。西方城市化就是将工业、商业、人口全部卷到一种被开发的过程中,以方便大资本方从中抽利:尽量压低工人的工资,再用房价将所有人榨干。今天,哪里想得到,就连这样的血汗工厂式的新工作环境,也越来越少了。而去城市周边建这么多小区,将人聚集到一起,就是为了让人先交按揭。如果这都仍然不能使资本流通过程变得更为顺滑,那经济和社会危机也就不会远了,而这是资本主义系统内周期性发生的事。

这种危机从此也将是全行星式的。这种全行星下的城市化造成的资本流通的危机,将裹挟全球的所有角落的所有人。而那个隐伏在全行星城市化背后的全球信贷系统,会像高利贷公司那样,把一整代人都拖进泥潭。对此,我们该怎么办?根据让-皮埃尔·迪皮伊（Jean-Pierre Dupuy）开明的灾难论，我们每一个人都必须像想象金融风暴席卷全球之不可避免那样，来想象美国发生内乱后，在美国之外的我们将面临哪几种主要情况，并把最坏的五种情况列出来，当作已经不可阻挡的未来，每天为它们制作应对预案。我们早已知道世界市场正在被全行星化。早在20世纪80年代，列斐伏尔就已警告过我们，今天的世界性正是那一世界市场被强加到各个民族国家头上后形成的，它实际指的就是被卫星通信覆盖的这一行星的全域。[1] 在他看来，今天我们遭遇的人类性、世界性、全行星性和全大地性、生物圈性，是市场和商品延伸到整个地球后的结果。它是世界的世界化之结果，是世界市场前来接管国家了。全行星性是资本主义抽象空间之网被全球化撒到世界每一个角落之后的结果，通过城市纤维（urban fabric，或译为城市脉络）的渗透，已被罩到了乡村之上，而今天的城市化将这一张网络收得更紧了。全球的城市和乡村都被拖进了这一全球城市空间之中，被浸泡在了这一世界市场之中。[2]

---

1　"全行星性诞生于宇宙绵延。它是被当作世界生产出来。它是存在的发出者。人类被拉进这一游戏，来发动一切：游戏是不会来向我们讲为什么的，它是被玩的——只能玩，不能做其他事。将只剩下游戏，那是最高级别的，也是最深刻的事。这是一，是独特物。因此，全行星性，这一使存在不再能够躲藏的游戏的赌注，将被甩在我们面前。"（Henri Lefebvre, *State, Space, World*, op. cit., p.276.）

2　2020年2月20日，库哈斯的全球乡村项目在筹划了四年之后，终于以"乡村，未来"为名展览于纽约古根海姆博物馆。占据这个环形展馆整整六层的展览，是基于他和团队耗时近十年的跨国乡村调研项目。"乡村，未来"展所讨论的"乡村"，指的是占据地球陆地98%的面积、尚未被城市占据的地方，包括农村和其他边远地区。展览通过五大主题——"休闲和逃避主义""政治再设计""（再）人口""自然/保护"和"笛卡尔主义"，来探讨人工智能和自动化兴起、政治激进化、全球变暖和大规模移民流动背景下，全球范围内非城市地区经历的政治、经济、社会和文化变革。除了对欧美、中东和也有论者认为,这种全行星性其实也是极难被维持的,在其能源供给和合法性维护上来讲,都是如此。平台城市中的国家监控由于成本问题,最终必然会被下包给私人公司,因此最后将一定是一些私人基站孤独地监控着人类之间火热的交往而已。而且,要知道,正是各种交往理性的尝试的一再失败,才导致一种像全行星皮肤和谷歌地球那样的基于 app 的可询唤的巨型机器的国家治理装置的出现。[1] 这证明了我们之前的交往理性的失败,也表明今天的大规模监控终将失败。

当前,量子科学正带来一种倒逼我们的新时空框架,尤其是量子计算方面的突破或对这种突破的期待,使我们对云计算技术带来的全行星性有了急切的想象。今天,在这种热切期待下,写新的政治哲学、做全大地工程等,其实都可能是在制作一种非好

---

(接上页)非洲等国的乡村进行图像、文字和视频展示之外,展览也用了相当篇幅介绍中国的乡村建设。展览中,库哈斯强调了农村的重要性:"2020 年,我们面临两项要务:一是质疑完全城市化的必要性,重新发掘乡村作为人类生存和重新安居之地的可能;二是我们应该运用新的想象来大力激发这一可能。"(参见:《独家专访库哈斯丨乡村的可能性》,《信睿周报》第 23 期。https://baijiahao.baidu.com/s? id=1663952948708680600 &wfr=spider&for=pc)库哈斯在为展览撰写的文章《被忽视的区域》("Ignored Realm")中认为,乡村是"一块画布,投射着一切行动、意识形态、政治团体和个体革命的意图"。他的这两种立场,既反对彻底的城市化,又运用新的想象从乡村再出发,显然是一厢情愿的两面派式的作秀。自马克思至列斐伏尔到今天,城市脉络一直被理解成一张工业化中的城市化之网被撒到全部的乡村,是资本主义空间商品化的内在毒逻辑的蔓延。而建筑界仍在将它看作城市改造的新血管。库哈斯这样固执地否认经济、全球化和由工业化到城市化的全球行星化过程,是执迷不悟的近视。本书对这个展览采取完全的否定态度,认为其立意和执行,虽然轰轰烈烈,却是无知而自以为是的,最终也只是掩耳盗铃。

1　Benjamin Bratton, *The Stack*, MIT Press, 2015, p.121.

莱坞式、非《三体》式的科幻小说。它要讲的是我们如何亲自降临，独当一面地处理这个行星面对的问题这样一个故事。但降临到这个我们最终也将作为弥赛亚离开的行星之后，我们却发现，它正陷于一切与一切之间的总体战争。于是，我们就想用科幻小说中的全行星战争，来替代人类历史内的无厘头的战争。[1] 而这极有可能会成为明年某部美剧的主题。

全行星范围的弥漫式平台计算也会一再地造成新事故，从中将产生出什么样的新范式之下的技术系统，我们仍不知道。现代性正在式微，平台设计是要对这个已经被塞满了各种对象的现代世界做出新的策展。[2] 为支持全行星计算，而又不将地球层的能源抽干，我们也许还得去设计出另一个星球，去设计出一个像俄罗斯套娃那样的地球脑，以便使我们既可以从中吸取太阳能，又可以靠它来执行全行星计算，同时还支持马斯克之类的人所要开展的火星计划。[3] 实际上，在全行星计算平台上，堆栈越被折叠，生产出来的空间反而会越多。而这将彻底颠覆传统的主权理论。因为，在谷歌式领土上，领土越被占，它反而会越大、越多。这是之前我们怎么也没有预料到的。这与洛克（John Locke）用耕作来划出领地和财产轮廓的占权理论，完全矛盾了。[4] 但是，我们也就这样一不小心地进入了如此不可思议的新主权空间之内。一方面，我们想要向全行星敞开；另一方面，我们却已身不由己地落入堆栈，掉入原来那个城市背后的总体计算式运行平台，后者也成了我们脚下的那一架领土机器，或电子脚镣。

---

1  François Laruelle, *En dernière Humanité*, op. cit., p.110.
2  Benjamin Bratton, *The Stack*, op. cit., p.356.
3  Ibid., p.107.
4  Ibid., p.33.

## 10　城市是向未来开放的存留格式

在全行星化过程中，城市被平台化，堆栈成为真正的城市基础结构。这时，怎么维持城市的集体理智，不使它在平台上在被加速的过程中走向疯狂？从苏格拉底的角度看，这一问题可以被这样提出：如何用我们的说、对话、争论、决断、深远的关注，来压倒云计算平台对我们的"写"，使我们过一种积极的、能在新场景里守住美德的城市生活？而本书向大家发问：一种什么样的城市哲学才对得起这个时代，才能克服我们脚下这个平台的运行速度带来的暴力后果？

每一个城市都是集体体外化过程在某一个时代里到达的新阶段。它一开始总是一种可疑的存在，会广受争议。衡量这种集体体外化过程正当与否的标准，也需要在那一时代公共空间内的集体争论中去寻找，须是一种在集体智性审视下浮现出来的共同追认的新真理。在公共争论中，像在法庭上当众审理一个案件那样，真理是被摆在各方面前，来被辨识和论争的，而各方又将它当作不同的东西来认领。有通过数学式演算而得出的真理，有不违反矛盾律的人类理性使用过程中产生的真理，有作为积累式的理性过程的结果的真理，有用来阐释过去的那种历史式关系的真理，有基于对立观点之间的公共争论而得出的真理，等等。这些真理是城市的集体体外化过程中留下的一长串"真理的历史"的产物，只在当时有效，对后代而言，就只是某种存留，甚至会带有毒性，需要在新的场景中重新被解释。而海德格尔说的"真理的历史"本来是指：必须基于这时代的技术媒介，来一次次重新敲定"真理"、对于我们大家而言的"绝对知识"。一次次地，在每一个时代的每一个关口，都得重新敲定它。比如，在美国历史上，

《独立宣言》曾是用鹅毛笔写成的；美国内战时，惠特曼的《自我之歌》，则是用打字机写成的；特朗普的民粹主义言论，则主要通过推特写成。本书反复强调，如果城市是被这样"写"出来的，那么，这种"写"在作为集体体外化过程的城市的每一阶段，都由不同的媒介来传输，我们必须在每一时代开出新药来治它。印刷时代的城市与云计算平台上的城市，是建立在不同的媒介（"写"或记忆技术）上来存留。本书倡导的城市哲学，不光是在计算机键盘上被写出，而且是在高速行进的中国城市化中被写出，是在对算法自动化和气候变暖的预期中被写出，也是在笼罩着我们的人类世新情愫中被写出。城市哲学的言说也必须找到自己的最生猛、最到位的当前媒介。

今天，我们不得不使用手机的屏幕-界面，来找到自己的时间-图像，去抓住每一次对于我们都独特的真理。我们这样一次次借助于不同的存留-书写技术，来重新抓住那一衡量着我们今天的体外化过程的真理标准，新的城市就是这样一点一点地被我们存留下来的，位于城规图和建成的城市新片区之间，是全体住民的集体存留，是他们每一个人的作品和集体作品。之后，我们就企图用苏格拉底说的长回忆（深度关怀），来盘活城市这一图像运动的堆积过程，在其中找到我们每一个人自己的时间-图像，就像我们在看一场电影时所做的，最终是在导演的电影里，找到了我们自己的故事线束，形成我们自己的那一张时间-图像，将导演的电影变成由我们自己来主导、主演的电影。

苏格拉底在《斐德诺篇》中说，人的灵魂是由逻各斯驱动的一对长着翅膀的马儿：是灵魂的运动给我们带来了时间和时间-图像。是灵魂带动了人的长回忆，如上文所述，心智如一条三文鱼那样，逆溪流而上，回到源头和过去，但每次总只是回到另一个源头和另一种过去之中,每一次都对源头和过去做出了新的解释。在《会饮篇》里,苏格拉底指出,雅典的女祭司和女诗人狄奥提玛(Diotima),是训练我们的长回忆或深度关怀方面的好教练,能帮我们的灵魂做更远的洄游。

在《美诺篇》中,这一长回忆被看作精神和灵魂从冥界,也就是死灵魂的场地,返回地上的过程,是借助于药罐或者斯蒂格勒说的技术第三存留,从技术死物质层返回人间的过程。在《美诺篇》中,苏格拉底说,那些为以前的错误而向冥后,也就是春天之神珀耳塞福涅付过赎金的人,会通过她,以太阳为担保,在第九年得到回报:他们的灵魂将再生。显赫的君王、权大无边者和知识渊博者,都将从中升起,会在必死之人中间成为神圣的英雄,得到尊崇。[1] 这里,苏格拉底似乎在鼓励我们:哪怕已生活在平台城市中,我们也必须这样从冥界绕回来,才不会在城市的日常生活中被灌了迷魂汤,永远被捆绑在那一自动社会之中,走向感性的贫困,一步一步地被无产化。

这让我们想到,在《尤利西斯》中,乔伊斯其实也是让困于都柏林日常生活之中的主人公布鲁姆,做了这样的一次次长回忆式绕回。但他显然是绕不出来了。同样,与雅典人对话的苏格拉底,也逼我们去直面美诺所面对的困境:如果我们寻找,但不知道要寻找的到底是什么,那么,我们就无法寻找。但如果我们事先知道要寻找的是什么,那这个东西也就不值得我们去寻找了。究竟如何在不知道要寻找什么的情况下去寻找?这就是过去两千五百多年里人类在城市中的命运,我们在今天并没有超越这一困境。这也就是本书和这一"城市哲学"所要做、做不尽的事。

---

[1] Bernard Stiegler, *Nanjing Lectures*, op. cit., p.97.

"城市"本身是我们不断做长回忆式绕回的回路中的一个起始装置,也将是这一次次绕回的结果,我们陷在其中,但也只有通过它才能不断绕回。

我们还在找,但我们还不知道到底要找什么,在还不知道到底要活在一个什么样的城市里时就在找它,所以我们至今还未找到我们想要的那个城市。认真逼问我们,我们其实也说不清到底想要活在一个什么样的城市里。我们通过继续活着来寻找它,只有通过寻找它,我们才知道要一个什么样的城市来活在其中。我们还未找到安身之所,也许永远都不会找到这一安身之所了。因此,城市并没有历史,只有未来。在当前,这句话听上去尤其刺耳。在任何时间点上,我们都只是立足于当前城市的第三存留,就像排练开始时那样,我们只是面对一堆旧道具,我们要从排练中找出一个我们想要的城市,但我们将永远找不到它,或者说,找到了一个,我们又会马上发现它的版本已不够新,需要马上另找。与此同时,全球变暖问题迫切,我们又得集体重新学习从城市走向生物圈。这正是:在自己的城市命运中挣扎的我们,每时每刻都遭遇着这个著名的"美诺困境"。

根据海德格尔的说法,城市是使此在向历史开放的一个场所,是一个让此在能够历时地到场的舞台,是供一个个的"我们"一次次来演出的舞台。作为说的历史和作为写的历史互补,从而构成一个整体。这两者走到一起,才形成城市。也就是,人们使用字母来立法,将写当作法的力量,来规范人类的行为,从而形成了城市。在城市中,人类转而用说去压倒这种写,以此使自己的存在更向宇宙敞开。用说压倒写,这一姿态已被重复了两千五百多年,今天我们也仍在这样做。在数码时代,我们有了新的写,也就需要用一种新的说,来压倒那种构成城市的数字之写,去重新形成一个新城市。

只有用说压倒写,用新的法的状态压倒旧的事实状态,作为集体个体化过程、作为集体体外化过程的城市,才能走向健康。也只有在这样的作为集体个体化和集体体外化过程的城市之中,历史才能被叙述。在城市中,历史只是一种我们想要诉说自己,用各种说来形成这个时代里的一个新的"我们"的手段。但是,城市却是让存在的历史一次次启动的场地,一代代人在其中重新开始叙述他们自己的历史。[1] 城市没有历史,就是说,城市不会被它的历史继续左右。今天,我们也只能在当前的这个废墟般的城市中,去叙述我们这个时代的人眼里的存在的历史,从三万多年前的洞穴,到长安,到雅典和罗马;从工业革命时代,一直到今天的后真相时代,每一次都叙述得不一样。新的城市产生于我们一次次的追述之中。

最早,雅典是用字母式综合,才形成了法律后面的那些构成性规则。从祭司-君王时代走向城市,是人类迈出的重大一步,用的手段是书写。支撑城市的法律的,正是这一从埃及传入的新的书写手段。[2] 在《形而上学导论》中,海德格尔向我们强调:

> 将 Polis 译成国家(Staat)、城市-国家(Staadstaat),是不够确切的。Polis 是场地(Stätte)的代名词,是此在历史地到场的地方。Polis 是让人走到一起来说的地方,只有在这里才能达到"此"。[3]

---

[1] Bernard Stiegler, *Nanjing Lectures*, op. cit., p.187.
[2] Ibid., p.184.
[3] Martin Heidegger, *An Introduction to Metaphysics*, op. cit., p.162.

我们在这一polis之中去说,并在这一说之中找到这一"这",才使我们的存在向真正的无限敞开。但是,斯蒂格勒在晚期写作中批判了海德格尔的这一此在思想,认为他的这一"这",被理解得太形而上学了。海德格尔企图通过非-技术的手段,来到达这一"这",并想要一步到达它那里。斯蒂格勒认为,到达这一"这"的事儿,是人必须天天去完成的一种命运,今天到达了,明天就又得重新开始,因为这是人的真正的技术命运。关键是,海德格尔并没有看到,书写技术是人类的城市政治的本质,是促发力,也是负力。哪怕在今天的云计算平台上,在已经成为云计算平台的城市中,我们也无法不直视这一现实。今天的城市的"这",也仍是通过算法被写出来的,是由它自己不停地用今天的书写技术自我扫描或打印出来的。我们是从这一写出之中出发,去重新找到我们的新城市的。

因此说,我们一开始是不知要从城市里找到什么的,而如果知道,那也就根本不值得去找了,这就是所谓"美诺困境"。但是,如果我们不知道要从城市中找到什么,那我们又怎样去找新城市、我们想要的城市?不管怎么说,还得去找的啊。在这一"找"之中,我们才会找到未来。城市正是一次次重新诞生于我们的一次次重新开始的"找"之中的。城市没有历史,我们不用也不可能去恢复城市过去的风貌,但我们必须重新寻找那一将要到来的城市。我们必须将现在脚下的这个城市当作学习型城市,当作学习的领土,以集体学习的姿态,去应付我们在人类世、在生物圈中遭到的生存挑战。这就是《美诺篇》给今天的我们摆下的那一个城市哲学矩阵之于我们的用处,其中含有未来城市的深层语法。

这也回答了我们应该如何从今天的城市里找出某一个未来

的问题。我们当然不知道这未来是什么,但总还得去找。这一找,就使寻找城市的未来这一件事,成了我们检索、编目和深度学习的目标。美诺困境成了今天各种城市研究面对的共同困境,但也因它而开启了我们的一种新的城市实践:城市学习,或城市深度学习;城市成为一架我们必须帮它投身深度学习的机器。

城市的出路只能是:成为三代人以上形成的跨代际的学习领土,在此基础上形成全行星的关怀式公社和互联国之内的各种贡献式经济模型,去学习如何生活在这个生物圈之中。而这一切开始于我们当前三代人的集体的深度学习。本书或城市哲学是要来发出这个信号,实际上还不能算是城市深度学习的一部分。

我们只能通过更激烈的说和写去压倒城市这一架云计算平台机器对我们的写,这才有可能为城市找到一个未来,也为我们自己找到一个未来。我们的未来也是这样被我们以新的方式书写出来的。它落在那一种将要到来的说和写的对冲之中,也就是说,在新的城市里,找到用来制衡我们的生活方式的新的真理标准后,才能找到我们和城市的那一双重未来。

在其各篇对话里,苏格拉底总在问和说,柏拉图则总在写和记。苏格拉底用说和提问,去挑战柏拉图的写和记。布朗肖提醒我们,苏格拉底的"那么,什么是X?"这一问题格式,能将一切连根拔起。[1] 实际上,这种提问在今天也能将大数据从芯片后面的冥界中连根拔起,使我们能够用自己的说,通过各种屏幕,写回平台城市之中,完成一次次的"绕回"。这一提问才是我们的救赎,才能使我们未来能继续待在城市里。

通过《普罗塔戈拉篇》中的珀耳塞福涅神话和普罗米修斯、埃

---

[1] Bernard Stiegler, *Nanjing Lectures*, op. cit., p.41.

庇米修斯神话，我们才知道，今天能发明的，其实总是早就存在于冥界的，像河床、像大浪下的岩石，其实也一直都是它们在支撑今天的一切。我们须做的，只是通过长回忆，回头去找，努力绕回。通过长回忆，通过深度关怀，通过深度学习，绕回，在今天开始发明。

我们今天的城市处境与苏格拉底那时的雅典的处境并没有两样：后真相经验中的大苦难、大贫乏，都是由写、记和谷歌式大数据心智死组织层或那一数字地狱所造成的。信息的传输速度使我们的提问和言说压不住写和记了，这才造成感性苦难、经验贫乏。当我们的说压不住平台城市对我们的写时，那一架帮我们维护正义和廉耻的城市说-写机器，就会成为一架法西斯机器，对我们发号施令。

为了修复雅典的这一乱套，苏格拉底用对话将对话者的提问连根拔起，同时又深入源头，将这些提问从冥界拉回，甩到我们面前，引得全城的必死之人都仇恨他。柏拉图试图通过文字记录让苏格拉底不朽，但也因此封住了后者的嘴。[1] 那个城市是通过死刑，才最终封住了苏格拉底那一张直通神话世界的嘴。而我们，哪怕不在雅典，甚至也不在西方，这时的这个我们，这个无论已多么蹩脚的我们，也仍是生活在苏格拉底传给我们的这一前个体场地里的。

一个新城市的到来，其实也是春天又一次到来的故事。我们像迎接春天那样扑入新城市的怀抱。斯蒂格勒要我们想象：苏格拉底死后进入冥界时，必须穿过冥河那边的那些展示各种神秘物的长廊，必须穿过冥后和春天之神珀耳塞福涅隐身的那一柳丛，

---

[1] Bernard Stiegler, *Nanjing Lectures*, op. cit., pp.112-123.

穿过普罗米修斯和埃庇米修斯的神话场地,穿过这些与我们在地上的种种发明似曾相识的东西。这时,他就会发现,地上的拙劣的发明,在地下早就存在了,在地上的我们其实总是事后诸葛亮。我们需要的梦、疯狂和马斯克才能发明与想象出来的那一切,其实早就好端端地被摆放在冥界。苏格拉底要我们相信,无论在地上还是在冥界,最绝对的过去,也会作为最绝对的将来重新显现在我们面前,这一重新涌现,就算不是复活,至少也构成了那一支撑着时间的东西:那一全方位的时间性,它就像是被激流冲出来的那一河床。

上面的想法,在2019年斯蒂格勒在中国讲学时,我们听了很多遍,当时大家就听得身上起鸡皮疙瘩。这是他通过对柏拉图对话的深入解读,再加上他的当代的技术经验,体会出来的。他与我们讲这些时非常认真,令我们很难堪,如今他已离我们而去,只好在此祝愿他进入冥界时,也看到了他说的苏格拉底下去时看到的柳丛后面的那一切。

斯蒂格勒自己深信这一场景,一定是期望着它,急匆匆离开我们时,也许还带着一些欣喜。他忘了带很多的东西,就匆匆地上了路。但是,他又对我们说,其实,电脑和苹果手机才是我们真正的地狱,就在地上,不在冥界。我们极难离开。而地下的冥界才是我们的梦和灵魂的沃土,才使我们有从那儿复生的可能。在当前的数字时代,我们的灵魂卡在了苹果手机和电脑这个地狱里,绕不到冥界,周而复始,这才是大问题,这也是今天的平台城市最大的问题。平台城市可以是蚁穴,而且已经是了,但我们除了这样的"绕回",其实并没有别的办法。在当前的城市里,我们已无法形成我们自己的时代、自己的风度和自己的姿势,也就是说,我们无法在它之中展开我们的历史命运,甚至都无法将我们自己的命运铭写于其中。这个作为堆栈或平台的城市，已将我们抛到了一边，虽然我们还在里面点外卖、收快递。

斯蒂格勒在《来自通伯格的教训》的前言中说，冥河的那一边，死去的人的灵魂形成了心智死物质层，那些半灵魂会间歇性地从那儿返回阳间，这一渠道保护和滋养了活着的人，因为活着的人帮他们守着地上的地方、情境和状态。死人和活人之间于是形成了这一 kleos（意为"不朽的名声"），就是西蒙东说的跨个人化。[1] 我们知道，苏格拉底就有他自己广大的 kleos，他见到每个雅典人都想攀谈，也急着赶去冥界见荷马和珀耳塞福涅。他只想快死，去听他们的美谈，因为，他的灵魂的一半是一直留在冥界的。写到这里，斯蒂格勒突然笔锋一转：我外婆也像苏格拉底那样，她的 kleos 也很广大。我外婆也将自己叠加和增补到了自然之中，不是加到超自然之中，而是叠加到自然之上，我今天还是以她的精神来活着，她的照片对我而言是一种超物质。[2] 春天之所以到来，正是因为与我们有关的在冥界的灵魂，前来感谢替他们守着地上的一切的我们。但是，我们还对得起他们对我们的期许吗？马斯克、乔布斯、盖茨们是给我们的灵魂制造地狱的恶魔，春天是我们能够摆脱他们一小会儿的那一束单独的辰光。

## 11　把城市变成抽象机器

今天的城市与旧雅典的不同在于，苏格拉底经历的那种后真

---

[1] Bernard Stiegler, *Qu'appelle-t-on panser ?*，Ⅱ，LLL，2020，p. 23-25/788 (Kindle pages).
[2] Ibid.

相,只是在他的本地发生,而在今天的平台城市上发生的,也同时发生在全球,光速般地一遍遍地在这个全行星空间内重复发生着。海德格尔说,我们正在全行星范围内被现代技术的恶轮盘摆布,在今天就具体地表现在:在手机上的众多app的护卫下,我们反而无法形成自己的标准,无法形成一个让自己可以归属的时代。而且,由于算法技术对一切流动事物的加速,我们也许再也不可能形成一个属于我们自己的时代了,我们和我们的下一代也因此都将成为孤儿,最后像处于宇宙膨胀中的一切,都将被撕成碎片。按照斯蒂格勒的说法,我们正在经历一个集体的脱个体化过程:被卷入无意义的重复,进入感性和伦理上的贫困,这远远不只是城市中出现的各种内卷的问题。

斯蒂格勒指出,展示于柏拉图对话中的苏格拉底的那一质问术,正是我们战胜那一大数据地狱的武器:用勾魂一样的提问,用艺术、诗歌的发明,去从地狱里勾出深冬里的第一片绿。正是珀耳塞福涅每年任劳任怨地向我们送来了春天的新道具,让我们欢庆和迎接。城市后面就像有一架抽象机器在那里推动,使我们一次次重新走进春天。她一直在地下等候着我们,总是按时出手,从不失约。一次次地,我们都是用欢庆来开始命运的新局面。哪怕在云计算平台上,我们也必须一次次重新找到自己的新春天。

能够推翻一切技术标准,打碎一切旧伦理(我们的道德说辞后面的书面理由)的苏格拉底式提问,是用对话来替换辩证,使我们能够架空大数据平台,走向自己春天般的新时代。这是一次次的重新发明。而发明,对于古雅典人而言,就像是在法庭上提出一种全新的证据。它是西蒙东说的集体个体化,是心理个人、集体个人和技术个人跨个体化的副产品,不是我们想象的恶魔在私底下搞出来，用来垄断、霸占，然后掏空我们腰包的商品。我们必须用更开明的文化来吸纳目前的技术使用所带来的暴力后果——不是与技术搏斗，而是拿出我们对新技术图式和程序的审美思想和文化觉悟，总体上，包抄当前的技术使用。

实际上，在今天，技术的进步不只是由资本、科学和技术研究来推动的，而且也通过大规模的消费需求对技术的应用式扩散来达到的。[1] 多少伟大的科学发现和发明其实就睡在专利局没人理睬，因为它们没有被大众消费的需求召唤。但我们的技术上的创造不能被消费拖着走。我们知道，技术发明需要三步走：协同、分析和综合。而创造则是：先琢磨出四五个点子，从中选一个。创造是朝着发明的倾向使劲，[2] 但它并不能保证一定会被消费相中。而被大规模营销的技术产品，也并不是被发明的，而是被一步步创新出来的而已。算法和人工智能都来自创新，而不是来自发明。智能、直觉、发明或创新能力在每一个人身上都会展露出不同的侧面。不同的精神以不同的方式生产着信息，来与宇宙合拍，企图与熵达成平衡。因而，今天的创新经济也只是一种熵增经济。

因此，在数字时代，我们仍然应该用数据结构的标准化和发明式算法，来组织数字对象，也由此去重构时间。算法正通过客体（物物）间关系重构着主体间关系，也正在编程社会关系及其规范，我们必须时时警惕，时时在它面前争取到主动权。对范畴和算法的工业式开发，是今天不可阻挡的时间综合，后者正威胁

---

[1] Jacques Ellul, *Le Système technicien*, Cherche Midi, 2012, p.285.
[2] Gilbert Simondon, *L'Invention dans les techniques: Cours et conférences*, Seuil, 2005, p.338.

着个人的先验想象之时间综合(康德和海德格尔说的那种)。在人工智能应用被普及的同时,机器的操心形式也正在替代人的操心形式,而要分析这种机器的操心形式,海德格尔式的基本存在论,已经不够用。[1] 第三预存,也就是机器先替我们的事操心,这会使我们掉进罗网,使人人都成为一架傻瓜式相机。因为,长此下去,我们身体的习惯将与我们的心智脱节,一不小心,机器就会让我们沦陷到黑洞之中,我们都来不及反应。这就是当代城市中的说和写之间脱节造成的结果,是新算法技术带给城市的后果。平台城市是其后果,而新智能城市是我们争取的反转目标。

西蒙东说,不能先升级当代文化,去重新弥合技术与宏观宗教在当前的脱节,将机器看作对人类现实的威胁,这才是真正的技术异化。他认为,今天,我们需要新的机器学或对算法和人工智能的批判,来发展马克思的那种异化批判,用新的当代文化,去弥合技术与人类生活之间裂隙。也就是,只有我们在新的城市实践中形成的新文化,才能收纳数码技术在城市中造成的各种后果。

因为我们不理解其中的图式,所以我们才会感到技术正在威胁人类现实。自从有了平板电脑,连玩具工程师都会造汽车,滑板车当初却是飞机工程师发明的。[2] 我们不应该被那些新的技术创新迷惑。家用汽车的改进与汽车技术本身的发展如今关联也不强,更多的是靠旁的领域如飞机制造、海船制造和大卡车制造的推进,而且还主要是依靠来自各地的使用经验、原材料生

---

[1] Yuk Hui, *On the Mode of Existence of Technical Objects*, Minnesota Univsersity Press, 2016, pp.247-248.
[2] Ibid., p.27.

产，或更有适应能力的关联装置的推进。往往是来自细节的改进，才推动了这种层出不穷的改进。所以，我们不能说汽车技术在发展，不能说汽车正在进化，因为它所卷入的各种外来因素的革新，都会进一步干预汽车本身的生产。实际上，现有技术总是扭不过使用过程中人的欲望对抽象机器的反复、无理性的更改。今天的苹果手机被不断具体化，也是一样。来自使用的非理性干预，使苹果手机本身的技术逻辑瘫痪。它于是不断地、在它的几千个零件的方向上被具体化。杜尚的会旋转的自行车轮子是抽象机器，苹果手机却是当代最可怕的具体机器。今天，城市平台已成了这样一架在各个方向上失序地进化着的具体机器，看似在被无穷地创新，但其实那只是它的原初模型被不断具体化而已。

如果城市是一架抽象机器，那么，艺术作品像艺术家杜尚的自行车轮那样，都只是抽象机器之中的抽象机器。我们城市住民必须通过自己的住，使自己脚下的这座城市也变成一架抽象机器，也就是说，变成我们自己的一个作品。勒·柯布西耶曾幻想他可以通过建筑术来设计出这样一架抽象机器，他最后当然没能做到。

## 12　用什么来对冲这个平台城市？

柏拉图代表新形成的城市，而苏格拉底仍与那个神话联合体藕断丝连。掌握了书写技术的柏拉图开始使用辩证术，也就是主动做两面派，既书写，也问答。而苏格拉底则想用对话去挫败柏拉图的写，不让他的写和记最后算数。他不想让书写来固定说，总要进一步提问，总有更多的东西要拿出来说。所以，在柏拉图记下的这些对话中,苏格拉底代表了城市的正面力量,柏拉图则代表城市中的反面力量,也就是写的力量。《对话》是在探讨一种城市术。

斯蒂格勒向我们指出,苏格拉底在《斐德诺篇》等对话里并不反对写,而是认为:既然用了写、记、录音、复制与粘贴,我们就应该同比例地用说、提问、对话、演出和公共艺术,去压倒手机屏幕和后面的界面对我们的规定,以便中途不掉入冥河里,成为拿着手机、漂在冥河中的一条条活尸。可以说,苏格拉底对话中的那种勾魂术,也是针对半个魂已在地下、掉入计算机芯片的地狱之中的我们的。是他放出生命线,要我们接住,让我们在城市中继续那种集体个体化,否则,我们就将被隔离在城市的外面,今天我们差不多已是这样。

苏格拉底认为,绕到冥界,再从那里像春天般地折返,才能战胜城市这一架云平台机器对我们的写(也就是扫描和打印)。当前的那种数码技术对我们的记忆的写,则是对记忆之写的进一步加速,我们因此也必须在更高的段位上,用说、对话、神话、诗歌去战胜这种写,至少与它对抗。这正是数字时代人文科学的任务。城市是需要我们这样去抢救回来的。

也须知,苏格拉底所代表的古代神话联合体与柏拉图代表的写之技术之间的对抗,曾发生在每一时代。《申辩篇》《斐德诺篇》和《美诺篇》向我们演示的,在之后的时代里也被一遍遍重演。德里达在《明信片》里说,是柏拉图授意苏格拉底说,由柏拉图来记。就像刑讯逼供,柏拉图让苏格拉底说他要苏格拉底说的话,使后者听上去满嘴形而上学。这一解释现在看来是有问题的,没能完全理解上面几篇对话中的情形。在这一点上,斯蒂格勒比德里达解释得更好,原因是,他从我们今天的数字苦难、感性贫困出发,去理解柏拉图的写和苏格拉底的说。他更意识到须先解构在场形而上学,在今天意味着先与我们人人身上由新技术的使用而造成的无产阶级化作斗争,才能理解苏格拉底和柏拉图当时经历的城市命运。而这是自马克思、恩格斯的《德意志意识形态》到法兰克福学派对文化工业的批判,再到斯蒂格勒的数字超批判,哲学一直想要努力说清楚的事儿。

城市是被写出来,又被它的住民说了回去,这才一步步形成,并继续形成的。城市是它自己对自己的写,和自己对自己的说,是后者压倒了前者时的状态。那我们应该如何"说"回去、"写"回去呢?这就需要我们全体住民不断提问、对话、讨论、争论、阅读、解释、阐释,去克服城市这一书写机器对我们的扫描和打印,并将之看作我们一生都必须进行的体外化过程。说、读、写是城市生活中我们所使用的自我技术。生活在城市里,我们要用自己的技术手段,去存留我们自己的所说、所读、所写、所思、所做,然后进一步阐释它,一步一步地积累为我自己的城市,使城市成为我自己的作品,使之成为我与大家共享的城市。也就是,去形成一个学习型城市,使城市处于学习过程之中。而平台城市要将我们撇到它外面,将我们当作被割的韭菜。

卡尔维诺说,在阅读时,我将自己当他者来理解。我要在自己身上去理解一切,在自己身上为自己而思考。读总是写之后的读。斯蒂格勒指出,读之中也有存留问题,因为,读是将自己变成他者来读。读,才能使我们走向逆熵式延异。[1] 德里达说,人就是延异,就是在不断地重复中产生的差异的积累。人是游戏中产生的一系列差异的积累。同样,在城市这一架写读机器中,我

---

[1] Bernard Stiegler, *Dans la disruption*, op. cit., p.318.

们努力用说、读、写将自己变成他者,延异到新的时代之中。我们只能不停地这样。但平台城市如那架美团机器为了营销和谋利,在架空我们,不让我们这样去做。

虽然生活在同一个城市里,但是,每一个人会对当前的集体存留做出不同的解读,甚至因此得罪与自己亲近的人。这就是所谓倾诉之伤,就因为生活在一起,好友之间因为说真心话,而互相伤害得很深。但不说真心话,找不到人说真心话,就又会活得很惨。所以才有布朗肖的那一友爱之处境:友爱更容易伤人,好友之间更容易互相伤害得很深,只有在作家死后的文学史里,朋友之间的友爱才能真正产生,那时,友爱才能作为文学史内的关系而长存。[1] 在城市这一集体体外化过程中,因为生活方式上的冲突,我们也会在这样一种友爱中受伤。但城市也是我们练习如何与更多其他人生活在一起、练习在友爱的实践中受伤从而成长的一种集体体外化格式。

男女之间的爱和好友之间的爱,都带有这样的药性。各种层面上的政治,也都带有这种药性。苏格拉底参与雅典的集体个体化,受伤,然后疗伤,直至极端:他将个人命运连接到城市的集体命运上,在城市的集体个体化过程中做出了表率。至死——直至他自己的个体化终点,直到作为西方哲学的那一"我们"作为哲学的开始现形之处,他都在给我们做出这样一个榜样。他用长回忆和深度关怀将自己的死与雅典城连接起来,从而启动了后来成为所有哲学的基础的那种态度,示范给我们一种"我"与"我们"之间的榜样关系。他的死因而也是一种对"我"如何继续、不断地成为的无限的示范:每一个人都可以在城市中成为这一集体体

---

[1] Bernard Stiegler, *Dans la disruption*, op. cit., pp.228-229.

外化的榜样，像苏格拉底那样，像一朵花那样，来衬出城市这个集体之鲜艳。

城市对他的死刑判决下来后，学生克里托曾提议他逃走，苏格拉底却拒绝了。他说，如果他这么做，那么他的孩子就真的会成为孤儿。这是因为，他解释说，他的孩子们必须先是他们自己的城市的孩子，这之后才可以成为他苏格拉底的孩子。也就是说，与其使他们成为自己的城市的孤儿，那还不如先使他们成为苏格拉底的孤儿。他不想使自己的孩子成为雅典的孤儿，这就是为什么他会说：要么去说服这个城市回心转意，收回判决；要么就让他服从这个城市的命令和判决，让他毫无保留地支持这个城市的法律，就如在生死上做出抉择一样——需他去死，那就死好了。他认同自己身处的这种集体体外化，也就是说，他认为城市命运大于他的个人命运，他的下一代人的命运须依赖城市，而不是他。

所以，苏格拉底的这一死也留给我们一种无限的义务：我们必须在他死后继续解释城市的法律，犹如我们必须在他的死中幸存，去找到我们自己在几代人之间所获得的活着的面子，哪怕最终仍不能得到不朽，也须先这样做。柏拉图却错误地以为，用书写和文字档案就能够保证得到这种不朽。因为，对法律做出解释，就是在做苏格拉底号召我们去做的长回忆和深度关怀，是在同时深度关心城市的集体未来，是要从先人那里继承遗产，然而也贡献上我们自己的那一份，然后再将这一切留给后代，仿佛是在几代人之间进行接力赛。

这么看的话，苏格拉底的死仍然未完成：对他的指控是依据"潜在"，依据他想要那么做。而斯蒂格勒说，这正是他对雅典这个城市所使用的教学法的天才之处。[1] 苏格拉底只是努力向我们演示：个体化是既发生于心理，也必须发生于集体之中的。心理个人总是与集体个人不对等，后者总有可能形成一个集权主义社会。个人与集体之间有着鲜明的差异，需要各种技术器官来作为中介，因而总是造成进一步的冲突。这些冲突必须用城市的法律，也就是通过一种更高版本的写来解决，以便不去冲垮共同体的集体生活。在这一意义上说，这些法律和规则必须是正义的，也必须同时使个人的自由变得正义，必须通过她或他的个体化来达到正义，因为这正是自由这个词所指的意思：在集体中实现个体化，才能到达自由。但首先，为了这种自由，如何使这些城市的法律变得正义呢？那就必须通过城市中进一步的集体的说、读、写、对话和争论，在新的冲突中，一遍遍地重新开始，在进一步的集体体外化过程中，来做到这一点。

而城市正是对于一代代人的心理个人与集体个人之间的冲突的法律式解决的点滴存留和积储，是各时代对于这些城市法律和规则的解释的长期叠加。城市不光是建筑的堆叠，更是一代代人的不同的解释成果的累积。所有时代的人对法律进一步的写、读、说和解释的积累，才进一步形成了新城市。所以，城市是被说、读、写、释出来的。也正是今天所有人的心理-集体个体化过程，也就是那种集体体外化，才积累了城市（在今天是数字性的）第三存留，进而成为美团或阿里云计算平台的成长土壤，被进一步扫描且打印为今天的城市。明天，我们又必须用一种什么样的

---

[1] Bernard Stiegler, *Acting Out*, trans. by David Barison, Daniel Ross and Patrick Crogan, Stanford University Press, 2008, pp.5-6.

说、读、写、释的技术去对冲美团式的对城市的打印，去积淀出我们自己的城市呢？

## 13　作为集体体外化器官的城市

人的体外化式进化与细胞进化无关。我们平时说的进化，只是指器官的体内化进化。

"体外化"这一概念是在1945年由美国数学家和生物学家（但在保险公司工作的）阿尔弗雷德·洛特卡发表的题为"作为最大原则的进化法则"的论文中首先提出的。[1] 这一概念后来也被美国著名经济学家熊彼特的助手尼古拉斯·乔治斯库-罗根用在《熵定律与经济过程》一书中，作为其关于经济学必须同时是生物学这一立场的主要依据。罗根将洛特卡的体外化理论与经济学结合起来，提出了著名的"生物学从此将变成经济学"这一主张。[2] 令人不安的是，也许在未来城市，在生物圈中，这种生物式经济或将真的成为主导模式，我们也许将不可避免地被拖进其中。目前的政治经济学也许就应该被升级为"生物-经济"的新版本，斯蒂格勒据此提出了生物圈内的逆熵经济和贡献式经济这样的说法，想为我们展望生物圈内的人类的共同生活提供前瞻性眼光。

黑格尔在《精神现象学》中提出的主体的外化这一概念似乎是

---

[1] Alfred J. Lotka, "The Law of Evolution as a Maximal Principle", in *Human Biology* 17 (1945), pp.188-192.

[2] Nicholas Georgescu-Roegen, *The Entropy Law and the Economic Process*, Harvard University Press, 1971, p.146.

"体外化"这一说法的先驱。西蒙东也用跨（超）个人（体）化这一概念，来强调个人须不断将自己嫁接到别人和更大的集体之上，不断与其技术场景缔合，才能在心理和社会中继续成长，一次次地将自己嫁接出去。而亚当·斯密说的和之后马克思沿用的"无产阶级化"这一说法，就是指工人的知识无法被外化为劳动过程的状态，是外化的失败。斯蒂格勒从2016年开始就用这一体外化理论重写了他的技术思想。在这一重写中，城市被他定义成使每一个作为体外化有机物的个人都能逆熵地体外化的一个集体体外化器官。城市是一个我们不得不在其中做出我们的体外化的集体体外化有机体，像一条在人类世的风雨中我们不得不栖身于其上的大船。

体外化是一种器官发生的形式，通过它，人的身体就生产出了非-活体器官，后者对于作为候选有机体的人的存活，是至关重要的。也就是说，人这种有机体不仅需配备体内化器官，也就是有机器官，而且也必须被配上体外化器官，也就是器官术式器官，即技术器官，从工具、手机到机构、制度，才能往前进化。与有机器官不同，器官术式器官之间的相互关系，总是不确定的。它们与体内器官、与那些由它们所构成的心理-身体有机体、与它们在其中发展的社会组织之间的关系，也是高度不确定的，而且可被外部力量利用，比如可被市场营销和国家官僚机器所控制的消费过程所利用、盘剥。因此，体外化会造成一种典型的技术毒罐内的感染场景，在其中，人的体外化式的增补，会同时成为人类熵和逆人类熵，既拯救，又威胁着作为被体外化的生命的心智形式的人类。体外化器官既可以是毒药，也可以是救药。城市正是这样的一个集体体外化有机体，每一个住民是其中的体外化有机体。

在体外化过程中，人的心智起着这样一种至关重要的作用〔在乔治·康吉莱姆（Georges Canguilhem）说的健康只是病态的逆转这一意义上，和在阿尔弗雷德·诺恩·怀特海（Alfred North Whitehead）说的理性作为功能和函数的意义上〕：增加逆人类熵的潜能，同时降低走向人类熵的可能；因为，体外化总是不可避免地同时走进人类熵的死胡同。[1] 城市作为集体体外化有机体的集体健康，是要靠每个城市住民去维护的，而这首先依赖每一个体外化有机体，也就是住民自己的健康。也正是在这种意义上，列斐伏尔才说，城市应该是每个人自己的作品。加上洛特卡和罗根对体外化进化和体外化经济的关注，我们可以将列斐伏尔这句著名的话理解成：城市必须是人在体外化过程中同时将城市雕塑成自己的作品的结果，是人与城市之间互疗、互治的结果。这一点也应顺此被扩展为：城市是人人都在关怀的那一个病体，是人人从自己出发的对集体体外化的关怀后的结果，是留给他们自己的结果。在云计算平台城市中，这一由列斐伏尔在1967年就提出的城市本体论，仍没有失效。

人类的体外化过程是在其体内器官的进化过程之外进行的，而那正是人的技术使用过程本身。人类学家在地里挖出一个陶罐，也就是将另一些世界带进了今天，其出土的形式会震动我们这些当代技术人，想与这一出土作品带来的许多虚构的存在者交流、切磋、打交道，然后做出我们在当代的进一步体外化：制作出我们的新的体外技术器官，使我们的技术式生命进化到下一步。而这就是安德烈·勒鲁瓦-古兰的质料-工具源发论启示我们的：

---

[1] Bernard Stiegler, *The Neganthropocene*, ed., trans. and with an introduction by Daniel Ross, Open Humanities Press, 2018, p.206.

人类的心智通过将记忆外化到工具上，来影响人类下几代人的进一步（体外）进化。比如，先人留下的一把榔头，就像是一本伟大的教材，能使今人在很短时间习得人类几千年的知识积累。软件和程序也是这种工具和技术。而城市也像上代人留下来的一种软件、一本说明书、一件工具或仪器，将过去很多代人的城市制作技术，通过体外化器官、技术式器官这种形式，留给了我们。而得到了这些技术器官的我们也并不只是模仿，而是循着它们、排练着它们，进入我们自己的城市深度学习，展开我们在自己的时代里的城市集体体外化过程，再将这一脚本和我们的城市版本留给我们的下一代。

城市中就潜伏着人类性技术所需的各种知识积累，真的可以说要什么就能拿得出什么。理查德·桑内特在"开放城市"这一讲座中，通过对阿玛蒂亚·森和玛莎·努斯鲍姆的自能（力）理论（capabilities theory）的强调，指出了城市对一代代人都具有的那些能力的连续养护：通过城市内的灵活的劳动分工，人们能做比学校、工地、行政机构和政权允许他们做的更多更好的事。在城市中，将重要的事情交给人们在合作中去解决，将会更有效。[1] 改造城市所需要的软件和程序，也埋伏在广大城市住民之间，只要排练就够。这种排练是要将婴儿和儿童时代的那种对合作的渴望发动起来，在其中满足每一个人的内心渴望。[2] 而数字工具与社交媒体对这种排练的有害的一面，在于它们会阻隔人人对这种合作的渴望。在手机屏幕上，我们会重新成为婴儿和儿童，但

---

[1] Richard Sennett, *Together: The Rituals, Pleasures and Politics of Cooperation*, Yale University Press, 2013, p.30.

[2] Ibid., p.29.

是,好的一面也在此。[1] 实际上,微信这样的通信工具也可让我们在城市聚集的基础上进一步展开合作,但它目前只被用来营销和生产个人的元数据,被我们大大地"用小"了。

桑内特指出,2000年后开始工作的年轻人,一生将在城市中换12—15份工作。如何应对资本对经济系统的可怕专制和对个人在城市中谋生方式的巨大威胁?我们应该如何使城市本身成为创造各种工作的一个新经济的苗圃呢?亚里士多德将城市称作共时经济体,是指来自不同家族的人走到了一起,由此形成一个使每一家族都向集体贡献其独特的自身历史、忠诚、财产和家族之神的组织方式。[2] 城市搅拌了每一个人身后的那一个个小传统,也将这些小传统搅拌到一个更辉煌的大历史作品之中。历史上,正是为了商业和战争中的互相支持,城市才由不同种类的人构成;相似的人反而无法使一个城市存在下去。城市因此迫使每一个人为其他所有人着想,以给他人留有余地作为一切的前提。甚至城市本身就成了一种学习过程,要逼迫人人学会与各种忠诚于别人别物的人们打交道。城市是一个开放的学习过程,个人在城市里继续他们自己的深度学习。

城市是我们哪怕不情愿,也不得不学着去与不同于我们的人生活在一起的地方。在城市里,真正的手艺,是老练地与和自己不一样、自己所害怕和所仇恨的人打交道的能力。而人人身上本来其实都埋着一种以自己独有的方式去与自己害怕和仇恨的人

---

[1] 排练中的乐手是侦探般地来工作的。但每个人的意见只有通过集体的声音才能被采纳或拒绝。我们身上的那个儿童热心与他人合作。儿童有时会花一半的时间讨论如何重新解释游戏的规则。我们像婴儿适应成人环境那样,有无穷的应对环境的能力。(Richard Sennett, *Together: The Rituals, Pleasures and Politics of Cooperation*, Yale University Press, 2013, p.6, p.10.)

[2] Ibid., p.4, p.7.

打交道的能力,而那就是每一个人的"独特的手艺"的意思。要与别人打过交道之后,我们才知道我们原来是有这种手艺的。合作也让我们知道,我们原来居然是有这种能力的。[1] 这才能把我们每一个人身上的那个伟大的"工匠"解放出来。我们是因为下面的这种能力的不被尊重,才没有成为工匠的:为做好事情而做好事情。但只有合作才是真正的手艺。城市是使这种合作自动地、神奇地产生和被放大的地方。城市是我们做出体外化式跨个体化的最好的场地。问题是,我们只能通过自己的体外化来使城市本身成为一个优美的集体体外化过程,像在15世纪的威尼斯那样,人人都只能通过自己在城市中的身体实践去示范,来间接地发动其他人也这么做。那么,我们又如何先去获得这一能力呢?从人人的各自的城市实践中?

在城市的劳动分工中,我们总陷在当前的体外化方式之中,总是想要通过对我们的梦做出人工选择,去实现一种本体论差异(将我们新找到的状态与原来的状态分开),而这是我们使用新技术时总会发生的情况。将梦体外化到墙上的2万到3万年前的拉斯科洞穴居住者的壁画、现代电影的发明和我们今天的当代艺术展览,都是这一体外化过程的一部分。我们也只有在这样的屏幕、纸上、石碑和洞穴的墙上,才能认出我们自己的未来城市。这就是今天的城市本身的集体体外化过程的实质。我们像在艺术展览上认出一个最打动我们的时间-图像那样,去找出一个城市未来的时间-图像,来当作我们下一刻的追求目标。那个城市是先在我们自己的作品中浮现的。

---

[1] Richard Sennett, *Together: The Rituals, Pleasures and Politics of Cooperation*, op. cit., in the Preface.

因此，体外化并不只是一个哲学概念，也不光是一个生物学或经济学概念，而且也是我们看生命及其环境和生态的一种全新眼光。斯蒂格勒在对这一概念的阐述中加进了控制论、薛定谔的反熵（anti-entropy）理论、怀特海的分枝（bifurcation）理论等宇宙论眼光，用它们去理解我们将要进入的生物圈内的未来生存。

由这一体外化眼光看，未来的人类技术体外化将是：人用一堆他自己排放出来的东西继续组装、雕塑自己和他的生物、社会环境。[1] 从斯蒂格勒的技术哲学来看，体外化就是技术本身。而由体外化来看，技术只是器官发生的某一个具体阶段。由此进一步看，技术不但不是生命的对立面，而且也是生命的进化的一部分，是生命用非生命的方式来延续它自己的手段：

> 体外化是一种器官发生过程，有机物通过它来给自己装上非有机器官而走向心智化。如果植物和感性生物是通过物种的体内式器官发生来不断地进化的……心智生命就是通过体外式器官来生成，也就是通过生产人工器官而活下来。"[2]

在这种体外化过程中，逆熵学（术）是用被组织的有机物，去

---

[1] Bernard Stiegler, *Neganthropocene*, op. cit., p.118. 斯蒂格勒在遗稿《技术与时间》第4卷中向我们指出，6G芯片就是体外化自己纠缠、影响自己的一种手段。体外化生产了第三存留，而这一存留生产出了新的图式化，后者由于开发者追求技术绩效，而又将由人的理性官能指引的人文、科学和哲学的学术求证和认证抛在了脑后，于是建立了后真相配方，而不是建立起一种福柯说的某一时代里的真理配方。（Bernard Stiegler, *Technics and Time* 4, trans. by Daniel Ross, unpublished, p.47.）

[2] Bernard Stiegler, *Nanjing Lectures*, op. cit., p.301.

打开生命的不同可能性的那些方法。斯蒂格勒因此要我们用一般器官学和药学这两种方式来思考技术。他在梵蒂冈的演讲（2017年）中，进一步阐释了何为体外化：

> 人生产出自己的存在场景、自己的环境。这一自我生产也不断面临它自己生产出来的不忠，而这不忠是人的体外化器官源发的，是结构性地被人排泄出来的，因为人的技术性就表现在这种不可阻挡的体外化式器官生成所产生的排泄。正如康吉莱姆所说，人的生理的根本特性，就在于这种要将自己弄病的力量和诱惑。[1]

由此来看，城市和国家都是一种集体体外化过程，本来是被用来修复和保护这种集体体外化的，而现在，它们反过来又决定着每一个人的体外化命运了。这是一个不断去主动包扎和又被动地被包扎的过程。城市是它的全体住民不断去包扎的那种集体体外化过程的手段，本身也是有待被这样包扎的。

21世纪的城市和国家治理，正面临人类体外化进化的加速，在今天尤其遭遇了两个重大问题：政治决策的工具条件已被云计算平台打乱，工作和个人生存的未来也已变形。因此，斯蒂格勒号召我们与洛特卡一起，从体外化角度去思考人类世里的人类命运，并借用马克思和斯宾诺莎的思想，再借助弗洛伊德的想法，来认识我们和这个文明的当前的危险处境。[2] 在这方面，大众媒体的报道一定已经是后真相的，这并不是一个政治上的左、右辩

---

1　Bernard Stiegler, *Neganthropocene*, op. cit., p.64.
2　Bernard Stiegler, *Qu'appelle-t-on panser?*, Ⅰ, op. cit., p.321.

证的问题,而是一个需要我们在自己身上主动找到内因的问题:必须是我们主动将城市当成自己的作品的问题,是如何去为它负全责的问题。这个世界和我们当前的病状,再多的事实核对(fact checking)也没有用。而海德格尔误以为,存在的真理在本体论式(ontological)层面上,不在日常生活性(onto)层面上。但是,斯蒂格勒认为,海德格尔这样说是不负责任的。他提醒我们要当心海德格尔的技术思想的这一掩耳盗铃的方面,因为,我们的未来不会隐含在荷尔德林的诗歌里,也不会在那些正在来临的后真相和各种贫乏与苦难的数字第三存留之中,而一定是从我们的被云计算平台捕捉,而又从中挣脱出来的经验中来。今天,我们已知道,只有在大数据之中才能捞回我们作为存在者来评判自己的存在、自己的生活方式的衡量标准——真理了。比如说,电影向观众提供日常材料、运动-图像、过去之技术式记忆材料堆积,而观众必须靠自己将它们变成本体性的材料,也就是说,必须通过大数据,在我们自己的体外化过程中,找到我们存在的历史和关于当代存在的新的衡量标准——新真理,走出遗忘,用重新找到的真理来衡量我们当前正在过的生活。

## 14 策展城市:使城市继续成为我们自己的作品

斯蒂格勒对列斐伏尔城市思想的批判重心在于:列斐伏尔将城市看作作品这一点,在今天看,也仍是完全正确的,但还得加上一条,即今天作为作品的城市,在明天就不是作品了,需要我们不断重新排练它、策展它,才能使它继续成为我们自己的作品。也就是说,我们必须将城市当作我们的集体体外化过程,来不断自我排练，用以排练出一个个新城市。城市对我们每一个人而言，都是一座动态雕塑，一个流动性展览。

在云计算平台已将城市拖入布拉顿所说的"堆栈"的时代之后，我们就应该将之前的城市看作一堆物理、数字第三存留，将它本身看作一堆带有危险的药性的旧道具、一堆电子道具，需要我们天天升级它，也同时通过它，来升级我们自己：将城市当成我们的活着的三代人的学习领土，也就是说，当成新的经济模式、新的生活方式、新的精神生活的实验和发明之地，通过在其中活着，通过居住它，来使它成为当前活着的三代人的一所学校。也就是说，给我们带来病症的城市，本身也应该成为治疗我们各种当代病的药罐。

斯蒂格勒强调，从上面这些意义上去强调列斐伏尔的个人对于城市的权利，将城市当成个人自己的作品，才是有意义的。但这样的话，个人对于城市的权利也就被反转了：个人在自己的体外化过程中对城市这一集体体外化过程负起了全责；对城市的权利也就变成我们不能逃避的责任了。这就是在人类世的平台城市里我们每一个城市住民面临的个人责任，而不仅仅是对城市本身的权利。对城市的策展因此必然是出于这一责任。

因为这一责任在肩，我们也就应该强调每一个人对自己的那一座城市的连续策展。在云计算平台城市里，每一个人都必须自己去一次次策展出自己的城市。我们生活在城市里，是要将它策展为我们的作品，最后展于公共领域。这是本书对列斐伏尔的《对城市的权利》一书的回应。

列斐伏尔在《对城市的权利》《城市革命》和《空间的生产》等著作中向我们指出，只有实施和落实到比如说各种人权宣言和新的司法实践中，个人对于城市的权利才能成为一时的习俗或规定。无产阶级和农民关于生活条件的权利、关于训练和教育的权利、关于工作的权利、关于文化的权利、关于休息的权利、关于健康的权利、关于住宅的权利,如要被一一承认,被当成人人具有的不言而喻的权利,那么,来自劳动阶级和草根阶层的对国家机器的持续压力,是必不可少的。[1] 个人对于城市的权利,最终必须成为一种99%的人的对城市空间的权利的呐喊,必须先成为人民的大声的要求。

而在当前的城市实践和空间实践中,这一要求却经常沿着怀旧、旅游、投资这样的惊人的迂回,来被提出;经常被当作一种有待重视、有待解决的问题,被那些城市规划中的二房东们提出。这从一开头就将事情弄反了,结果自然就很悲哀,大家就更绝望于自己对城市的权利无处伸张。对于城市的权利和责任,在知识分子和艺术家口中经常就成了对于回到传统城市的中心,对于所有已存在的和最近所发展的那些中心,对于自然、城市的生态性,对于休闲城市的生态更新或再生之要求,成为回到大自然或内心的呼唤。要知道,这些呼唤也都只是在工业化之后又被金融化和机构化的休闲社会提出的一点点改善需求而已。其实,从城市是每一个人的作品这一眼光看,这些呼唤都是反动的,因为,

---

[1] 例如在《城市革命》中,他指出,国家与城市性是势不两立的。国家无论如何不会让城市性顺其自然地形成。国家一定会控制城市性,不是使它修成正果,而是拖延它的发展,通过交换和市场,通过企业性的组织和管理类型,通过在经济增长过程中形成的以量的增长为目标的机构来压住城市性。但我们也只有通过自我组织,从底层的自治管理开始发力,只有倒转国家秩序和逆转那一在全球性范围内组织空间的限制性、同质化策略,才能伸张城市性和栖居,才能为人民的"栖居"服务。(Henri Lefebvre, *The Urban Revolution*, trans. by Robert Bononno, University of Minnesota Press, 2003, p.180.)

所被呼唤的这一无噪声、无污染、无疲倦的清静之地，也早就被城市化过程殖民，不再是本真的乡村或城市中的自然。

而城市住民自己身上就带着某种城市性的种子，即使他们不请城规师来规划，自己也能以身作则，播下和培育出新的城市性。同时，我们也可以看到，城市消费者对于乡村、自然的权利之要求，往往也会回退到对于休闲和旅游的投资上，最后也总会破坏乡村和自然。所以，对于自然的权利与对于城市的权利，一开始就是矛盾的。而这一矛盾中透露出的城市性中的生态性，这一城市空间的最大的内在矛盾，才应该是我们关注的焦点，而这只有依赖全体住民在精神-心理生态、社会主义生态和环境生态（哲学家瓜塔里说的"三种生态"）上奉献出自己的关怀，才能真正被落实。列斐伏尔的城市思想将这一人人对于自己的城市的权利推至《人权宣言》的高度，属于宪法定下的人权，同时也将人人对于城市的权利落实到个人与其作品之间的关系方面，在我们的空间实践中，这是时时都不能忘记的。但同时，我们也必须强调每一个住民在心理、精神、社会场景和环境中，已与城市之间建立了作者与作品之间的那种关系。因此，我们应该在今天将这一个人对城市的创作和展览推至人人必须去策展出自己的城市这一责任高度：在人类世，我们不仅对城市有权利，而且首先还对它接下来的命运负有不可推卸的责任，必须像对自己的作品负责那样地为它负责。使城市成为我们自己的作品，在互联网时代，就是使我的城市能够被无穷地下载，对它做出连续的策展。

同时，对于城市的权利也不可以仅仅被看作对城市的居住权、访问权或回到传统城市的生活空间中的权利。因为，它也应该是不断改造和更新城市生活的权利，是每一个城市住民对于城市的天天创新和重新策展的权利和责任。这一对于城市的权利本来就假设了我们应该运用科学和艺术的资源，整合出一种关于城市和城市社会的整体理论，从中发展出一种城市研究的新的方法论。而且，我们也必须认识到，只有代表绝大多数人的劳动阶级，才能成为这种整体理论的行动者或代表者。他们才是城市社会的实现者和携带者。因此，这还意味着在人类世、生物圈内改造城市内的阶级关系和生产关系。这不仅仅需依赖每一个城市住民的阶级意识和斗争策略，更应该在更高的层面上依赖他们对于自己的城市的策展的责任。而且，这一对城市的策展还涉及每一个人对自己的城市生活方式的发明，意味着在海德格尔的栖居的意义上，通过居住来建造、展出和思考。这是一种基于每一个人的玄知式、降临式、隐居式知识的策展实践，是要将城市建基于每一个人的独特的主体性之上。

当前的空间政治是仍没有包含斯蒂格勒指出的为捍卫对城市的药术式、器官术式的使用权而展开的斗争。也就是说，在现有的城市斗争框架中，如果劳动阶级真的夺回了城市中心，他们也仍会通过他们的无刹车的消费生活，重复主导阶级对城市的那种使用，会造成相似的恶果。如果不从斯蒂格勒向我们指出的体外化这一角度来看城市，不把城市看作一个集体体外化有机体，不考虑到每一个人对城市的使用、将其重新做成自己的作品的过程中也会带上药性反应这一点，不在新的体外化过程中重新寻找城市的未来的话，对于城市的权利的声称，也终将落空。这是今天众多的城市更新策略中都未考虑到的：不建立新的城市生产和生活模型，不找到气候危机下的城市经济新模型，任何城市更新策略都是出尔反尔的。对城市的策展，是要帮我们先从这种生产和消费的毒逻辑中跳出来。

这就要求我们认识到，在今天，我们不只是要恢复或夺回对于城市的权利这么简单,而是要将我们对城市权利的伸张、对城市的体外式实践,放到一个更高的层面,放到每一个人所操作的药学、器官术层面上。这是要在宣称对城市拥有个人权利的同时,也从生物圈和人类世的角度,重新认识人人对于城市的体外化层面上的责任:通过个人的体外化实践去总体改善城市乃至生物圈内的人类集体体外化过程;同时找到规范生物圈内的城市生活的新的体外化标准,在实验和发明下,开始我们的全新的城市实践。

因此,我们每个人对于自己的城市的策展,同时也就具有了教学法上的意义:成为向全社会示范新的体外化方式的入口。城市内的原有的阶级斗争现场,也必须同时像一个艺术创作和展览的现场,每一个城市住民也都作为自己那一城市的策展者参与其中,来展开他们的斗争。策展的场地是一个共同的创作场地,同时也是一个集体学习、深度学习的场地。在作为学习领土的城市中,每一个人都可以在其中策展出既作为个人作品,也作为城市实验室、新生活方式示范区的新城市模型。

## 15　城市作为集体体外化之学习领土

同时作为云计算平台和人类在生物圈内的最后留守地的城市,也是供当前活着的三代人集体共同学习的领土。在其中,人人都可以边学边教,成为共同操作者,来完成自己和集体的审慎式、反思式体外化,从中不断升级自己的新智能。而这与智慧城市的策略刚好相反:人类需要拿出新的城市智能,而不只是用更好的人工智能来辅助城市规划和城市设计。使城市成为学习领土,正是为了与捕捉了每个人的体外化过程的那一网架化、那一云计算平台作斗争,帮助每一个人去成为生物圈内的贡献者。[1]

平台城市正进一步将我们的知识和技能变成其固定资本。当前,网架化的固定资本已成为人类命运的极限,以人工智能为导向的各种智慧工业,正剥削并摧毁着人类的普遍智性,往往以"学习"的名义,造成普遍的无产阶级化。[2] 这时,我们往往会忘了生产出自己的知识,而只让手机屏幕向我们提供知识,被导向自己的无产阶级化。我们也总会用手里的药罐(技术),通过各种仪式(如脸书、微博),来否定我们身上发生着的这种无产阶级化、感性贫困。我们总是想要掩耳盗铃:通过在我们的同伴中选择并祭杀牺牲品,找替代者来顶罪;通过后真相,找到怨恨对象,为自己的罪感开脱。[3] 在脸书们的帮助下,今天的城市正从欲望之地、模仿之地变成献祭同类之地。

当前,数字式城市体外化过程自然地积累了城市中更多的人工化愚蠢。拼多多给我们带来的功能性愚蠢是:消费者和开发者都被心理驱力逼迫,互相算计对方,用算法使计算远远超出了心灵的审视范围,造成用户和消费者的功能性愚蠢。同理,今天的知识付费也是在架空人人的跨个体化,将我们的学习限制在收费频道之内。城市正成为这样的算法式愚蠢的根据地。而根据西蒙东的观点,我们在跨个体过程中不可能不先从心理走向集体,也就是说,我们须先走向心理上的集体化,这时,作为个人的我们,才能实现自己的跨个体化。而像知识付费这样的制造功能性

---

1 Bernard Stiegler, *Qu'appelle-t-on panser ?* , I, op. cit., p.125.
2 Ibid., p.327.
3 Ibid., p.324.

愚蠢的项目，却阻挡了这种走向集体的跨个体化的过程，将知识活动当作一种服务来开发，颠倒了知识生产的关系。而知识如不被带进我们在生物圈内的个人的军事式斗争实践，本身也很快会败坏，变成种种新的愚蠢。

斯蒂格勒在2019年4月9日的中国美术学院演讲《评海德格尔〈艺术作品的本源〉》中向我们指出：尽管我们陷于不断的体外化过程之中，神庙、学校、城市和艺术却能够给我们打开本地，带领我们走向宇宙。我们是在城市这一高级复杂的有机体内，生产出了艺术式、建筑式、立法式作品的。这些作品转而通过给我们时间和空间，帮助我们在这个人造地球上重新打开本地。城市成为我们重建的新的知识经济的土壤，才是学习领土的真正意思。学校只是这一学习领土上的一个组成部分。而学习本身才是汇聚于城市中的这个"我们"的终极力量，以何种方式来组织这种学习，完全是开放的，是人人可以来提出建议，而且也是在学习过程中来渐渐被认清的。

城市是这个"我们"的学习成果。每一张城规设计图都是某个时代的住民在一片学习领土上共同学习的结果，并不只是城规师个人笔下的设计而已。它是城市的自我再现的被语法化、书写化，也就是城市的被第三存留化，并且是对新城市的进一步的集体体外化，设计所用的算法和软件、程序，只是其辅助。[1] 实际上，全体城市住民看过这个设计图后，会进一步做出新的集体体外化，进而影响城市后续的体外化过程。一代代的城市住民一次次地在同一张图上既通过几何空间式记忆，又通过自己的体外化式进化，来不断修改它。自古以来，城市的商业化是对人的体外

---

[1] Bernard Stiegler, *La société automatique*, Fayard, 2015, p.401.

化之流通的汇集，最终都可以像在布拉格、威尼斯那样蔚为大观，成为影响一个国家的集体体外化的学习区、实验区、示范区。这些伟大的城市古代住民的学习成果，也是后续城市的学习榜样。今天，我们在平台城市中也仍这样编排各种流动，重新组装和塑造自己，去成为关于某一种未来的集体体外化的示范：城市就是对于其未来、那种更广大的集体体外化过程的一块布告板。我们必须从这一体外化过程出发，反思"美团"和"饿了么"式的外卖对于城市的影响，拿出我们自己在城市面前的能动性。平台公司用机器学习和深度学习帮计算机获得更好的算法，来管理和治理城市，从中抽取它们的利润。而相应的，我们也应该将今天的平台城市当成一块学习的领土，从中生产出我们的未来。

　　这个迂回过程本身是自动社会或控制社会的集体体外化过程的一部分，带着悲剧性：总是发现问题后，才去矫正。根据斯蒂格勒的看法，我们对于第三存留的选择的标准，也被最新的那种第三存留所改造。也就是说，这一标准是由我们所处的当前的物质、技术环境来设定。城市的这种集体体外化要求我们必须在当代遭受的最深的感性苦难中做出关怀式思考，必须在自己身上去理解符号和意义，然后针对云计算平台对我们做出的反应，再做出进一步的反应。在这一过程中，城市住民就像一个器官移植病人在自己的身体上经历抗免疫过程那样，会痛苦，会矛盾，但不论怎么说都必须努力扛过最难受的那一阶段。

　　当前，以全球营销为目标的新认知资本主义和超人类主义，正在城市平台上向我们强加新的体外化的种种可能的选择标准，干预我们在城市这一块学习领土上的集体个体化过程。这表现为一种中人形而上学，具体表现为某种生意和营销，借智慧资本主义之名——以马斯克的一系列推特发布为代表。但我们必须

第一章　城市是"写"出来的

心无旁骛地追求集体体外化过程中那一伟大的分枝。否则，恐怕我们当前活着的三代人都将同时成为孤儿。面对这种城市体外化的加速，我们已不可仅仅满足于做福柯主义者、德里达主义者和德勒兹主义者，而是必须对那些与我们时代高度相关的生存论问题做趁热打铁式的追问，这才是我们在这里研究城市哲学的原因：城市哲学必须成为对发生于我们自己身上的体外化过程的反思。但是，新的城市哲学式思考是被那一作为学习领土的新城市所荫庇的。所以，我们甚至应该反思哲学在城市这一学习领土上到底应该成为什么。

而相反，超人类主义式的技术未来主义总是被局限在体内进化之中，无法对当前的人类的体外化加以任何干预。它不能，也不敢。相反，它为了营销和利润，还将我们带向过度、疯狂与罪恶。[1] 可以说，马斯克的超人类主义和脑连接是其中最荒唐的行为：那是要在复杂的技术干预下，实现脑器官的体内化。[2] 但是，我们的脑是一个比马斯克还无法无天的体外化的大侠。比如，它能外化到碑帖上，使当时现场的笔迹在两千年后仍保持清晰。大脑也是一个拓扑空间，储存起数据来，比计算机还省力；它总能像钢琴家记谱那样，灵活发挥，一次次迸发灵感。而马斯克和超人类主义者的邪恶在于，他们如此小看人和人脑。他们不愿把我们脚下的土地变成学习领土，而要把赌注押到另一个星球上。

超人类主义者不懂的是，人都是未被完成的。所有的逆熵倾向都是暂时的。因为，我们下一步就会进入新的体外化过程中。我们必须去追求新的体外化标准下的知识，比如去追求如何在社

---

1　Bernard Stiegler, *Qu'appelle-t-on panser？*，Ⅰ, op. cit., p.325.
2　Ibid., p.323, p.325.

交媒体里交友的药性知识——关于如何走向集体体外化的知识。[1] 建筑师的知识并不只在他的脑袋里,而且也在他对工具、图纸的运用上,在他对自己的屋子的居住上。知悉了这些之后,他才能进一步构想它们,才能共情地给住民——一个个复杂的体外化有机物——提供庇护所。[2] 须知,建筑也是建筑设计者自己的体外化作品,进一步辅导、支持和激励了住民的体外化过程,让他们也能像建筑师那样,去做出自己的独特的体外化进化:这就是建筑师的教学法。这种教学法主动将自己放进了集体体外化过程中,并将设计结果看作一种新的集体体外化知识。

这一由建筑师的个人教学法带动的在生物圈内的每个人的体外化过程,也是一种社会雕塑。如果人人都在做自己的这种社会雕塑,那么,城市将是什么?它将是什么样的"作品"?为此,斯蒂格勒要我们认真思考列斐伏尔和社会心理学创始人之一卡尔·梅叶森(Carl Meyerson)关于作品的概念,来推演城市是每个人的作品这一思路。同时,我们也应思考拉图尔和哈曼所说的行动者网络中的作品到底对我们意味着什么。比如,什么是行动者网络中的建筑和城规呢?也许更应该从生物圈角度来考虑作为人人的作品的城市,我们将在本书的最后一章中这么做。

斯蒂格勒的城市是体外化有机体,是集体心理-集体-技术个体化过程这一与拉图尔的在行动者网络中人类与诸物种共生这一说法不相容。我们必须在这两者之间做出艰难的选择。斯蒂格勒更多地强调了生物圈中我们的幸存之地,也就是城市作为学习领土的重要性;而拉图尔则是扁平地理解了这一领土,认为城

---

1　Bernard Stiegler, *Qu'appelle-t-on panser ?* , Ⅰ, op. cit., p.328.
2　Bernard Stiegler, *Nanjing Lectures*, op. cit., p.265.

第一章　城市是"写"出来的

市是在新的场景下我们共同指认的一块领土，是时时被重组的，也就是说，对于他而言，行动者网络中是没有城市这一说法的，一切都还有待被重组。我们必须在生物圈的视角下来认真思考这两种不同的路向。也许，我们首先应该从生物圈内新的经济模式这一角度，来看待这两个当代最重要的政治-技术本体论。

根据乔治斯库-罗根关于未来经济学的定位的观点，生物学应成为经济学的一部分。那将是一种基于城市体外化的经济，可被当作生物经济，应该与社会雕塑放到一起来被讨论。它将不再是被设计和规划出来的，而是边做边重新形成的。经济学应该为云计算平台提供脚本，以便协调切割、分享、布局、分配，也就是限定（清算或继续融资）在创新、搭接、赋值、介入等的过程中必然会出现的没完没了的铺张。有新的经济模型，才会有新的城市。基于未来城市将是一种集体体外化的经济的结果这一观点，斯蒂格勒将人类的未来押在了生物-经济、逆熵经济和贡献式经济模型上。而在拉图尔看来，经济学与瑜伽没有什么不同，因为它是对我们自身的集体体外化的外部调节，经济系统是我们的集体体外化的阀门。[1] 我们必须在它之中为我们在生物圈内的集体体外化寻找新标准。

可是已率先到来的，是遍布城市空间的人脸识别装置。人脸识别装置像吸血鬼那样，捕捉城市住民的踪迹，为金融机器服务，否则就吸引不了大资本，城市后面的堆栈设计就会缺钱。没有人脸识别，就不会有城市云计算平台，就无法绑定每一个人的金融活动。但是，人脸识别和由此训练出来的人工智能，却并不

---

[1] Bruno Latour, *An Inquiry into the Modes of Existence*, trans. by Catherine Porter, Harvard University Press, 2018, p.465.

像我们想象得那样强大。当前,开发者知道它们很弱,反而是批判者认为它们很强大,要将它们神秘化,让民众害怕它们。从操作者的角度看,人脸识别和相应的人工智能的捕捉力量,目前还只是与色情式捕捉处于同一个等级。如果它不能最终为营销、垄断和剥削服务,也就不会有这么多资本投进来。人脸识别对社会的危害仍然在于:为了买卖人群的数据而浪费了很多资源。而正是当前已迷路的经济理性导致了这种人脸识别产业中的蜂拥而上和离谱鼓吹。

人脸识别也将逼迫我们用新的法去规范它。这种通过捕捉装置随机地被运算出来的法则,如果被新算法打印为新城市,后果将很可怕,实时监控的安全隐患倒还在其次。面对这样的技术问题,我们的对策仍然应该落在:通过苏格拉底式的对话,来解构人脸识别对城市和"我们"的捕捉,使当前的城市重新成为人类世里的一片学习领土。

另一方面,气候建模和生态感应的自动化,也对我们今天的城市基础结构提出挑战。布拉顿强调,生态是计算式自动的,所以我们应该在它的引领之下建立新的经济模型。电子分布、价值交换、蛋白质捕捉、二氧化碳存储等,到底对我们有什么价值?这世界到底有多少价值在那里?[1] 这都是我们在今天的生态自动化里必须反复问自己的。

在对这个全行星计算装置的既有讨论中,维利里奥强调了军事监控对分子域的捕捉,那主要表现为递归。有些学者则想要把气候建模的基础结构归入金融感应和建模的外在经济逻辑。布拉顿则想把金融经济模型归于全球人工计算的气候建模,认为后

---

[1]  Benjamin Bratton, *The New Normal*, op. cit., p.36.

者更客观。[1] 也就是说，他要让全行星感应、索引、交互的计算下的气候建模，来规定或教育人类在生物圈中应该如何去找到一种新的经济模型。这是斯蒂格勒所反对的。从他的角度看，布拉顿的这一立场是形而上学，是应该被解构的。生物圈和细胞壁规定人应该怎么样生活，人竟然就这样被他的生境和细胞决定，这样的哲学立场和讨论，还能算哲学吗？生物圈、气候变暖、控制社会本身，并不能像布拉顿认为的那样，能够教我们如何去建立新经济。只有作为学习者的我们在学习自己的个人本地与生物圈之间的关系，成为贡献者之后，才能发展出那种从个人出发的贡献式经济。

# 16　关于城市新知和亲知

今天以电子支付为代表的货币技术对我们的影响越来越大。在货币-资本逻辑具体化为 app 的城市网格之后，城市规划和建筑可能会变得肤浅，成为一种为云计算平台服务的皮肤技术和美容技术。后者将只是算法领土修整技术的一部分，是一种可被外包的电子城管式业务。在这种状态中，城市本身也渐渐会成了一种可穿戴设备。我们几乎可以这样预想：里、外可反/翻穿的城市洞穴，而不是所谓智慧城市，才是未来城市将会有的样子。通过美团与阿里云，城市正在把人类活动当成它自己的衣服来穿。人的社会活动只是为了激活平台的运行，维持平台的正常运行所需要的数据输入。本来，城市是人人的体外化过程的踪迹的堆积，

---

[1] Benjamin Bratton, *The New Normal*, op. cit., pp.27-28.

但由于云计算平台的介入，现在，每一个住民都像琥珀中的蚊子那样，被封裹其中。不论何种城市实践，第一个目标都应该是让城市住民走出来，创造出他们自己的城市。

这时，我们就需要活到另一种力比多经济、一种普遍经济、一种宇宙式经济之中，走到我们的前辈们教导我们的那些东西之外，才能见到自己的未来。我们的未来只位于那一作为学习领土的未来城市的敞开之中。而作为每一个人的作品的城市，本身是一种敞开。城市将是这样一个个个人作品向生物圈的敞开（叔本华的"作为世界的世界"，因为人的眼睛而成为能够敞开自己的作品这一说法，是其古典模型）。而作品就是敞开。它同时敞开作者自己，也使作者所处的世界进一步敞开。作品的结构是：在打开中进一步打开。而在当前，我们还只生活在一个没有时代（悬置）的时代，甚至可以说，我们已失去了时代，处在不知还能不能给自己找到一个时代的悬置状态之中。我们已不是一个"我们"。也就是说，我们无法在目前的城市中形成一个"我们"、形成一个新的城市了。但同时，我们也已无法逃到乡村，来逃避城市问题，无法在另外的地方去开始另外一种生活。如何用作品来打开这一切呢？

乡村也曾是我们的作品之地。今天，我们一找它，它就会逃走。但不论怎样，我们必须将它做成我们自己的作品，那将是自然的"自然"，是由我们重新组装而成的人工地球的一部分。所以，我们也只好说，只有在作为我们每一个人的作品的城市里，才会有乡村。城市才是我们的奋斗和幸存之地，其首要的存在形式是学习的领土。也就是说，我们要建立的未来城市的规则、方法、材料和观念，都必须从这片城市学习领土上、在某种深度学习中重新去获取。

但是，与此相反，今天人们脚下的这个平台城市，已成为全球资本主义大数据平台公司的一个抽血站，居住者可能会沦为其圈养的奶牛。城市成了圈养地。这些公司能够这样剥削普通人，是因为每个普通人都需要在城市这一集体体外化过程中完成自己的体外式的集体个体化。作为这一体外化的产物的城市本身，同时也只能是这一集体个体化过程的产物。人们作为个体不得不加入这个集体代谢过程，但大数据平台公司趁机将针管插进个人和集体的体外化过程之中，这一抽取就是"剥削"。它同时捕捉人们的每一个欲望和消费行动后的数字足迹，用人们的个人元数据去改进它们的算法，以便从人们身上更有效地抽取利润，从人们集体体外化过程中的每一个消费、支付行为之中得利。

以阿多诺为代表的法兰克福学派的马克思主义者们早已注意到文化工业已经成为盘剥每一个城市住民的日常生活的工具。他们发现，从广告、电影、流行性艺术到生活方式设计等，都是要使每一个城市住民成为城市关于剩余价值的再生产的手段。列斐伏尔的三卷《日常生活批判》也从三个不同的时代对这一问题做出了极其立体的研究。实际上，早在20世纪60年代，古人类学家古兰在《姿势与言语》中就已明察：

> 城市时间正在渗透到一天的所有瞬间之中，以便配合电台、电视的宣传。一个超人化的空间和时间正与所有个人的理想之地共时呼应。每一个人都必须在其功能和空间之中专门化。人类社会……会恢复最完美的动物社会的组织，在其中，个人只是作为其中的一个细胞而活着。[1]

---

[1] André Leroi-Gourhan, *Gesture and Speech*, trans. by Anna Bostock Berger, MIT Press, 1993, p.349.

也就是说，城市是每一个住民都不得不参与的集体的体外化过程，个人只是城市的一个细胞，被城市这架大机器所再生产。当前，它正被抽血。而这种集体体外化不光是一个哲学概念、一个生物学和经济学概念；它也是我们今天看待生命及其环境、生态的一种全新的眼光。根据这一被扩展后的体外化理论，我们应该将城市本身当成一个集体体外化过程，而每一个人都身处其中，也同时控制论式地、递归地被这一过程所实时塑造。斯蒂格勒要我们将这一眼光加到从苏格拉底到我们时代的城市与哲学互动的整个漫长历史之中，将苏格拉底的对话、长回忆、深度关注，看作对人类被迫进入城市之书写过程后的最后治疗手段。在今天的全球城市化后期，认识到这一点尤其必要，否则，我们就无法理解自己的当前和未来，甚至会成为这一平台城市的帮凶给我们自己生产出不祥的未来。因为，我们的未来也将由这一以平台城市为标志的读写机器生产出来。

如果城市是人类集体的器官式体外化的结果，那就意味着：它像是电影片场里的昨天的道具搭建，今天我们重新面对它时，又将发现它处在一片凌乱之中，只能重新组合，用昨天留下来的那些道具，去重新建构一个新的现场。我们总是居高临下地看昨天留下来的那一堆城市旧道具的。正如在德·塞托的"在街上行走"中所说，城市行人爬上高楼之顶后，就将其他人都看成了昆虫，而他自己则成了一个斯芬克斯。[1] 也就是说，他（她）成了一个谜，需要重新被认识，而且他（她）从此将以新的眼光来看城市，城市也必须为他（她）而变。

---

[1] Michel de Certeau, *The Practice of Everyday Life*, trans. by Steven Rendall, University of California Press, 1984, p.92.

城市正是这样地从其街道上的行人的眼里一次次重新起源的,也许就在你我今天的眼前和脚下被重组。必须说,城市是从不知哪个点开始的,也许是从你我此时能够拉住的桌布的那一角开始的。城市必须每天更新,一次次重新从"我"这里开始。其实,"我"才是最神秘的,是"我"一次次去重新搅拌出新城市。当前的这一城市和街道,是"我"和"我们"的体外化的结果。"我"、"我们"与城市之间互相将对方卷入一个社会雕塑的过程。[1]

这就比如,在夏天,在昨晚,写字间里很热,本书作者身上出了很多汗,黏糊糊地积在皮肤上,发酵成酸性物质。过一会儿,由于室温的蒸烤,这一层层的汗渍中就冒出来一种奇怪的酒香。它由一种他想要摆脱的东西,变成他愿意闻一下,然后还被它诱导的东西。他开始欣赏它。但一会儿,这味儿就又不对劲了,他只好义无反顾地去冲凉,第一时间摆脱它。这也可类比我们的城市体外化过程的积累。比如说,1842年开埠后的上海,一代代人的体外化积累,岩层式地积累成了物理和地理上的上海;一代代人的城市相互叠加,汇合成我们今天手里这么多的城市道具。上海留给我们的是进一步排练城市的道具,而不是遗产。

这说的还只是局部的体外化,在此之外还有空调,还有家里的电脑里的集成电路板,还有城市的水电系统和垃圾运转系统,

---

[1] 每个城市从各种角度看,都是不一样的,而我们(行人)是城市的视角。这并不是说各人有各人的视角,各人有各人的真理,这太俗了。莱布尼茨说的是:每个视角里都有无限系列的侧影,那就是勋伯格的系列音乐。(Gilles Deleuze, "Leibniz: Philosophy and the Creation of Concepts", 参见 https://deleuze.cla.purdue.edu/seminars/leibniz-philosophy-and-creation-concepts/lecture-03)

还有某一个城市的特定的风土,它的文化脉络、它的堆栈结构,都在这一体外化过程中起了不可或缺的作用,塑造了本书作者,同时,他又用它们去促进了他自己进一步的体外化,对它们做出反应之后,又递归地形成了他与他的城市之间的体外化循环回路。我们正是这样地被城市左右、决定,又转而影响它,甚至对它产生欲望,之后又决定着它如何来左右、决定我们。我们的体外化结果会变成各种第三存留,被发酵成我们的新的欲望对象,转而被我们排练到新的生活方式之中,成为新城市的配料。本来是毒、是污染,但这时,在这一排练新城市的过程中,在新的体外化过程中,这些城市数码-机械-物理-化学-生物-生态存留,也成了我们的药,治愈我们、升华我们。而且,不可商量地,也只有在它里面,歌哭于其中,我们才能找到一个属于自己的"未来",从中演出一个未来给我们自己。城市就是像古希腊人的悲剧一样,让我们歌哭于其中而去找到自己今天的那一份心情。

在当前这一作为集体体外化有机体的城市中,人类是控制论式地被锁在这个体外化过程之中的。污染、生态危机,甚至战争,在这个体外化解释模型中,都可被看成人类体外化过程中必需的一环(用什么样的未来伦理来接受这一点呢?)。要知道,在这个生物圈里,其他生物群的体外化都是无意识的,只有人类的这一种才是有意识、能控制论式地自我调节的,能使人从中升华或延异。在当前的这个由阿里云或美团的云平台支撑的城市中,我们也可以通过这一集体体外化过程,将那一控制论回路逆转。但如何做到?

临死前,苏格拉底在梦中受魔鬼邀请,被问了这样一个问题:如何在搜索中找到搜索的标准?如何跑得比音乐更快,就如在听一首乐曲时,在音乐没完之前,就找到衡量它的整体的那一标准？这一问题也是在问身处手机屏幕-界面和云计算平台上的我们。在平台城市或城市平台上，我们如何找到新的搜索标准，依靠它去衡量、指引我们剩下的奋斗，找到一个可期盼的未来？我们如何不被这个城市平台当作韭菜来割？如何在当前城市加速的集体体外化过程中，给我们自己的生活方式、生物性经济、学习型城市生活找到新的尺度（真理）？这是一个真正的苏格拉底式问题。它仍然被套在这样一个矛盾之中：只有生产出今天的集体的新知和亲知，我们才能找到衡量今天的生活方式的新尺度（真理），但没有这种新尺度（真理），我们又如何去生产那一新知和亲知？这就像是一次冒险，甚至是一场赌博，这是对我们的严峻考验。

我们只能在城市这一集体体外化过程中生产出的新知和亲知之中找到衡量和限制我们的未来生活方式的那一真理。但须知，城市中的知识生产也是其集体体外化过程的一环。要去生产新知，我们只能依靠说、读、写。根据上述的体外化理论，昨天我写出的东西，对今天的我来说，就是既毒又疗的，需要我重新吸收它，在我自己身上对它做出新的阐释，每天都需重新这样做。

这就是苏格拉底在其城市生活中体悟到从而教导我们去做的。这是一种关于阐释的政治经济学式操作。它强调的是，生产新知不仅仅是为了做学问展示给人看，来变成文化资本，去得到象征利润，而且也是因为，不生产知识，我们就会被自己昨天的体外化和集体体外化"毒倒"，必须通过今天的知识生产，将我们从自己的旧知识的毒性中抢救出来，使我们身上能够长出心智的新芽。今天我要生产新知，正是为了让我自己重新在旧知识堆里升级、升华，活得更来劲。我必须这样去生产新知识，就像树必然要生产氧气,才能够活得更好那样。

## 17　　学习领土上的工作

在斯蒂格勒关于城市作为学习领土的讨论中,工作被看作个人的知识生产的自然结果。不得不生活在城市之中的个人,想要活得好,就必须生产出自己的新知识,而对新知识的生产,间接导向了他自己在城市中真正的工作。这就是城市作为学习领土的所指:每一个人都只有追求自己的知识,才能在城市中活得更好,而这一知识也是他自己的真正的工作的种子。

这一真正的工作被黑格尔看作天职,是最符合一个自在者、自为者的内在特性的工作或天职,使人彻底区别于会劳动的动物,也就是动物的标志,也是获得其自由的标志。而对于马克思而言,工作只能是个人自己交给自己的;因为自己给自己某种教育、自己给自己某种工作,是自由的起点。从事脑力劳动的知识分子,实际上也仍是不自由的,因为他们仍主动对号入座,像驴子给自己套上了磨盘那样地给自己套上了详细、分明的社会劳动分工的枷锁。他们误以为,成为知识分子就不是被关押在某一种劳动力分工之中了,其实公共知识分子也只是在从事一种社会职业,只是他们自己假装不知道而已。知识分子其实也需要通过自己的知识追求,克服自己身上正同样发生着的那种无产阶级化,去生产出自己的知识,从而给自己找到一份真正的工作。阿伦特在《人的境况》里说,我们正在走向一个由没有劳动可做,也就是被留给他们的活动也被剥夺的劳动者构成的社会。在人类历史上,从来没有比这更糟的状态了。没有劳动了,劳动者们就只好将自己的私人活动和休闲活动打扮成工作和职业。大家都假装在劳动。[1] 这时，我们就需要找到另外一个乌托邦，在另一种经济理性的指引下，在城市这一学习领土上，通过追求个人亲知，找到真正属于自己的那一份工作，同时发明出新的生活方式，与其他贡献者一起，形成一种贡献式经济。这是一种责任，而不仅仅是个人对于城市的那一份可来认领的权利。

那么，知识生产是如何导向我们每一个人在城市中的那一份真正的"工作"的呢？根据以上的体外化理论，城市中真正的工作，要依靠我们按照自己认识到的体外化新标准去活、做和思，再在这一试验、实验过程中，进一步生产出新知识，才会被我们得到。然后，我们带着这一新知识加入本时代的集体个体化过程之中，为城市这一集体体外化过程，或为生物圈中城市的集体学习过程做出自己的贡献，同时也完成我们自己的那一心理-技术-集体的个体化过程，后者同时也会将我们带进自己真正的工作。工作是这样被造就的，而不是创造就业岗位或自己主动去创业这么简单。

只有将生物圈内的城市的集体体外过程当作我们自己制作作品的过程，在我们制作城市这一作品的过程中，那一份真正的作为贡献者的工作才会到来，这是后来才找到的，不是一开始就交给我们的。这一工作从我们自己对本地和生物圈的深度关怀开始，最终必须从我们自己的本地出发，为整个生物圈负责，对后者的贡献，才是真正的城市实践，只有在这一实践里才能验证我们是否找到了真正的工作。斯蒂格勒在《分枝》中将这一条当

---

[1] Hannah Arendt, *The Human Condition*, University of Chicago Press, 1969, p.5.

成未来的经济和工作的最终衡量标准。[1]

因此,工作不应是城市中被安排的就业岗位,也不应是由城市化过程中创造出来的快递员、外卖员那样的工作岗位。只能说,在当前,我们都还没有在做属于自己的那一份真正的工作。寻找我们在城市中真正的工作,最终与我们在生物圈中找到自己的本地,使我们自己的生活方式成为城市集体个体化的有机部分相关。

社会劳动分工是社会在我们身上造成的最大的恶。艺术家是那些能挣脱社会劳动分工,给自己找到一份真正的工作的人。现代主义艺术家马奈发动的个人革命是:以无论任何方式去创造出自己的那一种体制,天天重新发明它。不像福楼拜,喊着为艺术而艺术、为科学而科学,却在根本上待在小资产阶级的性情和幻觉中,不肯挪半步。马奈示范给我们的是:机构和体制并不是我们主动用来关押自己的牢房单间,它们本来也是我们通过斗争而得来的。我们的斗争也不只是为了真的得到它们,因为一旦得到它们,我们就又得开始新的斗争。同样,我们也是在持续的学习中找到自己的真正的工作的。

当我们与计算机打交道时,原来的那些修辞就全不顶用了。计算机是无厘头的,是缺乏逻辑的。我们必须发明新条款和章法,帮助计算机重新建立修辞和条款,而这就是电子游戏及其设计者的工作。新闻记者、社会学家都应关心这一电子游戏前沿,因为这是社会中真正的实验性部分。游戏设计帮计算机学习自己的修辞,也帮玩家与计算机之间建立更经得起折腾的修辞姿态。继续设计,让我们自己玩得下去,就是一份工作;不能往上

---

[1] Bernard Stiegler et al., *Bifurquer*, op. cit., pp.48-50.

设计,只沉迷在重复之中,那就不是真正的工作了。

而且,我们自己真正的工作一定是从手头正在做的这份"毫无意义的工作"中产生的。总是由当前对我们最真切的活、做和思的知识,导向了未来的我自己真正的工作。而正是这份看上去有点像我真正的工作的工作,决定了我手头追求的对我自己而言最真切的知识。工作与知识必须这样叠加在一起。成功的饭店厨师必须不断去寻找关于菜品的新知识,否则就易于走向赌博和麻将。没找到属于我自己的真正的工作,那么,哪怕是我手头在生产的知识,也会使我无产阶级化。而我的所有知识生产活动都在为我找到自己真正的工作准备土壤。[1]

总之,知识与工作最后合一。最关乎我自己痛痒的知识,才最尖端,我为得不到它而痛不欲生。谷歌上的搜索结果,成为越来越多公司、大学录用人的标准。我们真正的工作必须是由自己到谷歌页面上去发明出来的。我们自己已经像雕塑那样将它做好,放在谷歌搜索栏里了,别人是抢不走的。

想要真正拥有未来,就必须自己说得清什么是正在到来的知

---

[1] 为什么手艺保护不了我们了?根据桑内特的访谈发现,硅谷的码农如果只操练自己的手艺,就失业得更快。在硅谷,手艺熟练但需加班的人,都被认为是无用的,也就是可替换的。在码农中,我们几乎没有发现一个只工作就觉得值了的人,如在室内乐排练中我们常见到的那样。音乐训练中有一条斯特恩定律:你的小提琴水平,是由你一直排练而耐心地终于挺过去的那一时长来决定的。排练得越来劲的人,水平肯定越高。也就是说,要练到自我享受到有点停不下来的人,水平才是高的。训练中的人在重复,却被他所重复的内容时时改变。Linux开放软件设计就把那些伟大码农身上的莫扎特品性给挖了出来。伟大码农的特点是,你本来是叫他去解决问题的,结果他还给你发现了一大堆的问题,他们都像莫扎特一样,一练就停不下来。但是计算机辅助设计(CAD)软件却使所有建筑师都残废了。(Richard Sennett, *The Craftsman*, Yale University Press, 2008, p.36.)

识和工作，因为，只有我们自己生产出来的知识，才能引导我们找到自己真正的工作。

## 18　平台城市的前传

根据汤因比的说法，最早的城市出现于新石器时代，基于农业和驯养技术的发展——后者促成了人类的坐耕，由门和窗，发展到街道和广场。门窗规格的统一是城市形成的起点。根据韦尔南的说法，书写的发明打乱了希腊城邦的空间和机构组织。这些城邦就以广场（agora）和广场木柱为中心，后两者构成了最早的公共空间。[1] 根据韦伯的说法，更强的对生产资料的组织在中世纪就出现了。让·金佩尔（Jean Gimpel）的《中世纪的工业革命》（1975年）写道，大风车被布置到各地，机械被广泛发展，促成了中世纪的能源革命，改造了建造技术，并重组了城市，一个学徒社会开始形成。今天的建筑信息模型（Building Information Modeling）就是将所有时代的建造方法、职业技巧、劳动条件、城市与住民之间的关系拉进了一个大数据包中，建筑师的个人知识与之相比大大逊色。社会型城市也围绕劳动力的需求和他们的发展模式来建设。工作也与时代的进化、技术的发展、政治性经济的选择并行地进化。这时，封建地主为了保护为他们工作的农户，而让后者逃出了奴隶制。工匠制和商业发展并结构了市镇，使后者转变为城市。风车减少了农村对劳动力的需求，而城市需要这部分多出来的劳动力，于是又将他们吸引到了城里。他们逃

---

1　Bernard Stiegler et al., *Bifurquer*, op. cit., p.92.

离佃户制,到了城里,而获得了部分自由。

19世纪,随着生产的大规模工业化(机械技术、工业劳动分工的加强和工业父权主义的到来),冶金术、交通网和电讯网的到来,城市之间的关系被彻底改变,也深刻地改变了城市本身的构型过程。生产过程方面,泰勒主义到来,工业制造与16世纪以来的工匠制设立的商业化过程分离了。街区和居住区于是被分割为工人、白领和资产阶级三块住宅区。大百货商店分割了各个服务业,在19世纪下半叶,就达到了消费社会的第一个高潮。

20世纪,随着石油和汽车工业的到来,支撑城市运作和发展的新材料,如柏油和燃油,一次次地出现,使城市彻底变样。之后,根据街道活动的性质,人们一次次地分割街区,重新安排生活、工作、休闲和交通,城市出现了环形道和高速公路,也出现了商业中心、巨型市场和电视传播网。这些技术进化和工业新需求,以及有关社会发展的新视野,都被一一引入城市组织和新职业的功能主义构想之中。作为技术官僚的城市规划者也是这样看待城市的。

《雅典宪章》基本上是柯布西耶一手操办和推进的。一开始,它就是要将泰勒式生产组织强加到城市组织之上。1945年后,它在欧洲被加进了凯恩斯-福特主义式消费主义式社会组织的模型。这一城市模型与工作岗位的泰勒主义式无产阶级化之间产生了强关联,造成了严重影响,如出现了贫民窟化、拒绝脆弱工人的对城市的权利,因为,公共和私人住房的分配,是与不确定的持续的工作之间有强关联的。

当代城市就是以这一模式来发展的,发展出了所谓新自由主义城市,特别是在美国和亚洲。中心-城市由社会围城(sieges)、商业中心、公园构成。由于住民的购房能力不同,大多数人被一而再、再而三地推到边郊。根据萨斯基娅·萨森（Saskia Sassen）的《全球城市》的说法，在过去三十年的商品交换全球化过程中，这些演变导向了全球城市的被构建，后者占据了战略功能，能在全球层面上组织各种全球流动。同时在当前又出现了"超自由城市"，主要在硅谷，如苹果城和脸书城，对24小时做均匀切割，随时都可以是上班的开始。

当代城市革命并不只限制在"智慧城市"的模式上，它还带来更深刻的工业变化，被掩盖在马斯克式的讲故事后面的赌注后。我们应该认真分析下面几个面向：

• 所有服务、产品、对象和材料（手机、GPS系统、感应捕捉器、RFID芯片、连接对象和"互动混凝土"）使所有的城市基础结构都带有记忆技术的倾向，从而改造了城市本身，使它成了一个"被增强的空间"。

• 城市编程和建筑构想、对栖息地的构建、对城市流动的管理，都被机器人化接管，于是，建模、模拟、虚拟现实技术大行其道。

• 商品生产的自动化往往会被迁到靠近顾客的地方，必须与FabLab、TechSho或其他大规模自动化的4.0工厂关联的生产实体的框架所规定的最后一道工序合拍。

另外，考虑到环境和气候危机，我们还应该从环境、城市规划、人类学眼光和社会性这几个面向，来分析这些问题。城市的机器化，进而，对城市生活模式的标准化，消除了城市文明和领土政治主权的多样性和独特性，但同时也打开了构成新的城市智能的无穷潜能。各城市和地区必须考虑其住民和干预他们的那些经济行动者的贡献式生产的面向。它们必须主动设立新的设备来分析各种流动,重新考虑各种流动是如何在自己的领地上为不同行动者创造价值的。实际上,应该重新基于本地,来考虑如何干预某一地区的行动者、代理者集体的贡献式、生产式投资之政治。各地都应该建立基于逆熵式经济考量的贡献式经济管理中心。

开放的智能城市才是城市的未来。追求基于城市人的智能的贡献式城市性,将是未来的城市实践的第一目标。城市就是为了让各种不同的人聚集来产生新的智能。智能城市是人的集体形成的智能,不是城市的基础设施够不够智慧的问题。

# 第二章
城市空间、斗争与作品

## 1　如何讨论城市空间的"本身"？

城市设计归根到底仍只是一种空间设计。而空间设计必须是对于某种精神活动的发明，也必须是对社会活动的导演，但在对城市的设计中，这两者却只建立在空间的透明和实质这两种虚幻的基础上。[1] 因此，实际上，雕塑家比画家、建筑师比音乐家和诗人更知道，他们是在一种会抵抗和逃逸的叫作"空间"的物质之中工作的。雕塑时，我们才会发现，空间具有来自大地的各种品质，会抵抗我们的手，后者并不是用建筑师手里的几何工具就能驾驭。空间已是作品——是作品，又想要敞开，而去成为空间，像荷尔德林对诗所寄托的那样。如果有一种叫作城市的空间，那么，这一城市空间必须是人人自己的作品，需要被敞开，需要向宇宙敞开。[2] 作品敞开，也使人敞开；正是人人的作品对人人的敞开，才形成城市空间的。是作品打开了城市，也使城市成为一个作品。

列斐伏尔提醒我们，黑格尔、马克思和尼采在关于空间的论题和假设上，是互相挑战的，因而我们需要在他们之间的这个看上去的不可能三角之中来建立自己的当代空间哲学。下面要讲的就是列斐伏尔在这个三角之后为我们开创的那种空间哲学和

---

[1] Henri Lefebvre, *The Production of Space*, op. cit., p.39.
[2] Ibid., p.29, pp.31-32.

城市哲学。

黑格尔认为,是历史性时间生产出了空间,然后国家盘踞其上。历史并没有将理性存在的原型实现在个人身上,而是实现在机构、群体、片面系统,如法和权利、道德、家庭、城市、职业等的连贯的集合之中,居住在一片由国家主导的民族国家的领土,来当作演出的场地。照黑格尔来看,历史总是在我们的记忆中,随我们的行动和反思而不断改变。而改变的也总是历史本身:也就是在这个意义上说,艺术才终结了,也就是说,五百年来对艺术的述说,已耗尽了其可能的叙述空间。空间会衰竭,历史的终结就是这种空间的衰竭。

而马克思认为,这个看似要终结的历史性时间,也正是革命的时间,是弥赛亚时间。在这一本身处于移换之中的时间结构里,如在当前的全球城市化至全行星化的过程中,仍可发生全新的事件。如贫民窟里的无产阶级与市中心富人区之间的对峙,就可以是这一移换过程的一个中点,这其中可发生惊天动地的变化,具体会导向什么,我们现在都无法清晰说出。马克思说,世界市场促进了这一全行星化的到来,但之后呢?

在黑格尔、马克思和尼采这三人中,尼采最强调空间和空间性问题对于时间和历史的优先性。他认为,那些看似在时间中出现和产生于多样时间的重复、循环、同时性,其实也都是一个个碎空间,可在成为(永恒回返)之中被重新搅拌为时间流。同一者的永恒回归是指:宇宙个人将时间上的成为过程组装为空间。[1] 20世纪超现实主义者的空间革命,是学着尼采,用语言空间,也就是精神空间,去代替社会空间,只找了一个完全透明的

---

1　Henri Lefebvre, *The Production of Space*, op. cit., p.27.

抽象空间,来做梦、来发明而已。巴塔耶也想用内在经验来代替物理自然的空间。这在列斐伏尔看来都是回避了空间问题的实质,他和德波都清醒地看出了超现实主义者们的这一局限。梦境和自动写作或蒙太奇是逃不出空间框限的。

列斐伏尔认为,黑格尔、马克思和尼采都不知道空间是如何被生产出来的。他要发展他们的空间理论,强调空间是由三样东西构成的。面对空间,我们只要盯牢这三样东西里的其中一样,再用另外两样来当配角,从三个角度中的任何一个开始,次次看到的都会不一样:

- 特殊空间:被这样那样地描述和切割的社会空间;
- 一般空间:逻辑-数学空间;
- 独特空间:带有自然、物理和感性现实的地点、地方。[1]

我们说的空间是指这三样之间的某一种咬合,并不存在空间本身,是我们的社会实践和身体实践排练出了空间和城市。

因此,我们必须从头认清,空间并不是可避开政治和意识形态来单独被看的。它也不是一个可被科学观察的客观对象。在我们去看它之前,它已经是一种政治性、策略性的存在。如果说空间与其所含内容相比时,显得中立和冷淡,那也只是因为它体现出了一种形式性,看上去具有理性抽象的本质,而那恰恰是因为,空间总先被占领、被规划,总是被过去的某些策略捕捉了之后进入的惰性状态。但我们往往被空间的自然状态迷惑,不能发

---

[1] Henri Lefebvre, *The Production of Space*, op. cit., p.23.

现过去的暴力占领在它之中留下的那些蛛丝马迹。空间在被历史和自然元素所塑造的同时，也总是政治地被塑造着，已经是某一时代的某种阶级斗争的到场或缺席后造成的结果，如今天的全球城市空间内的那种样子也并非偶然。空间是彻头彻尾地政治性的，被意识形态盘踞的。它是一个货真价实的产品和商品，虽然它也总有待新到来者用其身体劳动和空间实践，将其变成他们自己的作品。对个人而言，这一对空间的居有过程表现为一种空间政治上的具体斗争：我不要这样，而要那样，为此而一路斗争。

社会中总存在着某一种关于空间的意识形态，我们也总是先被它所主导。于是，我们常常会得出一种错觉，以为空间是同质的，看上去像客观整体，具有纯粹形式，可被我们确定；像是某一个社会的产品，正被标价出售，里面的一切似乎都已先被搞定和标价。在资本主义生产关系中，在空间中对物的生产，最终总会走向对空间本身的生产和销售。我们已在走向这样一种空间生产的过程中：我们在空间中生产物，然后又去生产出这种能够生产物的空间，这后一步就造成了某一种空间对社会的主导，就像淘宝和拼多多对于商业空间的主导那样（比如"贝壳"这样的居住空间租赁模式对于城市空间的主导）。对用来生产物的空间的生产，也会进一步导致将空间当作商品来生产、销售，今天的城市化中的房地产开发的脱缰正是突出的表现。

空间是由某一种社会生产出来，当作剥削工具来用的。首先是某一种社会的空间实践分泌出了某种社会空间，让我们在其中生产出空间。因此，我们须先揭示这个社会空间的现实，才能看清其中的空间实践的性质，才能搞清空间是如何被生产出来的。今天的资本主义现实中，日常现实和城市现实（专门为工作划出的线路和网上、私人生活与网下休闲）之间的连接，已被很极端地间离和分割,我们已看不到自己用来生产空间的那一盛装着所生产出来的商品空间的器皿,也就是像一张 Excel 表格那样统治着我们的抽象空间了,更谈不上看清它本身是如何被生产出来的。果真如此,那么,那些能够打破目前的城市空间辖治的新的空间实践,又将从何而来?所以说,不经对空间意识形态的认真的理论批判,我们就无法看清一个社会的现行的空间实践是在何种社会空间内被做出的,也就不能了解让其发生的空间的现实,也就无法真正开始我们自己的新的空间实践,和对流行的空间实践展开理论批判。因此,今天的激进的城市实践成了像行为艺术那样难以被人理解的人类行动,成了城市公共艺术项目。这不是对城市公共项目的贬低,实际是说,城市内的空间实践被压抑在先,所以只好部分地借道这种城市公共空间内的艺术活动,来被不及物地执行和展示。城市公共艺术项目提供的,也只能算是有待我们引入自己的城市的公共、私人生活中去的新生活方式和新生命形式的种子。因此,这种城市公共艺术必须自觉地建立在对城市空间的批判理论和城市哲学之上,否则就有在城市空间里扮天真的危险。

由此看来,本书倡导的城市哲学也必须主动拾起这种空间批判,去帮助其他学科、机构在讨论城市问题时,主动形成自己的那种可被一步步升级的批判理论,先主动去反思自己的方法论落点。同时,这也是要从讨论空间开始,去帮助每一个城市住民找到自己的那一种城市空间批判理论,去开始自己的城市空间实践,去生产出自己的城市生存空间,去生产出自己的作品,将城市做成他们自己的个人作品。

## 2　无法讨论空间的"本身"

在过去的二十五个世纪里，空间总被哲学看作一种数学-逻辑式存在。哲学家们要么一开始就扑向绝对空间，去思辨地宣称本体论之中的空间"本身"，如斯宾诺莎，在其《伦理学》一开头，就将空间归为绝对存在的一个特征或模式；要么就将空间本身看作无限，认为它无轮廓，因而无内容。莱布尼茨反对斯宾诺莎和笛卡尔的空间观，认为空间是不可察知物，并且就是那种不可察知物之本身。而牛顿和康德却反对莱布尼茨的这一空间观，坚持认为空间是人的直观工具。[1] 但今天的数学家们仍都站莱布尼茨这一边。

今天，大多数哲学家在讨论空间时，仍总是一下子就给出绝对空间，顺便也就禁掉了绝对空间所要禁止的那些具形、关系、比例和数字。这就使得绝对空间成了设计空间内的一个抽象要素，等于是任由设计师在设计平面上随意将绝对空间当成工具来使用，这是大有问题的。

列斐伏尔认为，在康德之前，空间一直被看作一种不可察知的框，如莱布尼茨就这样来看空间。康德开始认为，空间是主体的直觉之形式之一，是人处理现实的工具。如果没有空间，康德认为，我们的直觉就不能将关于物的感性数据传送到大脑，来被分析或综合。而这一时空观是康德著名的先验革命的根本。康德断定：我们是用空间去把握物和人的；人作为先验主体给出时间和空间，然后再用它们去与对象打交道。

---

[1] Immanuel Kant, *Critique of Pure Reason*, trans. by Marcus Weigelt, Penguin, 2007, pp. 61-64.

在康德看来,空间像一个托盘,我们用它来盛装物,将它当成对象来认识。[1] 照这一眼光,塞尚不是在创造他的绘画对象,而是在画出他的静物所需要的那个托盘,也就是画出那一个具体的空间。今天的思辨实在论正在挑战这一著名的康德原则,强调这一静物本来就是"对象",是物自体,塞尚不是在画物所处的具体空间,而是在画物自体。

对于空间,康德立下了这么一条法则:是人先给出空间,再从那里出发,去认识世界,而不是人先落在空间里面。是人先向自己给出了空间。列斐伏尔批判了康德的这一空间思想,认为在这一点上,列维-斯特劳斯、德里达、巴特、克里斯蒂娃也都上了康德的当,都像后者那样,误将精神(数学/符号)空间当成社会空间了。康德认为,空间就是直观,是"我"给出的。而德勒兹已看到,空间是我们从众多运动-图像中得出的错觉。我们必须从中找到自己的时间-图像,开始自己的时间,再将空间排练到其中。

列斐伏尔批判了康德的这种关于空间的教条主义。哲学中就一直存在着这样一种关于空间的教条主义。数学家、语言学家和哲学家总糊里糊涂地从心理-精神空间,滑到社会-物理空间之中,从笛卡尔以来,几乎没有例外。康德将空间看作意识(主体)的先天,强调了时间先于空间。[2] 海德格尔和斯蒂格勒也走上了这条线。斯蒂格勒甚至认为,我们只有通过技术第三存留,才能找到我们自己的时间和空间:是技术帮我们找到了时间,而让我们走进了新的空间。我思物并不是广延物,而是欲望的对象,只存在于个人的一致性平面上,是过渡物。最终是人的欲望打开了

---

[1] Henri Lefebvre, *The Production of Space*, op. cit., p.29.
[2] Ibid., pp.5-6.

第二章 城市空间、斗争与作品

空间。

总之,一直以来,哲学家要么将空间里的物看成比空间里的主体有更多的存在,要么就将空间里的主体看作比空间里的物具有更多的存在。他们不肯直面社会空间,假装没看见社会行动者的空间实践对于物、对于空间的主动激活和挪用,没有认识到正是主体的空间实践支撑了空间现实。他们也没有看到,空间总是像糖溶解于水之中那样溶解于社会之中,之后的每一种新的空间实践,也都在进一步改变这一空间现实。

自然科学也只是像笛卡尔之后的哲学那样,将空间看作数学式的。但是,逻辑式-数学式空间与实践-感性空间从开始就互涉、互衬、互相预设。如要理论地研究空间,那我们将空间交给科学家——如物理学家——合适吗?不合适。因为,他们一直将空间看作被数学地推衍出来的投射物。那么,交给哲学家呢?也不合适。因为,他们总将空间抽象化、形而上学化。交给作家呢?也不行,文学文本里的空间是被封闭、描述、投射、梦想和思辨的。交给建筑学?也不行,因为用来定义建筑物本身的那种空间,建筑自己也是没有能力来定义的;建筑师只在几何空间和精神空间(mental space)里做他们的工作。[1] 最后实际上只能将空间问题交还给哲学家来处理。但本书认为,如果只好这样,那我们就必须要求他们走出自己的专业领域,来处理黑格尔、马克思所说的空间的具体的普遍性,来处理空间问题:从空间的特殊性、一般性和独特性三个方向出发,再回到社会空间这一总体,来认识空间生产的过程。而在这方面,列斐伏尔对空间生产的批判已给我们做出了很好的示范。

---

1　Henri Lefebvre, *The Production of Space*, op. cit., p.14.

## 3  艺术现代主义暴力地切割了空间

哲学家乔治·巴塔耶曾以悲剧性眼光看待空间的总体，认为它由精神空间、物理空间和社会空间构成。他认为，空间的中心，如城市中心，是献祭、暴力和爆炸之地。[1] 因此，空间的中心性必然因其过度抽取边缘，而走向自我毁灭。这一想法应该如何在今天的全球、全行星空间内来被理解？让我们拭目以待。

空间是不断被中心化后又自爆的，然后重又走向新的中心化，正如1840年代开始的巴黎城市改造、1945年之后的美国郊区化和1998年至今的中国房地产和城市化所示范给我们的那样。今天的全球城市空间最后也会走向内爆，当前也已同时在走进一种全行星空间。这就是为什么哲学家彼德·斯洛特戴克会说，全球四分之三的人口仍将怎么也挤不进那个装了空调的气泡、全球化温室或水晶宫：会有一个全行星空间，但四分之三的人将被滞留在它的外面。本书是要以城市哲学眼光带读者回溯中国城市化的前传，展望这个正在发生的全球城市化和城市全行星化过程及其后果。

如果企图用文学文本里的符码或那些用来描述文学空间的符码，去描述城市空间或社会空间，我们就又会将空间贬低为讯息，将居住贬低为被动的空间阅读，逃避历史和实践，主动隔离身体，而身体是会即时给它自己生产出空间的。正是个人的身体

---

[1] Georges Bataille, *The Accursed Share*, Ⅰ, trans. by Robert Hurley, Zone Books, 1988, pp. 28-30.

在社会空间的实践之中生产出了空间。[1] 因此,绘画空间、文学空间、休闲空间、工作空间、游戏空间、交通空间、地理空间、经济空间、人口空间、社会空间、生态空间、政治空间、大陆(板块)空间和全球空间这样的说法,都是暂时的过渡,不足以指明空间的真正本质。其他不说,这些说法都误以为空间是可以被多样地切割的,都是将空间问题当成一个如何切割和分配空间的问题。从12世纪开始形成的资本主义暴力空间,就基于这一空间的可分割性。

1907年至1910年前后,现代主义艺术家毕加索正是用了画面上的那一非立面、去背景、去线路的暴力空间,向主导阶级提供了新的空间统治视野,才使后者能够通过建筑师和城规师的手,用抽象空间来统治和抽吸国家空间内被统治的一切。列斐伏尔认为,毕加索和立体派绘画,是今天从建筑空间到城市空间中所携带的资本主义式空间暴力的源头。是毕加索和克利最先打开了这种资本主义空间,发现可以从任何角度来再现物体,可以甩掉前立面和道路,在平面上表现空间本身。从毕加索和克利这里借了力之后,勒·柯布西耶和包豪斯团体误以为自己已发动了一场空间革命。[2] 其实,列斐伏尔指出,他们的艺术先锋运动一开始就助长了资本主义空间暴力,帮助打开了今天统治着我们的

---

[1] 段义孚认为,"如踢脚和伸胳臂这样的简单运动,对于空间意识是必需的。空间是直接被经验为可在其中移动的一个间隙。而且,通过从这个地点移向那个地点,一个人就获得了方向感。……空间承担了一个粗略的坐标框架,以那个移动和有目的的自我为中心"。(Yi-Fu Tuan, *Space and Place*, University of Minnesota Press, 1977, p.12.)

[2] Henri Lefebvre, *The Production of Space*, op. cit., pp.301-304.

全球国家资本主义暴力空间，打开了后续的全球城市化中的地产商品化和商品空间之金融化魔盒。本书认为，列斐伏尔的这一判断在今天仍刺眼地无法被否认，是我们讨论城市问题抹不掉的一个认知背景。

实际上，从奥斯曼到包豪斯或勒·柯布西耶，到今天振振有词的城市规划话语，都导向了威权式和暴力式空间实践与城市实践，后者的目标是：分散、分割和隔离，然后从各个碎块中抽象（剥削）出利润或租金。现代主义艺术所打开的资本主义暴力空间，只是其一系列动作的一环。其实，在这一时期也一直有一些关于空间的多元主义立场平行存在，但总是被漠视。比如，在物理学中，弗雷德·霍伊尔（Fred Hoyle）曾反对当前仍流行的爱因斯坦关于时-空的说法。霍伊尔不相信宇宙膨胀和大爆炸理论，他认为，宇宙是多中心的，能量是向所有方向发散的，空间因而是能源的产物。一直以来的对空间产生的因果论和目的论式解释，在他看来也都是错误的。他认为，宇宙就是各种特定空间叠加后产生的一个多重物。这一多中心的空间观本来应该是我们认识城市空间的重要指引，但研究者集体漠视了它。

另外，在现代物理学关于时-空引力波与量子解释之间的分歧中，空间其实也一直是被反复争论的概念，虫洞和纠缠等说法，像幽灵一样，一直萦绕着现代物理学关于空间的讨论。很多物理学家想要证明空间概念后面还留有一系列未能被解释的长尾巴，但他们的认识一直没有被城市空间研究者考虑在内。

这些对空间的多元理解也一直被现代主义设计故意忽略。今天的城市空间正是被这一时期的建筑设计师们，不顾一切地擅自照着那一拉平一切、叠加一切的立体主义空间观，在平面图上设计、投射出来的。但空间是能够在一个平面图上被数学式地投射的吗？不能的。它必须是由行走者和居住者的身体来重新生产，一次次被生产出来。是黑格尔最早发展了身体"生产"这一概念，马克思接着借用了这一概念。[1] 空间生产中的"生产"的意思是，用物质手段来生产，用身体来带动的生产，用运动中的身体本身来生产出空间。但空间生产如今天城市化中的商品空间开发，会留下一地鸡毛，在人类世，这一全球城市化过程正像一列失控的火车，在冲向悬崖。

而在列斐伏尔的"空间生产"这个说法里，"生产"这一概念是照黑格尔的意思来用的。我们可概括出黑格尔的"生产"概念的下面几个特征：(1)绝对理念生产出世界，(2)自然生产出人，(3)人通过劳动和斗争而同时生产出历史、知识和自我意识。之后，马克思批判了这一黑格尔的"生产"概念，强调了自然也是被生产出来的，而且人在生产自然时，也同时生产出了他自己，因为，也是人在生产出自己和自然时，才同时生产出了司法、政治、宗教、艺术和哲学的形式，正是后者才使我们也能讨论对空间的生产，并使这一讨论同时影响对人自己的再生产。

基于马克思关于"生产"的概念，列斐伏尔的空间生产理论做出了这样一种发展，是值得我们在今天继续认真思考的：是空间生产同时在生产出新的生产关系和新的社会关系。因此，我们必须跳出空间生产的视觉逻辑，同时在城市的空间生产和我们自己的空间实践、城市实践之中，在我们的斗争和希望所处的那一现存的生产关系，尤其是社会的空间生产关系中，来研究城市空

---

1　Henri Lefebvre, *The Production of Space*, op. cit., p.14.

间。列斐伏尔的这种空间生产理论同时发展了黑格尔和马克思的"生产"概念,加入了在空间中生产出能够生产空间的空间这样的说法,还加上了"作品"这一概念:在他看来,建筑和城规生产出来的,只是商品,但个人是有能力去生产出自己的作为作品的城市的。空间生产的最高成就是城市空间,是作为作品的城市。这是本书所坚持的一条重要的城市哲学纲领。

列斐伏尔还向我们指出,在空间生产过程中,是劳动和劳动者的身体在创造出空间,不是设计师和专家的创造性和想象力生产出了它。也是街上的行走者自己用身体生产出了他们自己的城市空间,不是城市规划师在纸上和地上划出城市空间给个人。这是因为,人的存在首先需要三种空间,其身体必须时时、迫不得已地生产出下面三种空间,才能存在:宇宙空间、精神空间和社会空间。[1] 因而,我们当前生活其中的空间,也是由我们自己的身体生产出来,并不是先在的。[2] 人的身体因为有行动能力、储存着能量,所以就能够像蜘蛛和蜜蜂的身体那样,去织出它自己的空间。空间内的部署与身体对空间的占领直接相关。身体对某一空间的占领,就直接为它自己制造出了它此时需要的空间

---

[1] Henri Lefebvre, *The Production of Space*, op. cit., p.12.
[2] 根据段义孚的说法,突然到了一个大空间,人就像走进一个迷宫。他通过触觉上的身体运动,将空间变成了由他自己的动作摸到的一个个房间,于是将这个广大的空间变成了他的地方。一个人从城里住家开车往乡间度假屋,手在方向盘上的动作是不经过大脑的。而这就是人的身体的空间能力。大卡车司机在高速公路上被催眠,也是因为他的身体已具备这一空间能力。熟门熟路,就是指身体有了这一空间能力。在无比大的空间里,身体甚至是通过它的一系列犯错在迷宫里定位的。当一个人说,啊,我又犯了老毛病!此时表明,说话者已找到本地了。(Yi-Fu Tuan, *Space and Place*, op. cit., pp.70-73.)

和空间性。[1]

因此,空间的法则并不位于空间本身之中。这些法则也是在我们的身体创造出它自己的生存空间时,被同时创造出来的。蜘蛛创造了它自己的空间吗?如果创造了,那它也不能来认领。只有人才能够认领他们的身体所创造出来的空间和城市,并同时创造出空间内或城市内的统治法则和社会关系,用法律和文化来接受和改进它。这是因为,是人主动将自己改造客观世界的真实生命活动(praxis)投入到了社会实践之中,后者这才像蜘蛛那样,去织出了供人自己活动其中的社会空间。[2] 人一直存在于像蛛网一样由他们自己生产出来的空间中,但后者也是他们的生产工具,被用来生产出他们自己的城市,推动了全球城市化,走进了生物圈城市。这一身体对于自己的空间的生产,是上一章讨论到的斯蒂格勒说的人的体外化、城市作为集体体外化有机体的体外化式进化的一部分。

## 4 视觉空间带给我们错觉

在社会空间中,总是视觉空间被突出,而其他的感觉空间同时被挤占和压制。比如,嗅觉空间和味觉空间总是事先就被排除。它们不能被解码,也不能被分类,只呈现那些最根本的现实,后者却事关一个当前生物有机体的生死。美国作家诺曼·梅勒(Norman Mailer)在《为什么我们在越南?》中写道,在越南战场

---

[1] Henri Lefebvre, *The Production* of Space, op. cit., p.199.
[2] Ibid., p.198.

上，小说主人公总能闻到美军军官身上发出的那种半死不活的气味。[1] 嗅觉空间里已飘着半死的味道，但这不会反映在视觉空间内。海德格尔也曾反复提及17世纪德国诗人神父西勒修斯（Angélus Silesius）所说的玫瑰的香味自有其空间这一句，说玫瑰其实不知自己是花，也不知自己美丽，也不知自己的芳香使人快乐，却能让人类在其香味空间里流连忘返，对此却并不自觉。这就对比出：只有人才能理解自己的此在，也就是只有人才能识别自己的身体生产出来的存在空间、感觉空间——比如说香味空间——后者却不在设计师的脑中和图纸上。玫瑰的香味空间是自然的暴力和慷慨，并不告诉我们任何意义。花不做也不知任何事情，它只是"是"，只是"在"那里。它直接告诉，无须另外给我们交出内容。它直接给出了嗅觉空间或味觉空间，我们绝不会怀疑后者。但在城市化过程中，这样的种种非视觉空间，都被可怕地屏蔽掉了。城市就这样彻底压抑了那些花的空间，哪怕送花已经是我们的很文明的习惯。

我们也知道，香味在人的情欲中起到它无法预料的作用：将人带向过渡品面前和过渡空间之中，与异性身体从头偶遇，以便逃离自己的主体性，在这种味觉空间内的爱的甜蜜中义无反顾地扑向他者。这一香味空间只有在人的社会实践中才产生这一作用，平时是不被动用的，当然它也不可能在设计师的考虑之中。再比如，甜并没有所指，是我们的各种社会实践和心理经验暗示，帮我们明确地分出了甜和苦。我们的身体所开辟出来的其他非视觉空间，也都如此，都被设计师彻底忽略了。

---

[1] Norman Mailer, *Why Are We in Vietnam?*, Rinehart and Winston, 1982, p.139.

而人其实也是像一朵花那样地待在这些非视觉空间之内的，也是像花那样地"是"的，是那样地欲拒还迎地对待他物和他人的。但这一非视觉空间一直被设计彻底漠视。

实际上，我们也并不只是活在空间中，而且也必然是活在某一种节奏之内的，如在街舞、广场舞，甚至在我们在街上的边走边哼唱中。我们都是努力想活出一种节奏，像哼出一首新的歌，然后待在其中一小会儿。[1] 这是生命自己给它自己的形式。这就是列斐伏尔常说的我们在城市中度过"一小段活过的时间"的意思，那是一种被我们活过的经验，成为我们自己的一个作品，是我们自己生产出的一片城市空间，是我们自己构筑的那一个城市，是我们自己创作的那一作为作品的城市。城市是由我们这样的一小段一小段活过的快乐时间叠加而成。过去的、当前的和未来的无数小段活过的时间，叠加成为我们所在的这个城市，构成我们所认同的那种城市的历史。

而这其中，节奏是我们的这种"活过"的内容。我们想要活出的是节奏，那是"被我们自己活出，又被我们自己主观地体验到的节奏。而节奏本身就已是空间，已是我们的活的内容"。[2] 列斐伏尔要求我们跳出现象学的意向性，跳出巴什拉的家屋学，也跳出海德格尔的栖居学，既动用关于如何用身体去居有空间的教学法，也使用节奏分析，去升级我们自己的种种"活过"的情境，去颠覆空间设计和空间心理分析，使我们自己的身体能主动去居有空间，然后生产出它自己需要的空间和城市。

我们也应该与关于空间的各种语言分析保持距离，因为正是

---

1　Henri Lefebvre, *The Production of Space*, op. cit., p.206.
2　Ibid., pp.205-207.

话语将我们拖出了身体空间和社会空间,然后又在语言使用过程中反过来抽象我们。其实,说出"我的身体"这几个字时,就已预设了某个通向我的自我的语言入口,已预设、先拖进来一大段历史,要来覆盖掉我的存在。"正是语言、符号、抽象使我们的活过的经验不能去拥抱意义,使活过的经验和意义都与鲜活的身体脱离,被挂钩到莫名的外部结构里。"[1] 正是字和符号促进了隐喻化,将人的身体从它自己那里拖走,让陌生的力量利用和控制它们。身体必须去其中完成逆转。今天的城市研究中对于城市空间的描述,都带着忘记身体这一隐患。

在我们能够信步走在街上,能够去生产出自己的城市空间之前,总是需要我们的身体与语言搏斗,去夺回空间生产的主动权。身体总须先压倒话语,然后才能成为街上、屋内的导演,去排练、创造出它自己的空间。身体与空间的直接连接,才使身体做出自己的部署,排练、创造出、然后占领新的空间。而且,在物质领域内生产出具体成果如工具和对象之前,在从物质领域吸取营养,来生产出它自己之前,在生产出其他身体来做自我再生产之前,"每一个活着的身体本身总先已是空间了,而且总已有了它自己的空间,已先占领着一个空间"。[2] 在此基础上,身体再从自己的空间中继续生产出自己,也继续生产出自己的空间。正是因为能动用具有能量的身体去创造出或生产出它自己的空间,所以,反过来,空间法则,也就是说,空间内的歧视法则,才要来管辖活着的身体,干预后者的能量部署,来干预身体对它自己的空间的生产。被资本所主导的城市空间,对我们的身体的空间生产

---

1 Henri Lefebvre, *The Production of Space*, op. cit., pp.202-203.
2 Ibid., p.170.

时时做着这样、那样的能量、力量上的干预。城市后面的资本抽象空间,总要来征用我们的身体空间,不肯让我们的身体做主,要它先为资本服务。

是身体居有了空间,而在此之前,话语、权力和逻辑总先已占有和占领了空间。对空间的身体居有与权力式占有之间的对立,具体地表现在:一个被身体居有的空间就像是一个艺术作品;被权力居有的空间,则成了工厂或车间,如果不是血汗工厂的话。走进每一个家庭主妇操持着的家,我们都像走进了一个艺术作品,我们在里面总能感受到爱,感受到生命正关爱着生命,生命正逆着熵。而社区的公共空间总是先已被权力和知识完全主导,像一架机床等待被使用。有活泼的家庭生活的室内空间,则被家庭内的众多身体所居有,鲜活如一个小剧场。[1]

可以说,以身体去居有城市空间这一过程,已经是一种"当代艺术"实践。因为,这是要在公共空间里,在艺术行动者的身体里打开一条通路,让观众的身体也能欣然冲进来,并鼓励后者生产出自己的作品;这是要让公共空间内结出像一串串葡萄那样的众多个人作品,也就是介入自己创作出的那一座城市之中。在城市里,这是要鼓舞每一个住民到城市空间内做出自己的作品,将自己活过的经验做成艺术作品,也一次次将眼前的这一座城市,做成他们自己的个人作品,展出到众人眼前。快乐空间总还未到来,历史上也未曾到达过,总有待我们去创作出它,但在之前,我们可以用当代艺术这一模式先来表达出它。

但是,无论在哪一刻,劳动与游戏总可以马上开始。至少可以被预期,市中心的时尚地和美食街,会不顾一切地先成为青年

---

[1] Henri Lefebvre, *The Production of Space*, op. cit., pp.165-166.

们的节日空间。年轻人对市中心的重新居有,每次总先这样悄然开始。青年们的身体行动,总更能意外地冲破层层阻碍。他们的身体所生产出来的城市空间,总能先人一步,成为城市里新的社会空间的萌芽。最后却总是权力装置通过租金一次次去扑灭这些年轻的身体创造出来的社会空间和城市空间的活力,要不就是将它们挪作他用。但星星之火,总可以再次燎原。

总之,作为能量部署点的身体,随着它们的运动,会根据空间的法则,生产出只属于它们自己的空间,和作为空间的它们自己。根据物理学家赫尔曼·外尔(Hermann Weyl)的《对称性原则》,广义的身体,无论表现为粒子还是行星,还是晶体,还是电磁场,还是细胞分裂,还是壳或建筑形式,都是如此生产着空间的,并始终保持着对称。他还特别指出,建筑形式不是空间,而是"用来生产空间的工具"[1]。建筑形式不形成空间,而是向我们住民提供的用来进一步去生产出空间的工具。建筑像雕塑一样,是供我们进一步生产出我们的空间,进而生产出我们的身体姿势的"对象"。建筑作品对我们每一个人的空间生产活动做了连续的中介,但是,总是我们居住者反过来用了建筑,再用我们自己的身体,用各种社会实践,去生产出我们自己所需的社会空间,进一步排练出一个我们自己的作品,也就是每一个人自己的城市。

城市建筑是我们用来进一步生产出空间的工具。晚年的海德格尔向我们指出,雕塑能够帮我们的身体生产出姿势和空间。它不光弥补和唤起我们已经失去的那些身体姿势,还训练和摆布我们的身体,诱导、激励它们去生产出某些全新的姿势和身体空

---

[1] Hermann Weyl, *Symmetry*, Princeton University Press, 2016, p.36.

间。它像哑铃和单杠那样,训练和增强我们的身体主动生产出姿势和空间的能力。[1] 但是,我们今天的姿势和身体空间正在被景观——也就是被资本所灌注的图像——吸走。在资本主义抽象空间里,城市空间就像镜子,本来只是我们的起居室或卧室的延伸,但现在总带给我们错觉,使我们一次次误以为它就是社会空间了。城市和景观也只是镜面,如果我们的主体或身体不能在镜面上实现霸权,蔑视自己留在镜中的那些形象,那么,我们就会成为自恋者或爱丽丝,就永远都不会自我发现,镜中那一作为苍穹的空间,最终就会来吞没我们,光滑镜面将永远将我们关在空洞之中。[2] 只有打破这一镜面,我们才能离开这一空洞,生产出自己的空间和城市。

镜面与身体、主体、对象和空间的关系是对称。幻景只是映像的语言,是个人主体对自己和他者的意淫。但它也可以使个人找到时间。空间总是先已处在下面几对关系之中的:想象与实

---

[1] 在与雕塑家们的交流中,海德格尔指出,雅典娜总在审视着人类的作品,对她而言,哪怕人类的异化劳动的结果,也仍是自然的一部分。我们当代人的悲惨之处在于,自己手作的一切并不能将我们拖进一个世界,于是,我们摸不着边界,也找不到尺度。这方面,雕塑家倒能帮我们。我们与雕塑之间犹如在肉搏。我们能从中找到合度的姿势,以便进入自己的空间。我们平时的世界是不完整的。我们用技术、艺术使世界完整地显现在我们面前。海德格尔说,通过雕塑,我们就能加入海洋,也能"从星星、月亮、橄榄树、鹰之中,来看看到底是什么托着我们这个世界"。(Andrew J. Mitchell, *Heidegger Among the Sculptors*, Stanford University Press, 2010, p.95.)海德格尔要我们认识到,空间设计或雕塑是要在空间里腾出空间,重新安排物,使它们通过空间而进入。建筑能被展览吗?不能。只有雕塑才能被展览。建筑师将建造物当雕塑来展览是不对的。本书认为,建筑只是一种策展术。在被我们使用时,建筑物只是我们手里的雕塑而已,同时是对象和模具。

[2] Henri Lefebvre, *The Production of Space*, op. cit., p.185.

在、被生产与生产、物质与社会、直接与被中介、关联和分离等关系。[1] 只有身体的运动,和身体对于它周围的一切的主动使用,才能摆脱镜面,开辟出它自己的空间。在景观社会,我们必须先用自己的身体生产出空间,再到景观之外去另外生产出我们自己的身体空间。这是破壳的行动,是城市起义,德波曾一再提醒我们。

总体看,空间一方面内含实物、身体、对象、情感活动的中心、闪光物质、隐藏和无法打入的地方、黏稠区域和黑洞。另一方面,它也提供顺序、对象集合、身体的叠合;也就是说,身体总是从不可见处滑向可见处和透明处。列斐伏尔认为,正是这一滑动过程给我们带来了新的空间。[2] 根据莱布尼兹的说法,每一个空间形状、每一空间平面都形成一面镜子,对我们产生迷幻效果。每一个身体里也都这样地反映了其余的世界,同时又指向更新的、不断的来回互映,而它本身也是色、光和形的互戏。在这种单子主义式理解中,个人像一部投影机一样,只照亮了宇宙的某一部分,而将其余的推入阴影。对于个人而言,空间是在明暗之间,像在画家笔下一样地存在的。这一镜面本来是给我们的身体提供余地的,但我们总不小心用它迷惑和欺骗了自己。

空间本来并不需要我的身体向它提供质地。它首先已是我的身体,然后才能是我的身体的对手,或"它者",它的镜像或阴影。可以说,它正是身体与镜面之间切出的那一横断面,是前来"触、插、威胁或爱抚我的身体和所有其他的身体"的那一东西。我的空间只与"我的身体的缺口、紧张、接触和分离有关"。尽管

---

[1] Henri Lefebvre, *The Production of Space*, op. cit., pp.170-175.
[2] Ibid., pp.184-185.

产生了这些身体上的后效,"我的空间在其深处仍是被经验为身体上的仿作、回音、震颤、累赘、配对的,在身体最奇怪的那些对比项之间产生:脸和屁股、眼和肌肉、汗与排泄、唇与齿、耳与阴茎、紧握的拳和打开的手掌"。[1] 更总体地看,列斐伏尔认为,作为能量部署点的身体,因释放能量,而产生了新空间,同时也改变了旧空间。[2] 空间里的能量必须被这样耗费掉,才能形成人的社会空间。

设计出来的抽象空间却是对男性身体的双重阉割,压抑了作为能量点的身体。这种设计总是孤立阳具,将它投射到身体之外的领域,使之垂直、使其威临一切的同时,也使它接受众人的眼睛的监控。在被建筑设计强加到城市中的抽象空间里,性与性向重合,快乐与身体的满足重合,女性身体与商品重合,它们都是为了被统一地压榨出交换价值,而被安排在里面。之后,设计师再努力用休闲空间设计等方式,拼命地将抽象空间色情化,营造种种以休闲为名的空间来保持平衡。不夸张地说,是城市规划使城市中的孩子越来越少的。

在这种被设计出来的空间里,石头和玻璃、水泥和钢筋、角和弯、满和空,也都成了资本的工具,被用来收服空间。建筑师提供的抽象空间也成了专家的空间,但是,使用者的空间则是过渡空间,是主观空间,是延异空间。须知,空间还需要被活过,而不只是被感知或被构想就足够。当我们行走在街上时,大都市空间像碎玻璃一样割着我们的身体。只有用行走者自己的身体,才能生产出一种使我们自适于其中的空间,我们才能改变生活,改变

---

[1] Henri Lefebvre, *The Production of Space*, op. cit., pp.184-185.
[2] Ibid., p.177.

自己，改变城市，然后才有可能去改变社会，再倒过来改变我们自己的生活方式，找到幸存于这个生物圈的新的方式。也首先是我们的身体创造出了它自己的空间，使它自己能够在城市空间里自由地行走，才用行走创作出了它自己的自由，构成了它自己的作品：城市。行走的身体生产出了它自己的空间，之后才终于得到了它的自由，离开城市，通过在街上行走而走进他们自己的作品，也就是城市中。

在街上行走，哼一段小曲，就能将统治着我们、用房租和按揭来剥削我们的城市抽象空间甩在身后，因为那本来也是我们自己创造的，是之后寄生于我们的身体上，来抽取我们的血汗的。我们看似在它面前很无奈，但只要在街上一行走，就能轻松地将其甩在身后。

1336年弗兰齐斯科·彼特拉克（Francesco Petrarch）登上了法国的梵托山（Ventoux），当他到山顶，打开圣奥古斯丁的书时，才发现，到山顶时就看不到山顶了，只发现了自己。1782年的卢梭在《一个孤独漫步者的遐想》中认为，行走是思想的鞭子。1843—1863年间，波德莱尔在巴黎的妓女和乞丐身上发现了自己。[1] 而芝加哥城市学派进一步向我们证实：城市中的闲荡者（flâneur）是要在其他人身上找寻自己，而民俗学家只是在研究他人而已。

空间心理学家段义孚在讨论个人行走中的迷宫效应时指出，在面对纯空间时，个人像掷标枪那样，先试了很多动作，最后才出手，对场地上的标点反复定义后，最后搞清他自己到底在哪里。到迷宫出口前，他才找到某种空间叙述。行走中，他在同时

---

1　Richard Sennett, *Building and Dwelling*, FSG, 2019, p.342.

排练好几种空间叙述,重组自己的运动,反而并不事先知道构成这一空间的章节安排。因此,运动远比几何重要。在上海的高楼下走,你永远无法建立它们的高度感。而在1980年代,旧金山的规划官员阿兰·雅各布斯(Allan Jacobs)曾提出这样一条法则:必须让行人看得见屋顶。其实,这条原则在1853年拉斯金的爱丁堡建筑讲座里就被提出了。

## 5　同时排练空间关系和社会关系

　　通过街上行走就能摆脱抽象空间对我们的压迫和剥削,我们也可以用行走来摆脱统治着城市生活的那些意识形态。尽管人的现实是通过意识形态建立的,但人也能在下一步就轻松超越它,将自己解放出来,真正做出自己的行动。城市实际上也是我们展开自己的身体实践,去与各种意识形态斗争的舞台。实际上,在历史上,所有的意识形态都曾被超越,在每一时代的人们都进入了一段或短或长的"不幸意识"之后。最初总是我们自己制造的产品和恋物先迷惑住了我们,使我们相信了它们的故事,这故事于是才渐渐成为统治日常生活的意识形态。[1] 主导者篡夺了这种力量来统治我们,城市于是成了我们的窠臼。至今为止,我们所讲的关于城市的一切故事,都成了用来关押我们自己的空间意识形态的监狱。但迟早我们会发现下面这一真相:在城市中统治我们的看上去不可战胜的权力,那些物质、经济、文化、

---

1　Henri Lefebvre, *Dialectical Materialism*, trans. by John Sturrock, University of Minnesota Press, 2009, p.142.

思想和精神力量，那些以图像来展示的意识形态，其实都只是像街上的霓虹灯那样的景观，全都来自我们自身，是从我们身上被剥夺去，堆放在那里，来捕捉和统治我们的。我们一在街上行走，身体就立刻能够自由，就会从自己的行动中动员出新的力量，也能从中生产出更大的活动空间。站在后者之中，我们更可轻松击溃这些看来正威胁着我们的、其实是产生于我们自身的景观的力量。社会中的那些抽象、神秘、景观和它们所带来的暴力，都是人对自己造成的，并没有某个大他者在远处向我们发威。当前看上去最强势的意识形态，也都是不堪一击的。我们对于城市空间的批判，必须带上这种乐观，才能轻松和有力。

目前，对于城市空间的批判具体有两种，一种是西方左派的批判，另一种是西方右派的批判。右派批判的是官僚主义和国家对于城市的干预，这是要反对对于城市生活的各种干预，因为它们限制了"私人"的，也就是资本的能动性。左派的批判同样也对准官僚主义机器和国家对于城市的种种干预，但认为这一干预没有考虑到用户及其社会实践，也就是说，没有考虑到每一个人的城市实践的能动性，至少是对此考虑得不够多。

于是，西方右派的批判经常走向过时的卢梭主义，比如走向对风景、老城、旧屋、与自然的本真关系的一遍遍的怀旧，要通过哀叹过去和那一失去的自然，挽回那些失去的时间和地方。他们的目标并不是要用新的空间实践去生产出新的空间和城市，而是要在原来的空间内，引申出一些内在的、隐含的差异，在现有系统里，挖出一些空间的潜能，如空间改造、城市核更新之类，而不是用每一个人自己的身体和社会实践，去重新生产出差异空间（列斐伏尔所说的微分空间），去创作出作为个人自己的作品的城市。

右派的空间批判总针对被工业化糟蹋后剩下的自然区域的公有化和集体管理,针对自然的再生产-空间、空气、水、光和笼统说的稀缺物的再生产,总语焉不详,因为它总要站在主导利益阶层来说话。这些右派批判者很害怕对空间的集体生产和集体管理,会导向新的社会主义实践,怕得罪所谓的市场规律和历史规律,害怕各种"重演"。这种批判一旦落在城规者或城规机构的手里,总会走向这样一种自我矛盾:照他们的口气来看,是想要大动干戈的,但他们自己最终仍坚持不肯像他们嘴上说的那样去做。因为,他们心底里是根本禁止自己去这样做的。如此惊人的城市空间暴力和对自然空间如此规模的污染和侵害,也仍不能激起他们的改造或转变的决心,但他们仍假装要来做某种空间批判和更新。

所以说,对关于空间和关于自然空间的各种国家的、城市的政策的批判,最无情和最锐利的,最终必然来自左派。因为在城市中,自然也被政治化,被嵌于直接或间接的行动策略之中,这种策略后面存在着真正的阶级斗争,这时,只有左派的批判才能认清形势,才能绕开那一天然的迷嶂,去正视城市空间后面的阶级现实,认清空间斗争背后的阶级矛盾。正如列斐伏尔所说,只有左派才会承认:"有一种专门的关于空间的政治,因为空间是政治的。"[1]在全球化和全球城市化过程中,空间政治是城市阶级斗争的尖锐表达。

而西方右派的空间批判总是回避上面这一点。他们总是强调个人住宅的自治和私人能动性,将主导阶级的个人及其资本的运作需要,当作首要考虑。这种批判是在比较哪一种方式是对空

---

1　Henri Lefebvre, *The Production of Space*, op. cit., p.174.

间的未来的更好投资,并要为这种投资扫清障碍。所以,右派的空间批判后面总一定有一种智性上的恐怖主义在保驾护航,软硬兼施地要将人们推入主导的空间意识形态:技术人员、艺术家、哲学家等,要研究如何维持和加强空间的现有技术秩序。当然,西方国家官僚最喜欢这种对城市和城市空间的技术性批判了,并且将这些批判人员当成智性上的恐怖主义者来利用,来"威慑城市住民服从,使反对者沉默"。[1]

所以,在改变生活、改变社会之前,如果我们不能亲身用空间实践去先生产出一种可被我们自己居有的空间,却先陷入这种右派式的批判里,那剩余的一切就都将是空谈。[2] 在概念上和现实中生产出空间,与建筑师在图纸上画线一样,仍只是在那个历史性的城市之中播下种子。如果我们不能在实践中用自己的身体活动去生产出我们自己的空间作品,也就是城市空间或城市,那也就只是在生产图纸和水泥-钢筋制品。

而在今天,资本主义式抽象空间像蜘蛛精的毒网那样,被撒向全球,各民族国家被圈进了全行星式城市化过程,对某一个城市的空间组织,突然也成了一个全行星空间内的关联行动,原来的空间政治中的阶级斗争,被拉进全球空间之内的阶级斗争中之后,必然会升级和火并。今天,我们已从空间生产走向生产出用来生产出空间的空间。我们从在城市中用工厂来生产产品,进入将城市本身当成工厂来生产商品空间的阶段,以便进一步生产出空间商品,供人们到其中进一步生产,并且将我们自己的身体也当成生产这种城市空间的材料,再投入这一对城市的商品空间的

---

[1] Henri Lefebvre, *The Production of Space*, op. cit., p.125.
[2] Ibid., p.186.

生产之中。对于生产的现代性计划（如从20世纪80年代开始的中国的现代化计划），如今也变成了对空间和城市的进一步规划。城市管理和地域管理只成为这一空间规划的一部分。由此带来的后果，我们不光到处都能看到，而且自己也被嵌在这些后果之中了。城市终于成了生产出那一用来进一步关押和抽象（剥削）我们的抽象空间的工厂。在城市中，我们也只是生活在作为产品和商品的空间的夹缝里。

但是，空间是身体性的，因而也是社会性的。对空间的生产总会涉及将或多或少的已被居有的空间指派给某些人和某些利益方的问题，总已在继续再生产出新的社会关系。也就是说，生产出空间后，我们总仍必须将空间按照性别、年龄、特殊组织的生理关系、生产关系、社会分工及其关系，来进一步分配或强加下去。但是，社会空间无法通过自然、文化和技术来解释、来称量、来分配，来定量后强加。总必须由我们继续用自己的身体，用我们自己的社会实践，进一步生产出它，哪怕只是为了让它继续存在。我们的生活实践和改造世界的实践，总会挣脱原有的社会空间，创造出新的社会空间内存。这总是前提，而不是结果。无论怎样被资本占据，社会空间和城市空间总无法被一劳永逸地占领，总必须用我们自己的社会实践去继续居有它。

被分配下来的空间之中本身也已隐含了各种社会关系，比如在当前的城市小区中，各种社会关系也像水电管道那样被事先铺在其中。空间也是隐含在财产，尤其是土地占有的关系之中的，也隐含在这一土地的生产力之中。空间中所渗透的各种旧有的社会关系不光被现有生产关系支撑，而且也通过它们，进一步生产出新的生产关系，并且也被它所生产出的新的生产关系所继续生产。空间有待被我们排练进新的社会关系之中，空间中原来隐含的社会关系，会被我们的社会实践组合到新的生产关系之中。

空间由于其自身隐含的生产关系和社会关系,总先被连接到它自身之外。

在这样的空间生产关系和外围,自然空间不可还原地消失了。在每一社会空间内既定的生产关系框架内,却会诞生新的社会空间。正是这一现存空间生产关系框架的内在特殊性,塑造了这一社会中的新空间。我们的空间实践会进一步在一种辩证的互动中去定义这一社会新空间,提出它、预设它、塑造它,并维持它。社会本身也是被这样地生产出来的一个产品。但是,社会自己并没有意识到是这样,还误以为是正在接受、传输某一个自然空间,将其当成风景。其实,这一自然空间里的自然,也是由气候和地形来决定的,今天的气候危机和生态危机,使这一自然空间更显得人工化。

这一空间中已隐含的社会关系和意识形态,却能被我们在街上的一次次行走甩在脑后。我们在对城市空间做文化研究、批判理论、社会学式、人类学式批判时,经常会忘了上面这一点。[1]

---

[1] 德勒兹和瓜塔里在《千高原》中提醒我们,"我思,所以我存在"这一点,是成立的。我一行走,就存在了,但这也就使我思不再成立。(Gilles Deleuze et Félix Guattari, *Mille Plateaux*, Minuit, 1980, p.160.)勒·柯布西耶对拉图雷特修道院(La Tourette)的定位,是要做成漫步式建筑(promenade architecturale),是取胡塞尔说的涌现的结构:空间、质地和时间视角汇合。如何定位修道院内的漫步?勒·柯布西耶说:"在纯触觉领域,就我很自我地、一只跟着另一只地、间歇性地在地上移置我的腿而言,我在行走中体验了大地无尽的表面。……但也有另外的东西干预了进来:当我行走时,我并不写出大地,我是与大地相遇。在相遇时,我将我的全部体重压到了大地上。"(引自 Hubert Damisch, *Noah's Ark: Essays on Architecture*, MIT Press, 2016, p.288.)勒·柯布西耶强调的是,是行走织就了建筑,在封闭空间里也是如此。在拉图雷特修道院,年轻的修道者是滑翔般冲向小教堂和神学教室的,如要去经室,或去冥想间,则需要攀登。行走的他们在继续织出建筑。

## 6　视觉逻辑的独大

空间也是有历史的。不同时期,不同生产方式下和不同生产关系里,会有不同的空间。我们今天生活其中的,是全球资本主义统治下的视觉空间。[1] 统治这一资本主义全球视觉空间的,是一种视觉逻辑,而不是触觉逻辑或嗅觉、味觉逻辑。现代城市的空间暴力,就是由这一视觉逻辑驱动的。

尼采认为,在现代社会,视觉压倒了思想和从其他感觉中派生出来的行动。就连语言使用中的修辞格,也成了精神和社会的建筑,被视觉逻辑所统治,后者也被强加到社会中的各种自发的生命活动之上。尼采认为,哪怕使用隐喻,也是在将过去的权力关系以视觉方式(可见/不可见之二元)强加到今天的思考和行动之上。普通人被教士们的隐喻使用吓坏了,必须也学着强大地使用这些隐喻。字和概念最终是用视觉逻辑固定住对象,将它与自然隔开,从而加强视觉对我们的统治。[2]

但任何一个对象总仍是一面朝向自然,一面又朝向人和社会的。它既具体,又抽象。[3] 社会本身也是由概念、形式和法律搭出的建筑。在社会空间中,概念、形式和法律的抽象真理,按照着视觉逻辑被强加到了感性、身体、愿望和欲望的现实之上。欧洲现代主义艺术先锋派最早示范了如何使用空间隐喻化和移喻化,敲定了我们今天所熟悉的那种主导建筑、城规的视觉逻辑。现代主义建筑亦步亦趋于以毕加索为代表的资本主义暴力空间

---

1　Henri Lefebvre, *The Production of Space*, op. cit., p.187.
2　Henri Lefebvre, *Dialectical Materialism*, op. cit., p.107.
3　Henri Lefebvre, *The Production of Space*, op. cit., pp.139-140.

内的视觉专制。列斐伏尔认为,包豪斯和米尔斯另起了空间营造的炉灶,造成长远的消极后果,尽管他们自己认为这已经是很激烈的空间革命了。[1] 列斐伏尔指责,正是他们导致了世界范围内的同质、单调的国家主义建筑,有时是苏联社会主义式的,有时是资本主义式的,最典型的就是我们在莫斯科看到的那些斯大林要求的现代主义建筑,但其蛋糕型和瀑布型又被做在巴洛克风格的底模上。这是因为,不论在东方,还是在西方,背后都是同一种视觉逻辑在统治城市空间,可以说形成了一种蔓延到全行星空间的视觉专制统治,贯穿东西冷战时代的双方。

那么,关于空间的这一被一直忽视的知识、这一错误地被建构的现实、这一由视觉逻辑主导的资本主义空间性,是从什么时候开始,被塞到人们的大脑中的?列斐伏尔认为,是从包豪斯对立体主义空间建构的借用,在克利和康定斯基的推动下,才开始的。当时,格罗庇乌斯和勒·柯布西耶都主动要求建造程序必须被简化为空间生产,城市应被当作空间组合来生产。对克利而言,艺术家不应显示空间,而应该创造空间。对于他和他的包豪斯同仁而言,观察者必须能在社会空间里绕着一个对象打转才对,而不应将其局限于某种透视之下。今天,我们在各种大学城和新城中常见的集体宿舍,就是照这种视觉逻辑来设计的;人被迫围着房子转,人的活动被用来填充由这一建筑物所定义的那一设计空间。如今,我们都已不觉得这样有什么不妥了。

包豪斯革命后,视觉逻辑成为资本主义式空间生产的通行语法。空间本来同时是向知觉、概念,也向实践行动打开的,但它必须最终服从设计师的图纸内的平面视觉安排。与克利一样,当

---

[1] Henri Lefebvre, *The Production of Space*, op. cit., p.126.

时的先锋艺术家们也大都认为,一个对象的所有面向,都必须从各个角度被设计者同时考虑到,以便用这一同时性,去统摄空间中的某种时间顺序。这就造成了包豪斯之后的那种新的空间意识,造成了前立面的消失和总体空间的到来。这也为后面的城市化和全球房地产开发打开了口子。将城市当机器,用抽象空间来统治其空间生产,来剥削每一个人,而不是由每一个人的社会实践来生产出自己的空间,再居住于其中,这已是全球通行的做法,甚至事先就抽掉了城市空间中的住民的生命时间,为的是更总体地去设计城市。从20世纪前10年开始,在艺术立体派被确认的过程中,人们就已开始总体地来构想空间了。工业化和城市化、工作地点和生活地点从此被分开,空间生产成为程序和项目。城市本身也成为生产一般空间和商品空间的工厂,也正是这同一种视觉逻辑统治着中国当代的城市化过程。

  在现代主义艺术式微之后,我们是否已找到对抗这一现代主义视觉逻辑的另一种视觉与空间的关系呢?并没有。列斐伏尔甚至提醒我们,必须从对现代主义视觉逻辑的警惕眼光出发,去批判巴什拉的(贝壳式的)屋和海德格尔的壶、黑森林的农屋和希腊神庙中所隐含的那种视觉逻辑。[1] 因为,在列斐伏尔看来,他们两人都不懂空间是我们自己的身体-社会实践和社会关系生产出来的作品或产品这一点,都落入了对自然、旧城的失去的(不可见的)空间的怀旧。

  列斐伏尔转而强调,空间中的每一个地方都是被标记、被笔录和被命名过的。每一个地点都像某一个人的笔迹,比林中路或山间小道更独特,是前人留下的空间的无可替代的网格类型。因

---

[1] Henri Lefebvre, *The Production of Space*, op. cit., pp.121-122.

此，建筑是基于源-质地之上的，后者供我们继续在上面加工像毛毯或地毯一样的东西。[1] 无论是纪念碑还是建筑物都只是特定的空间生产的产物，但它们之后也都被拉入那一空间生产过程之中，被后来的生产关系所继续生产。

从远处看当代，今天仍被这种视觉逻辑统治的全行星空间，仍是像罗马世界那样地被统治着的。在城市化过程中，这一全行星空间还进入了人类世这一新的地质时间，正遭遇气候激变和社会自动化。在目前自身已很成问题的全行星空间内，是不可能被给出一个全行星解决方案的。比如，库哈斯想要通过他的公司OMA的设计而搬到世界各大城市中的那一"国际空间"或"全球空间"，被当作视觉逻辑的酵素，同时被带到全球各地的设计项目中，而那也只不过是撒下了资本主义抽象空间的大网。这也仍只是用视觉逻辑和抽象空间去解决全行星内的城市空间问题。

而这一国际空间或全球空间中仍残留着现代主义空间视觉逻辑的全部元素。面对这种根深蒂固的视觉逻辑，对空间的政治经济学式批判须先揭掉对象和关系之上的那一层社会性神秘，使我们不再相信那些暂时的人类关系可以成为永久的范畴和自然法则，而这首先要求我们破除由现代主义艺术带给建筑和城规的、由立体主义带来的视觉逻辑。[2] 不过，它虽异化了社会空间，但我们也能用自己的创造式行动，轻松地摧毁它。同时，我们也应该知道，主导城市空间、使任何空间实践显得不可能有出口的那一经济命运，也是相对和暂时的，我们也可以用创造性行动去冲破它。即使在经济危机中，摧毁这个经济系统的，也往往不是

---

[1] Henri Lefebvre, *The Production of Space*, op. cit., p.118.

[2] Henri Lefebvre, *Dialectical Materialism*, op. cit., pp.85-87.

经济危机本身,反而是人类自己的行动意志。城市化之后的空间商品化之后的全球金融风险,最终也将逼迫人们去冲破这个全球资本主义系统的框限,收拾资本主义空间生产留下的残局。

在德波出版于1967年的《景观社会》之后,我们开始认识到,在社会空间里,资本越来越成为人的现实的形式,积累为图像,凝固为景观。我们终于认识到,人在社会过程中被异化,首要地是因为他们被景观后面的那一视觉逻辑所统治,就像在隔离中被监视和关押一样。景观是那一视觉逻辑对我们的戒严。但马克思也说,人这样地被异化,其实也可以使他更快地明白,他的行动之外只有抽象物,也就是说,行动之外只有实在界,只有历史,人完全可以简单地用行动去移动、打破这些抽象物,去创造历史,而首先可用自己的身体,去顶掉这些抽象物,去创造出新空间。而这首先要求我们挣脱目前统治着我们的那一视觉逻辑。

在城市中,正是视觉逻辑搅拌着那些抽象物来异化我们,但我们也须知道,正是人在过去创造出了这些抽象物,现在它们却成为景观来统治人。行动中的人才是在实在界和历史中的积极元素和正面力量。行动前,人的周围都处于僵木状态,是人将它们拖进了自己导演的电影运动之中。人的行动当即就能改变现实和历史。但是,当前,正如马克思早就提醒我们的,我们被一种商品拜物教蒙蔽了,没能看穿已对象化于抽象物、商品和钱之中的那些关系,就去相信了眼前的现实。这种拜物教既是社会现实的一种模式,是意识和人类社会活动的一种实际模式,也同时是人类活动的表象或幻觉。现实本来也是人自己创造出来的,但这时,人已忘了这一点,没有意识到,在市场中,是他们自己制造出来的这些作品,正在对抗他们。[1] 他们还误以为,社会事实的

---

1　Henri Lefebvre, *Dialectical Materialism*, op. cit., pp.81-82.

绝对客观性、盲目的致命性,就是他们本来就该遭受的命运。

现代人,尤其是经济学家,常以为经济事实就是自然事实,已经是绝对的,以为后面隐藏着一些人无法理解的法则,在左右全局。广告和大众、社交媒体、日常生活之后面,也被铺排了各种拜物关系的管道,来逼我们对号入座。资本关系也导向了钱生钱的过程,而这会一步步将我们拖入更深的拜物关系之中。而恋物是要从人的心理出发,扑向外面的拜物关系。这时,怀念和迷恋失去的自然与自然空间,也就是反动的,因为这仍是在依赖那一视觉逻辑来寻找过去,而获得暂时的安慰。

马克思向我们指出,人与自然,以及与他自己身上的自然的关系,就是其社会实践。实践是开头,也是结尾,是人的所有思想的来源,也是所有解决的来源。搞政治,是因为我们想要自觉地作用于我们自己所处的那些社会关系。列斐伏尔提醒,我们同时需要黑格尔和马克思,才能撕碎自然、现实、事实上面的那一层面纱。这是因为,如果现实是物质性的,那么,社会现实就是没有实质的,也就不是现实。但社会现实里其实包含很多可怕的具体抽象物,如钱、商品、物品交换,还包含纯形式,如交换、语言、符号、对等物、互惠物、契约等。[1] 这些抽象物加强了空间中的那一视觉逻辑,商品景观是其最突出者。是马克思帮我们撕碎了自然、现实、社会关系和常识摆到我们面前的那些堂皇架子,让我们看到由抽象物来布排的视觉逻辑,是如何统治着城市空间的。

列斐伏尔向我们指出,马克思和恩格斯在《德意志意识形态》中对黑格尔做了无情的肢解,跳到了黑格尔之上,来理解视觉逻

---

[1] Henri Lefebvre, *The Production of Space*, op. cit., pp. 81-82.

辑背后的意识形态对我们的精神统治。他们让我们看到：每一个人都被关押在了他自己的球面里，都被关押在他自己的活动中，纠缠在某个总体之中，无法动弹。我们的社会活动总是被物化到了某种权力装置之中，我们的产品也被物化为主导者的权力筹码，而这一权力脱离了我们的控制，终将使我们沮丧，将我们的算计碾成灰尘。[1] 但它也一直是历史发展的主要契机，我们应该抓住它，从中下手：克服资本主义暴力空间内的这一视觉逻辑，因为正是后者造成城市住民的日常生活整体地被进一步异化。

## 7  城市风景成为视觉逻辑的统治手段

城市风景后面隐含的权力和暴力表现在：它让观者误认为是自己创造和册封了它，结果，一使用它，就掉进它的陷阱之中，再也没法从这个黑洞中爬出。城市风景——比如天际线——就会给人一种作品的错觉，使游客误认为自己也参与了对城市的创作，其实他只是路过而已，比如他在威尼斯参加狂欢节时，就这样误以为进入自己的城市了。但他只是景观面前的看客，风景使他上了当。

这时，处于具体现实、产品和生产活动中的那个作为作品的城市，反而会被游客忽略。[2] 人脸和风景的诱惑，使城市无法成为游客自己的作品。人脸和风景也是需要城市中的行走者一次次自己主动去排练和生产出来的。行走者每次都在排练出一座

---

[1] 这一部分是列斐伏尔从马克思的商品生产理论中发展出空间生产理论的重要出发点。(Henri Lefebvre, *Dialectical Materialism*, op. cit., p.59.)

[2] Henri Lefebvre, *The Production of Space*, op. cit., p.189.

不同的城市，不得不这样，不由自主地这样。城市风景是他们自己创造出来的。

连风景也是在城市空间中被行走者一次次重新排练和生产出来的。它也是在被行走者的身体生产出来之后，才具有可读性的。我们预先能从罗马教堂和周围的村镇、修道院读出哥特教堂吗？不能。我们觉得空间是可读的，那是因为误以为自己已找到鸟瞰位置，找到了一种透视那一空间的角度了，实际却是后者帮我们掩盖了空间生产中的各种战略意图和行动，使我们以为空间是可读的。比如说，纪念碑总强加给我们各种泾渭分明的消息，让我们以为它已说出了它想要说的一切，但也正因此而掩藏了它的政治意图。纪念碑空间总是强制式的，甚至法西斯式的，也就是，在符号和形式后面，总藏着权力的任性、集体意志和集体思想的专横。

这样看来，潘诺夫斯基的《哥特建筑与经院哲学》强调的经院哲学对于建筑的统帅，是这种来自空间的视觉逻辑和专横的暴露。因为，他将这一种神学和哲学书写对空间的专制和霸权，看作精神对物质的胜利。那么，真的必须如潘诺夫斯基所说，让哲学与建筑同构？必须让哲学占先？他说，经院哲学提供了习性或精神习惯，建筑师直接取用了，所遵照的总谱是《神学大全》。[1]这种字统治图像的逻辑如真的存在，在今天我们也发现，那也只

---

[1] Erwin Panofsky, *Gothic Architecture and Scholasticism*, New American Library, 1976, pp.44. 潘诺夫斯基提出了哲学与建筑的同体，认为建筑是对一个时代的哲学的"演示"和阐明，相当于说信仰是被理性阐明的。两者谁优先？潘诺夫斯基的回答是哲学。经院哲学生产出了一种精神栖息地，因而是从存在形态中提炼出了工作方法。建筑的精神栖息地，是承接天启理性而来，而天启理性使理性和信仰一体。《神学大全》是对这一点的最高表达。20世纪的社会学家皮埃尔·布尔迪厄据此发展出了他著名的社会栖息地或惯习理论。

第二章　城市空间、斗争与作品

不过是空间生产乃至空间开发背后的视觉逻辑,早存在于我们的主导的空间意识形态之中,被强加到了我们的每一个人的空间实践头上,是空间暴力的来源。这种让哲学领导建筑空间,再一起去领导其他艺术的"视觉逻辑",如果被贯彻到音乐、雕塑和绘画之中,后果就会很可怕。这时,绘画就只能成为教堂的彩玻璃了。

但这一关于视觉逻辑的说法恰恰也证明,那种今天的房地产开发中隐含的基因空间,在中世纪就已被播下种子。这一中世纪就已存在的视觉逻辑,在今天已造成了一个灾难性的开局。但本书一直在强调,空间是由我们的身体自己去生产出来的;我们的身体自带空间、有空间、是空间。风景也是我们的身体自带的,首先也是由我们的身体自己生产出来的。空间总已是我的身体的表型空间。

是身体生产出了它自己所需的那一表型空间。表型空间是指:我的身体,甚至我的汗水、其他排泄物中表达出的DNA结构,瞬间会扩散到大气层,撑出一个我自己的身体空间,同时,由于地球的旋转,而使地球和它的生物圈都成为我个人身体的表型空间的一部分,甚至也使整个大气层成为我的个人生态。空间总是我的空间,总已是我的空间。[1]

当然,身体在生产出它自己的空间的同时,也生产出了它的性别感。但是,在西方城市中,高楼将阴茎元素或以阴茎为中心的元素引入视觉领域,目的是在观者面前造成权威性。西方高楼是对城市住民施加控制时用的萝卜加大棒,是一种叫作"空间逻

---

[1] 比如,莫顿说,一只蜘蛛的唾液中的DNA结构因为地球的旋转而很快布满整个大气层。(Timothy Morton, *Being Ecological*, The MIT Press, 2018, pp.11-12.)

辑"的镇压武器,是要用整体来镇压部分,要强迫住民认可这种压迫式关系,主动顺服城市中的这种空间强权。[1] 同时,也总是高楼在补偿了住在笼子里的住民的被压迫的心理,供他们仰望后,又被他们当作神物来崇拜。高楼是今天的纪念碑,在阻挡、挫败我们的身体去生产出自己的表型空间。

而另一方面,在西方城市高楼的压迫下,住民的身体不光被锁在一块块被切碎的空间里,在其中辛苦地劳作,而且他们的身体还被图像、符号和象征之网吸住,像被黏附在蛛网上的蚊子的身体那样,最终被慢慢吸干。广告和大众媒体用艳俗、假笑和幸福的摆拍,去诱惑大众,以便用巨量的信息和消息,通过手机,灌入那些已被图像和符号抽空的、本来具有生命和欲望的大众的身体内,替换掉里面的意识,腾空他们的知识和情感,来为各种市场营销让路。

我们知道,社会也是概念、形式和法律之建筑,概念、形式和法律的抽象真理装置,总是被强加到了感性、身体、愿望和欲望之上。视觉在其中起了主要作用,是其暴力的主要来源。[2] 尼采早就提醒过我们,视觉压倒了思想和从其他感觉中派生的行动,像一把利剑那样地砍了过来。修辞格也是精神和社会的建筑,被强加到自发的生命活动之上,也成为视觉逻辑的一部分。在说话时动用隐喻,也是在将过去敲定的那些权力关系,重新强加到今人的思考和行动上。一个不会用自己的身体生产出空间的人生活在城市里,就被这种城市设计和规划的空间修辞纠缠,不能

---

[1] Henri Lefebvre, *The Production of Space*, op. cit., p.89.
[2] Ibid., pp.139-140.

自拔。

抽象空间的暴力正是通过这种视觉逻辑而实现的：它是暴力与战争的产物，本身也带来暴力，是机构性的。初看之下，它似乎要使空间内的一切同质，如毕加索在画面上所做，还美其名曰"立体主义"，被认真地当作一种艺术创作的新方向。但它的确就是为那一拆解一切的力量做前期铺垫，是要通过平面化，来消灭空间差异，强化抽象空间的作用，为资本的抽象力量的统治空间整体地效劳。抽象空间本身不是工具，而是后来被背后的那些拆迁一切的力量慢慢打造为时时不同的统治和剥削工具的。

如果空间里总已有某种视觉逻辑在统治，那么，在城市中事先就存在着另一种视觉逻辑吗？存在，也不存在。如果说存在，那是指数学层面上整体构成的一种空间逻辑，如设计平面图上的几何关系，那当然是存在的。但莱布尼茨构想了纯空间，其中没有构成元素，也没有形式，只有一种不可察知物，这是今天的数学家们多数仍在坚持的看法，尤其是大数据科学家们，仍都这样相信。但《爱丽丝漫游奇境》的作者，也就是数学家刘易斯·卡罗尔，就反对莱布尼茨的这一看法，认为哪怕用数学来描述空间，我们也是在用字、符号、替身或阴影，再加上游戏，来与社会物发生联系，是在重演空间内的各种几何关系。动用数学、指号逻辑、视觉逻辑和另外的各路形式逻辑，也是为了帮我们走向具体化，为了帮我们做出更好的空间实践，但我们总是半途就被另外的力量绑架，忘了开辟自己的空间。卡罗尔的这一立场佐证了我们的这样一种看法：空间内的几何关系也可通过镜像，用平台这一面万能镜，几何式地统治今天的手机平台上的我们。在城市中，我们事先已处于由这种几何关系构筑的镜像之中，只有街上的行走才能打破这一面镜子和里面的镜像。

所以,关于空间的概念或者说空间内的逻辑关系,也并不位于空间之中。关于空间的真理,也总已被那些"真正的空间"替换。在我们每一个人的空间经验中,权力总被理解为官僚机器,租金也总容易被理解为利润。于是,在城市中,在我们的认识中,城市空间总是与规划者、政客、行政当局批示下的空间安排或空间组织相混淆。建筑空间本来是社会地被建构的,这时也被我们理解为建筑师和城规师自己创造出来的心理、精神空间了,被认为是来自设计者自己的诗意的绽放,来自他们自己体验到、设计出的那种莫须有的自然。[1] 这都是被那面巨镜罩住了,使我们掉进《爱丽丝漫游奇境》那样的自己给自己建构的黑洞里,这也是我们走在大城市的街道上的第一感觉。但是,只要我们继续在街上行走,就能马上打破这一幻觉。

这种视觉逻辑的优先,根据列斐伏尔的看法,最早由毕加索于1907年发动。因为是在画面上发生,他就可以在整个画面上任意搞拆迁,不要地平线,也不要背景,线与平面之间互相辩证,拉平了表面和对象,或将它们挤压到一起。如在《阿维尼翁的少女》中,同一个空间内被挤压进了十二个以上的女性身体。空间在他手里同时是同质和破碎的,画出的是那一种碎裂的质地:这是一个躺平者所处的碎空间,人物是像在彩色玻璃上那样被压扁的。这是对对象的绝对的视觉化。勒·柯布西耶试图模仿毕加索的这一思路。他支持毕加索对平面的这样一种理解:绘画的对象既不应该取自模仿,也不应该再基于表现的需要。符号与它的

---

[1] Henri Lefebvre, *The Production of Space*, op. cit., pp.300-301.

所指终于能够脱开。[1] 这一步对于设计平面图上将要发生的现代空间革命和后面的各种建筑风格与各种城市主义实践，都是相当关键的。

这直接造成了新的空间意识、前立面消失和总体空间的建立。在20世纪20年代（实际上也包括1910—1916年间立体派被确认的过程），人们也能够总体地构想空间了。这时，工业化和城市化、工作地点和生活地点被分开，空间的生产成为程序和项目。这种分开就是今天的西方城市小区设计的思想源头，也就是今天西方城市化中的经济和金融布局的深层语法。城市风景与我们的身体自己生产出来的城市风景之间于是形成对抗。

## 8　社会空间总事先就被离间

城市是作品，还是产品？无论如何，它总已先是社会劳动之产品。劳作者和居住者通过自己的苦乐和生死，以及对它们的庆祝，而将城市变成自己的作品，如一代代人对威尼斯所做的那样。那么，威尼斯是谁的作品？[2] 是每一个建造者和居住者自己的作品。并没有那个威尼斯"本身"，威尼斯对人人都不同。但

---

[1] 根据列斐伏尔的看法，在1910年左右，从知识、社会实践、政治权力的积极意义上讲，那包含了日常话语和抽象思想，也包含讯息的场景和渠道、继承自希腊遗产（欧几里得几何和逻辑），又在文艺复兴以来被不断改进的古典透视和几何的指引，通过西方的艺术和哲学被传承下来，已化身在城市中的那一空间，自崩了。从此，空间既抽象也实在了，因为它也是商品和钱了，后两者正是黑格尔说的具体的抽象。这为抽象空间的建立开了路。（Henri Lefebvre, *The Production of Space*, op. cit., pp.34-35.）

[2] Ibid., pp.78-79.

为什么我们自己的作品会反过来成为我们的剥削者和压迫者的占有物？因为资本和权力先离间了作为我们的作品的城市与我们自身。我们离开了乡村，进入城市，但很快又被隔离到了自己的城市之外。这就是我们在城市化过程中的普遍处境。

在托斯卡纳乡村，柏树大道一开始就将农村编入城市的线型和网格，城乡被放进了同一个透视空间内。也正是这一做法催生了我们今天仍在使用的那一城市内的建筑、土地测量和绘画的语法，但我们似乎忘了这一原初做法。库哈斯正在号召我们冲出城市，回头去搞那个"全球乡村"，误以为这个"乡村"是在城市纤维之外的，他这是彻底昏了头。但在当时托斯卡纳新形成的"城市纤维"内，人们携带着自己的身体、屋、地、教堂和用来下葬祖先和后代的坟地，加入宇宙内的善恶间的斗争，用他们的身体来演出自己的社会空间。他们就像加入排练那样将自己的空间世界搬演出来，用自己的身体将市镇和乡村放到一起来排练。

社会空间涵盖了所有被生产出来的东西，也容纳了这些共处、并时的产品之间的相互关系，吸收了它们的秩序或失序。它是一个序列、一组操作的结果，因而不能被还原为一个对象。须知，社会空间内也隐含了知识的巨大的多样性。[1] 城市空间对社会关系进行再生产之后，才使我们能够将空间仅仅当成空间本身，使我们误以为空间是被设计出来的。[2] 建筑师和城规师也总误以为自己是治疗空间的医生。实际上，城市化中的空间生产的重大矛盾，一直是生产力的社会性与生产手段的私人占有之间的矛盾。

---

[1] Henri Lefebvre, *The Production of Space*, op. cit., pp.73-74.

[2] Ibid., pp.89-90.

设计者只能转移这一矛盾,而无从解决它。社会空间内从来都携带着这一重大矛盾,所以其中也无时无刻不在发生着激烈的阶级斗争;其当前状态也是最近的空间内的阶级斗争的结果。但空间设计总想掩盖这种阶级斗争。因此,我们不仅不需要治疗空间的各种医生,而且还应揭穿他们用设计和规划工作对空间内的阶级矛盾的种种掩盖。城市规划往往就是对空间病的种种虚假疗法。

社会空间内的关系就像一个商品背后牵涉的社会关系那么复杂。要多少张地图,才能穷尽一个既定空间的用处,才能编码和解码它的各种意义和内容?猛一看,一个社会空间总已向我们呈现了即刻的无限。但是,我们面对一个具体的社会空间时,就像是面对蒙德里安的一幅抽象画。[1] 社会空间,如城市空间,是千层饼,各色各样,互相穿透,互相叠加。哪怕是其中的自然环境,也指示着背后的社会关系。就连地里的麦垄,也指示着它后面的生产关系网络。岩石和草树也总已被拖进当前的那种社会生产关系之中。地图上的旅游名胜后面,也可能同时埋伏着导弹基地,有时标出,有时就没有。[2] 所以说,空间是被生产出来的,而社会空间又被各种复杂的社会关系牵动,是被不断继续编织,有待被进一步定性的,是被反复争夺的。

社会空间的形式包括偶遇、集合、同时,等等。社会空间要集合的是什么?是要集合空间里的一切,通过合作或冲突等关系,收纳被自然和社会生产出来的一切:活的存在者、物、对象、作品、符号、象征。城市的社会空间里集合了人群、市场中的产品、

---

[1] Henri Lefebvre, *The Production of Space*, op. cit., pp.85-86.

[2] Ibid., p.84.

行动和符号及其象征。集中了这一切之后,就继续积累它们。[1] 作为社会空间的城市空间的特点,就在于其中心和中心性。那是一种辩证的中心性,是要将各种资源和权力抽往中心,同时又用某种中心来规划和布局边缘。正因为这一辩证的中心性,所以,城市空间可被全球资本主义系统当作一个积累空间、抽利工具来使用。

城市空间因而是一个霸权空间。[2] 作为空间霸权工具的城市空间,原初是这样被实现的:统治阶级通过文化和知识,通过人的中介,如通过政策、政治领袖、政党、知识分子和专家,影响机构和观念,转而影响每一个人。他们也将城市空间当工具、行动、知识,利用知识和技术专业,利用某一技术系统之主导逻辑来搞霸权,无视资本主义商品空间本身之中的尖锐矛盾,也不知他们自己已身在其中,仅仅将城市空间当一个对象来处理,并不知道这是在社会内部来处理社会问题(必须通过"社会科学"式的自省眼光),也不知道这种处理本身只是一种社会实践,而并不是他们所声称的"设计"或"规划"。福柯在《知识考古学》中指出,知识(savoir)就是令人们这样去做的诱饵:让人们以为只要学习和使用它就行,结果,人们就反而被知识拉进黑砖窑,被它交给权力装置来统治,与在网上被诈骗无异。而社会认识[主动去追求而得到的个人知识]才是人们的亲身实践知识,才是供人们与权力装置搏斗的游戏工具,才是人们在社会空间去居有自己的实践空间和生命形式的正道。

---

1 Henri Lefebvre, *The Production of Space*, op. cit., p.101, p.104.
2 Ibid., p.10.

实际上，据葛兰西的说法，社会空间中的那一霸权，也应该成为引导工人阶级在资产阶级的世界里创造出他们自己的新世界的矢量才对。霸权必须是双向的。[1] 在今天，城市空间里的霸权实现的过程中，工人阶级或者说基层的住民的霸权应该表现为对自己的生存空间的捍卫，其斗争方向应该是：不光抵抗拆迁，而且也在城市空间内开始自己的无产阶级专政，在城市的资本主义暴力空间内，用其积极的空间实践，去实现其霸权。马克思主义者一定不能忘了这一点。

根据葛兰西的观点，社会空间内的霸权能作用到所有的领域，当然也可作用到整个社会、文化、知识领域。知识分子和学者用其理论工作影响机构和它们的代表，一不小心就替霸权的两端中的某一端效了劳。因此，知识分子总可被分成两类：为既得利益集团说话的那一群，和为占大多数的被压迫阶级说话的那一群。被压迫阶级也必须培养出他们自己的有机知识分子和有机学者，实现他们自己的文化或知识霸权，他们的城市斗争才有依靠。[2] 所以说，从来就没有一种叫作"空间知识"的东西。建筑

---

[1] Henri Lefebvre, *The Production of Space*, op. cit., pp.17-18.

[2] 葛兰西从城市人口对于农村人口、工业城市对于乡镇、城市内的主导群体对于被主导群体的霸权这一角度，研究了意大利从1800年到法西斯主义出现阶段之间的城市和乡村之间的紧张关系。从城乡之间的紧张关系，到选举权的普及，到现代法西斯主义的出现这一历史过程中，葛兰西看出了在阶级主导中，城市力量的社会同质性，尤其在意大利南部，是社会主导中霸权结构的杠杆大头。而城市群体中，尤其是工人阶级内部的有机知识分子，是城市中的进步力量，也是社会进步力量的先锋。（详见 Antonio Gramsci, *Selections From the 'Prison Notebook'*, eds. and trans. Qintin Hoare and Geoffrey Nowell Smith, International Publishers, 1971, pp. 90-102）这为我们研究今天城市空间内的阶级霸权问题提供了一个重要参照框架。

史研究和城市研究中描述一个空间时举出的一张列表里的内容,将这一清单当成空间知识,那也都是在自欺并骗人。这种自欺欺人的建筑知识和城规知识,同时将自己打扮成了不是空间霸权的霸权,麻木而残忍。实际上,这掩盖了城市空间内尖锐的阶级矛盾。

## 9  从绝对空间走向社会空间

绝对空间的原型是家族墓地。它是所有空间的种子,其他空间都是从中生长出来,尤其是从其绝对空间所在地的地下生长出来。根据列斐伏尔的说法,当初,罗马本身就是洗刷掉了一直萦绕着它的那些地下的力量,用现实的力量挑战了它们,再用各种具象将它们表达得容易被人们把握之后,才形成它的新城市的根基。所谓地下世界(mundus),就是城镇中心的那一个神圣、被诅咒的地方,是垃圾、罪犯和有问题孩子的处理地,地上的一切都被认为从中发生。[1] 它通向了城市,也通向地下的那一繁殖和死亡之所。

在罗马的社会空间里,总是父亲主导了空间几何。父权将它的司法权强加到了母性之上,将抽象推到了思想法则的高度。后来的黑格尔和马克思将要说到的抽象,其实也是基于罗马时代的那些法律事实和体制的:用父权主导土壤、财产、孩子、仆人、奴

---

1  Henri Lefebvre, *The Production of Space*, op. cit., pp.243-244.

隶和女人。[1]

　　罗马之后，城镇和它的场地一直依靠周围的乡村来存活，通过抽出农产品和地里的劳动，养活城镇人口。城镇与乡村从来保持着一种双向关系：首先，城镇从边远社会抽取剩余产品，然后又为乡村提供保护式的行政和军事支持。这是一种既具有物质性，也很男性化的能力——城镇对乡村握有像男人对女人那样的居高临下的权力。它监督、调节，有时也组织农业，负责为灌溉和排涝等重大工程集资、融资和回收。城镇似乎也将围绕它的一切都收入自身，也将自然物、圣物和大地的善与恶的力量吸入自身（这导向后来现代城市的中心性）。作为宇宙的一个地下世界图像（imago mundi），城市是被映照在它所占有，因而其实也是其包含的乡村空间之内的。

　　城镇也是根据它被映照在乡村里的形象、反响、回音，通过其落在城镇中的"镜像"，来感知和肯定它自己的。城镇也在它所形成的乡村里反思、反照着它自己。也就是说，乡村反过来也成

---

[1] 根据列斐伏尔的追溯，先在罗马出现了城市与圆形地基。从那时开始，古代城市就自我把握、自我感知为一个"世界图像"了。它集聚、集中了那些围着它，但必然会散失的东西。那时，"城市被插入自然，被放进一个场地，通过确定地和强烈地知觉围绕它的那些东西，而给出用来表征空间的场地"。罗马的建基者"用双轮犁画出一个圆圈，从自然中偷出一块空间，使它感应一种政治意义"。在这一基础上，一切都成了象征，都是实践了。"实在和意义相遇，直接和抽象相遇。直觉与栖居开始对立。而直觉就是由空间表征（规划、设计）推动的空间实践。"( Henri Lefebvre, *The Production of Space*, op. cit., pp.282-283.) 从那时起，罗马的著名纪念碑就从内部生产出了世界。这世界从城市中冒出，向天上的力量打开，也向地上的所有地方打开，也向今天的全球化打开。也是向生物圈打开的吗？这是本书最后一章要讨论的话题。

了城镇的作品。[1] 在城镇和围绕它的乡村之间，形成了一种特殊的关系和质地。城镇也就是后来的城市空间与乡村之间，从来都保持着这样一种共生关系。这意味着，城镇总无法彻底降服农民、牧民、游牧者或半游牧者，后者总潜在地成为城镇的征服者，如在罗马帝国晚期发生的那样，野蛮人最后夺取了城市，形成中世纪式的"封建"格局，像在日耳曼国家的历史上所发生的那样。

通常，绝对空间最早往往是由本地的建筑师来选定。它经常位于某一个洞穴、某一个山头、某一缕清泉或某一条河流边上。人们又通过象征（符号）中介，将它与政治领域挂钩，然后就将它当作城市的起源地。[2] 而国家是躲在城市后面很多年后，才偷偷冒出来的，反过来又成为城市的主导者。这发生在欧洲中世纪的后期。所以，必须说，国家也是城市后面的绝对空间的产物，尽管在今天，人们常常误将国家本身当成绝对空间。

绝对空间基于血缘、土壤和语言。绝对空间也必须永远被保持为空。绝对空间也总须用各个时代的意识形态来维持。不同时代的意识形态总表现为流行的修辞、元语言、辞藻和润滑剂，展示为逻辑上的振振有词。[3] 如那些城市话语，明明也是暴力的，却打着关怀我们的城市空间的旗号，来伤害我们，也伤及说话者自己，因为他们也将自己的那些僵硬的城市话语使用到了自己身上，在自己的身体周边拉起了铁丝网，设了岗哨，阻挡了自己的身体生产出自己的空间，也同时使他们损害了使用自然语言的能力，失去像排练诗朗诵时那样的排练他们自己的身体的空间

---

[1] Henri Lefebvre, *The Production of Space*, op. cit., pp.234-235.

[2] Ibid., p.48.

[3] Ibid., p.44.

第二章 城市空间、斗争与作品 171

使用能力。主导意识形态统治了绝对空间和社会空间之后,也就成了后者的语法。这一语法总是通过绝对空间里的主要坐标,如血缘和性别来定位和强加。

社会空间是我们通过社会实践、空间实践生产出来的。它涵盖被生产出来的所有东西,既容纳了这些共处、并时的产品之间的相互关系,也容纳了它们之间的秩序或失序。它是一个序列,是一组操作的结果,因而不能被还原为一个对象。[1] 社会空间内已隐含了知识的巨大的多样性,是每一个社会成员努力学习后得到的结果。但是,绝对空间却躲在社会的表征(代表)空间的背后,像隐藏其后的黑势力那样,对社会空间发号施令,动不动就出手干预。绝对空间如国家空间总被规划、设计成为一个表征空间,一个象征式作品,被塞到社会空间之中,成为一种统治社会空间的手段。[2]

比如,西方当代城市远郊的生活小区背后,就隐伏着一种作为绝对空间的国家空间,从一开始就被强加到社会空间背后,形成一种城市内的权力表征空间,像一架自动机器一样影响着人们。比如,西方小区的空间逻辑规定着人们日常生活中的时空结构、再生产循环节奏和消费行为规范。那些总是还未接通、将要接通的地铁线路,不断涨价的学区房,降房价来鼓励生育,总是将要被改善的社区等,都是基于绝对空间的某种权力和意识形态的具体表征,既询唤,又强加,使人们在半推半就中不知为了什么先就范了。这种作为表征空间的绝对空间,才是城市空间内的实在界,房价就依据它来被推理和炒作。反过来,房价也成为这

---

[1] Henri Lefebvre, *The Production of Space*, op. cit., pp.73-74.
[2] Ibid., p.44.

一区域真正的警治力量,来维护这一绝对空间的绝对权威。

那么,作为绝对空间的表现之一的表征空间内,也会有中国特色吗?使用象形文字的中国人,会额外地经验到空间的表征和表征性空间之间更多对立(绝对空间和社会空间之间的对立)吗?使用方块字的中国人经受了表征空间和空间表征之间更多的矛盾吗?列斐伏尔认为并不会。汉字里的象征空间并不额外规定中国人的空间使用方式,也并不能说,汉语使表征空间变得在文化上更相对。也不能说在中国文化里,绝对空间更残酷地规定着社会空间。

我们必须强调,当代使用的社会空间,尽管后面有绝对空间在调控,但也是被1910年前后由现代艺术中的立体主义方法论开发出来的资本主义暴力空间主导的。比如,它也是被无限切割,每一寸都可被算出价格,像猪肉那样被分拆、放在肉店里分类销售,也早就被纳入全球市场资本主义式空间开发的投资和交换过程之中,由国际信贷系统在外围操作其资本流转,早就成了一个彻头彻尾的商品空间。

资本主义生产方式后面的全球商品空间,也会随时准备挪用、收购,甚至吞没那些旧有的绝对空间。我们目睹的各地、各国的当代拆迁,就是资本主义商业空间吞下剩余的集体空间的过程(如在东柏林发生的)。当代艺术家租用的那些废弃工厂区的变形,也生动地向我们展示了这些绝对空间是如何被各种资本力量挪用,然后大加炒作的。当代艺术在其中扮演的,只是由绝对空间到社会空间,再到商品交换空间之间的转移的酵素这一角色而已。

在当代艺术实践中,这种将绝对空间置换为社会空间的交易过程,被称作挪用。比如,当代艺术家租用老厂房来当工作室,使这一空间再度成为抢手的可租空间,加快实现绝对空间、社会空间

第二章 城市空间、斗争与作品

和商品空间之间的交替。

但这一挪用总是在城市中心性原则下做出的。城市的中心性却是辩证的,其功能是将边缘的利益和利润抽往中心。绝对空间是这一抽取所要依赖的最重要的杠杆。在这种辩证的中心性的统治下,变成商品空间的城市(社会)空间,也对社会关系加以再生产。这时,我们最容易掉入的陷阱,是将空间仅仅当成空间本身,而忘了来自其后面的绝对空间的主导是被握在某些大资本手里的。[1]

但空间总已是社会空间,图纸上的被设计出来的空间,是被抽象出来的,需要我们的身体实践将它变成社会空间。它只是精神空间,还未成为社会空间。它一开始总给人一种很天然的假象。而变成社会空间后,那些先决条件会以自己特殊的方式一直留存,因而那一社会空间内原初的自然,也会以完全是习得的、虚假的方式,存留在第二自然,也就是城市现实之内,成为离间和压迫我们的元素,我们反而对它们抱着敬畏。[2] 只有在亲身参与的社会实践中,我们才能找到自己的社会空间,用我们的种种身体实践,才能演出它,才能摆脱一会儿绝对空间对我们的主导,如过去时代里庙里的社戏,就是给深受绝对空间束缚的人们松绑(如鲁迅在《社戏》中说的民众的狂欢仪式对于统治符号的颠倒和占领)。

但是,我们在人类世必须追求超出建筑术的总体构架学(architectonics),去组建城市内的社会空间的存留和延续,以便综合层级、岩层、时期和沉积岩做出速写和缩写,并将被民俗学、民族学、人文地理、人类学、前历史、历史学和社会学肢解过的城市空间。

---

[1] Henri Lefebvre, *The Production of Space*, op. cit., pp.88-89.

[2] Ibid., p.229.

全球空间、全行星空间也将由这一新的全球构架术来决定,由全球建筑和城规来排列布置?列斐伏尔的回答是:不。[1] 今天由布拉顿所推动的全行星空间设计,也是列斐伏尔所反对的。

本书认为,这一由绝对空间走向社会空间再走向城市商品空间的过程,将被卷入一个全行星化空间,最后将被终结于生物圈之内。人类的城市命运将结束于全行星化后生物圈内诸多的物种共生关系之中。本书的最后一章将专门讨论这一议题。

## 10 全球资本主义国家空间及其暴力

列斐伏尔建议我们,分析资本主义空间时,切忌使用二元概念,而必须用三元论:我们应该用土地、劳动和资本,或地租、工资和利润,来三元地看待资本主义抽象空间背后的那一统治逻辑。正是通过这三者,全球空间才被不断重新布局,城市居住者也被这三者从头到尾地网罗和搜括,一直发展到今天这种全行星范围的城市化对我们的无缝统治和实时剥削。

我们平时在说的空间里,至少包含着三种空间:被知觉的空间、被概念化的空间和被活过的空间。按照黑格尔的《逻辑学》,它们之间构成了一个"总体"。我知觉一个空间,将它概念化,也就是将它交给我的概念工作来打磨,之后再将其放回总体之中,重新合成一个新的总体空间,然后再以这个新的总体空间的眼光,来看这三重空间。从这三个元素的任何一个出发,都可以重新来组建这一总体,而且我们是时时都在重建着这一空间总体的。

---

[1] Henri Lefebvre, *The Production of Space*, op. cit., p.228.

以黑格尔的《逻辑学》眼光看,当我进入一个社会空间后,后者马上就变成了三个:知觉空间、概念空间和感性(活过的)空间。在普鲁斯特的《追忆似水年华》中,主人公之一夏吕斯一走进房间,就发现里面有一个美女,觉得自己可能会对她一见钟情,但还没开始迷恋她的刘海或嗓音,就在下一刻,将她的脸与提香画中美女的脸做了关联与比对。她还未成为他的作品的主人公,就先被降格为配角,甚至记忆里的边角存留,成为他自己未来的牺牲品。把她的脸拿到提香的画中去比对,这就是概念的工作或劳动,是哲学行动,是对自己所处的总体的主动的重写。以黑格尔主义眼光看,能被这样看出、说出、写出的生活,就已经不值得过、不值得拥有了。因而,我们必须时时在新的总体里,用概念去重新组装那一个总体,去面对一个新的未来,去重新拥有,这就是那一著名的"扬弃"。黑格尔的概念就是总体这一辩证眼光,就是要通过概念工作,使我们自己的意识常新,努力时时活在自己的创造之中。指引列斐伏尔的空间生产理论的那一深层结构,就是这一黑格尔主义式的空间三元结构。他正是用它去分析社会空间和城市空间的。

但是,当前的主导意识形态总在规定社会空间中什么是神圣的、什么是世俗的。这些在社会空间中被规定为神圣的东西,大家就误以为一定具有纪念碑性,就以为是动不得的。的确,纪念碑空间明确了人们的社会成员身份和具有的社会面容。它是一面集体镜子,人们不在里面照一下,就吃不准自己在社会中到底是谁。[1]是它向我们提供了与他人之间能够达成的最强烈的共识,因此,正是纪念碑空间生产出了现在的"我们"。各种纪念碑围绕我们已经生产出了我们所处的那一绝对空间。必须特别强调的是:主导意

---

[1] Henri Lefebvre, *The Production of Space*, op. cit., p.220.

识形态正是决定人们的主体意识的那一纪念碑群。

绝对空间是死亡空间,是死对生施加绝对权力的地方,因而,坟、葬礼和纪念碑所属的地方,总是既有形式美,也有令人恐惧的内容。它是一个被一代代人"活过"的空间。绝对空间本身是空的。古雅典的广场是绝对空间的中心,既属宗教,也与政治相关,集聚了空间,是一个公民大会(ecclesia),也就是说,一个供自由民聚集的地方。同样的地方,罗马人却叫它 forum,也就是论坛,与古希腊广场相反,那里有国家纪念碑、祭坛、神庙、经坛,后来还加上了监狱。[1] 而正是这些由纪念碑、广场和神庙构成的绝对空间的元素构成了现代资本主义式的国家空间,成了今天的城市空间的深层结构,被云计算平台霸占,成为统治着人们的那一隐藏在后面的权力大本营。

国家空间由绝对空间引申出来。在资本主义式国家空间里,在由规划和设计图纸里延伸出来的角度主义空间或透视主义空间统治下,由于身体无法到场,只能被再现,于是就碎化为一些光学元素、视觉材料。国家空间因而总是一个事先就被阴茎主导的空间,帮助形成那种光学式、视觉式、逻辑-物流式的父权空间,同质,分形,具有全球性关联,并且碎化。今天,Zoom 和腾讯会议这样的 app 成了绝对空间里的新鼠标,进一步架空了城市空间和国家空间。城市也正在成为各种 app 的作业场。为它们在后面撑腰的,仍是那一国家空间。

那么,具体说来,今天的城市空间里的哪些酵素是以前的绝对空间留下来的,可被我们用于对抗由国家空间支持的资本主义空间暴力?魔法和宗教实体,好的、坏的、男的、女的与大地和地下相

---

[1] Henri Lefebvre, *The Production of Space*, op. cit., p.235.

第二章　城市空间、斗争与作品

连的各种神，在今天都仍可作为祭祀和仪式的要素被调动。古代的苍穹、天际、地中海构成基督教世界的中心，其代表性空间，也留存在目前的社会空间之中：死者的领域、本地和地层的力量，深和高的地方，今天仍使我们魂牵梦绕。[1] 正如超现实主义者所做的，当代艺术也仍从它们那里获取资源。但这些元素也都可被调用到当前的资本主义式国家空间之中。手机城市对这些空间要素做了进一步的搅拌。城市成为人人在手机端所玩的组合游戏界面，建筑物和城市公共空间正成为这种游戏的障碍物，不停地被编排和组合。[2] 但我们忘了，手机能够如此魔幻地将我们大家拉到微信之中，不只是因为它后面的那些程序，而且还首先是因为先已有了那一萦绕空间、那一幽灵空间。根据德里达的说法，后者总先已存在，是人这一灵性存在的前提，也是今天的云计算平台存在的前提。

国家空间是在欧洲中世纪之后慢慢演化而来的。它来自欧洲中世纪的高雅文化所曾支撑的史诗空间。那时的罗曼史的空间和圆桌（骑士的远行）空间，曾横跨梦和现实之间；战争与节日在那时也已分不大清。后来国家也就越来越依赖本地小神来建立其行政

---

[1] Henri Lefebvre, *The Production of Space*, op. cit., pp.231-232.
[2] 布拉顿反复提醒，我们已生活在手机城市中：过去三十年中，改变我们栖居于城市之中的方式的最重要的一门技术，就是多重感应计算机，也就是手机：根据软件平台通过手机对我们的指挥，设法居住于城市之中。我们作为用户，一路上在很多个真实地点和很多个虚拟地点之间不断切换，同时管理着这么多个地点的非共时性流动，努力使两个地点之间尽量分开，或让它们之间互相对接。现存的城市分区也因此被重新编目，城市网格也越来越成了其自身的类型下的一个游戏键盘。城市正成为一种手机游戏。这个叫作"城市"的游戏应该叫作："如何与陌生人共眠？"(Benjamin Bratton, *The New Normal*, op. cit., p.313.)

空间，因为从罗马世界就开始有了组织空间和司法空间。然后就有了传奇、神话、森林、湖泊、海洋的抒情空间，使人们能用它去与官僚空间和政治空间搏斗。于是就在17世纪形成了民族国家空间。空间这时也就同时带上了文化性、民族性和起源神话。欧洲的政治哲学如霍布斯的《利维坦》，基本也是这样来描述资本主义国家空间的形成的。施米特在《大地的法》中描述了近代的国家战略空间向海洋、空中和太空的延展。今天，全球云计算平台将这一国家空间纳入自身，布拉顿的《堆栈》向我们指出了这一点。

当代住宅空间也正是从这一资本主义国家空间中延伸出来。除了为那一已经子虚乌有的工业化就业积累劳动力，它也是城市延展过程中为填充城市空间而急需维持的生育率的确保手段（在城市化过程中，生育被当成自然和地球的物产来收割），既具有生物性，也具有社会性，还具有高度的（国家）政治性（不断有人在呼吁国家应该增加人口）。国家空间是一个在人口、领土和政治想象上需要被不断维持的空间。

西方的城市小区就是这种资本主义商品抽象空间与国家暴力空间之间形成的一个权力关系矩阵。现代社会不再像古代社会那样，用各种纪念碑来总体整合各元素，而是将其本质一点一点地滴灌到其建筑物的每一个单元之中。也许我们可以说，今天西方的城市住宅小区，是对古代纪念碑群的替代。社会空间已被资本主义生产关系彻底粉碎。老龄化与少子化也是全球城市化进入深处的另一个表象，是资本的空间矛盾的内在化。因此，我们应该说，资本主义式国家空间是积累空间的基座，但在人类世，它也正成为一张漏网。它也将在城市进入生物圈，在我们即将开始的那种贡献式经济模型中随风飘去，落在我们每一个人手里的，将是一张像美国抽象表现主义画家杰克逊·波洛克（Jackson Pollock）的《秋天

第二章　城市空间、斗争与作品　179

的节奏》那样充满虫洞和分形的城市性平面，里面将只有那些无穷纠缠的线牵着我们，但我们也可以逆转而牵住它。本书认为，这种由被牵到牵，也将是我们在当前的这一全行星城市化过程中的命运。

## 11　城市作为资本积累空间

12世纪的西欧就开始出现资本主义的积累空间。那是今天我们习见的积累空间与空间的资本主义式开发的源头。根据列斐伏尔的说法，这一积累空间首先是一个被世俗化的空间，是罗马时代复兴了古希腊的逻各斯和宇宙之后的结果。正是逻各斯和宇宙降伏了那一带着各种地下力量的迷信、残酷的罗马世界，打开了地上的空间和社会空间。之后，法律也跟着被重置，契约关系替代了古老的交换习惯和关税抽取制度。原有的那些被异位移植的地点，被贬成巫术和疯狂之地，被认为会招引魔鬼，哪怕迷人，也必须被禁忌，于是它们就被圈禁、封存在了绝对空间之内了。[1] 实际上，直到20世纪，超现实主义艺术家们还在重新排练这些禁地内的圣物和被咒物，当作他们的诗性想象和梦境的酵素。他们仍认为空间中充满着各种看不见的恶力，可用它们酿出新的创造性精神的力量。但是，超现实主义者们却将某种诗性语言的空间当作精神（逻辑-数学-符号）空间，当成社会空间，这是有问题的。

从12世纪开始，西欧的知识的基础和社会的基础同时被撼动。力比多从此被更大地解放。从那时起，奥古斯丁学派所竭力

---

[1] Henri Lefebvre, *The Production of Space*, op. cit., pp.63-64.

反对的那一力比多三分法，也就是好奇、野心和感性，却开始被世俗世界偷偷地接受。那些被去圣化的空间，也成了接受新知识的版面和财富积累的版面。各个大家族接过了这些新的版面，通过装饰和被装饰，用重复和组合，来积聚新到手的那些过剩的财富，来装饰他们所在的城镇。城市空间的性质从这时起就发生了质的转变。

欧洲中世纪之后的城镇与其说是手工业者和小商人的聚居地，还不如说是市场的所在地。市场、市政厅和钟塔这三样这时就构成了一座城镇的标配。今天的城市空间的深层结构雏形，也是在那时形成的。

之后，城市用中心性逻辑不断自我编程、自我组合。今天的一个真实的中国城市，就是由拼多多和美团的快递线，围绕新的平台中心性，实时、连续地打印出来。我们作为住民，不一定被包括在这个自我打印的、可被进一步编程的城市之内，市中心也已不在那个中心广场，而在云计算平台上。那么，这时，什么才是城市？我们说的城市到底位于这一打印过程的哪一阶段、哪一个点上的呢？

货币和商品也是在产生了这一资本积累空间之后，才光明正大地在欧洲中世纪城镇空间中唱上主角的。从那之后，产品和商品才具有解放功能，成了一种可用来打破偶像统治的来自远方的力量，如当时从威尼斯进港的棉花、糖、咖啡、鸦片、烟草等，开始打破欧洲旧的国家经济空间分割，就像中国改革开放初期的走私录音机和万宝路烟，对当时中国的多层社会空间造成了冲击。所谓资本主义萌芽、发育的过程，也是指这一旧的国家经济空间中的交换程序和循环圈渐渐被外来资本和商品的去界力量打破的过程，是新的交换秩序被建立，也就是被复界的过程。

明确了上面这一点后，我们就可以对韦伯、李约瑟、布罗代尔和布尔迪厄对中国在北宋之后的资本主义萌芽为什么一直未能绽放

第二章　城市空间、斗争与作品

这一点的共同结论，做出如下判断：是儒家王朝的国家文官制度压制了这一资本主义萌芽在北宋之后冒出；通过官员系统和学校的教化作用，通过国家权力的干预，通过国家空间去专政商品空间，商品流通在当时就没有了那种马克思讲的打开中国的长城的力量，就不会使当时的中国城镇空间成为资本主义的积累空间。于是，资本的流通未形成一个积累空间或抽象空间。资本主义这才没有在北宋之后的中国萌芽。而且这哪里是不能够萌芽，分明是无论如何都不让它萌芽啊！这一不让，也是有历史意义的，而不是像很多经济史学者认为的那样，资本主义不能在中国北宋之后萌芽，是中国儒家文化中有某种缺陷，阻止了这一萌芽过程，才使得中国不能够更早地现代化，不能汇入全球化大潮，而遭受了近代被侵略的屈辱。而这反而向我们证明，在另一种财富积累的模式下，在另一种地理和文化空间内，一种非资本主义的大型文化共同体的繁荣，在古代中国也是可能的，而且也是可以做得很优美的（马克思一直把这一"小亚细亚"发展模式与希腊之后的全球资本主义模式看作两种并列的文明方向）。

德勒兹和瓜塔里在《千高原》中向我们指出，资本主义是一锅黏合了人类至今活过的所有东西的大杂烩，也是一团果冻，里面的所有东西，包括自然，也正越来越变得人工。它必须利用一切可利用的元素。因为，根据马克思的利润率递减定律，在利润率越来越下降是必然的情况下，剩余价值的绝对量必须不断增加，资本主义发展为它自己不断增加着难度系数。这就是资本含有的根本的内在矛盾：在去界和复界之间，不断试图在内部突破界限，但总因此引发危机。

所以，德勒兹和瓜塔里认为，生活在全球资本主义世界，成为分裂者，才是健康的。资本却总要求人们为生产而生产，使人们像得了败血症那样,冲进不可收拾的地步。资本的使命就是不断突破自身的界限,更进一步地失界(失禁),"显示一种世界主义的普遍的能量,去推翻限制和绑定",这样才能克服它自身的危机。[1] 但同时,作为补充,它必须不断直面内在于自己之中的界限和障碍,后者正因为是内在于资本主义之中的,就只有被复制(再生产)到更大的规模上,也就是复界到更大的场地上,被复界到本地、全世界、整个行星上,才能被克服。

资本的失界,是技术越发展,利润率就越低;而其复界,是利润率越低,就越要把工厂搬到东南亚。全球资本在城市化中的国家的命运,是想恢复源-国家(Urstaate),建立超编码和复界的统一体,但同时,不受约束的流动,也正将它带向绝对的门槛,必须克服自身的扩张导致的一次次危机,随时面临自我极限。历史上,所有的资本主义积累空间都曾急匆匆地冲出去,去开拓世界市场,因而一次次失界。一方面,为了开拓世界市场,它不顾一切地重新编码全世界的专权者、本地专权者和全权的军力、警力(如帮助大英帝国统治印度的那20万军队)。另一方面,它又在那里解码出巨量的资本和人口。于是,资本主义这种流动本身也就进入了某种精神分裂:同时进入复古主义和未来主义、新复古主义和前未来主义、被迫害狂和精神分裂,我们在当代世界中正看它这样表演着。

德勒兹和瓜塔里认为,萨米尔·阿明要第三世界退出世界市场,另外形成一种不结盟的新的世界秩序,是不对的。倒过来看,哪怕是为了反对世界市场对我们的垄断,我们也反而应该更深地介入

---

[1] Gilles Deleuze and Félix Guattari, *Anti-Oedipus: Capitalism and Schizophrenia*, trans. by Robert Hurley and Mark Seem, Penguin, 2009, p.34, pp.259-260.

世界市场的运动,更主动地解码,更失界,也许,更推动它加速才对。[1] 这不正是今天的中国在世界市场内担任的角色吗?我们如何思考自己在全球资本流动和世界市场内的命运?思考中国的城市化,也应反思德勒兹和瓜塔里向我们指出的那一全球资本主义内在性平面。

德勒兹和瓜塔里问我们:中国也早就有航海,为什么资本主义空间突破也就是资本主义的萌芽不是发生在中国,而是先发生在欧洲?他们的回答是:因为北宋后的中国,欲望仍然是被投资在那架小亚细亚机器上,还不需要世界市场[卡夫卡的《中国长城建造时》说清了为什么这种投资最后在古代中国总是无效的:百姓都不在乎皇帝是谁,年号改了没有;大兴土木只是要耗费掉巨大的财富积累,防止它爆炸]。[2] 而欧洲却开始了向全行星扩张的精神分裂之旅。他们敢到世界市场里去盗猎,而中国的北宋人民是不敢有这种想象的。农民失地,货币变成资本,这在北宋也早就发生。但在当时的中国却没有哥伦布这样的失禁者,也没有今天的马斯克这样的风投者。北宋以后,海运、商品流通、商业资本和金融资本都已存在,遍地都是资本主义的可能的萌芽了,但那一架儒家国家机器仍有足够的掌控力,能够将资本主义嫩芽一个个地掐掉。

因此,我们也许得这样转变思路:搞资本主义其实不用学,只要失禁就行。而像北宋之后的中国那样,努力不去搞资本主义,那才是难的。因为资本主义是要将符码的剩余价值转变为流动的剩余

---

[1] Gilles Deleuze and Félix Guattari, *Anti-Oedipus: Capitalism and Schizophrenia*, op. cit., p.239.

[2] Ibid., p.244.

价值。北宋后儒家的文官机器用了所有的办法来祛除这些萌芽。如果这还对付不过来,那么后面还有道家机器、书法机器等等(县以上官员的一项重要工作是诗歌和书法)。北宋以后的中国本来是能搞资本主义的,但它就是有能力、有自信、有觉悟主动不去搞。这不是说中国文化有缺陷,而是因为它有底气、有决心这样做,因为搞资本主义,就先须成为失禁者,而这在中国是不被允许的。创业者都须是失禁者。1492年才是资本元年。1599年,莎士比亚正在为《哈姆莱特》收尾的那一周,英国成立了东印度公司——由20万军队在印度为它打前锋。这一股份公司和这一支军队最终将用商品来轰开中国的大门。这才有了近代以后发生在中国的各种事件。研究当代中国和中国的城市化时,我们不得不回溯这一资本元素。

中国的地方官用书法和诗歌来审美地治理城市,这是一个关于文官的政治美学如何扼杀了中国的资本主义萌芽和资本主义积累空间式的城市的萌芽的故事。[1] 所以,那种作为交换价值的积累空间的城市,如同资本主义一样,一直未能在北宋之后的中国萌芽,这想必也是因为,商品本身对市场空间和社会空间的突破和解放作用,在宋以后的中国一直未被充分发挥出来。商品流通的那种去界力量,被严格限制在了封建王朝的行政治理之内,直到英国人从印度贩了鸦片到中国。之后,货币和商品不光带来了新的文化,也带来了新的社会空间,但儒家王朝的主导意识形态一直想要掩护这一

---

[1] 马克思将这一问题归入"小亚细亚生产方式",来回避关于资本主义在某些类型的社会为什么不能主动萌芽这一问题。不过在《资本论》中,马克思用"世界市场"对各局部市场的压迫这样的宏观结构,来解释资本主义在全球各地的萌芽问题。我们似乎应该强调,北宋之后资本主义一直不能在中国萌芽,不能形成一种积累空间,而后又无法形成一种资本主义系统内的抽象空间,是由于中国的儒家式国家空间对这种商品抽象空间的严格过滤。

第二章　城市空间、斗争与作品

与商品一起到来的社会空间,不让它成为在其范围之外的资本主义本身的积累空间。严格地说,资本主义不在北宋之后萌芽的意思,是一直未形成那种资本积累空间。但在鸦片战争后,尤其在全球化时代后,这一走向资本主义积累空间和向全球化的城市空间的突破,却被轻松实现了。

中世纪欧洲的空间革命将商业带到了城镇的中心,因而改造了城镇的空间。这时,市场与古希腊广场、古罗马论坛完全不同了,因为它成了可供人人自由出入,容纳不同层级的局部市场。在欧洲中世纪建立起来的这种城镇空间,现在看其实是一种用来促进交换和交往的新的社会空间,因而也是一种网络空间。它已经含有今天城市空间里的所有元素。

而在欧洲中世纪,社会等级本身就堆叠为一个大教堂,商人在中间层,神职人员和诗人处在上层。因而我们就听到但丁说诗人既可坠入炼狱,也能升进天堂。可以说,在这种大教堂式结构下,欧洲中世纪的城镇空间还不完全是抽象空间。但那时,空间里的商业性已开始突显,就连在绘画中也出现了14—15世纪风格,画面上的社会空间也是一个大教堂般的空间结构,已经有那种将走向20世纪的现代主义绘画空间和超市货柜的展示结构的雏形了。

根据列斐伏尔所说,在16世纪的西欧发生了一件很亮眼的事。那就是,城镇的重要性第一次超过了乡村。从中世纪空间里通过积累而产生的资本主义空间,这时开始主导城镇空间。城市系统与乡村终于被隔开。城镇这时就成为主体,成为大地与天上之间的有机中介,原因是,资本积累空间作为深层语法,被安插在了城镇空间的后面。现代意义上的城市空间也就是资本主义积累空间终于亮相了。

## 12 资本积累空间内的暴力

但是，从12世纪到20世纪，战争也一直围绕着城市空间内的资本积累空间而展开。对城市内的资本积累空间的争夺，一直是各种战争的原因和结果。在资本积累与战争耗费这一二重奏之中，城市传统和城市机构被反复摧毁，城市系统却被一直更新的技术维持了下来，从一个技术系统被转交到另一个技术系统，如当前的城市生活的运行正在被转交给计算机服务器，历史上，这种转交从来没停过手。而围绕城市形成的现代工业空间，是这一积累-战争过程的副产品。

在1945年以后，我们见到了消费社会的兴起：城市日常生活成为消化工业化的成果，也就是更快和更多地到来的商品的手段，也成为资本从中更均匀地抽取利润的手段。这是因为，西方统治者发现，与其去搞殖民地，还不如在城市的日常生活中殖民，来维持资本主义的苟延残喘，反而更容易。可以说，今天的全行星城市化，就是对这一过程的接力。

在资本主义积累空间里，空间暴力或视觉暴力一直担当着经济推手的角色，也就使经济在城市空间中最终成了主导角色。到了19世纪，经济就主导历史了：被上升和下降的曲线所左右的经济史，压倒了原有的那些人文历史叙述。经济起伏成了历史主旋律。其实，所谓书写的历史，也只是很表面的解释，底下总是同一种资本积累的血腥过程在起作用，用不着多解释。

在城市的资本积累空间内，抽象就是剥削，就是工业化，就是今天的城市化和全方位金融化，也就是黑格尔说的否定，其逻辑就是对否定也要加以进一步的否定，是一次次对旧的城市元素的扬弃，是掘地三尺之后再掘地三尺。这发生在全球各地，西欧19世纪的工业化和 20 世纪后半期的去工业化过程，以及 1945 年后的城市化取代工业化（也有说进入后工业时代的），1990 年以后的城市化之全球化，生动地向我们演示了黑格尔曾向我们指出的叫作"抽象"、马克思称其为"剥削"的那一概念运动。

可以说，当初也正是通过战争才生产出了西欧的城市领土，也就是说将欧洲各地的城市拉进了我们今天看到的全行星城市化过程，像一块面团一样被发酵到了今天的样子。[1] 由此也产生了西欧资本主义的历史空间、资本积累空间和投资空间，和今天全球资本主义的运行空间，最后终于诞生了马克思说的"世界市场"。今天，这个世界市场在全球化过程中成了像变压器一样的东西，在胁迫和主导各国的城市化，通过像国际货币基金组织、"华盛顿共识"这样的组织和观念，从外围施压，使各方的力量都主动就范，源源不断地为主导者从城市化过程中抽出利润。对于第三、四世界，今天已没有了资本主义是否在某地萌芽的问题，只有急步赶上还是半推半就之区分，当代中国因为经济体量和人口规模，意外地改变了这一全行星城市化的节奏，其本地城市化反过来开始主导全球城市化的进程。

与此同时，时间和空间也都被进一步城市化。商品和商人的时间曾在工业革命后的社会空间中占了上风，成为城市中的主导景观。正如马克思所说，在城市空间里，人们不知道自己在创造着什么，就在创造着历史了。创造着历史的人，比如士兵、元帅、农民和皇帝，也都在为资本主义的积累做贡献吗？并没有。因为，到我们这样问时，那一历史性时间就已崩塌。动机、理性、原因、目标和结果也都碎裂，正如熊彼特所说，资本主义就是一种创造式毁灭的过

---

1　Henri Lefebvre, *The Production of Space*, op. cit., p.277.

程,这会儿看它兴兴隆隆,过一会儿就又见它自身难保。就城市而言,这一西方资本主义的毁灭式创造过程具体表现为,工业化被卷入城市化,城市化也旋即被卷入金融投机,被卷入房地产开发,再被拖入经济泡沫化和后面的金融黑帮化:银行危机严重到不能让它们倒,最后只好让私人银行在它们自己搞出的危机中发大财,这是我们在2007—2008年的全球金融危机中看到的真实结果。而与此同时,对于每一个个人而言,这一全行星城市化过程,也正在使他们走向进一步的无产阶级化。城市越光鲜,他们的工作和生活就越毫无意义化、内卷化(大卫·格雷伯意义上的"毫无意义的工作")。

在城市化的中期,城市也终于找到了它自己的图像,在成为资本积累的主体的同时,单独形成一个历史主体。但很快,城市也由作品而成为产品,成为国家空间的生产结果。城市到了像勒·柯布西耶这样的人手里,就成了居住的机器和交通的机器,不光可被生产,而且还可被标准化地组装。但我们知道,城市根本上讲仍是作品,是个人和集体的作品。城市规划下组装出来的城市空间,总仍有待栖居者重新将它们另作组装,排练成为他们自己的身体空间和生活空间。[1] 在节日里,时间状态被切换,某种新的时间状态在某种狂欢状态下被永久地强加到了城市之上。问题是,人们今天是生活在一种被国家官僚系统调控的消费社会之中,像游客那样待在自己的城市之中,围观自己假装在过的那种日常生活,像德波在《景观社会》中向我们描述的那样。景观离间了我们与城市的关系。我们生活在城市之外了,只有通过即兴的庆祝、狂欢、献祭、抗议、欢快的毁灭,才能回到作为我们自己的作品的城市之中。

离开资本主义积累空间,回到乡村,就是出路?并不是。从意

---

[1] Henri Lefebvre, *The Production of Space*, op. cit., pp.78-79.

大利的托斯卡纳开始,乡村也被并入城市的规划蓝图之中。这时,在西方国家积累空间里,国家的总体化效应也开始出现。乡村和城镇之间对冲,国家开始成为整个社会空间的主人。而且,我们看到,从这时开始,在以抽象空间为抽利工具的资本积累空间里,由国家垄断的暴力,反而成了使空间存续的生命线:它通过拆迁打开新的空间。抽象空间从此成为主导阶级手里的剥削和维持工具。

于是,在这个由国家主导的积累空间里,只有通过国家空间的暴力,现存的人口、经济和社会的可能性,才能被实现。而只有通过指向空间的暴力,国家权力才能被维持。国家后面的暴力的源头,则是自然、财产和土地。现代西方国家的任务,因而是在这一资本积累空间里去维持各阶级之间、每一个阶级内的各层级之间的权力平衡,维护所有其他空间之间的平衡。它使少部分人的利益凌驾到全社会头上,并为了掩人耳目,而将这种既得利益强加得像公共利益似的,让人看不出后面的猫腻。

于是,我们就看到了列宁在《国家与革命》里对国家的理解:国家是少部分人用来专政绝大部分人的工具,人民必须夺回这一用国家来专政的权力,夺回国家,不让它落进少数人的手里,而这就叫人民民主专政。现有的空间生产和空间批判中,就一直存在着这样一种尖锐的阶级冲突,重点是看国家到底在谁手里。列斐伏尔要我们做出以下选择:我们应该用列宁主义式的空间思想,还是用新自由主义式的专家、规划式研究、论证和设计思想,来理解空间实践和空间斗争?对于马克思主义者而言,答案是不言而喻的。

一直以来,正是关于国家的自由主义理论和威权主义理论,在阻碍我们认识空间的政治性。前者认为国家是公民的共同之善,是冲突的仲裁者;后者认为,国家是普遍意志,是一个官僚-政治式系统,是必需的专政机器。在这两种眼光下,国家暴力都可披上理性和理性的统一性的外衣,主导资本主义的积累空间。各阶级之间的共识通过国家权力的强加,通向了同质性、议会民主、霸权、国家理性,甚至企业家精神。当今的城市化根本没有解决这一资本主义商品空间、资本积累空间的内在矛盾,反而是在进一步的商品空间开发中激发它、加剧它。

资本主义系统一直用抽象空间这一张滤网来捕捞利润。这张网由资本主义国家空间内形成的这样的三位一体织成:土地-资本-劳动。这三位一体也形成了这样三种空间:全球性空间、碎片化空间、等级化空间。然后是各级市场:世界市场内套国内市场,再套本地市场,再套各生产元素市场,再套土地市场,形成一个嵌套结构。[1] 而这是为了用市场这一抽象空间的工具一次次、一层层地捕捞出利润。

## 13 抽象空间的统治和抽利

市场本身就是资本主义抽象空间从每一个人身上抽利的工具。它一层层地抽。我们知道,市场有很多个层次,有原料市场、商品市场、劳动力市场、资本市场、租赁市场、作品和符号与象征的市场(如画廊和拍卖行),有思想市场;还分本地市场、全国市场和全球市场。这些不同层次的市场之间互相叠加,最终形成了马克思说的世界市场。[2] 是世界市场从外部压迫,要下层市场服从它的抽象和剥削逻辑(表现在软件和程序甚至手机上的 app 之中),并再回头从各种具

---

[1] Henri Lefebvre, *The Production of Space*, op. cit., p.282.

[2] Ibid., pp.62-63, pp.306-307.

体的市场空间里提炼出一种抽象空间,当作普遍的交换平台,成为从资本的流动和循环中抽利的手段。云计算平台所宣称的普遍随时的计算服务,是世界市场的集大成者,织成了一张全球资本之网,形成全球资本主义系统之抽象空间的最外围。

市场需要抽象空间,是因为,只有在划定的、被吸干了时间的抽象空间内,才能划出格子,制造短缺,才能强制地形成需求,广告和营销才会奏效。也只有抽象空间才能从整个行星范围内抽取资源、劳动和利润,也只有它才能够更有效地从人人身上全方位地抽利,如当代的所有货币技术正在对我们做的那样。

而我们也总会盲目地信从抽象空间的无限力量,以为它是神秘的、可被崇拜的。比如说,对土地的无限开发竟然使我们相信,稀缺的只是空间。意想不到的是,我们被夺走了空间之后,抽象空间转而又回头来捕捞我们,将我们装进它之中,从我们身上无尽地抽利。抽象空间于是在云计算平台上成为资本实时地搜括我们的剥削工具。它同时也是福柯描述的那一张权力之网最具体、最清晰的体现。

由于抽象空间被当作抽利工具用到了城市化过程中,因此,马克思所说的那种政治式经济(学),在今天就被市场调查、销售技术、广告、对需求的操纵、咨询公司引导的投资-规划所替代。城市空间也被切割成可以按大小尺寸来买卖的无数个空间碎片,被分类兜售。到后来,人们已被抽象空间绑架,反而不敢求助于科学和批判性知识,甘愿委身于主导意识形态,永远爬不出抽象空间的黑洞了。房产中介门店黑板上的价格,成为统治人们的真正的律法,成了黑格尔说的当代的客观精神,成为我们的行动坐标,因此也终于实现了德波说的景观对于现实的统治:抽象空间化身为景观式空间,成为一种像语法那样的统治结构,像笼子一样反过来将我们套在其中。有了抽象空间，空间统治从此变成符号式、象征式和指数式的了。

有了抽象空间，城市空间在每一点上都成了资本积累的点位。城市的中心被用来从边缘抽取、积聚利润。所以，无论如何，城市总会抛开设计和规划，擅自形成某一个中心，而这历来是城市在资本主义经济系统中的主要功能。但是根据乔治·巴塔耶的耗费理论，城市的中心，也应该是献祭之地，至少在人们心目中一定是，是财富积累最终的自爆点，而且这种乡村绝对空间被挪入城市中心，就是为了达到自爆，为城市本身着想。[1] 历史地看，城市的中心也是不断移动的。城市空间必须跟着城市生活的时间性往前走，一次次走向新的中心。但不论怎样，自古以来，积累空间最后都是在上面这种逻辑下走向自我毁灭的。

而在城市的中心性的统治下，今天的西方的城市化为了主导阶级的直接利益，已牺牲掉了几代人的未来，又以那一早已被编程，也绝对不确定的未来的名义，来毁灭当前的城市。今天的西方的城市化过程中形成的诸多城市中心，最后也都将走向这种命运。关键是，城市的中心已不得不浮动在大数据云计算平台上，被拖入全行星空间，最后不得不在生物圈内求幸存。

抽象空间首先是用来抽象（剥削）社会空间的劳动价值的。住房按揭正是这种抽象空间叮吸劳动力的使用价值的具体格式。按揭买房是人们自己选定的，也将他们关了进去，让人们的劳动力价值按照一种单边契约，被长期剥削（抽利）。[2] 而抽象空间正是使人们对号入座、逃无可逃的那一外部网格，那一张罩住飞鸟的恢恢之

---

[1] Georges Bataille, *The Accursed Share*, Ⅰ, op. cit., pp.55-59.
[2] Ibid., p.49.

网。人们必须进入它,然后成家、有自己的房,然后争取有一座郊区砖房、休闲小木屋,也必须生孩子,因为生育才能使人生完满。在这一抽象空间里,冲进来和冲出去,区别不大。在全球各地,大多数人都逃不脱抽象空间这样的规训和奴役。是抽象空间这一条传送带将人们送进了那一架瓜塔里所说的"全球资本主义单身机器",逼人们走进家庭机器,然后被俄狄浦斯化。[1]

建筑所要设计、城规所要规划的空间,也只是抽象空间之上的那些蛋糕裱花。城市规划总是这样到人们头上强加新的抽象空间

---

[1] 德勒兹和瓜塔里在评论小说家詹姆斯时说,成为女人是使自己成为秘密,然后成为分子,像画家画了半天后,终于在画面上找到一条可让他放手一搏的线。人们平时是处于三条线之上:被全球资本主义异性恋家庭装置或单身机器捕捉时的原罪线。想要反抗而陷得更深、更自我欺骗的意识形态线。还有一条就是使人们自己成为一个透明的秘密,分不清自己是在演还是成了化身、成了神话人物(俄狄浦斯走到第三阶段了);那是一条逃逸线(画家培根)、一条抽象线(贝克特)。平时,这三条线都在人们身上重叠着,只有艺术家才能将它们分开,走出一条比哥伦布或麦哲伦更漂亮的逃逸线。(Gilles Deleuze et Félix Guattari, *Mille plateaux*, op. cit., p.290.)拉扎莱托说,有两种政权在统治我们:一方面,我们被生意、通信、福利国家和金融的机器装置奴役;另一方面,我们又被将我们当用户、生产者、电视受众等来安排角色和社会生产性功能的权力的那一层级化所制服。[Maurizio Lazzarato, *Signs and Machines*, trans. by Joshua David Jordan, Semiotext(e), 2014, p.38.]我们因此必须同时反制服和反奴役,必须重新思考当代政治。

资本主义同时用非释义符号装置和释义符号装置统治人们:"经济、科学、技术、股票市场等是非释义符号装置;媒体、政客和专家是使统治显得合法、拉民众支持和标榜正义的释义性符号装置。语言、故事、话语是释义性装置,是用来阻止人民的失界的控制术和管理术。"(Ibid., pp.41-42.)20世纪20年代的广告、电视的兴起,更将人口和主体组装为流畅的机器,谷歌和脸书是这架机器的皇冠,后者巨大的数据库担任了营销装置,收集、挑选、销售着我们的购买行为、阅读习惯、电影偏好、口味、衣服、食品偏好和人们花掉空闲时间的方式的无数数据。人们在这个装置里只有裂人(dividuel)的地位,后者更便于被流动、网架、机器管辖所管理。这一装置"不光干预个人的再现和有意识行为,而且还干预个人的欲望、信念、主体性和再现性现实。"(Ibid., p.37).

元素。但是，人们必须离开抽象空间和设计空间，通过自己的社会实践和空间实践，进入那些微分空间，使自己的身体生产出它自己所需要的空间，使身体本身也成为空间。再能干的建筑师和城规师，也无法向人们提供自然空间、身体空间、感性空间、感觉空间、性空间和快乐空间。他们提供的抽象空间是总体异化空间，而人们必须用自己的身体实践和社会实践将抽象空间重新再生产为身体空间和社会空间，再经人们的身体的居有，使它们成为自己的城市空间，成为通过劳动、身体和语言所生产出来的作为自己的作品的城市。

抽象空间首先表现为一种几何空间，在其中，一切都可被还原为欧几里得式几何关系，可通过一张白纸来将它变成一个平面，变成一张设计图，变成一份地图，在无论何种投射或表征之下。然后，它也可被表现为某种光学（视觉）构型。潘诺夫斯基在《哥特建筑与经院哲学》中认定的哥特式大教堂的视觉化逻辑，正是通过抽象空间的过滤，成了限制社会内、城市中的空间实践的普遍法则。写的法则就这样规定我们如何去活着的法则。它依赖于书写（麦克卢汉）、语法化/书写化（斯蒂格勒），而被不断地重新景观化（德波）。现实正是这样被意识形态装饰成一个大卖场、一张关于空间的淘宝网。在抽象空间中，视觉压倒了味觉、嗅觉、触觉，甚至听觉，将空间全部交给了线、色和光。[1] 眼睛将物发配到了远处。在电影和绘画中，抽象空间完全占了先。它甚至也压倒了人体，篡夺了人体在空间中本来应该担当的角色，如好莱坞电影中嘉宝的脸对观众的眼睛的捕捉和摆布，为广告捕捉观众的眼睛做出了清楚的示范。

在抽象空间中，阴茎统治着一切。因为抽象空间象征着男性的

---

[1] Henri Lefebvre, *The Production of Space*, op. cit., p.235.

力量、繁殖性、男性暴力,其中,部分总是被当成了整体,整体也被部分所奴役,通过移喻而张冠李戴。在抽象空间中,阴茎代表了政治力量和权力限制的粗暴:警察、军队和官僚机器是其后盾,也是阴茎的直立性代表着空间中最具决定性的力量。它像纪念碑那样,要求一切都顺从、同质化。抽象空间自身不育,还造成城市空间的普遍不育,在全球各地无有例外。

抽象空间也是图像、象征和符号的集合,后者是它的暴力工具。同一个抽象空间既可用来提供利润,也可用来切碎空间,将其分成等级,将特殊的地位安排到某一具体的地点,并帮助其排斥异己,或将陌生者也整合进来。抽象空间就像黑社会的打手,可被两面换着来用。它在抽象社会空间的过程中,自然会带进暴力,因为它可以为单一目的而击打、切碎和分割有机的社会空间,而且会连续地击打,不达目的不罢休。

在抽象空间中,视觉逻辑像计算机程序那样运行着,像警察那样地时时执行着任务。实际上,哪怕在乡村散步,沉思于周围的景色之前时,我们也是动用了抽象空间中的视觉逻辑,对自然施了暴,因为只有这样,我们才能切割出眼中、心目中的那种优美的乡村空间。因此,没有一首田园诗是无辜的。哪怕在思考、凝视、用句子抒情时,在使用符号来抽象表达的过程中,我们也动用了抽象空间这一暴力工具,对乡村施了暴。[1]

阴茎-视觉-几何空间就这样征服了至今为止全部的知觉和知觉形式,使我们不能不那样去看自然。写诗时、描述风景时,我们也是在用抽象空间对自然施暴。可以说,动用抽象空间就是在用阴茎、视觉和几何的力量向自然施暴。浪漫派诗人们,如雨果,也是用阴

---

[1] Henri Lefebvre, *The Production of Space*, op. cit., p.289.

茎、视觉和几何来向自然施暴,来开始他们对自然的书写。相反,皮埃尔·保罗·帕索里尼(Pier Paolo Pasolini)的电影是要将自然重新搬进电影中,使它带上文化,让群众用他们自己的动作,将自然当道具,去重新激活他们自己的那种机器式、有灵论式、朝圣式(用自己庸俗的动作、姿态和材料来半狂欢地制圣)文化。[1] 这是用电影去拖动群众的文化活动,使他们重新"有文化"。

抽象空间本身也是从历史空间里被抽出,被客观地运行,成了物和符号的集合,以及它们之间的形式关系之后,再反过来将它当成捕网,供少数人从其他人身上间接抽取租金和利润。玻璃和石头、混凝土和钢筋、边角和曲线、满和空之间,就已布好了抽象空间。抽象空间抹除了各种区分和差异,不论这些差异是身体、年龄、性别和族裔上的,还是自然方面的。一切都必须为资本的顺畅运行让道,而抽象空间就是前来开道的,是不可阻挡的。在抽象空间里,一切都已被宣布,都已被说出和写出,没有其余了。抽象空间的语法就是社会空间内隐含的法律条文。在其中,我们活过的经验都被统统击碎或者征服,甚至也被其中的概念、线条和体积所击碎而被奴役。书写文本也全都是为这一抽象空间服务的。新闻、文学、广播、

---

[1] 群众为什么爱看动作片?动作片是否可以帮助群众摆脱来自文化工业的机器奴役呢?帕索里尼认为这是可以的,因为群众可以在导演的电影中重拍电影,恢复他们对这个世界的机器式有灵论态度。"实际上动作图像也能唱出对上帝的赞歌。电影向群众展示:现实不仅是物,也是动作。动作是群众的所有其他表达的起点。动作使我们看、干预,是对别的人和主体的看、动作加以干预的第一手段。而电影是一张运动中的网格,我们用它去看、决断、选择和行动。"帕索里尼感叹贱民阶级的文化正在被抹除,只剩下贱民阶级的经济学了。但是,"如此剥夺和资本化下,农民文化中的主体化、有灵论和多神论文化仍是如此根深蒂固。虽然电影也是这一去圣化过程的一部分,但帕索里尼认为我们可以用电影帮农民再圣化"。(Maurizio Lazzarato, *Signs and Machines*, op. cit., pp.137-138.)

第二章　城市空间、斗争与作品

电视、网络、手机社交平台(尤其是其中的娱乐平台),都站到了它那一边,来碾压我们每一个人活过的经验、新知识、新的社会实践和新的斗争。它总是有专家手里的非-批判的知识来背书,有强大的拆迁、压路机式经济、象征上的暴力为其撑腰,有那一要从资本主义积累过程中渔利的国家官僚机器为它开道。[1]

## 14　抽象空间造成了永久的住房危机

那么,这一抽象空间会被永远维持下去吗?如果真是这样,那我们就是遭遇了人类终极的落寞,掉进了黑格尔早已看到、提醒我们不要掉进去的那一最终的死局:掉进了坏的无限之中。如果真是这样,那我们能够做出的反应,似乎也只剩下像巴塔耶所说的无头尸体那样痉挛几下了。莫非,世界陷入了被抽象空间拉网捕捞的鱼池里,我们人人身上的生机力,也只有到了荒原上,才能找到栖身之所?这不令人绝望吗?

但是,抽象空间本身也是一个矛盾空间。其中的矛盾,很大一部分是从历史上遗留下来,经历过很多变化,某些变得更严重,某些已钝化。人们却仍无辜地不得不继续承受这些历史上留下来的矛盾,同时还得不断去面对其中产生的新矛盾。这种状况最终将会加快抽象空间的崩溃。[2] 但是,不管怎样,在抽象空间内的对社会生产关系的再生产,最终仍须服从两种倾向:旧的生产关系的瓦解,和新的生产关系的建立。我们都被卡在中间。

---

1　Henri Lefebvre, *The Production of Space*, op. cit., pp.49-52.
2　Ibid., p.52.

由于它自身已带着否定性，我们仍可以说，抽象空间内也已带着一种新空间的种子。这就是列斐伏尔说的我们的身体自己会制造出来的微分空间。而到了最后，抽象空间也必须生产出自己的各种微分空间，才能存活下去。这是因为，抽象空间本身会进一步走向同质化，最后会抹杀空间内现存的所有差异性和特殊性。这样，新空间就无法在抽象空间内诞生（被继续生产出来），除非抽象空间自己主动引入、强调差异，来培育出差异空间。因为，实际上，抽象空间本身也必须推动其内含的社会空间的各功能、元素和契机的统一，才能苟延残喘。它也会通过各种政策、道德运算，甚至某种版本的马尔萨斯主义、达尔文主义、新自由主义眼光，来主动推动社会再生产、优化繁殖、满足需求、丰富生物复杂性、改造社会关系和家庭关系，等等。当前全球城市的普遍少子化和老龄化，就是抽象空间自己造成的结果。在当代中国，这已成为巨大的社会焦虑，最近应急政策迭出。这是直接由抽象空间带来的问题，而不是像人们含混地指认的那样，是社会本身带来的问题。

抽象空间也是高度复杂地运行的，总已处在各种对话空间之中，时时都被重塑，仿佛在其中各方之间早就有了默契，先已有了一种互不侵犯的协定，已订立一种契约、一种非暴力约定，各方也早已心照不宣。而且，它自己居然也已在要求我们交互地、社区式地使用它。做城规和设计的人们，也在教导我们如何用好、用活城市抽象空间。它总已在各种利益集团的普遍传销过程之中成为接力棒。你看，在街上，一个人不许随便攻击走过的另一个人，否则就会被定罪，仿佛这早已布下了法律的网格。在这一抽象网格里，权力就是制止你我的行动的那一行动。抽象空间是叠加在福柯说的"纪律社会"和德勒兹说的"控制社会"之中的一层过滤膜。

抽象空间内也预设了某种紧密地与市场经济联盟的空间经济，

所以总必须突出其中某些地方的价值,如商店、咖啡店、电影院等,同时抹杀了其他地点和场所的存在感,来给它们一种积极的隐义。要知道,在咖啡店、广场和纪念碑之中或附近发生的那些共同或共享的占有或消费,由其引发的遭遇,是怎么也无法被私有化、被抽象的,对此,各方总已达成了共识。当然,各方之间还达成了另外一种共识:抽象空间内也绝对不允许阶级斗争和各种抵抗的长期存在。最后,社会主导阶层一定会达成共识,残暴地清理抽象空间——哪怕流血也在所不惜——最好的例子就是巴黎公社。可是,不给这种冲突和矛盾留出口子,抽象空间自己也会死掉。这就是资本主义式抽象空间内的根本矛盾,也是城市空间内的主要矛盾。

总之,诞生自资本积累过程的抽象空间,同时拥抱着分析式智性、国家和官僚机器式存在的理由、"纯"知识和权力话语,要它们来为它服务。在这一同时也是积累空间的空间内,哲学式的知识与权力之间的结合,总导向威权主义式的粗暴的空间实践,无论是做巴黎规划的奥斯曼,还是将其新符号化之后形成了全球推广版本,也就是那个包豪斯团体或勒·柯布西耶的城市机器学(术),都仍是通过驱散、分割和隔离,将那一城市规划中的分析式精神贯彻到底,都是要帮助抽象空间达到最后目的。[1] 最终,在抽象空间内,金融资本(作为最高的抽象)与以无产阶级名义进行的实践行动之间,总会产生激烈的矛盾,最后一定会刺刀相见,白热化到巴黎公社时的那种血腥地步。

以毕加索为代表的现代主义艺术家,只是在自己的画面上无意识地登记了那个时代的主体及其空间参照点的崩塌,平面化和扁平化这样的操作手法,是由他们的绘画直觉无意识地带给我们的,建

---

[1] Henri Lefebvre, *The Production of Space*, op. cit., pp.308-309.

筑师和城规师们却将这些先锋艺术家引入的新的空间纤维、结构以及组织方式，当成他们为抽象空间设计辩护的理由，当作能为他们自己的空间操作背书的正统意识形态，当成一种空的、可被随意设计的万能空间模板，当成一种原初空间的底本，当作一种盛装碎片内容的容器，当成一种能够连接脱节的事物、人和栖息地的中性媒介。

中产阶级最先主动将抽象空间当成了他们自己的住所，典型的就是今天上层中产阶级的买房意识，清晰地表现为统治阶级对社会住房问题的理解和他们的政策辩护。上层中产阶级和小资产阶级误以为，抽象空间内有他们在大资产阶级和工人阶级之间的安全的中间位置。他们不知道的是，并不是抽象空间表达出了他们的中性位置，而是建筑师和城规师手下的大平面图，给他们安排了这么个中间位置，但那仍然是一个被动位置。诡异的是，中产阶级在抽象空间内也真就甘之如饴，好像终于找到了他们一心想要的东西：那一映照他们的现实的镜子，那些像止痛药似的、能使他们镇定下来的空间观念和空间感觉，以及那些他们特别地标识和确保的、用地点的名称所能指向的城市居住空间图像，及其后续的种种景观。这也成了今天的城市化中，一线城市里中产阶级似乎岁月静好，又很是挣扎、充满煎熬的生存风景。住房问题总是随时以各种面目突然冒出来。

对于女性而言，抽象空间总是一个阉割空间：它既想象，又实在，既象征，又具体。它通过隐喻化，将关于女人的图像反贴到女人身上。在此同时，她的身体反而被切碎，其欲望也在其中被击穿、切割，日常生活则被爆炸成千万个碎片，散落其间。在抽象空间内，是阴茎式的权力在孤独地统治一切，造成欲望的自我毁灭。在抽象空间内，对性的再现替代了性本身。而正是抽象空间对于爱欲和性欲

第二章　城市空间、斗争与作品

的切碎，才造成了逼婚、少子化、躺平等对于它自身最不利的后果。

被一个碎片化的空间所限制后，身体本身也在抽象空间内被反复切碎。被广告所表征的身体，最后也被用来进一步切碎我们的欲望，在被镜像化之后，又造成我们的种种被放大的扭曲、焦虑和挫折：女性的大腿为长袜服务，乳房为胸罩而生，脸为化妆品而存在，等等。这种抽象关系造成女性的焦虑甚至抑郁，正如列斐伏尔在《日常生活批判》中所指出的那样。[1]

抽象空间使身体双重地死亡，使它先象征地死一次，而后又具体地死一次。尤其是女性的身体，在被转变为交换价值之后，又被转换为商品的符号，然后又变成了商品本身。连休闲空间也被色欲化，比如，原来的邻里变成了夜生活区，晚上还给人以节日的幻觉，其实只是空间被进一步商品化和景观化。在抽象空间内，爱欲既消费一切，也被一切所消费，通过符号和图像，也通过对一切的景观化，最后将一切都化成泡影。所以，抽象空间是双重地具有阉割性的：它也孤立阴茎，将它投射到身体之外的领域，然后就将它垂直地固定在空间之中，也被眼睛所监控。

在抽象空间里，事物、行动和情景总是被表征所替换。符号世界不光是被空间和图像占领的空间，也成为一个在其中自我已无法与它自己的自然、物质世界，甚至与物的物性连接的空间。[2] 这一将

---

[1] 因为，在城市化中，性与生殖完全被隔开，性关系也被空间所抽象，这成了普遍运行的新逻辑。而且，"夫妇们往往开始拒绝生孩子了，而孩子本应是夫妇交好的一个自然产品，他们现在已与自然隔离了。专业化的育婴这时就成了专家的攻克对象；夫妇是生涩到不敢、不会生孩子了，却到处都能见到帮他们养育婴儿的职业人士，教育动员专家、儿科医生、儿童精神分析师和心理学家"。(Henri Lefebvre, *Critique de la vie quotidienne*, Ⅲ, L'Arche, 1981, pp.78-79.)

[2] Henri Lefebvre, *The Production of Space*, op. cit., p.310.

一切同质化、碎片化的抽象空间，又被复杂地做成不同的产业模型，被执行到城市规划之中，成为人们不得不生活于其中的小区的模型，和各种文化创意产业对剩余物的开发格式。这些设计模型被认为是客观分析的产物，被说成是系统的，然后就渐渐成为国家空间的标准模型：在交通系统、城市网络、第三产业、学校系统、后面跟着一个劳动力市场的工作世界、组织和机构、货币市场和银行系统之上，都被强加了这一模型，最后都被平台化，任由云计算平台公司通过手机上的app，来一手遥控。社会也因此更被细分为无穷的系统和子系统。抽象空间内，总是这些标准模型使空间的功能走向正常化，使空间统治变得有序和高效。但这一正常后面也埋下了混乱的种子。

用上面这种眼光回看，当初，奥斯曼擅自打碎巴黎的历史性空间，规划出一个有罗马帝国风度的新都市，恰恰是为了将一个战略性的，因而也是规划并分割好的抽象空间，强加到巴黎这一古老城市的头上。巴黎原有的街道加上过道的双重网架，被他的城市改造重伤，永远都无法恢复。然而，在这之后，奥斯曼在巴黎的规划动作反而被全球广泛模仿，人们普遍开始将城市当成一个欧几里得空间几何眼光下的表面，将它当作在同一个平面图上可被设计无穷地投射出来的东西。在街道上，空间也许就只被设计为一个抽象的主体的视觉活动范围，比如就被当作从一个开车者的角度去看的街道，而不是让孩子们来踢球的街道。设计师于是也就只从速度、可读性和设施的角度，去理解这一社会活空间。空间就这样被贬低为某种几何表面了。

空间被这样抽象之后，在其中生活的人就被理解为一个半被想象、半实在的物理存在。最后，到了数码算法时代，抽象空间就成了一个由数据支持的看似丰满的空间的拟像（还可美其名曰"元宇宙"

第二章　城市空间、斗争与作品　　　　　　　　　　203

式设计)。在此同时,人们的城市生活也越来越变成一种机床操作般的劳动。反讽的是,今天的人们在城市空间里的旅行、行走和散步,也成了对过往的城市中的偶遇的模仿,哪怕手里持着模仿19世纪画中巴黎风格的定制阳伞,也都只是为了润滑交通网络和支付行动,而附带地按规定摆出了一些身体姿势,来给云计算平台送数据,使它加速。哪怕是善于思考的人,也都只能像《爱丽丝漫游奇境》中的主人公那样,穿过空间这一面镜子,成为一种被活过的、会行走的鬼魂(赛博式存在),像在一种支付游戏里一次次地通关那样,最后留下的是那"猫的一笑"。在这样的抽象空间里,只有影子才能像游戏的鼠标那样存在,而人的身体必然被关在门外。

抽象空间是一张大网,罩到了现代社会的头上。这罩下去的过程中,最惊人的一个时刻曾是:统治阶级抓住了抽象空间,将它当作权力统治的工具,使之成为普遍的、压倒一切的统治手段。这一刻在人们不知不觉中发生。统治阶级也用抽象空间组织生产,组织其各种生产手段,用抽象空间从生产过程中从头至尾地抽取利润。一句话,在城市中,就在我们眼前发生着的是,主导阶级通过抽象空间,将人人的住处都变成了住宅,使住宅集群成为城市抽象空间的网格,使日常生活的每一方面,都被抛入利润抽取过程。而住民误以为也轮到他们来通过自己的按揭房抽取利润了。

以上其实也是恩格斯在《论住宅问题》中早就提醒过我们的:资本主义生产关系下的永久的住房危机,是这种生产手段和生产关系所主动维持的,因为只有这样,才能将资本积累和利润抽取最大化。也就是说,建立在资本主义式生产关系上的住房市场,本身就是那不放过一切、连骨头都不吐的抽象空间的统治手段,是像一架机床或一个车间那样的东西。因此,恩格斯说,工人的住宅问题几乎可以说是资本主义的生产关系故意制造出来的,是用城市空间总体实现其剥削过程的手段。也能从恩格斯的这一见识上推出：从工业化走向城市化后，最终一定会走向房地产化和住宅的金融化。城市化将使所有劳动者的住宅也变成他们自己必须买下的商品，如果买不下，就必须为此付出更多的租金。于是，城市也变成了生产住民自己作为商品的居住空间的一个工厂。个人的住处也成为城市这一大工厂的生产车间，成为资本积累过程中的有用的细胞。住宅危机必须是资本主义生产关系一次次去主动造成，永远是其必然发作的、很紧急的慢性病，因为这是从工业化走向城市化和商品空间的金融化的前提。房地产开发就是在具体地将一张更滴水不漏的抽象空间之网，覆盖到全社会。

## 15 居住空间的商品变形

荷尔德林说，人本来是能够像诗人那样居住的。但是，多少个世纪以来，只有对于贵族而言，这句话才是有意义的。奢华住所从来都是只有大人物、名流和僧侣才会拥有，建筑师历来都是在为这些人服务。贵族不想看见别人在旁边，也不想让自己在居住时被人看见，因为他们就是那一"本身"（婆罗门不喜欢被人看见自己在太阳下的影子，害怕被下等人踩到他们的"本身"），建筑也属于他们"本身"的一部分。所以，一座宫殿或华屋必须体现出他们身上独特的内部性情，其奢侈也必须是某种有机的东西，必须自然，本身就具有魅力，仿佛就是从贵族的身上直接长出来的那样。他们所住的建筑必须有机。诗人用作品体现他们的"本身"。那么，穷人用什么来体现或创造出他们的"本身"呢？

这也是关于建筑的一个根本的问题。为什么宫廷菜的厨师不得不向农家土菜的厨师学习？为什么是中世纪的民工造出了大教堂，而不是主教或他们请的建筑师呢？这样的问题今天仍困惑着我们。贵族和精英要与民工群体隔离，仍必须从民工的住和活之中，偷得关于住和建的当代知识。

对于贵族而言，住所的立面完全是第二位的、派生的。长廊和入门通道才是其所要外露的根本特征。大户的主人都依存于家庭成员的枝干，而家庭全体又都依赖家中的仆人群体的身体劳动。所以，贵族和富豪的家中并没有私人领域或亲密关系可言。私人区域和亲密关系，也是在现代资产阶级到来和贵族阶层也被资产阶级化之后才有的。[1] 只有中产阶级才讲亲密和私密，贵族和民工是不要这种亲密的，一个是不想要，另一个是想要也不可能得到。正如贵族对时尚不屑一顾，而民工想要也够不着，只有中产阶级才热衷于张罗这事儿。

在巴尔扎克的小说里，我们看到了贵族生活空间是如何瓦解为资产阶级的日常生活空间的。小说中，异国风情的出租屋和红灯区，都被他描述为新城市空间的产品，来向新兴资产阶级提供商品空间的幻觉。但是，其小说描述的只是精神空间和情感空间，他并没有认识到，这些幻觉空间也只是用当时的意识形态生产出来，等待着新到来者，须用后者自己的身体和生命时间来填充，它们才能活泛起来。很多人离开之后，就无法返回了，因为，那一空间已被占领和改造。比如，巴尔扎克的《夏倍上校》，写的就是一位曾跟着拿破仑转战莫斯科，被从战俘营释放后的上校，再也回不到巴黎的抽象空间之内的故事。无论用多少法律手段，他都回不到他自己以为还在的那个社会空间之内，不知道那个抽象空间早已将他的住所挪

---

[1] Henri Lefebvre, *The Production of Space*, op. cit., pp.314-315.

作他用。他在众亲友之间成了一个活着的鬼。这其实也是一个贵族如何在城市化中失去生活空间的故事。一个会"住"的人却突然找不到能够落脚的地方。

历史上，资产阶级的公寓总有起居间、餐室、烟室、弹球室等。它与贵族住处的最大的区别在于，它的门、窗和阳台，都是朝向街道的。其立面总是包着阳台，上面会放一些雕塑、扶栏、模型等。资产阶级公寓在巴尔扎克那时，也还不是像现在的郊外生活小区里的一个个水泥小盒子。但是，在资产阶级或上层中产阶级的住宅空间里，外部就已经在统治着内部，爱洛斯和性爱已在其中消失；爱和性只是其中的装饰品了。心理分析的存在恰恰向我们证明，在资产阶级的住所内，爱和欲已被抽象空间过滤掉了。[1] 于是，在弗洛伊德笔下，我们看到，被关押在父母住处中的小汉斯，渴望街上有事件发生，神经症式地将周围所发生的一切，都想象成史诗和神话。小汉斯还能这样去组装现实，他父母却已失去了身上的那一架欲望机器，不会生产出他们自己的欲望。他们压抑了力比多，被审查，甚至被切割。在这一被禁封的资产阶级生活空间里，一种假装的庄严统治着一切，一切都须为生殖事业服务，家庭生活和婚姻生活都成了完成其繁殖任务的手段，但因此，生殖也就更成了问题。建筑设计师却总将这个抽象空间说成是好不容易改造而成的亲密氛围，一定要说他们是用了很多空间设计手段，才营造出这个抽象空间，来为小家庭的幸福服务的。

现代资产阶级住所厚厚的窗帘，是要用阳台来与外面隔绝，于是才有了客厅，但它只在待客时才被启用，平时就闲置在那里。只有在节日里，阳台才被灯点亮。只有在这时，前立面才向街道做出

---

1  Henri Lefebvre, *The Production of Space*, op. cit., pp.323-325.

一些反应。平时,就只好用艺术对象(艺术品)来装点家庭空间了。裸体画和裸体雕塑因此被用来弥补家庭空间中爱洛斯的缺失。[1] 也就是说,只能靠现代艺术,帮助人与欲望、性和狂欢之间保持距离,像在巴尔扎克小说中的交际花的房间之中一样。确实,资产阶级的生活空间向我们证实了抽象空间对我们从性爱到婚姻、到日常生活的无缝统治,展现了它无处不在的离间效果。

今天的城市小区更证明了这种来自抽象空间的统治,是如何对人们虎视眈眈和迫不及待,早已渗入我们日常生活空间的每一条缝中。今天,买房这件事给人的感觉是在挑选日常生活空间,其实不然。这只是在挑选与城市中心的某种相对距离,是买房者再三斟酌自己到底愿意为这种距离付出多大的代价之后所做出的决定。只好说,买房者虽然想要购买空间的使用价值,但他们所购买到的空间,是已被那一抽象空间离间和盘剥的,最后真正得到的,是与城市中心之间的那一对个人而言的具体的、相对的距离,但到底想要拿这种城市中心干什么用,这是他们自己也不知道的。他们想要考量自己的日常生活空间的当前的交换价值,但最终只好眼睁睁地将自己的日常生活空间交给城市空间背后的那一抽象空间来全盘处置。他们购买的是一种自己的住处与各种商业中心、工作地点、休闲场所、城市文化或行政决策中心之间、价格不等的距离之商品。也就是说,他们所进行的是一桩符号关系上的买卖,一桩关于地位的符号、幸福的符号和生活风格的符号的讨价还价的生意。[2] 背后是那一抽象空间在操盘。而且,他们须同时考虑当前的支出和将来的回报,还得考虑对其中的文化资本和象征资本的投资的未来产出比。今天的学区房就是这样一种抽象空间内的日常生活空间被制造成

---

1　Henri Lefebvre, *The Production of Space*, op. cit., p.315, p.320.

2　Ibid., p.339.

了稀缺商品。[1] 将城市空间切碎了这样摆出来卖之后，日常生活空间也就完全被商品化、市场化和碎片化了。连那种资产阶级式城市日常生活也几乎都不可能。

作为商品的空间其实也是想要"出现"在我们面前的。但是，作为具体的抽象，空间商品是供那些确定地存在的力量来使用的，个人并不能完全驾驭它。[2] 如足球明星开跑车，一个无钱青年也想开它：这就是广告。足球明星、跑车、家里的钱，都是对这个青年的具体的抽象，也就是说，都被用来激发这个青年去抓紧挣钱来购买它们。商品本身不能社会地存在，是劳动力、劳动者的生命时间才使商品运动，使商品世界存在并发光。是那个青年拼命挣钱，才使他的跑车和别墅出现和存在于社会之中，是人的身体劳动使商品显现，变成物的。

同样，作为商品的个人日常生活空间，也是从里到外都被抽象空间统治的，可被一次次开出实时的市场价格和租价。它与居住者之间的关系与我们所理解的刚好相反：不是我们的居住使它有价值，而是在市场交换关系中，它升或降了值，我们才赋予它新的标价；是最新的价格赋予住者和所住以价值，就像一辆跑车的价格赋

---

1 空间同时是总体和破碎、被全球化却又被切碎零售。购买空间时，买者获得的是一种时间。不掏钱，就得不到时间，这是在城市空间内的一种事先的部署。因而，"只要既存的财产关系和生产关系不变，我们所有关于新的空间关系的想象，无论来自梦里、想象、乌托邦，还是来自科幻，都将被无情地击碎，再一次被拉回到那些已经存在的东西的陈腐之中"。（Henri Lefebvre, *The Production of Space*, op. cit., pp.356-357.）但最后，我们也只能在郊区的房间、城里的带着幻觉的高楼房间和穷人的像几千个房间叠几千个房间的小区之间，来做出选择。

2 Ibid., p.340.

第二章　城市空间、斗争与作品　　　209

予了开车者某种象征价值，甚至人生价值。因此，在城市化过程中，我们是住在一种价格会天天涨跌的作为商品的空间之中，哪怕死后，也是被葬在作为商品买卖的墓地上，会因为墓地价格而在四十年或七十年后被人急急地撬走。

今天的西方小区是工人阶级的住宅从城市边缘的贫民窟蔓延开来的，由国家空间来维持，背后也是那一抽象空间在统治，专门通过靠保障性住房来赢利的黑石公司正对它虎视眈眈。它提供的是一种呈极小值的生活空间，量化到格子间和模型设计，并像商品那样在全国大规模生产。全球各地都已这样：一开始总只有极少的周边设施配套和极少的被编程的环境，然后就从这些极小值开始，做出一步步的改善，改善了几十年后，仍是不死不活。一代代的政客在口头上都是将这一改善当作他们的奋斗目标的。

众所周知，郊区和住宅新区只能提供最小值的社交性，低到再不这样做，西方小区建设的社会性门槛就要跨不过去，快要成为格子间的堆叠。要知道，在城市总体策略和自上而下的国家权力统治下，加上内部切割和边界划分，这才分割出了本地、地区、国家和全球之间的空间边界。所以，极大部分的人只能成为这一切割式分配中的最小公倍数，少数人才能按等级来享受舒适和奢侈。整个社会空间的轮廓就被这样的等级划分所击碎，抽象空间的统治是无处不在的。

居住再也不是像海德格尔说的那样，能使我们学会如何造和如何思。在城市中，我们到处都只看到同质的表面，在全球各地都已如此。靠全球城市化发了大财的库哈斯这样的建筑师，其实也早就彻底看透了这一切，但对此什么也没做，只是自己在地中海上买下一个小岛，在周末躲过去，关上手机，用那一道隔离来自欧洲大陆的电话信号的"沙丘",帮他避开不断响着铃冒出来找寻他的点金术的那种残酷的空间现实。

当前,我们必须看到,抽象空间既成了全球资本主义系统的通行产品,也成了其统治全球人民最有效的工具。[1] 从纽约到开罗,全球资本主义系统通过实时存在的抽象空间,要将全球人类整合进同一种资本运动之中,实时地从他们身上抽利。我们需要展开新的空间斗争,才能开始自己的城市实践。就城市中的空间斗争而言,我们的政治任务,是要通过理论和实践上的多方面的斗争,在抽象空间内确立新的差异性,来展开今天的全球城市化中的新的阶级斗争,来打破里外、高低、公私之间的对立,在这个抽象空间之外建立一架革命的机器。[2]

---

[1] Henri Lefebvre, *The Production of Space*, op. cit., p.64.

[2] GAFAM(谷歌、亚马逊、脸书、苹果和微软)都在推崇人力资本的智慧形象:住智慧城市,吃智慧食品,智慧交往,其主体性向独特性、多元文化和市场开放。但信息传输太快就使政治行动不可能。信息太快、太密、太紧、太复杂,个体就来不及审思,无法一起做出行动。后真相状态取消了政治。但"信息也无法预测被统治者的反抗,甚至仅仅沉默"。这五大公司冲进了政治领域,但终究还是太无能。它们只是纸老虎。最终,还是你我身上的战争机器来决定如何使用眼前的这一技术机器。"能对付硅谷这一纸老虎机器的那一架革命的机器,将来自中国……"[Maurizio Lazzarato, *Capital Hates Everyone*, Semiotext(e), trans. by Robert Hurley, p.128/254. (Kindle pages)]芒福德已改变了我们的眼光:社会本身就是一架巨型机器,如埃及的法老系统,中国长城的建造,其运转核心在今天却被诡异的技术系统占据了。人成了这架巨型机器的组件。网络法西斯主义就是这样的人类个体要帮着这架巨型机器维护秩序了。"社会机器也是一架战争机器。机器是扩张分子,会不可阻拦地往下积累。人是机器的牧羊人,国家是机器公园。机器就是资本。是资本的战争机器要一刻不停地积累。正因此,我们没有别的办法,除了一起成为一架革命的战争机器,去对付资本的战争机器。""美国的五大网络巨头生产了新的主体性和与自我的关系,使资本主义装置得以继续运转,通过手机来指导被管制者的行为,使权力可以更绕开面对面的对抗地被实施。"(Ibid., p.124.)

第二章 城市空间、斗争与作品

进入全球城市化后,人们就身处一个否定性过程中:人们从生产空间内的产品走向了生产出空间本身,人们也不幸地被自己当作空间生产的材料来使用了;与此同时,所有居住者也都被抽象空间继续生产,其婚恋、生育、养老都是如此。就连生活方式,也是为这一抽象空间定制的服务手段。从工业化到城市化,从房地产化再到商品空间的金融化,抽象空间帮助全球资本主义走完后三步之后,作为活劳动、作为生命形式的我们,正成为其中的赤裸生命,不停内卷。

这一抽象空间也早就表现在现代主义艺术之中,因而也早已侵入人们的那些艺术、政治上的主导性叙述之中。这一现代主义艺术中的抽象倾向,随着商品的流通和景观社会的建立,而扩展到了日常生活的全域,也与资本无边界的力量连接;它在太抽象的同时,也会太具体:年轻人的住房按揭或近个人工资的一半的大城市房租,成为一种向某个神秘地存在的信贷系统进贡的祭品,非常抽象的同时,也非常具体。

## 16　阶级斗争才是解决空间内在矛盾的最后手段

抽象空间利用时间来动用其剥削和压迫的力量。它将时间当作一种抽象,从空间中排除出去,而使空间本身成为一张捕网:从人人身上抽出劳动时间,去获得利润。它要的只是空间里与劳动和工作有关的那一部分时间,要的只是能生产出产品和剩余价值的那一部分时间,而要将其他时间,如生命时间,都当作碍事的东西排除掉。在抽象空间里,时间反而被看作对空间的约束:被当作日程表、循环圈、穿越和承载的过程。[1] 就连城市日常生活时间中与生命、身体和社会有关的时间,也都被排除了出去。日常生活本身也被抽象成一个剥削空间,在今天是通过手机,来抽象日常生活空间,时时从中抽出利润。[2]

但是,我们知道,城市和城市空间、城市现实都不能只简单地被看作货品的消费之地,也不能只笼统地被看作产品的生产之地的总和。城市是由每一个人的生命时间,是一段段他们曾经度过的愉快时光组织成的蒙太奇。而一个城市、地区、国家和大陆的空间安排,

---

[1] Henri Lefebvre, *The Production of Space*, op. cit., p.187.
[2] 个人手机是"一架永远在引发和捕捉信息的计算机"。这是"一个人类技术-地理联合场景,这一被商品化的存留场景永远在激发、激活和计算,后者被安排到种种存留和预存之中,导致了存留和预存在心理层面与社会层面上的瓦解"。我们在手机上说什么是不重要的,手机背后是一个巨大的环境来吸纳你我的所说。电视和手机在培养另一种识字能力,但我们还不知这是一种什么能力,技术就这样要求了,也并不是为了什么目的才要我们这样。"电视人和手机人不懂对象性、客观性,不会退一步来看它。"(Bernard Stiegler, *Nanjing Lectures*, op. cit., p.316.)在今天的平台城市里,是手机在调度建筑和空间,街道建筑和房间可能将由阿里云和美团这样的平台打印出来和联网的。西方办公楼是座机电话的产物。这些西方办公楼正在成为人们的绞索,在被资本拧紧。当时如果不造它们,经济就要垮,但造了之后却越来越租不掉,它们就成为定时炸弹,成为烫手山芋,交给人们的手机来指挥。手机先于城市了。这就是布拉顿说的手机城市及手机加云计算平台与城市之间形成的"地质电影"。据斯蒂格勒的说法,"手机屏幕后面实际上是一个捕捉信息的界面。它将康德说的我们的直觉加以格式化。理解的分析功能被下放到了算法之中。想象也被由用户资料所积累的、由互动来促发的存留中抽取的被自动化的预存所重构。康德的《纯粹理性批判》向我们揭示:直觉、理解和想象须在功能上和算法上被重新整合。但今天的知识被大规模地自动化了。基于分析式、统计式和概率式模型的大数据经济、高绩效计算和深度学习,一起形成了网架式人工智能,后者是一种被一般化的连接,可被用来系统地处理踪迹,能够系统地生成那一比心智身体及其神经系统快三百万至四百万倍的处理信息的反馈回路"(Ibid., p.38.)。

第二章 城市空间、斗争与作品

总只是为了增加生产力,正如工厂或一门生意中的设备和机械是为了增加生产力。我们使用抽象空间时就像使用机器一样。[1] 所以,最后,总还是要靠每一个人用自己在城市中发现的那一时间-图像,串起像组合家具般散落在城市各处的一切,使之成为某一个人自己的城市。城市是一次次、一场场地被在街上行走的住民重新排练、组织出来的。

但是,在目前的城市中,空间已整体地被用作生产手段,正如工业厂房和场地、机器、原材料、劳动力被用于生产一样。实际上,去海边和山上时,我们也是在消费空间。当工业化过程中的欧洲人都跑到地中海沿岸时,他们就是在消费地中海地区的那一生活空间,将它当作休闲空间来消费:这是要用抽象空间这一工具,从这一休闲空间里抽出一些快乐。他们从生产空间穿越到消费空间和休闲空间时,也被抽象空间这张渔网从两面抽取了利润,是被来回地剥削了一遍。

在西方休闲时代或文化产业时代,抽象空间也成了国家用来统治那一已失去了日常生活的自发性的人民的休闲空间的一种政治工具。通过抽象空间,国家确保了政治空间内的等级和同质,又使各部分之间尽量分隔:这一分离状态就是德波说的"总体的官僚机器统治的休闲-景观社会"的和平景象,是1968年起,电视成为全球客观精神之后的总体景观的状态,在今天,就是众社交平台上的无主体、无历史、无斗争的状态。

而且,抽象空间在行政上是被控制的,甚至也同时是一个被警治的空间。抽象空间中被规定的等级,就等同于、可被换算为具体的社会阶级,可以对号入座。从这一抽象空间的角度看,如果对于

---

[1] Henri Lefebvre, *The Production of Space*, op. cit., p.188.

每一社会阶层而言,都有其自身的贫民窟,那么,有钱人也是一直被隔离的,不得不住在有钱人的那种与四周隔绝的贫民窟里;而劳动阶级的贫民窟,也是一种被隔离的居住。这两者同时遭遇了隔离。惊人的是,别墅区和贫民窟后面,是同一种抽象空间语法在统治。

说到最后,也只有阶级斗争才能干预今天已陷入巨大的自我矛盾中的空间生产,才能对抗抽象空间对我们的挤榨,在今天远比在过去任何时候都是如此。今天,也只有城市内的阶级斗争才能阻止抽象空间进一步向全球扩展,抹平全球所有空间差异了。只有阶级斗争的行动才能生产出空间差异,对抗内生于经济增长中的那些策略、逻辑和系统,才能冲破抽象空间对我们每一个人的盘剥。

今天,城市及其房地产开发,在全球各地都生产着同质空间,使资本主义的全球系统和全球空间像气球那样被吹大,人人都被卷入。而在外围,世界市场的形成,民族国家带来的地缘政治问题的国际性,也会将社会与空间之间的新关系进一步一般化,这进而会促进在世界范围内生产出新的空间,也就是那种全行星空间。就连我们这一时代,也将是在世界空间之内被创造出来的。[1] 我们没有了时代,但我们无论如何应该搏斗着,在这个全行星空间之中去形成一个新的人类时代。

在这一世界市场网罗中的世界空间,随着新的空间矛盾对旧的空间矛盾的不断抹除,空间冲突问题将会越来越尖锐。一方面是全球空间的行星化的摧枯拉朽,另一方面是今天的资本主义空间内的主要矛盾,也就是私有财产制度对可交换的空间的进一步碎片化之要求,正在撕碎一切。这些矛盾时时在逼人们拿出在更巨大的规模

---

1　Henri Lefebvre, *State*, *Space*, *World*, op. cit., p.189. 本书认为城市这种人类幸存格式正在走向生物圈之内,将努力在其中幸存下来。

和量级上处理空间的能力。而这种处理会使空间进一步被粉末化，我们需要回到那个全行星空间之中，来获得全局视野。同时，由抽象空间引发的总体和部分之间的矛盾，也会导向中心和边缘之间的矛盾的加剧，造成全行星范围内的新的阶级冲突。

为了再生产出社会关系，空间生产一定会实施同质化逻辑和重复性策略到很彻底的地步。这样再生产出来的，就一定是官僚机器控制下的消费主义空间，后者会与空间本身的条件和空间生产的结果进一步冲突。当空间为了扩大消费而被占有、控制和定位之后，一切就都须围着对生产关系的再生产转，它也就很快会被那些非再生产的力量所包围。这时，场地、本地性、地区性、民族性，甚至世界性，都会来占领和阻遏这一官僚主义式的计划空间内由消费和休闲推动的再生产过程。这就是城市化本身的最终局限。来自底层民众的、断裂的、多重的抵抗活动，不久就会将这一空间推回到一个前资本主义状态（如里约和孟买的贫民窟的抵抗），有时甚至会使之成为反空间，推动由国家官僚理性造成的所有抽象空间都走向自爆。世界各地的城市化都将走向这同一个过程，这是资本本身的涨落过程的一部分，无法逃避。[1]

抽象空间里隐藏着这样一个矛盾：它确保稳定，却时不时在其中发生暴力。也许只有轰炸式的综合措施，才能改变既存的城市空间。但是，拆迁后，难道又用同样的逻辑、同样的生产关系

---

[1] 资本的被城市化表现在，占有大资本的阶级不光主导了国家，也通过城市化主导了其余的人口；通过汽车、电视剧和社交媒体，控制了他们的劳动力、文化和政治价值观，以及他们对这个世界的精神上的知觉。但"城市场地也是斗争场地，这控制永不能真正得逞"。（David Harvey, *Rebel Cities*, Verso, 2012, p.66.）

去重建？城市空间在时间中吞下活的生命，而那些牺牲、快感或折磨，则是活着的人的成果。[1] 活着就是去咽下一份份的牺牲、快感或折磨（苦难）。时间这才通过生死、节日和献祭而对我们有意义。抽象空间用权力-符号关系抽干它之中的社会关系，将社会关系再生产理解成了生殖，将人的快感理解成了生物性茂盛，将社会关系生硬地理解为家庭关系。[2] 它挤干了时间，使城市成了一个生产内需和利润的消费工厂。

城市用商品稀释了时间：在城市化过程中，是商品在一路统治我们。作为商品的物站到了剥削者和统治阶级那一边。商品的这一统治我们的力量来自劳动分工、交换、生产力的增长。但这一力量也是社会发展的客观上必要的形式。资本主义拜物教在要求我们通过城市化将商品搬到我们自己的生活空间内。而城市化最终也是商品拜物教之下的物对人类关系和生产、再生产关系的阻断，也使资本主义社会关系中产生新的梗阻，我们与资本之间的政治斗争也由此开始。为了认识和谴责商品或物的这一统治我们的力量，我们先需要一门科学。而要摧毁它所编织的压迫我们的社会关系，我们必须做出政治行动。

在城市全球化的过程中，城市空间内的阶级斗争将代替工厂内的阶级斗争，这是列斐伏尔在《对城市的权利》和《城市革命》中向我们指出的。未来的城市里的阶级斗争，将是城市社会内的政治的主旋律。因而，我们的城市斗争的政治目标，不再是建立一个新社会和好国家，而是共同去形成一个好城市，是要去建立

---

1　Henri Lefebvre, *The Production of Space*, op. cit., p.70.
2　Ibid., p.64.

一个集体体外化过程,其中涉及力比多经济、普遍经济和贡献式经济的诸层面,如本书第一章所讨论的那样。

## 17　全球城市化的出口

我们也须看到,抽象空间自爆后形成的全行星空间将会否定所有差异:否定所有来自自然和历史的差异,也会否定来自身体、年龄、性别、族裔的差异,重新形成一个形式上可量化的新的抽象空间。这将是与底层人民用来抵抗抽象空间的反空间汇合而成的新空间。现存的抽象空间与人民对反空间的抵抗之间的冲突,最终将造成全球资本主义系统的自爆,促使人们走向全行星城市空间和全行星城市社会。藏着财富和权力的主导空间,最终将不得不变得像被主导的空间和那些边缘空间,因为不那样,它自己就无法存活。这是列斐伏尔在《城市革命》中向我们做出的预言。[1]

在当前的全球新自由主义空间里,政治已不能主导经济,霸权国家也不是一切的主人了。那么,长此以往,其抽象空间本身一定会被资本运动加速到被引爆。全球资本主义系统和各民族国家当然仍都想要维持它们自己生产出来的混乱、矛盾的积累空间的,但是,后者在各个层面上都将会,并正在自爆。人们越来越意识到,空间就是社会关系,空间关系又决定了社会关系。于

---

[1] Henri Lefebvre, *The Urban Revolution*, trans. by Robert Bononno, University of Minnesota Press, 2003, pp.178-179.

是，所有的斗争最后都会将矛头对准空间关系。这不只是大规模城市化带来的金融危机的后果，而是城市的空间逻辑、抽象空间自身的矛盾必然会带来的后果。

在城市的层面上，我们不光曾见证了历史性城市的自爆，而且也看到了企图囊括城市表象的那些行政框架本身的一次次自爆。当前，全球的很多地区和城市的边缘，也都在为自治而斗争，想要独立，想要挑战国家和大城市对它们的制服和抽吸；国际层面上，跨国的大公司和大国的另行空间，最后也一定会自爆。比如，地中海沿岸曾经是经过了很多个时代的资本积累后，才形成多元素的策略空间，本来由世界最古老的商业网络支持，形成了一些伟大的海港和城市。但是，到了20世纪60年代，它完全成了欧洲的工业空间所需的休闲空间，然后又成了欧洲的能源和材料的集散地，后来又成了拥挤、复杂的工业园区。这些变故硬生生地挤爆了这个曾促发了城市全球化的优美的城市区。

但是，抽象空间也并不只是经济性的，并不只是要使各部分之间可互相交换，使各部分都具有交换价值。它也不只是一个政治工具，不只是要使社会各部分同质化。它本身也是生产使用价值的一个模型。它也能抵抗交换和交换价值的一般化，自身能够在同质化的国家的权威下、在资本主义经济之中走向延异。也就是说，抽象空间自身也能走向社会空间，生出活力，滋生出新的使用价值。

空间本身就有使用价值，而与空间紧密相连的时间，则更有使用价值，因为，时间就是我们的生命，是我们的终极的使用价值，不先保护它，连抽象空间也会崩塌。在现代社会中，时间消失在社会空间之中了。活过的时间失去了形式和社会兴趣，就只有工作时间才对我们有价值了。于是,经济空间也就要来压服时间,政治空间则拼命要来消除时间,因为后者威胁到现存的权力秩序。经济第一和政治第二这种倾向,也使空间压倒了时间。时间越来越成为资本主义抽象空间的敌人。

未来的全球各种左派政治因此必须支持各种突出生命时间、反消费主义的社会运动。左派在城市斗争中的政治角色之一,是在空间中主动利用阶级斗争,让新的无产阶级来担当城市的主人公,去开始他们自己的历史,去找到他们自己的生命时间,找到自己的时间-图像,从他们在街上和广场上的排练开始。市场经济下的社会主义今后也必须生产出它自己的空间、时间,但同时,我们也必须"在充分意识到这些关于空间的概念和它们的问题的情况下,去生产出新的城市空间"。[1]

社会主义市场经济下的城市化也应当将空间社会化,生产出各种新的时间性。城市空间在现存的社会和生产方式中,虽然也早已被社会化,但我们应该强调,一个正在将自己改造为社会主义社会的社会,不应接受被资本主义生产出来的城市空间,否则,就是接受了后者的政治结构和社会结构,而这只会使我们走进死胡同。这是在今天的中国城市化过程中,我们尤其需要认真思考的一点。一个不同制度的社会需要发明、创造、生产出不同的空间形式。今天,新的城市生产关系和财产关系却在阻挡这一发明、创造和生产。如果要在中国的城市化过程中生产出社会空间,就必须终止私有财产对空间的主导,这意味着必须在空间策

---

[1] Henri Lefebvre, *State*, *Space*, *World*, op. cit., p.191.

略上,帮助人人从被权力主导走向身体居有,用使用压倒交换。[1]这也要求我们在城市化过程中发明出全新的日常生活时间、全新的生活方式——贡献式的、符合生物圈共生原则的社会主义式生活方式。如果会有生物圈社会主义的城市空间,那它首先是由每一个人所能生产出的新的时间和新的时间-图像叠加而成。

作为马克思主义者,在全球城市化过程中搞中国城市化,我们需依赖一种关于未来革命的眼光,来创造出今天中国人民眼中

---

[1] "从历史场地冒出的实际空间能将其余的东西也都社会化(是主动去社会化其他的东西,而不是被社会化。"(Henri Lefebvre, *State*, *Space*, *World*, op. cit., p.192, p.221.)在社会、自然、生物学和生理学之前去设想一种社会化,那纯属中了意识形态的圈套。原初就纯净的自然性也从不存在。没有空的空间,没有空的精神和社会空间。社会空间不是一个被社会化的空间。空间里先有自然生命,然后才进来社会生命,然后才进来了一面面的镜子,后者带来了双重空间性。鲍德里亚说,镜子才是小资产阶级理解的客厅和房间。拉康认为镜子含混了语言对我们的身体的切割,让我们得到了假的身体整体感,走向自我僵固,阻止我们的身体走向实践的、象征的空间(使我们无法完全运用自己的想象界),所以,我们才需要戏剧和舞蹈。(Henri Lefebvre, *The Production of Space*, op. cit., p.215, p.217.)空间和城市设计图纸给了我们一种可供身体动用的虚假的统一感,实际却是内容和形式的最大分离。那只是用身体照亮了阴影的王国。如果无法挑战镜像,那我们也就无法认出自己,就成了爱丽丝,或成了那喀索斯,被自己的镜像遥控。比如,在"设计"中,物质性消失了,就"让位给透明,让位给完全的可读性"。(Ibid., p.174.)

在现代社会,对象物的空间和机构的空间分道扬镳了。官僚机器自说自话、想怎样就怎样,自我宣传,自我包装,也许还相信自己是可读和透明的呢。"美国建筑设计师罗伯特·文丘里的设计是将社会空间的矛盾当涂鸦,设计到建筑壁面上。这是将设计作为实践、作为能指-所指的关系的建筑写读,投射到被设计物之上。这种做法,仍"停留在纪念碑性上,只在空间质地上做文章,没有任何越界,没有改变建筑实践和空间时间的分开"。(Ibid., pp.71-74.)建筑和城规也总是这样用意识形态来"冒充科学,为科学和关于科学的科学(认识论)无条件地唱赞歌,将社会空间贬低为精神-符号-设计空间"。(Ibid., p.126.)

第二章 城市空间、斗争与作品

的新的世界和世界性。也就是说,我们眼中必须有那一基于世界性的革命:它将带来一种全球性运动的巨大的复杂性,将扩大世界市场的内存,使国家权力一般化;被一般化和被处理的信息,脱缰的人口情况和技术与空间,第三世界和少数族裔、族群、妇女、农民、青年等都将进入一种全球性运动之中。[1] 而这一"进入"就是革命。中国曾尝试了这种革命,在今天的城市全球化中,我们仍在不断给那一过程补课。如果没有这一认识,中国的城市化就会被动卷入城市全球化,失去自己的方向。

这种城市后面的世界性或全行星性是辩证地显示出来的。当前起作用的各种力量引起、生产又掩盖、禁止并最终挫败了它。我们已知,民族国家正在变得具有世界性和全行星性,但同时,它们又在抗拒这种世界性和全行星性。全球民族国家的地理联盟中的各国一定会紧紧抓住其领土不放,几乎都像那些旧政权那样,像显赫的贵族和富人那样,将自己的权力凌驾于农民之上,将农民的权利视作他们自己的,以此来苟延残喘。而民族国家之间也是这样让富国将穷国当作奴工的。

在全球城市化的终端,通过全球性市场化而走向世界化和全行星化之后,各民族国家既打开,也关闭了走向世界性和全行星性的通道。这就召唤着我们去思考如何在共产主义的某种视野下,去终结当前的民族国家这一过渡形式。而在此之前,世界已是全行星的世界。因而,这个全行星世界或全行星城市社会须同时是产品和作品:无数个地方的集合,是一种有意识、无意识的创造性的,因而也是艺术性的人类集体创造的果实。世界性或全

---

[1] Henri Lefebvre, *The Production of Space*, op. cit., p.274.

行星性将不再通过自然自我定义,也须向世界性和全行星性打开。但在当前的气候危机下,我们也不得不担忧:地球,在被人类最终谋杀之前,也许会成为某种可怕的游戏的标的,被当作生产性创造性活动的开始和终结(拉图尔说,美国梦还需要三个地球来实现)。但也许,在银河系的剧场上,当前这个全行星空间也会把自己当作剧场和剧本,当作可能性、某种未被预见的东西的突然现身的场地,献给人类。[1] 本书的最后一章将号召读者从这两个层面上来同时思考:全球城市社会同时走向全行星空间,又幸存于生物圈内,共生于盖娅圈内这一双重前景。这两者应该被平行地思考,还是说,应该被当作一个事情来思考?

---

[1] Henri Lefebvre, *The Production of Space*, op. cit., p.278. 最近,布拉顿从全行星空间的角度指出,我们人人都在拍着的地质电影,正在组合这个技术-生物圈或体外圈。在全行星范围,"用环绕地球的无数人造卫星、监视摄像头、地质感应阵列、几十亿的手机所建造的一个巨大的地质电影装置,不光生产出一个大图像,而且生产出多种可能的组合物,每一个都跳出单点知觉的框架。地质电影基于我们如何看我们自己被全行星规模的光学知觉所看见的这一点。如果智人已引导着我们去跟踪我们自己的反思(影子)、脸、朋友、食物、敌人,那么,我们也可被训练得能够寻找到这一巨大的地质电影装置、这一元装置所在寻找的东西,并用这一元装置的眼去看。这一看的方式也许较少地出于个人反思之冲动,而更多地由全行星本身开放的未来正一层层展开所构成的事件、亚事件、非事件来推动"。(Benjamin Bratton, *The New Normal*, op. cit., p.198.)

　　这一全行星空间就是斯蒂格勒说的技术圈或人类体外化圈。他对"技术圈"的最后一次定义是:"计算速度已几乎无限,但仍有限,因为它仍需要地球上的基础结构和卫星的支持,尤其需要社交网络的支持,而后者需要智能手机和各种通信对象,如汽车、城市小区、建筑物、街道网格、鞋和谷歌眼镜、可穿戴设备,还有被增强的脑的支持。它还需要被网架化和被计算的、会体外化的地球人的帮助,但最后能帮它的只有只会体内化的地球人,只有高级脊椎动物身上的那些细菌而已。而所有这一切构成了那一技术圈。"(Bernard Stiegler, *Qu'appelle-t-on penser?*, II, op. cit., p.189.)

如果我们没有比城市化更大的视野，那么，今天我们正在遭遇的世界性和全行星性，将会把当前的民族国家形式带向不归路，而我们也会被全球城市化牵进黑胡同。当前的全球城市化过程中，民族国家这一形式与空间性已失去了关联。在平台城市或者说堆栈上，它很有可能已成为跨国公司的工具，甚至炮灰，将在它们的打击和操纵下崩溃。民族国家尽管也会加固并丰富它的压迫和压抑的手段，但那都不济事。它正在使自己的主权空间流失，其领土和主权范围任由谷歌这样的大平台公司，通过像"Google Street View"这样的工具来宰割和重拼。[1]

在走向全行星空间的过程中，民族国家这一形式仍企图躲在抽象空间的生产和控制中苟延残喘。它们对空间的无限开发，将使人民群众更难栖身。但在全球城市化及其抽象空间的大网正在收紧的情况下，列斐伏尔也仍保持了这样一份乐观：

> 使这个当前世界颠倒的那种力量，也正在使主导我们的那些力量退场。这就给全世界的劳动阶级带来了行动的空间，也使理论能够到达具体的普遍。[2]

对于列斐伏尔，具体的抽象指的是国家，是空间，是商品，是概念，是钱；而具体的普遍，才是那一未来。而我们的理论工作正

---

[1] Shoshana Zuboff, *The Age of Surveillance Capitalism*, op. cit., p.152. 光街景项目，多的时候就惹了12起官司，换个公司，老板都要泄气了，但谷歌不会，它坚持认为自己是未来的仲裁者，脸皮很厚地认为，起诉它的人还没理解自己的未来。

[2] Henri Lefebvre, *State*, *Space*, *World*, op. cit., p.287.

如列斐伏尔所说,是要去探索这一未来,是要

> 探索可能与不可能,并宣布我们必须(这是一种理论上的律令,不是一种伦理上的律令)先得到不可能,以便去实现那一可能。没有比理论更靠近并更远离那一可能的了。这时,乌托邦就有了一种应急的特征。应急的乌托邦要使所有领域都转向关于可能性的思想风格。这种应急乌托邦不是用政治性和国家来定义社会主义和共产主义,而是通过对国家和政治性的批判,通过对空间的生产、居有和管理,来定位社会主义和共产主义。无论是个人还是群体,没有这种被重新居有的空间,他们就无法存在。[1]

他当初就已预言过,而在今天已被证实:将要到来的中国和世界其余空间内将要发生的城市斗争,将事关未来的无产阶级,甚至人类本身的生死存亡。我们的身体如果不能通过节奏、舞蹈、音乐、戏剧、游戏去重新占领空间,就将被抽象空间驱赶得无处存身。

总之,抽象空间既是全球资本主义系统的产品,也是后者的统治工具。全球资本主义系统通过现存的抽象空间,将人们整合进同一种资本的运动之中,被同一种利率和利润率所统治。我们必须挣脱它,才能找到城市的未来。

---

[1] Henri Lefebvre, *State*, *Space*, *World*, op. cit., p.289.

## 18　在人脸和风景的统治下失界

列斐伏尔对日本园林和中国园林的批判是,它们都是小宇宙,是象征式艺术作品,同时是对象和地点。它们既具体,也抽象,但都属于权力——它们"已内含神和皇帝"。在其中,"知识和权力是像园林中的植物那样被组合和合并的。这种园林对时空作了威权主义式的定义,并不具有我们说的空灵和敞开的姿态"。[1]

而前来公园或圣地朝拜的人,并不活在他出生其中的风景之中,而是要给自己扯来一片抽象的风景,让自己活在其中。先是哥伦布、麦哲伦远航,后是阿姆斯特朗踏上月球,但我们今天再也不能从家乡小镇出发走向宇宙,而只能从太空直接降临到自己的小镇。[2] 从此以后,我们必须天天练习着为新目标而每天重新开始练习,像宇航员那样,将日常训练当作自己最重要的工作,甚至当成生活本身。我们必须对自己狠一点,重复同样的游戏,这样,在下一次也许还能争取到上场的机会。无论如何,我们都无法从自己所处的风景开始,刻苦的自我训练才能将我们自己拉到某种风景之前。

实际上,根据拉图尔的看法,风景早就是活动拼板了。在人类世,我们只能每次自己努力形成一种风景给自己看,不存在像现代欧洲人认为的美术馆或白盒子里的画那样的地图、规划或设

---

[1] Henri Lefebvre, *The Production of Space*, op. cit., pp.157-158.

[2] Peter Sloterdijk, *The World Interior of Capital*, trans. by. Wieland Hoban, Polity, 2013, p, 25, p.27.

计图了。[1] 哲学家南希发展了海德格尔的思想,将大地上的风景看作海德格尔说的敞开:风景是在场的敞开,里面已经有了一切,或一切都被丢在了里面。风景是一种满的在场。但是,园林里没有风景。像在中国园林中,园子里只有某种风景的残留和对园外和历史的引用[2],园林里的风景也需要我们亲自去编辑。事实上,园林和公园都先假设了我们已经生活在天堂,因为,认真说,只有天堂里才会有园林和公园。所以,我们的世界目前暂时还没有风景,也没有园林和公园(要等待艺术家或别的造物者给我们带来,或通过我们刻苦的自我训练才能走进某一种风景里)。我们也已不在乡下,因为农村早就成了我们根据城市中心性做出地理规划时留下的那些空间边角料。

但是,为什么互联网不可以是我们的新"土地"呢?南希问我们。[3] 任何让东西"活"和"成长"的地方,其实都可以算土地;能

---

[1] 拉图尔写道:"风景是不断变动的,而经济,我们在疫情中发现,也是很肤浅多变的。"拉图尔这样描述疫情和他的癌症治疗背后的风景:"盖娅不是自然的组装,而我也并没有'有'一个'生物学式'的身体。星期一去打疫苗,星期二去针灸,星期三去学气功,星期三下午去测我的癌细胞水平,星期四看心脏专家,这时,我反而感到了解放:这身体看来不需要我一个人去扛。人的身体看来没有统一性、边界、前线,而地球倒是一个有机体。我们这种全息共生者都是它养物。""癌症经历使我认识到,我身上的某些有机体要闹独立,走自己的道,而且是要故意与别的有机体走不同的道,自己遵守自己的法则。就像在盖娅之中,各全息共生者,千千万万种力量的叠加、交织、互相依赖,才给了每个单体生命机会。身体的反义词不是灵魂、精神、意识、思想,而是死。盖娅的反义词是火星。"[Bruno Latour, *Où suis-je？*, op. cit., p.52.(Kindle pages)]

[2] Jean-Luc Nancy, *The Ground of Image*, trans. by Jeff Fort, Fordham University Press, 2009, p.52.

[3] Ibid., p.55.

将东西种活的人,哪怕是在互联网上种活的,也都能算农民。哪怕我开着拖拉机,在用农药,用人工智能的稻草人赶走麻雀,施化肥,甚至控制和转变作物基因,让各个物种之间杂交,我也仍是农民。大地上的种种力量总能互相消长、拼杀,甚至抵销,总是某一种农民来调理这些力量,开始一种新的农业,不论在哪种土地上,是农民的存在使这一切可能。失去了自然之后,我们就被要求自己去搅拌出一个人工自然,去找到一种新的农业,成为另一种农民。这时,风景也需要我们人工地去制造了。我们也许必须铁了心在互联网上、云计算平台上去做农民,没有退路。

过去,我们总以为,图像来自天空,是大地上的人从云彩那里摘下,存在于大地与天空之间。人仿佛是在那里扯棉花,右手拆出来的那一片,是图像;捏在左手,还未被摘下来的那一片,还在天空那儿的,才是风景。风景是那个巨大的未知向我们敞开。今天,我们才知道,从化学工业到有待化妆的脸,都是风景,都成了关押我们的铁丝网。这时,我们如何去找到新风景?如何使我们自己仍然像花儿那样开放在其中?

这时,我们就必须自己成为自己的风景。如果真的可以自己给自己扯出一片风景,那么,我们想要在哪段历史里成为哪个著名的人物呢?我们是想做植物,还是成为风景?我们可能早已经同时是这两者。甚至也不用试图去回答这样的问题了,因为我们已经是为了某一架抽象机器的需要而做出的组装,而这一架抽象机器又是在另一种组装中被实现的。我们总是只存在于中间,我们已经是植物、动物或风景,有待被拉进一个新的行动者网络。在气候危机下,我们的邻居更像是从另外一个星球来的。这时,风景不重要了,只有邻居才重要,只有作为行动者的我们自己的进一步组装,和与别的行动者组装在一起,才是重要的。

今天,如果还有风景,那也一定是某种新农民给出模型,也肯定涉及村庄的自治,依赖于政治权力。农民总是被压制的,但他们也要求,还命令,而且肯定参与。[1] 风景是农民为自己准备的。城市里的纪念碑是风景的反面。风景与纪念碑之间陷于这样的辩证之中:谁设计它们?为谁而设计?由谁来解说它们?我们为什么、应该如何像导演那样处置它们?如果只有要求,没有命令,或只有命令,而没有要求,这一纪念碑空间的历史就会终止,但我们对生存风景的要求会终止吗?我们的沉默并不是终结。新风景必须压倒在城市里统治我们的纪念碑。

有的电影就在教我们如何去处理我们不得不站到它之前的那一风景。如在《雨中曲》中,导演将风景、城市、人物轮廓处理成了明信片,舞蹈直接从中冒出,成为一种来自梦中的力量。导演还用平视镜头,带来深度和生命,给图像带来世界,用一种世界氛围,来包裹电影中的图像。舞蹈确保了从平视镜头转向空间的那一敞开,于是它给了它自己一种风景。反过来,如果是世界转得比人快,在带动人了,这时就构成了喜剧。[2] 人工智能的时代就是这样一个机器比人跑得快,带着人跑、带着人嗨的喜剧世界。那么,人工智能的风景在哪里呢?

提莫西·克拉克(Timothy J. Clark)在《现代生活的绘画——马奈和他的追随者的艺术中的巴黎》中告诉我们,马奈能把工业

---

[1] Henri Lefebvre, *The Production of Space*, op. cit., p.137.
[2] Gilles Deleuze, *Cinéma 2: L'Image-Temps*, Minuit, 1985. p.85.

当作一种风景。对于他,工厂是自然和烟囱的森林。[1] 克拉克以马克思的历史主义眼光来看风景,认为是人将工业和工厂当成了风景。风景的权力和暴力在于,它让观者误认为,这是他们自己的创造和册封。城市风景会给人以眼前的一切就是他们的作品的错觉,使游客误认为自己也是参与者,而其实他们只是路过。处于具体现实、产品和生产活动中的作为作品的城市,反而会被他们忽略,如游客们对狂欢节中的威尼斯所做的。[2] 游客不知道自己也只是威尼斯的风景的一部分,认识不到人脸会被权力捕捉,然后挪用,被组装到风景装置之中,转而被用来捕捉其他人的脸。

德勒兹指出,画家皮埃尔·博纳尔(Pierre Bonnard)总是将他所画的桌上的杯盘人脸化,但这不是来自权力的脸化,而是比如说将他妻子的脸化入杯盘的脸-风景之中,将风景再度脸化。他将与妻子有关的一切都画上了她的脸。这是用艺术作品将平台城市变成我们自己的风景。绘画能帮我们从平台城市中逃脱,从城市的风景和刷脸装置对我们的捕捉中挣脱出来。相反,平台城市则用风景去捕捉人的脸,也就是用风景诱引我们,来刷我们的脸。我们每一个城市住民也都应该像画家博纳那样做,将与我们最亲近的东西,掺和到我们自己的日常生活,也就是我们自己的城市之中。

在出现刷脸技术之前,明星的脸一直被认为是最好的捕捉观众的工具。电影剪辑师依伊坦·斯坦伯格(Eytan Sternberg)认

---

1　Timothy J. Clark, *The Painting of Modern Life: Paris in the Art of Manet and his Followers*, Princeton University Press, 1999, p.177.

2　Henri Lefebvre, *The Production of Space*, op. cit., p.189.

为,玛琳·黛德丽(Marlene Dietrich)的脸的近镜特写,在电影中就是被当作风景来用的。他认为,她的脸是风景,眼睛是湖泊,鼻子是山川,嘴是花圃,额头是天空。人脸与风景之间构成了一架机器。如果脸的近景照片还不够突出,那就再打出她的眼瞳的深影,使脸看上去睿智。再不然,就在背景上打轻光,再直射脸,将之拖入秩序。哪怕拍走路,拍一条街,也必须拍出人物或街道与我之间的戏剧般的遭遇。这是人脸被当作广告捕捉装置了。明星的脸一直就被广告商当作捕捉我们的凝视的装置。爱森斯坦也注意到了格里菲斯的火炉上的水壶:近景是被脸化的物,正在看着我们,将要来捕捉我们。[1] 这就是像拼多多页面上的数码物或谷歌搜索框里的字条那样来抓我们的眼瞳。脸性-脸化是为了使脸与风景互补。而街道上行走的芸芸众生的脸却相反,能将城市从广告和霓虹灯那儿拉回来,重新将它变得亲切和具体。

婴儿第一次与资本主义系统遭遇,是在吸奶时。他/她发现妈妈的乳房越吸越大。这时,婴儿遭遇到两种可能状况:(1) 有的心理学家说是作为白墙或白屏的乳房,(2) 有的说是妈妈的脸和眼睛这三个黑洞所组成的风景。[2] 德勒兹却认为,这正是为什么人是失界的动物,因为婴儿的嘴与母亲的乳房之间是一体的。断奶之后呢?所有器官里只有嘴唇是仍在继续失界的,说话也吮吸(卡夫卡通过写作,将说话和吮吸搅拌到一起),猩猩的嘴唇都

---

[1] 维利里奥认为,是图像、广告和霓虹灯在看我们,而不是我们在看它们。它们像机器一样,将我们卷进其装置之中。而且也是照相机在瞄准我们,向我们射击。(Paul Virilio, *La machine de vision*, Galilée, 1988, p.135.)

[2] https://deleuze.cla.purdue.edu/seminars/thousand-plateaus-i-deleuze-paris-8-video-links/lecture-05.

不是这样的。婴儿的嘴与母亲的乳房之间构成了一架机器。人一直立，女人的乳房就处于垂直状态，就失界。婴儿的嘴唇与母亲的乳房之间却能互相复界。所以，德勒兹说，我们终归必须成为动物。人从地上直立起来之后，他那一对还不会凝视的眼，最初看到的风景是草坡，而森林失界之后，就成了草坡。

人脸-风景是平台城市里的权力装置捕捉我们的工具。我们必须退后，失界，再复界。

# 19　　像蘑菇那样失界于生物圈之中

为什么要讨论失界？这是因为，在城市中，人脸-风景捕捉了我们，我们只有失界，才能重新形成自己的城市。人脸-风景制造出累赘，在一片混乱中，将我们卷了进去，使我们有去无回。我们必须最终离开它们。风景被解散时，一切也都将崩解，进入新的关系，根茎也就开始，细菌网和病毒网就来回收一切。这时，蘑菇就要来称大王了。德勒兹说，这甚至就是艺术展览应该做的：捣碎（艺术史的）风景性，走出人脸和人眼之黑洞，去与更外部的力量形成根茎。[1]　这就是通过绘画来失界，而学习、研究艺术史，则是在收集明信片，会更深地掉进那两个黑洞之中。

电子数字媒体，尤其是手机屏幕到来后，所有的人脸都更快地被吸进黑洞，造成共鸣和涌出。在黑洞中，女人的脸会成为一个多边形的中心，能镇住整个坐标系。在金钱社会里，女人的脸也是所有坐标之间平衡后得出的均值。望向女人的脸时，我们会

---

[1]　https://deleuze.cla.purdue.edu/seminars/thousand-plateaus-i-deleuze-paris-8-video-links/lecture-06.

被吸入其中的黑洞,被捕捉。在景观的深处,就是这样一个捕捉我们的凝视的黑洞。瓜塔里说,正是女人的脸将我们卷入各种资本主义式流动之中,被比如作为女人的脸的广告捕捉。

但是,另一方面,生物圈中,我们正在遭遇人类世的新风景。在日本,生活在农村的人们久已不靠山林生活,甚至不去破坏森林了。人、森林和真菌之间不再纠缠之后,松树林里已长不出蘑菇,需要城里人周末出动,去扰动一下森林,这才能形成新的风景,重新产出蘑菇。[1]

根据生物学家马古利斯的看法,菌菇是生物圈里最根深蒂固,又莫测高深的东西,是人脸和风景的反面。[2] 它使吃它们的动物们飘飘欲仙,迷狂,找不到北,甚至经常还要了它们的命,像一个不可捉摸的女王乱点鸳鸯谱,演出一场场"仲夏夜之梦"。能熬过它们的毒性活下来的动物,则从此将一直被呵护,永远被它"滋补",永远能沐浴在蘑菇帝国的荣光里。人不光生活在人脸和风景的统治下,也是生活在菌菇布下的细菌和病毒的罗网之中的。但人对这种沐浴并不珍惜。

蘑菇背面的性器官软组织层有无限的内存,吸收人类留下的污染的同时,还能到处找到交配的契机,因此,真菌推动了全行星生物圈内众生物的集体代谢。是它们为所有生物准备了食物,甚至帮人类从各种生物的粪便和尸体中捞回所需的食物,回收得很高效。

马古利斯认为,是真菌之间的性交生成了蘑菇。很神奇地,

---

[1] Anna Tsing, *The Mushroom at the End of the World: On the Possibility of Life in Capitalist Ruins*, Princeton University Press, 2017, p.264.

[2] Lynn Margulis and Dorion Sagan, *What is Life?*, Simon & Schuster, 1995, p.183.

第二章 城市空间、斗争与作品

真菌不在体内，而是在体外消化食物，也在体外性交。[1] 它们可能才是生物圈里的老大。造就蘑菇的真菌所形成的菌丝体，还在土壤中形成了它们自己的那种"城市空间"，无私地为其他动植物创造出生存空间。[2] 它们的生存与其他物种的生存之间的关系，人类是永远无法理解的：它们居然还向其他物种慷慨地提供某种城市空间，供一切生物在其中共生；而人类却会被拖入抽象空间，在其中代谢的同时，无情地被抽取利润，只有这样，人类的城市才能发展，才产生城市化的规模效应，才形成当代这种势不可挡的城市化统领一切的生产过程。

鉴于蘑菇在生物圈里这种模范带头作用，罗安清认为，应该"把今天商品的全球流动所附带的那一由公司总经理、码农、偷渡者和蘑菇采摘者奇怪地形成的网络装置，也看成全球资本主义的自我组装"。它虽然混乱、脱位和冲突，却也像真菌一样，是"全球资本主义装置的自我修理的必要条件"。[3] 她这么说当然也是在半挖苦。她当然也看到，资本主义的全球积累，正在将占有权变成权力，来推翻人类共同体的自治，突破来自生态的自限，走向疯狂。在这种叫作城市化的可怕命运里，人类的命运比蘑菇的命运还远不如。而在罗安清笔下，蘑菇这样的商品，在全球各地的那些受压迫、受侮辱的人们神奇的手里，却会成为全球资本积累的奇兵。全球各地的码农是蘑菇的反面，表面上在创造软件和程序，实际上是作为帮凶在破坏更大的人类生存网络，使更多的人走投无路，使社会更内卷。

像蘑菇那样，商品的全球流动将人和物都从它们的生命世界

---

[1] Lynn Margulis and Dorion Sagan, *What is Life ?*, op. cit., p.172.

[2] Anna Tsing, *The Mushroom at the End of the World: On the Possibility of Life in Capitalist Ruins*, op. cit., p.138.

[3] Ibid., p.133.

同。正如在今天，我们认识以色列公司所面临的作为敌占区的居住者之间，她市日常生活也成了app的生产者之间，她都着某次的矛盾同时，她们指出了人烟稀少的烦恼，为千千万万司机都着图名字来，埋葬了他训诲出的萨拉赫曾经沿着我们目己，我们的城市在生活与生死的工作的。

但是，在今天，城市在空间中已经向各行各业城市方空间撒开去，我们朱知的养殖没有了区别。

义义上看生活在一个城市他市，家里上已经疏散人个各不大城市之间的城市被分行各业物流--能源流--信息流--能源流之中。我们由此之间推的城市是各种都市，在生物园内，以其他共一种名字有且相继密集学习的都是无奇地失，但是我们还在同时保护着另一个烟围；我们的居然越来越远了。这时，城市更重要的一些使我们更接近的同时也疏离和烦的一部分。这时，城市更重要的一些使我们连接近的同时也疏离和烦面的一部分，既然那些都市化的各种城市的城市有关。由此一看那些都市化的各种城市的城市有关，这些越在都市的都市化的都市中的各种事都是的生活。

本书所说的都市并不应该是生物图中的那些都是都市的某条座学习的一部分，甚至目前都是基于这一点那些都市的解决家，所以一种都市都做外文化反省的新的标准。这一部分都市不是北欧。

1 以生物国，原始国的城市来看，也们"开始"名义，至少以公元1127年为万户，经数几口的能的身条和内容，就已经出了人种下充实了。那市都是集中的那些都上位的。可能它像就是城市解来在山脚下和大地都蓝。它们也是我生和就使他们上的城市来说，也都是他一种随度的城市的，那是我生我们都多些，就是他们来说，我也就是他们上的人。可是，他们开始什么区别，就是他们所以他们看着我的人的人。而现我们来发，一种新和生活的《清明上河图》来，用它来相寺牧们前面说了几十米宽的车道和一——脑袋晾晒的东西们的，用区的阁情形下天都已光澄说城市？或者，用少方的他有和最在大力方面情形下天都已光澄说的城市？这刻书不像"也意"那是天他"今天"有算了。

必须遵循,作为基本体系外化存在的城市,才具有一种城市的亲和性,才能向自己的居民,一个城市的每一个亲善者自身敞开和解出来的一种城市的亲和者。人人都应该开始自己的那样一个城市中去自己被向自己的那样一个城市,一个他肯定要自己的城市,它显示它自己的作住和体。

我希望我知道我自己的作住呢,它显示它自己的作住也要是在那儿之一。但是,在今天,城市光天只是工业化之一。城市是把机器、来生产自己和他们。但是城市都中的一种城市,就像建筑工人们,建且自己的脚后跟膝,也因为使用了该机和车辆和工人来,为居住人们着想意识,以便造进人另一个国他们的居住者和其他生活和生产意识。所以大家说人们都在寻找它们的自己的物理活动,以不能认识城市的生活工作者物质的一部分,使之变成我们的幸存在之中。

因为城市是每一个人们自己的物体的城市,所以,每一个城市市民都是在城市中间寻找他们自己的化身——每一个天天都把着在城市中的化身的便利之一,都被推重要排作为一个人的自己在一个城市中的化身,因为城市中天天有这样重要成为每一个在住民自己的化身,因此,他们次要用物质和精细的从中的离觉和它们在城市空间,仍然让他们化身来着来努力。我们次要用人人都没的化身,为什么自己的居住间的永着的敌人,进一步打开了自己的他化,他显达为什么一个城市化你要为每一个你化自己的家,他们次像,"化了",重要就是为每一个你化你要为你们的家是,得地演变成了化。正而应该被要多少有用是是非同种籍名居里像当时的城市间,我们也应该用化化化也不来特各一个城市在居民居自己的城市间,这样用我们自己在城市中一般便你美的由他们自己的城市间,不一次尽来你说在城市间,就每一个人的那一般居
238

的共时间的创作品。

今天流行的那种城市规划和城市设计，只是在向我们暗示更多的文化和空间、历史，使假性地、文化工业产品。日常生活空间中的体认，却不能够激发起城市空间的内在张力，只会落入与人为的城市图景之间的隔阂。正如德波指出的，建筑和城市被剥夺的就了深入图像。基础之发动的一部分，其未来的功能，就是以安落和更新为借口，来落成一步步的分裂和图景化[1]。而城市掩藏的那些关于问题根本上经是因为进一步炔落和表面而最激烈的部分是展被压抑。今天的建筑和城市，有其因为城市重新被当做而做出的种种变化，仍然都是用来进一步图景化城市空间，做进一步的做动着分。

在人类史，在生物圈，在浪漫城市的任何未来，都是通过设施各日景为着城市空间的内在张力。

来替换节日，来替换节日，他城市地被数学化着况，替代节日与狂欢节。在选民生的节日的意义又，使他们的每一个聚会、行动，以正都能够强化他们的生存方式。可是，看着今天的节日，它们已是向等待观！一到节日，人们几乎都表现出来，成为更多数人被迫参加的乱舞者，在这样变的东流中被建构起着。这是因为，建筑和城市都待在他们仍然只是表现，都多少是虚像虚无无形地生活的。在它们为的图景。成了殖民生民的苦剧的俘获着。我们必须那样使用，就如对待我们的使用兼具、我们对其自己所居住的城市无空间的它们。而生给我们自己带来兼具、如此转进出另一种新方式状末。

[1] Henri Lefebvre, *The Production of Space*, op. cit., p.118.

用ershed、许可、等等，甚至采纳它，并对付因素们使用或者市放施而随着城市的紧张和重，这是所谓稠的核心来看等对我们越越城市家展的报告。

必须看到，老城是其所有代码的因素和关于城市代化。当代化
是城市意义推及一个当代代的作同性因题的的符号有很多。"比如说，
随它所是作品还是吗？它对继世界作品吗？对继世界是吗？
为为到城市塑布或远这一断层同之中。我们过吗？还是来，随它所
种规的继续，也看我们说这化代化和北代代建筑家筑，求一次次
出品。[2] 随它所在我们说代化代化之水，代化和北代代建筑来筑，它代表来和
而我是住民的产品，然后又才它看更多，书目和次式中很便用为但
便理场一样把上续了这一些对到来，她市为作品不是死物的。
为力已继续布在过一条容同之中。我们过吗？又是来，随它所
物多同居与当时的产业为对经相继看来和具有产生来的。而是
随它所是作品还是吗？它对继世界是作品吗？对继世界是吗？
是所对应了一代这代的作同性因题的的符号有很多。"比如说，
代产。

且体说来，为什么随它所是一个作品？因为，它源待，只有一
个为过之间，带出来样走了一个长时间。在生与死之间源得地难变。
因此，随它所是可以不被说成是作品，因为，它的内涵可以在是更
随机，不重在它看的人（燃客）也可通及加入它的节目，来显示那不是
城市。[3] 随它所是一个为本因看我们代化的作品，但它仍放在我们
今天的代代化之中，仍看着看为，因为们代代化来看来。[4] 只有
今天代代化不代码未代化来道筑力儒重推崇篇它。只有代代对六

————

1 Henri Lefebvre, *Le droit à la ville*, Economica, 2009, p.105.
2 Henri Lefebvre, *The Production of Space*, op. cit., p.93.
3 Ibid., pp. 89-90.
4 Ibid., p.77.

的排练，才能够将它带进我们这个当代。

当代建筑是当代艺术内的策展术，尽管当代艺术也是城市的策展者。今天的当代艺术中的装置就是建筑在总体艺术中原有的位置。建筑因为在现代主义艺术之后走向对形式、功能、结构的设计追求，才离开了当代艺术。但建筑仍应成为当代所有门类的艺术的领导者、策展者。它最终也应该成为城市斗争的领导者。

因此，为了使我们手中作为设计和规划的产品的城市最终成为我们自己的作品，我们必须伸张自己对于城市中的差异空间的权利。我们在理论斗争和实践斗争中取得的差异本身，必须与自然中已存在的特殊性和抽象空间内已经隐含的区分（差异）有所不同。我们生活在城市中，但必须以自己的身体去生产出自己的空间，在作为产品的城市空间里，去生产出我们自己的作为作品的城市。

也正是我们亲身参与的各种城市斗争，才使城市成了我们的作品。因为，在一系列实践和斗争的同时，我们脚下的地盘就已因我们的能动性而改变。我们为得到这个而展开斗争，最终却得到了更多、更大的其他的差异。也是斗争本身使我们搞清楚自己到底想要什么。根据黑格尔的观念论，观念生产了自然和人，人又生产了自然，来获得历史、知识和自我意识，后三者又使人获得绝对精神，绝对精神又为人生产出了观念。在列斐伏尔看来，这就是人类的城市实践的基础语法：我们必须用身体的知觉空间，去反抗被构想或设计的空间对我们的身体的限制。但这时，我们又需借力自己的身体-空间实践中活过的经验，在更高的层次上出手，不停地这样，螺旋式地上升。我们是在被知觉的空间、被构想的空间和被活过的空间这三者之间下跳棋的，在它们

第二章　城市空间、斗争与作品

之间轮番站桩,一次次从不同的点位出发。这是列斐伏尔这个伟大的黑格尔主义者给我们的一个重要的示范。这三者之间的辩证,正是黑格尔在《逻辑学》中向我们示范的思想、精神或生命的自我升华的方式。我们需要这样来"扬弃"城市。

# 第三章
# 行走在街道上

# 1　交通生产出了尽量多的距离

根据马克思的看法，固定资本是社会财富的衡量尺度。而今天的固定资本还得加上信息、数据库、城市平台和那一"云"，还要加上手机使用者来去的行踪数据，甚至我们用户的元数据。我们应该从这个角度去理解资本对高铁、机场、高速公路、信息高速公路和城市无人驾驶的投资，去理解城市交通为什么是城市工厂的一部分。因为，建设交通设施的目标就是要生产出尽量多的距离，来销售给行人，同时又将个人元数据当矿产开采，供给进一步组建、开发的新平台，转而让它用数据来控制我们。而最开始，实际上也是城市的交通设施制造了当作产品来销售的种种距离，生产出建筑物与建筑物、人与人、物与物，甚至符号与符号之间的种种距离，为的就是更好地使大家帮助城市去生产出这一叫作"交通"的商品，来广泛地销售它。

城市内和城市之间的交通网格的建设，也是马克思说的生产性消费的最好注解。由奥斯曼开始定下的城市大道、大街、高铁、高速公路和机场的建设，是要同时拉动国民经济，拉动很多上游产业快速发展，给经济打兴奋剂，加速资本和商品的循环。同时，新的交通设施又能将人、货物和服务一起推入一个更快的循环回路之中，更加快资本和商品流通的速度，同时还能减少仓储成本，来进一步挤出利润。

今天，城市网格的智能化也正在要求人们同时开始对社会的新知识作一轮轮的新的全球投资。人人都被号召去习得新知识,主动成为自动社会中的固定资本,再生产出个人数据,来为平台城市扎篱笆。新知识和新技术同时被纳入新的生产过程,同时调动巨大的劳动力储备,将低技术工人动员起来,去挖、建、维持这一交通网络,也同时使他们具有新的购买力,来促进消费,这样就拯救了全球资本主义的信贷系统,使其能暂时避开危机,正如1929年的经济危机后美国的"新政",和在2007—2008年的全球金融危机中所做的那样。但新的交通建设中的资本的高度有机组合,同时会减少必要劳动时间,减少对人力的需求,这就又会造成大量失业,影响消费和生产之间的循环。这时就可以通过城市交通的进一步建设来吸走剩余劳动力,暂时缓冲就业压力。

在最近的城市化过程中,高铁、高速公路、智慧城市、无人驾驶和其他基础交通设施的建设,都解放出了巨量的社会时间以及对社会时间的新的寄生形式,于是为休闲工业和文化、创意工业创造了巨大的机会,同时也为过度生产、过剩的流动资本,找到了流通的出口。作为虚拟的交通设施的互联网和社交网络,更推助了这一趋势。根据哈维的说法,在历史上,我们一次次地看到,不仅是空间生产和城市化救了资本主义系统,而且实际上,整个社会内层出不穷的社会空间实践,才是这个依赖全球城市化来续命的资本主义系统不会最终走向崩溃的保证。

城市化中的空间生产总围绕着城市交通系统来展开,于是,下面这一点也就很好理解:交通从一开始就并不是用来解决人与人之间的距离难题的,而是不断给我们生产出不同的距离,甚至用更远的距离来解决距离问题,然后将多种多样的距离当作公共商品,定价卖给我们,甚至故意使我们远迁,强迫我们购买交通。然后,城市通过生产出交通,又生产出更多的抽象空间内存,进一步拓展了生产和消费的场地。实际上,不是城市需要交通,而是只有新交通的建设才能扩大城市的内存,才能使城市具有更大的生产能力。交通成了城市自我生产的基础管线。

在《资本论》第二卷中,马克思很尖锐地将交通本身直接看作商品,这给本书带来了很大的启发。照马克思的这一说法,人们在城市中的出行,自然也是在消费这一叫作"交通"的商品:被制造的距离,加上人们的消费,才一起构成了"交通",之后再被我们继续消费。这对我们认识从工业化走向城市化,城市化又成为对人的生存空间的生产这一点相当关键。

根据马克思的观察,历来是作为国家和城市的固定资本的基础设施,生产出了交通这一商品,供人们当公共商品来购买。同时,也正由于行人的肉体参与,才形成了这一叫作交通的网络,使得交通这一商品,能让所有人方便地购买。城市造成了距离,使人们不得不使用交通设施,于是交通在城市中像超市中的商品那样,成了一种日常必需的公共商品。

要知道,这个城市的交通系统也只有在所有城市住民之间的现有关系中,才能生产出。本来,住民之间其实早就有了自己的"交通"。城市生产出的交通,是对人与人之间的社会关系的延长,甚至扭曲。城市内的普遍的交通,成了为人人所消费的商品。可以说,交通是城市中最一般的商品。但在城市化过程中,人们也都成了种种交通的奴隶:人们需要它,当初也正是人们才使它成为可能,但现在,人们成了它的奴隶。

马克思将交通看成运输业出售的商品这一视角,可帮助我们理解今天的城市中,交通对我们到底意味着什么。他说:

> 运输业所出售的东西,就是场所的变动本身。它产生的

第三章　行走在街道上　　　　　　　　　　　　　　　　　　　247

效用,是和运输过程即运输业的生产过程不可分离地结合在一起的。旅客和货物是和运输工具一起运行的,而运输工具的运行,它的场所变动,也就是它所进行的生产过程。这种效用只能在生产过程中被消费;它不是一种和生产过程不同的,只有在生产出来之后才作为交易品执行职能,才作为商品来流通的使用物。但是,这种效用的交换价值,和任何其他商品的交换价值一样,都是由其中消耗的生产要素(劳动力和生产资料)的价值加上运输工人的剩余劳动所创造的剩余价值来决定的。[1]

根据马克思的说法,交通的改进最初是与缩短商品流通的时间这一要求有关的,为的就是让商业资本流转得更合理些,减少中间的流通成本:

> 货车在一天内按不同的钟点由曼彻斯特开往伦敦……一批又一批的商品可以每隔一个较短的时间起运,这样,它们可以连绵不断地到达市场,不需要在实际运出以前,作为可能的商品资本大量堆积起来。因此,回流也就在每隔一个比较短的期间发生,以致有一部分不断转化为货币资本,而另一部分则作为商品资本流通……随着大量人口和资本在一定的地点这样加速集中,大量资本也就集中在少数人手里。同时,由于生产地点和销售地点的相对位置随着交通工具的变化而发生变化。[2]

---

[1] 马克思,《资本论》,第二卷,人民出版社,1975年,第66页。
[2] 同上,第278页。

照马克思看来，交通运输工具的技术发展，会缩短一定数量的商品的流通时间，那么，反过来，

> 这种进步以及由于交通运输工具发展而提供的可能性，又引起了开拓越来越远的市场，简言之，开拓世界市场的必要性。运输中的并且是运往远地的商品会大大增长，因而，在较长时间内不断处在商品资本阶段、处在流通时间内的那部分社会资本，也会绝对地和相对地增加。[1]

马克思在这里考虑的还只是交通运输工具对商品流通的干预：使资本的流动更合理，加速货币资本和商业资本的流通。他在这里只考虑到了工业化过程中的交通如何也成为商品生产的一部分。但是，今天，工业化已被城市化取代，城市本身成了生产出空间和距离的一座工厂。

从今天的云计算平台城市的内部交通系统来看，由于城市化，交通运输在今天同时也将对人的运输当成其商品生产的一部分来生产和推销。平台城市在生产出交通的同时，也将人当成了它用来生产交通的手段，如我们在使用"滴滴"和即将到来的城市无人驾驶平台，或在用人脸识别捕捉我们的个人元数据时，就是将自己和关于自己的数据也交了出去，给平台公司当作用来给系统加速的"算盘中的算子"使用。在云计算平台上，快递和外卖还成了捕捉个人数据最可靠的契机，物和人的交通成了给云计算平台提速的主要动力。

可以说，城市化的核心内容之一，就是不断在有限的领土上，

---

[1] 马克思，《资本论》，第二卷，人民出版社，1975年，第279页。

无限地扩展交通网格。与此同时,城市也通过交通设计,帮助卖出更多数量的个人汽车;也通过设计公共交通网格,像售卖饮料那样,更多地将交通销售给城市中的每一个人。而交通网格从来都是房地产开发的先头部队,地铁的开通在哪里都算是销售房产的利器。

今天的谷歌云(Google Cloud)和阿里云已从部署全球基础设施开始,介入各个城市的交通设计和管理,甚至开发之中。拉里·佩奇(Larry Page)还在密歇根大学学习时,就已着迷于使安娜堡(Ann Arbor)的轻轨系统更有效率。之后,谷歌对于作为平台的交通的兴趣,尽管最近在无人驾驶领域受阻,但其总体构想仍可算是我们设想明天的城市交通的重要框架:用谷歌云来做真正的全球基础设施,通过被理性化处理的信息,将各种经济活动和各现存的基础设施整合到同一个平面上。[1] 从本书指出的交通是城市工厂生产出的产品和商品这一眼光看,谷歌街景作为一种绘制地图的技术,是在偷我们的街、偷我们的交通,与商场里的小偷无异。因为它不光可以通过街道网格和交通系统进一步生产出交通,而且它也在吞并城市这一工厂内的交通,也就是城市的固定资本,所以说,"谷歌街景"项目在世界各地的街道收集数据,无异于在盗挖城市的公共资产,将其挪作自己的固定资产。[2]

今天,我们已将城市的焦点放到机场,后者的安保环境和高效运行,被看作城市通过命令、通信之速度和加速度来统治我们

---

[1] Benjamin Bratton, *The Stack*, op. cit., pp.139-140.
[2] Shoshana, Zuboff, *The Age of Surveillance Capitalism*, op. cit., pp.141-150.

的模本。我们也可将机场看作进入城市和民族国家的界面,不用考虑是从全球哪个地点出发,也不用考虑机场离实际的边界有多远。全球各大城市的航站楼,已串联成一个真正的全球城市。目前,至少各国际机场已串联成一个名义上的全行星空间。也就是说,各国际机场已将全球主要大城市之间的交通网编织成了一个大网架、一个大商场。我们在其中的交通已像在购物一样,不论是公交、铁路还是航空,交通只是我们在这个大商场里购买的商品而已。

而城市是被新的交通线路"写"或"打印"出来的。根据弗里德里希·基特勒(Friedrich Kittler)的看法,在印刷时代,也就是电报和报纸的时代,城市已经是被印刷出来的。[1] 那么,在手机时代,城市是通过快递员送包裹的线路,通过实时形成的大数据串被打印出来,由城市里的所有手机的屏幕-界面来共同维持。我们这下才终于具体地知道,交通原来只是被平台后面的CPU管理的某一种频率。我们也终于明白,交通是城市中的一种"人造织物",是对资本空间化、可视化的高效实现。任何一个国家都已懂得,要想致富,必须先修路、建网。而修路是在制造一种叫作"交通"的固定资产,是在生产一种叫作交通的公共商品,能比一般商品生产拉动更多的经济领域的增长。

在用计算机辅助设计建筑的时代,街道和房子已经小于一台计算机,已移居到了数据流之中。今天,建立一个城市,甚至首都,都只是在计算机网络里建立一个集线器(hub)而已,只是将

---

[1] Friedrich Kittler, *The Truth of the Technological World: Essays on the Genealogy of Presence*, trans. by Erik Butler, Stanford University, 2014, p.147.

更多的信息和能源组织在一起,然后人为地让它们流经那里。不知是出于需求,还是出于命令,在1172年,佛罗伦萨公国为了扩张城市、交通和法治,突然决定拆掉罗马的城墙,将原来的四个城门变成六个。[1] 这将对之后的全球城市交通的发展史产生决定性影响。这也是今天各国正在实施的那种全球城市化的最早模板。城市化,然后平台化,再将城市当作工厂,后者的首要任务,是生产出更多的"交通",是在交通中生产出更多的交通。

交通设施是城市最值钱的固定资本。我们因此必须改变原来的那种对固定资本的认识。固定资本如果是社会财富的衡量尺度,那么,在今天的国家公共投资政策中,它就具体表现为基础建设投资,尤其是对交通的投资。[2] 我们应该从这个角度去理解对高铁、机场、高速公路的投资:这是一种高额的生产性消费,也就是,在建设交通设施时,通过集体地、大规模地生产和购买生产资料,在进一步生产出商品之前,就已经能促进城市本身的经济腾飞。对城市交通网格的投资这一点,就是对马克思说的生产性消费的最好注解,因为高铁、高速公路和机场建设不光拉动整体经济,而且之后还将人、货物和服务一起推入了更快的交换回路,也同时掀起了对社会现实中的知识、技术和新地理构架(人工地理)的一轮又一轮的全球性再投资,这会在几个层面上同时创造就业机会。知识和技术同时被纳入生产之后,就又调动大量的劳动力储备,将低技术工人也动员进来,去挖、建、维持各种交通路线,这就解救了资本主义的就业与技术研发之间的内在

---

1 Henri Lefebvre, *The Production of Space*, op. cit., p.141.
2 Ibid., pp.345-346.

矛盾。因为,资本投入的高度有机组合,最终会减少社会必要劳动时间,也将需要的人力降至最低水平,这又造成大量失业,然后就会影响消费和生产之间的循环。这时,只有更进一步、更加速的城市化,才能弥补这一矛盾造成的工作短缺,这就像打通血管,防止资本主义危机式的中风的发生一样。交通设施的反复建设,体现出资本主义系统的这一致命的内在矛盾。

在城市中,我们都是交通的奴隶,被它捕获,又被强制着去消费它。今天,我们使用城市交通,就如小学生必须补课那样。城市使我们失去时间和缺乏时间,我们企图用交通来弥补,但越弥补就越缺乏,因为正是这种弥补造成了更严重的缺乏。列斐伏尔说,城市是一个让我们不断失去时间的地方。[1] 我们将为此赔付很多。我们在城市中的自由和休闲时间,也提前被划入城市网格里,提前就被腾讯和华为算在报表里,腾讯和字节跳动这样的公司在争夺我们人人手里的时间资本,这是在抢占人民的时间GDP 的份额。而城市交通本质上也是用来限制我们对时间的个人占有的。居住小区的格局更是规定了我们使用日常时间的格式,这种空间语法,使我们在日常生活中也不得不忙着为资本的更快流转而消费,为此而去跑各种龙套。

在城市中,我们更快地失去了时间,更缺时间了。这使我们成了超人类,像马斯克那样,要去想象用海底隧道和火箭来运人到无法进一步被想象的地方。什么是超人类?它是"人、物流系统和交通系统、全球市场,科学仪器之间的组装。它不光消化食物,也消化煤、油、铁和硅"。但我们忘了这一切其实都需要电,

---

[1] Henri Lefebvre, *The Production of Space*, op. cit., p.41.

也就是能源。超人类"既不只是人,也不只是集合的人加上他们的装置"。"挖沟、打隧道、铺水管、拉电线、通风、通煤气、空调引流、电梯、电话线、光纤,正在将人类兜进一个越来越严丝合缝的网中。"[1] 超人类的行为是在越来越全行星化的资本主义情境中不负责任的决策的结果,反正用资本或钱就能让人去做他们本来不愿意做的事。而首先,那也是一门关于"交通"的生意,同时还能通过它来带动别的生意,在股票市场上总能得到大伙儿的追捧,实际上,城市投资自己的交通就像一个公司买它自己的股票。

正是城市交通更将我们监禁在权力空间之内,虽然还不是关在监狱和麻风病院。关于城市对我们的监禁这一点,维利里奥曾批评福柯太执着于抽象的权力对我们的监禁,认为其实"路政和高速公路才是对人的更严重的监禁"。开车者"被监禁在道路系统这一监狱"里。[2] 这才使城市成了工厂,而开车者成了机床边的打工者,其交通出行就是在替市场生产出新产品,不拿工资,还交养路费和油费,并装出赛车手的样子,其实相当于要用自己买的车,给宝马或丰田公司当广告牌用,自己再很吃力地替它们扛着广告牌去宣传。而且,还每天准时出现在那个机床边的位置上,心甘情愿地上班操作。之后有了手机,城市也就成了我们随身带的东西。建立在手机加云计算平台的城市里,交通革命和城市规划也已完全多余,今天的大型商业空间和长途汽车站的大规模凋零,就是证明。

---

1 Lynn Margulis and Dorion Sagan, *What is Life?* , op. cit., p.234.
2 https：//deleuze.cla.purdue.edu/seminars/foucault/lecture-07.

## 2 街上的行走形成了作品和城市

与交通相反,一个人在街上的行走就能摧毁这一个城市,而排练出另一个城市。这一行走让运动中的身体重新编目、排练、策展出一个城市,使行走者一次次重新认领对城市的个人权利,将城市做成个人自己的作品。在德·塞托看来,在城市中、街道上行走的人,都已经是神。[1] 登上摩天大楼,人就真的成了神,因为,如果从帝国大厦顶上往下看,他们就能目击街上的像蚂蚁一样的人群,发现自己从此不再是那一人群里的一员,而是高空隐居者,因而也是玄思者,因而能够发明自己周围的一切,像弥赛亚那样降临在地球上,重新去接受一切、关怀一切。

登上摩天大楼之后,行人就能居高临下地从城市身上读出一个仍在不停地爆炸着的宇宙:纽约。此时,纽约的当前就在他们的脚下,看着就如"一片痉挛着的浮雕",在不断复印着自己,就等着行人的脚步来撕下、领走它们。这时,街上的行走者成为斯芬克斯的同时,摩天大楼却也在他们脚下立刻变成一个个"待用的垃圾筒"。[2] 在德·塞托看来,街上的行人的命运就发生着这样一次次惊天的逆转,城市是由他们的脚步重新排练出来的,每一次都不同。

在街上,行人能将摩天大楼群构成的宇宙阅读到神醉心迷,像窥淫狂那样,停不下来,要从中不断汲取神秘的色情知识,最后就走火入魔。在他们脚下,城市变成了一个淫荡的人类象形文

---

[1] Michel de Certeau, *The Practice of Everyday Life*, op. cit., p.92.
[2] Ibid., p.93.

第三章 行走在街道上

字的文本。他们能够将城市当成一个伟大的色情作品来读。[1]

通过行走，个人也使城市变成一个加速器，反过来使他自己成为一架电影放映机，使他的视淫、玄思冲动不可遏，使他不得不成为一只太阳眼，像上帝那样，去俯瞰城市里正发生的一切。城市让人冲动得只想成为这样一种无限视角。[2] 城市本身会动员人人去成为这样的行走着的巨人。

正是摩天大楼创造出了这样的街上的窥淫者-神。是它们使人通过行走，来书写自己的城市。但行人总看不懂自己写出来

---

[1] 摩天大楼使人成为窥淫者。(Michel de Certeau, *The Practice of Everyday Life*, op. cit., p.92.)

[2] 根据布拉顿，2025年的YouTube将根据你的搜索历史和银行数据，为你提供瀑布般的多层深度仿品。导演文德斯(Wim Wenders)的《城市与服装笔记》向我们证明，电影镜头与城市的关系，具体表现在服装那里，比如服装设计师山本耀司与巴黎和东京这两座城市的关系，是与两件服装之间的关系，是在它们之中生活，是将它们穿在他身上。今天，我们在手机上看数码电影时，是将城市穿在了身上，同时让城市也穿上我们。今天，我们是在穿戴电影，既在城市中穿戴电影，也将电影穿戴为城市。我们自己也是城市的穿戴设备，在城市成为我们的穿戴设备的同时。在手上(手机上)如此，脸上(谷歌眼镜)也如此。(Benjamin Bratton, *The New Normal*, op. cit., p.189.)

我们面前的远程地景正将电影拍摄权塞到我们手中。只有一部电影，那就是你此时想看的那部电影。城市就是你此时最想看的那部电影。它是人工智能生成的电影，也许山寨，也许不山寨，也许很深刻，也许不深刻。我们知道，每一分钟里就有500小时的电影被上传到YouTube上。什么人在看这么长的电影？

维利里奥所说的那一架视觉机器，也许就是地景自我辖治的主要输入所要得到的那一模拟机，也许就是将要到来的那些深度学习系统。我们只好希望这些深度学习系统在看世界时不会带上我们这些灵长类动物的偏见。这些深度学习系统也是被自限的，只有看见它们自己看我们人类世界的这一行动之后，它们才能真正看见这世界。所以，我们还是得依靠手机和云计算平台，才能在这个全行星空间里"看"和"看到"。

那一城市。他们对城市熟视无睹,就像面对相处多年的爱人那样,正因为在一起很多年,反而越来越不了解对方,越来越觉得对方神秘。但是,行人与城市之间却总如身体与其阳光下的影子那样不可分开。因此说,城景没有作者,也没有观众。城市规划只是要帮助城市不断表达出自己,也总是街上的行人去最终执行城市规划的方案,由他们的使用来定夺城市的真正样貌。正如本雅明在《技术复制时代的艺术作品》结尾说的,最后总是在新媒体面前走神的群众的三心二意的触摸和使用,才敲定和成全了建筑和城规的意图。在街上四处张望的行人,像制片人那样,想要让城市成为他们手里的一部天天被重排的戏。城市规划者是处于制片人的位置,须天天去重新策展城市才对。

街上的行人断然拒绝了对城市和街道的已有的种种设计和规划。他们动用自己的日常生活策略,主动利用自己的身体所打开的空间,通过陷阱-事件,来再生产出城市的历史之暗晦。因此,城市是行人的猎物,是他们每天都重新到手的成果。行人的诡计是无法被城市规划者预先识破和管理的,城市因此是街上的行人们自己的狩猎成果。他们对于城市地形系统的居有过程,与城市设计的用意完全无关,而且他们的每一次街上行走,都在撕碎之前的全部的城市规划和设计。一头是建筑和城市设计,另一头是行人的编舞式的行走。两者之间没有任何关系。而且,最终总是行人获得了先机,用狐狸一样的脚步,无情地糟蹋了所有的设计和规划。[1]

---

1　另一方面,本雅明认为,就像街上的行人重新创作着自己的城市那样,建筑的使用者、历史上的广大群众,才是建筑的真正的成就者。他用电影和建筑为例来说明,走神的观众对电影的观看和对建筑的使用,才造就了后两者。群众的走神的观看,在所有艺术区域中已越来越成为常规,常被看作病

想要定义一个人在街上的行走是不可能的,因为,行走是一种言语行为,位于当前,明晰,是纯交流。行走时,行人将原来所处的空间元素抛在了脑后,像在画布上那样,开始在城市里画出一张新的样图,走进了他们自己将要组装出的新风景。行人都像卓别林那样,不肯好好走路。他们通过行走来解构。[1] 卓别林不是孤僻的独行者,而是一个步步都原创的行人,搞的是一种不断做着减法的行走艺术,是要将某些地方彻底贬为无用,不是使其可笑,就是使其消失,另外却又编造出一些偶发的、不合法的空间,来将我们陷害进去,如在《城市之光》之中那样。行走同时

(接上页)症,但在电影观看和对建筑的使用中,却适得其所。本雅明认为,电影在训练我们去走神(三心二意地)观看。群众是铸模/母基,经过了它,所有惯常的面对艺术作品的行为,在今天,都将被它(这一作为矩阵的群众)翻新。面对艺术作品,观众的深思式沉浸,在电影和建筑前走到了它的对立面:走神(三心二意)式的徘徊。本雅明所要论证的是,我们面对艺术作品的方式,不是由文化传承下来,不是精英们教导而来,而是从新形成的群众对于媒体的集体感受和使用方式那儿得来的。民工运用手机的方式,往往比新媒体艺术家开发出来的新媒体使用方式要强大,往往也是我们对新数字媒体斗争式使用的榜样。是群众对新媒体的使用,在向艺术家和知识分子提供与新媒体斗争的新方式,虽然群众自己也并不觉悟到是哪一种。

与看一张中国山水画不同,本雅明认为,"走神的群众是将艺术作品吸入他们自身的。他们的浪潮夹裹了艺术作品,围住了它们"。显然,建筑物就是这样被历史上的群众对待的。建筑总是向我们提供了这样的"被群众接受的原型":建筑是在群众的走神状态下被接受,被群众集体地接受。建筑法则的这一被接受过程是对我们很有教益的。如在海里种牡蛎时那样,设计出的建筑是努力成为那一块让牡蛎来吸咬住自己的石头。建筑不是由建筑自己决定的,而是由爱看抖音和快手的广大走神的群众对建筑物的使用来最终定型的。这过程就已发生在哥特大教堂的建造过程中。群众最爱用触感,知识分子和设计师则用几何和概念来回避触感。群众最依赖习惯,但他们同时又爱走神,这使他们成了定型所有艺术作品的矩阵。

[1] Michel de Certeau, *The Practice of the Everyday Life*, op. cit., p.98.

构成了近和远,这里和那里。它也使我们终于到达"这里"。而我们也只有离开脚下的城市,将它甩在脑后,才能真正到达"这里"。

行走创造了一种移动的空间有机性。它既肯定,也怀疑,也尝试,也僭越,也尊敬,最终总是拓扑式地反转,使城市空间成为行走者自己的空间。行走所要行使的,是像儿童最早习得的那些简单的言语功能那样的百搭的姿势,是喊出回响在迷宫里的"你好!"那样的个人小诡计,但无比地有力,同时可替代很多其他的功能。[1] 在德·塞托看来,在街上行走的人身上带着比本雅明赋予游荡者的还要多得多的神圣力量和神学意义。因为,行走者不光去见证,去识别,去册封,而且,他的脚步还为他创造出另一个内在性平面,将其脚步的节奏所定型的时间-图像,带给新到来的一切,使它们都变成"当代",都进入"当前"。

## 3 用街上的行走来架空控制社会

城市空间比如说街道是由每一个人的身体活动去形成的空间。但是,在城市化过程中,我们的身体也被城市空间挤压、叠合和遮盖。这时,一次街上的简单的行走,也会成为我们的身体的主权式行动,可帮我们挣脱出城市,重新确认自己的主权,将街道和城市重新变成我们自己的空间,变成由我们的身体来激活和排练的空间,同时使我们的身体亮出自己。

所以,在街上行走时,我们是在创造传奇,因为,在今天,家里

---

[1] Michel de Certeau, *The Practice of the Everyday Life*, op. cit., p.99.

和周围再也没有了传奇。能够为我们创造出领土的街上行走，德·塞托说，同时也是在践踏我们的母国。人民时时在生产出新领土。行走改变了母国的领土，甚至发明出了新的领土。街上行走能够在被规划的城市之中，去创造出另一个城市，一个活的城市，一个像毛衣一样被我们集体地继续编织的城市，最后可通过手机被我们人人穿戴的城市。通过街上行走，我们终于也能够摆脱令我们不满意的旧城市，走进自己脚下正在被重新编织出来的那个新城市。我们集体地用脚步编织着新城市。我们的一个个身体构成了那一生产出新城市的矩阵。

　　德·塞托使我们认识到，空间无法永远捕捉住我们，我们总能在其中逆转方向，像依赖了一根神秘的天线那样，从更外面的外面，去吸收信息、能量和方向，来策反里面的一切。比如，我们在火车车厢里时，一开始是被它囚禁的，仿佛只能在窗外的记忆里旅行了，到那些曾被我们错失的地方去。但是，火车也为我们将丢勒的《忧郁》生动地搬演到车窗之外。这时，我们该拿车窗外的那被远隔的、绝对的一切怎么办呢？但是，一旦对车窗外的那一切景观感到很惊讶，我们就会突然发现，窗外有海洋般的现实在飘动，一望无际地等待着我们去认领，仿佛我们才是这窗外的一切的导演。我们感到自己是神。坐在火车上，就像被推挤在芸芸众生涌动的街上一样，就像行人爬上了大都会的摩天大楼的顶上那样，也感到自己成了神：感到是我自己要它们这样的，是我自己铺排了这一场面，像是我摊开的一块画布，要我自己继续将它织下去、画下去。那么，继续往下走吧，到我想要去的地方，这里还不是我待的地方，让我自己来给自己做出安排吧：这就是制图术，是脱离当前时空，重新组装时空；在地图和现实之间，我来回地穿梭着，现实正等着我重新规划它。在火车上，我们的身体与窗外的风景之间做着更狂野的排练。

面对火车窗外,我们仿佛被推入一个加速器的轨道。我们将奔向哪种时间呢?将如何走向宇宙?在火车上,城市被我们当作纸一片片地撕下,扔进了风中。我们正是这样奔向了一个新的城市,火车停下来的地方,就是它。在车窗边,向外望的我们突然直面那一秘密历史的未知风景和各种怪异寓言。车窗反而使我们成了处于某一速度之下的玄思者,如我们登上摩天大楼顶上一般。火车这时就成了一个舞台机关,我们成了在它上面完成自己的表演的某一剧目的主人公。而街道也是这样的舞台,我们也像在火车车厢中所做的那样,在街道上成为即将发生的一切的总导演。

街道也是这样的一个窗外有无穷风景的车厢。我们总是在新城和旧城之间旅行着。甚至,在城市之间的旅行中,我们也偷偷地成了新、旧两座城市之间的主演,成为希区柯克电影中的狂奔到了纽约中央车站的那个突然不知自己身在何处,不认识自己是谁、应该逃往哪里的男主人公。我们身处这样的困境:新的还未到达,旧的已经回不去了。当代的城市住民都像这个逃亡中的男主人公那样,不知手里握的是去往哪里的车票了。

但有了火车和电影这样的城市空间排练设备,我们是得到了一种伟大的匮赠。是社会先用火车这样的媒体制造出了城市里的观察者和犯规者,这才有了电影中所描述的城市中的谋杀、追逐和破案。街上的行人于是也都成了福尔摩斯,想要来解剖城市,亲自掌握这座城市的真相,企图从它的某一个丑闻出发,去了解它的全貌。而这是了解一座城市的最好的办法。

速度对城市空间造成了挤压,今天,京沪高铁已消灭了这两座城市的距离,却使它们之间发生更丰富的感应,形成了更丰富

第三章　行走在街道上

的一个"之间"。我们是在它们之间一次次重构新的城市。每一次我们回北京或上海，都是回到了一个不同的上海或北京。别的不说，你我的离开或到达，就已经使它成了一座不同的城市。你我的离开和回来，都改变了这一座城市，将它变成新的。

我们的身体不断重新给出空间，最后就给出了一个新的城市。所以，我们必须像操练街上的行走那样操练日常生活，像里弄大妈那样去修炼自己的日常生活，将它当成城市游牧的武器。因为，我们的日常生活实践也时时雕塑着自己的那一座城市。我们通过训练自己的日常生活实践，而更主动地拿出自己的游戏式城市策略，来建构自己的城市。城市中的人既有诗性，又好战，每一个人都必须与其他所有人一起来建造出自己的那一座城市。因此，在街上也发生着像古希腊神话中的史诗般的尤利西斯式诡计和阴谋，埋伏着像乔伊斯的《尤利西斯》中的主人公布卢姆的行径后面的那一分层结构：表层结构是庸常的家庭生活，深层结构是荷马史诗般的壮阔的巨人行动。我们的街上行走打通了云计算平台和荷马史诗。

这也让我们相信，街上的行人的日常狡计，应该足以对付人工智能、城市规划和消费或营销的种种准恐怖主义式阴谋。统治当代的消费社会的文化工业，使消费者都成了超市里的外来移民。但是，德·塞托说，后者也能够迅速逆转局面，在他们的日常领地里掀起某种布朗运动，颠覆城市中的那一控制论式的巨大的规划和营销阴谋。策略最终总使弱者更强。在消费社会里，弱者是来努力争取平等的？不，他们是来反转一切的。他们看上去是蜂拥而来的消费者，但他们是潜在的大部队，他们的脚步将一次次逆转城市中正在发生着的一切。他们已经到达。

如何逆转我们的那一被云计算平台捕捉的日常生活？黑格

尔在他的时代里吃惊地发现，星期天早上的报纸已代替了教堂。阅读这一行动本身已发生了逆转。但是，在今天，大众的10个人里就有7个被书捕捉，被书关押，就像他们在过去曾被教堂关押。[1] 仿佛，像牛羊一样，他们被安排在一个草坡上，去到手机屏幕上啃完每天的拟像的配额，睡前还要再看一个小时。知识分子要你（尤其是妇女）读，也是为了阻止你去写，阻止你去抵抗，是要你天天去大众媒体、社交媒体这两个大教堂报到。社交媒体要你读，是要你为云计算平台打工。平时，我们总在说，如今的大众不肯去读那些困难的书，仿佛是大众不肯用力。但是，德·塞托说，就是因为有一道防线设在那里，大众才无法攻入被知识精英规定好、塞满了神秘意义的文本，弄得仿佛这后面就有神秘的无限似的，大众就止步于前了。读也成了愚弄大众的一种手段，在手机屏幕上更是如此。但是手机屏幕也潜在地给大众准备好了反转的武器。

但是，大众的阅读一开始总是默默的，然后才敢越界，然后开始反讽，这才带出自己的诗意。他们不像电视上的主人们那样夸夸其谈，而总是将最重要的看法留到私下交流之中。正如作家杜拉斯所说，读者总是在暗中读，总是表面说我是来听的，但一会儿就开始自己去读，照自己的眼光去读。他们自己也都是小说家。他们总能够逃脱文本里的那些潜规则，逃脱那些总会使他们难堪的社会场景，而去以自己的方式成为作者。街上的行人也是这样的委婉的城市读者，总是转身就能成为作者。

就像住在由城市规划专家设计的城市中一样，在精英规定必

---

[1] Michel de Certeau, *The Practice of Everyday Life*, op. cit., p.165.

须阅读的文本里，读者一开始也是在精英规定好的理解框架里来老实阅读的，似乎想要达标，总必须假装在接受专家的建议，认真地去解释后者认为埋伏在文本中的意义。但是，不久，读者就偷偷地对文本色眯眯起来，开始在专家们布置的文本里盗猎。作为盗猎的阅读是：从日常生活出发的读者，假装听精英的建议，去读那些由后者给他们规定好、解释好的文本。但他们的读，总又在精英们给他们规定好的地盘上盗猎。[1] 这些日常生活的操持者和修炼者最终会知道自己真正想要什么。在街道上，行人也是这样的盗猎者，而不仅仅是本雅明所说的拱廊空间内的闲逛者。

平时，总因为有无穷的微策略潜伏在弱者的日常生活之中，所以，大众总是先上了精英们的当。精英们的所谓的创新，大抵总是为了使弱者更快地上当。当代社会的营销者们将苦难当成了销售机会。他们无穷的营销策略，为我们建立了一个控制社会：

> 甚至艺术家也脱离封闭环境，进入银行打开的循环之中。这时，占领市场是通过掌握控制手段，而非规训式培训；更多的是通过垄断行市，而非降低成本；更多的是通过转化产品，而非生产的专业化。堕落在这里就获得了新的力量。销售业务部门成为企业的中心或"灵魂"。有人告诉我们，如果企业有了一个灵魂，那真是世界上最可怕的消息了。
>
> 营销现在是社会控制的工具，并因而形成控制我们的一

---

[1] Michel de Certeau, *The Practice of Everyday Life*, op. cit., pp.165-175.

帮无耻之徒。控制的期限短、周转快,但也持续、无界限。而规训的期限很长、无限、不连续。(控制社会里的)人不再被监禁,而是被讨债。资本主义确实将 3/4 的人类的赤贫,作为常数,保留了下来,穷得还不了债的人太多了,也没法全部监禁:这时,控制不仅将要面对各个边界的消散,还要面对贫民窟或少数族群的集中区的激增。[1]

德勒兹说的这种控制社会,在今天已经普遍实现,甚至,我们会发现,人们早已生活在它的那一更高的版本里。斯蒂格勒发展了这一"控制社会"概念,将人们今天身处的这个普遍由电子卡来统治和管理的平台城市,称作"自动社会"。

斯蒂格勒在 2015 年的《自动社会 1:工作的未来》中对克拉里的《24/7:晚期资本主义与睡眠的终结》一书做了这样的回应,来提醒我们自动社会已经是德勒兹所说的控制社会的更高版本:全球资本主义对人们的睡眠的剥夺,一定也同时意味着自动社会对人们的梦和做梦的能力的剥夺,而那将使我们无产阶级化。人们无法安然睡在街道两边的住宅中,是因为,城市已是一台控制论机器,街道和住宅飘浮在被私有化的、上市的云平台上了。而不会做梦,就不会创造和发明,也就意味着人们正在被进一步无产阶级化。人工智能和自动化架空了人类的存在。

斯蒂格勒认为,克拉里对全球资本主义如何入侵睡眠和梦境的描述可谓深刻入骨,告诉人们社会已自动到了什么程度。但他

---

[1] https://www.bilibili.com/video/BV1GW41187DV?from=search&seid=7728608901237678948&spm_id_from=333.337.0.0.另见:Gilles Deleuze, *Pourparlers 1972-1990*, Minuit, 2013, pp.240-247。

第三章　行走在街道上　　265

没有看到,人们当前遭遇的总体计算式的资本主义压迫,也是结构性地自我毁灭的、绝对地熵增的,正在逼人类做出像尼采号召人们做出的那种重估一切价值的激烈逆转。克拉里描述的无眠状态这一恶果,不是异质的病侵,而是当代人在城市和城市化中吸纳新技术之后的必然结果。[1]"吸纳"就是俗话说的"吃不了也得兜着走"。后者本来是人接受新技术的一种独特能力,也是人进化的原因:生命想走出自己之外,就必须冲出去,去依赖技术支架,像南瓜藤的芽爬到架子上,反而先中了这一支架上的铁锈的毒,需要长期的恢复。只有折返之后,在恢复中,人才能绕到一种新的命运上。克服人自己身上的自动性,在今天也已成了与回应气候危机一样艰巨的任务。

在 app 主导的世界里,人们不光会成为木偶,而且也正在成为停不下来的、像被扫帚柄摆布而舞个不停的魔法师的学徒。人人都已是数码稻草人,不自觉地替 app 做了云计算平台上的电子鱼漂。那个"我们"不见了。稻草人般被安插的"我们",被迫待在这个城市空间里,那一定也是有某种目的的,"我们"自己却并不知道。我们的全部活动都被网格化管理,还一心想通过用户界面,把自己挂到网上去。就连人们脑中的可到手的脑力时间(available brain time),也无偿交了出去,交给线上直播、电视节目、广告商去开发。在列斐伏尔和德波所说的城市日常生活的被景观化与商品化之外,还须加上这一层祖博夫(Shoshana Zuboff)所说的"监控资本主义"张罗的、被大技术公司的获利冲动左右的

---

[1] Bernard Stiegler, *La société automatique*, op. cit., pp.127-136.

平台上的黑帮化统治。[1]

再如微信的"朋友圈"的扩张，也是比电视还更将个人广泛地共时化（夺走他们身上的那些无名地湮没的"间歇"，正是后者构成了个人的神秘而丰富的心智生活）手段。过去是文化工业和节目工业来短路人们的日常生活，架空了我们的日常性和家庭性。今天，由于有了脸书、微信等，人人就都被剥夺了那种对于自己的日常生活的操练，都不得不可笑地成为某种名人，被机器盯梢、要挟和勒索。正如德·塞托所说，只有日常生活和家庭才能

---

[1] 2000年前后，互联网泡沫期间，谷歌已准备卖掉一些搜索引擎给大公司来求生，此时还有25%的信息是可被搜索的。在节骨眼上，谷歌发现，它可根据搜到的数据来改变、修改用户的行为。广告的点子终于冒出来了。谷歌的做大做强，不是经济推动的，而是少数人的谋利冲动下对公共信息的侵占所造成的。要更货币化才能活下去，这就与技术创新无关了，实际上已经是互联网精神的失足。谷歌创始人一开始还到处演讲说广告会败坏互联网精神，但一扭头，他们比谁都更不择手段地来运用广告。谷歌就等着用户在搜索框里的点入，来预测、修改和改变用户的行为。

这一点入就是监控资本主义的根本基础。2000年时，谷歌已经将他们通过服务器关联起来的所有用户信息称作"我们的人工智能"。而实际上，无数用户后身共同形成的人工智能，才是谷歌和今天所有平台公司所要瞄准的移动目标。2001—2004年，在IPO时，人们才发现，谷歌用这种人工智能来做广告，能使它的收入增加3950倍。这就是祖博夫说的监控红利。这一红利——而根本不是什么新技术、什么创新——才是这一切的推动力。这一红利使投资者、企业家目眩神迷，将这一模式从谷歌复制到了脸书，成了高科技公司的标配，被导入正常的经济系统，成了今天所有工业后面的驱动程序，连教育和医疗也都不能幸免，保险、金融和房地产也都被拖下了水。利润、租金、增长、交换等所有资本主义经济的基本元素，都被谷歌这样的吸血鬼盯上。谷歌比商业部和财政部更清楚经济正如何运行，甚至还能告诉你经济应该如何运行才对。技术加社会关系的监控，就是谷歌带来的监控资本主义。监控资本主义生来就是数字式的，从此，只有在数字场景中，资本主义才能往下混了。它不可告人地占有了我们的身体、行为、心理、情感数据，使后者变成公司的财产（固定资本）。

第三章　行走在街道上

恢复我们的无名了。只有在那种无名中,我们的梦和睡眠,才能重新安详,走向丰足。

工业革命后,城市开始变成工人的宿舍,这是美国式郊区化的源头。今天,城市中的小区,却正在成为难眠之地,因为人人的日常生活都被偷走,有太多的匿名主人在背后指使人们为它们效劳。这时,在街道上的行走,更是人们摆脱控制社会、摆脱城市的自动性的决不可放弃的策略了。

## 4　需将日常生活当成修道院

在对日常语言的军事式使用过程中,弱者一定会双向地、逆向地利用现有的营销策略,后发制人,将推销者扳倒在地,最后用日常语言去打败精英们对他们施加的那种哲学式控制。而精英们其实也早懂了这个道理,必然会先发红包,来向大众的这种巨大的力量致敬,求得自己最后被放过。

表面上处于弱势的群众,在日常语言使用上,最终总能扳倒精英。哲学家路德维希·维特根斯坦也亲自向我们示范了这一点。他假装是在演示语言分析的大师级操作,其实却是在演示其在私人生活中如何努力造就圣人之生命形式,也就是说,看上去弱势的群众也是在日常语言中修炼他们的功夫。斯洛特戴克指出,维特根坦的学生只从他那里学到了前一半,并不了解他的后一半。他搞的大学教学其实与他搞的小学教学一样一败涂地。他如果明确与学生说,他这是在将日常生活当作修道院来用,是在把日常语言用法当作他日日反省的修行材料,当成他的念佛珠,那才算诚实,就不会对学生造成训导,他应该明说的。[1] 而这样的老师在中世纪曾经遍地都是。当时,维特根斯坦实际上熟知古斯塔夫·克里姆特(Gustav Klimt)、阿道夫·路斯(Adolf Loos)、卡尔·克劳斯(Karl Kraus)、阿诺德·勋伯格(Arnold Schoenberg)他们的断舍离运动,并以他们为生活中的榜样,所以也使他更极端地将自己的日常生活当成了修道院,想要通过改变其中的基本规则,来发动另一种革命,让自己成为超人。[2]

斯洛特戴克认为,美国那些拾维特根斯坦牙慧的分析哲学家,根本没搞懂他的真正的活法。牛津、剑桥和更早的柏拉图学园,都是中世纪式的修道院,今天的大学也应该成为这种修道院才对,而不应被科技开发搞成一个庸俗的技校或科技园。维特根斯坦对日常语言所做的分析,是要教训他自己在日常语言使用中暴露出的武断,并不是要去管别人怎样用日常语言,所以并没有表现出丝毫的悲壮,而这正体现出了那种维也纳断舍离主义的精神力量。这也代表了一种对人类性技术做更主动的利用的人类性技术的实质:对技术使用做一种人类决断下的、修道般的更高的决断,拿出像中国道家般的递归精神。[3]

斯洛特戴克说,克服人类性技术,也可像维特根斯坦所做的那样,一石就击中它的要害,并不一定要搞得像心理学、精神分析、宗教那样得复杂之后再去对待它。那么,我们如何在城市生活中来对付支付宝这种人类性技术之一的货币技术?它诱惑我

---

[1] Peter Sloterdijk, *You Must Change Your Life*, trans. by Wieland Hoban, Polity, 2014, p.142.

[2] Ibid., p.138.

[3] Yuk Hui, *Art and Cosmotechnics*, University of Minnesota Press, 2021, p.141, pp.157-158.

们去过一种莫名其妙的生活,但是,要与这种来自技术的软硬兼施的强制做斗争,我们也只需将自己的日常生活当成修道院,审查自己的每一个伦理语言和美学行为,用不着直接去对付那一人类性技术。而这一实践对于维特根斯坦而言就已经可以成为哲学。维特根斯坦这样地向我们示范:人人都应该在日常生活中用无数种方式来盗猎别人的财产,同时发明着自己。[1] 日常语言领域是我们发力的地方。德·塞托和斯洛特戴克都看中了日常语言领域作为群众的军事式行动能力的训练场的作用。在对城市的日常生活的批判中,我们经常忘了利用埋伏于日常生活运动中的这一反掣力量。

既然在超市货柜前徘徊的家庭主妇最终一定能够战胜在大学里学过 MBA 的那个做打折营销的小经理,那么,在发红包和抢红包的过程中,在与超市的打折战略的周旋中,大众是如何反败为胜的呢?看电视时,观众用他们看到的广告和电视剧里的东西,去对付精英们对我们的主导,终于摆脱和战胜了那些想用广告和电视剧来捕捉他们的营销或管理精英。德·塞托说,这是因为消费也必须以创造性的自我再生为前提。[2] 也就是说,大众在消费时也会开始他们自己的创造性活动,同时总会借用由破坏性活动带来的创造性力量自助,一开始上了当,但过后就马上会痛定思痛,急起直追,反败为胜。

德·塞托认为,群众看上去的迷信和愚昧,总会被统治者和知识分子不屑。但是,如果群众居然真的能不把宗教当鸦片了,

---

[1] Michel de Certeau, *The Practice of Everyday Life*, op. cit., the preface, ⅻ.

[2] Ibid., the preface, ⅻ.

那么，知识分子们就又要着急了。消费者总也会以自己的方式去做出反抗。这一点上，德·塞托取了与他的师友们如列斐伏尔、鲍德里亚不同的立场，后者都对此持悲观态度。日常语言，他认为，就是群众的真正的哲学，是他们的战斗武器。[1] 他们也都能像维特根斯坦那样，在自己的日常语言这一修道院里修炼成精。因这一点，我们就应相信他们在城市日常生活这一战场上最终也一定会赢。我们知道，朗西埃也抱这样的审美-政治立场：人人都已经是老师，因为人人都能将自己的母语说得像语言天才那样地好，可以用母语去教一切，也可以用它来自教，因为母语的语言结构，就是这世界上最好的老师、最好的教材，群众在精英们面前并不会吃亏。因此，职业的老师也都应该是无知的老师，应该主动将自己当成无知者的老师才对，否则最终会使他们自己先下不了台。只有这样的老师的教，才是有意义的。其实，说到底，在城市日常生活中，并没有谁可以教谁，也没有谁可以来启蒙或解放谁。而城市本身是一块学习的领土。

德·塞托认为，谚语也能成为群众性的行动计划。这就假设了日常生活中、日常语言里就已有政治姿态、语言武器，能做的，是帮助群众主动去操练自己的日常语言，学会使用其中所埋伏的那些武器，而这与维特根斯坦要我们做的并无两样。这也是今天的云计算平台城市的日常生活中我们不得不去做、不做将很危险的事。

德·塞托还进一步强调，正因为群众不得不生活在主导者的场地上，他们因而也总是被锻炼出一种很优异的活着的艺术。[2]

---

[1] Michel de Certeau, *The Practice of Everyday Life*, op. cit., the preface, p.18.
[2] Ibid., p.24.

大众最后一定会自己练出伟大的反抗能力，就因为他们总是先已被推到这一苦难的位置上，而他们手里一直拿着锐利的武器：日常语言和日常生活。正是对这种日常语言和日常生活的更生猛的天天的操练与使用，才使他们能够最后过出一种比知识分子的生活更伟大的生活。今天的微博、微信、抖音、快手，也会在群众身上去激发出一种未来将推翻一切的力量的新芽，也能使一种我们以为早就消失的旧媒介回潮。我们仍将一次次地目睹这种逆转。正是在逆转过程中，群众才爆发出了那一可怕的推翻一切的力量。这就是：历史是由人民群众自己来创造的。

与德·塞托相反，列斐伏尔不从神学角度理解城市，而仍然是从马克思主义关于生产和生产关系的角度，来理解城市和街道上的行走。他首先将城市看作每一个住民自己创作的一个作品，对他而言，所需批判的只是这一点：城市在目前成了资本主义空间生产的系列产品。街上的行人在他笔下是失去了日常生活的人，因为，他们的所有日常生活实践都被广告背后的意识形态所编程，城市也成了一个官僚主义国家所组织的消费社会的景观的集锦。

对此，德·塞托想要用街上行走这一招来对付。行走就像是在拍电影，能够将落在街道两边的像旧报纸和老明信片那样的城市景观，组织到新的蒙太奇之中，排练出行走者自己的时间-图像。这种街上行走是在塑造超人。列斐伏尔就想要以批判的眼光，正面地来看城市中行走的人，信任他们的脚步对于城市的时时改造。在他看来，我们当然必须动用尼采的超人理论的眼光，将城市社会和城市空间本身理解成这个社会的集体作品，将它看作由一个个的城市住民的个人作品叠加而成。

城市是在将我们大家塑造为超人，尽管我们也被它的按揭压得喘不过气来。无论怎样,城市总是在造就多感、能与世界(与环境和与他们自己)保持复杂又透明的关系的新的城市人。因此,城市必须被重新思考,在新的地基上被思考和建构。我们必须跳出城市日常生活的界限,去关注城市的全球性、全行星性和宇宙性。在今天,我们必须将城市放在生物圈、人类世中来思考,这才能摆脱城市研究的当前的那些陈旧套路。但是,无论如何,街上行走是我们创作出自己的城市的真正平台,我们可从中排练出一切。

# 第四章
城市与电影

第四等
液中之沉積

# 1 城市是一堆运动-图像

运动是线,图像是切面。运动-图像的平面是对一个活动的总体——也就是一种普遍的成为过程(宇宙)——的一次动态切割,是一个时空块。最后,我们总是在各种运动-图像之间做出比较之后,才得出某一个间接的时间-图像。也就是说,是两种以上的运动-图像比较之后,才给人带来了一张时间-图像:从一堆运动-图像中,找出一张属于个人自己的时间-图像。[1] 本书认为,这是德勒兹在《电影1:运动-图像》《电影2:时间-图像》中做出的最重要的创见,也是对在康德从《纯粹理性批判》开始发动的现代时间革命之后的更高觉悟。

在街上行走时,行走者面对着扑面而来的无数种运动-图像,也正是这样最终遭遇到一张属于他自己的时间-图像。从这时开始,整个城市就是他围绕着这一张时间-图像来重新建构的。他是他自己城市的作者;城市是他的后期制作,就是从这一意义上来说的。

而电影正是要给运动-图像加速,来使观众与总体(宇宙)关联,使他们被卷入自己的那一部电影之中。在这过程中,观众转而从自己出发,在电影的诸多的运动-图像中,抽出或找到一张属于他们自己(也就是说,将他们卷入)的时间-图像,开始制作出自

---

[1] Gilles Deleuze, *Cinéma 2: L'Image-temps*, Minuit, 1983, p.101, p.103.

己的那一部电影。这一经验与人在街上行走时的体验是一样的。是他们自己在运动，行人却感到是街道两边的事物在跟着他们运动，像道具那样地配合着他们，等着他们的排练指令。在走动中，他们实际上是在用自己的身体拍、剪、放一部电影，而这部电影就是他们自己的城市，是他们自己的那一部《城市之光》。今天，在街上行走的人实际上是在手机屏幕上连续交互地制作着这一部叫作"城市"的电影，而他们自己是这部电影的主演和导演，这过程中涉及了GPS和云计算平台，落在某一个控制论回路之中。

在电影中，每一个运动-图像都可单独拿出来，成为供观众看整部电影的一个角度，一个进入的契机。观众认定其中的一张，来当作其此时的时间-图像，就可从中出发，去重新把握电影的总体。在城市中，或者说，在街道上行走，我们也正是这样做的。这些电影中或街道上的运动-图像，会在大平面上变成我们的感性材料，在中平面上会变成我们的即兴动作，在其集合平面（那个我们自己所处的内在性平面）上，就会变成我们的知觉材料，供我们调用。我们在街上行走时，这三个平面都不再是空间，而是成了对整部电影、整个城市的又一种解读、剪辑，形成了新的蒙太奇，成了行走在街道上的我们对城市本身的又一次再现。

从这个角度说，当前存在的这一城市就是一堆有待行人来剪辑的运动-图像、一堆道具，供行人重新排练出他们自己的城市的胶片。城市也只能是这样的排练的结果。它当前仍不存在，而将会是行人自己排练出来的一个个人作品。城市是有待存在的，是正在到来的。

有了电影，我们才知道了运动-图像和时间-图像的区分。但早在康德那里，哲学家们就已经开始梳理之前各个时代有关宇宙的运动和灵魂的运动的各种互相矛盾的说法。正是他逆转了运动与时间的关系,强调:时间属于灵魂,不属于世界(是我们将时间带进了这世界);主体通过综合而分枝,才从运动-图像中找到时间-图像,从而找到自己的时间。[1] 海德格尔对日常存在和本体论式存在做出的区分,说的其实也是这个意思:我们必须从运动-图像走向时间-图像,必须从日常走向存在。电影可以成为这一"走向"过程的中介。而街上的行走,是对这一点的最好演示。而这也是所有城市实践的目标:从日常走向存在,走向游戏,走向节日,而不是通过设计和规划,走向进一步、更高效的对城市的各种存留的积累。

在图像的普遍运动中,电影镜头通过自己的移动,帮观众抓取了某一种纯运动,如果没有电影机器的帮助,他们是做不到这一点的。但我们不得不从宇宙中这样抓取自己的时间-图像,不论在何种条件下。根据柏格森的看法,宇宙本身就是图像运动的总和,电影镜头是要从这一图像运动中抓取一张时间-图像。[2] 火车本身就已是运动-图像,镜头里的火车,是正处在运动中的图像,我们看电影时,是企图从中切下一张属于我们自己的时间-图像。而在城市中,行人的走动就像一个电影镜头的移动,也是要从街上的各种可能的图像运动中抓取一张时间-图像,反过来形成一条新的蒙太奇链,来带动行人自己。在这一回路里,街上的行人一定会在一堆运动-图像中找到此时的、只属于他自己的那一张时间-图像。

---

[1] 见 https://deleuze.cla.purdue.edu/seminars/cinema-truth-and-time-falsifier/lecture-16。

[2] 见 https://deleuze.cla.purdue.edu/seminars/cinema-classification-signs-and-time/lecture-16。

德勒兹指出，实际上，我们每一个人也都是图像的无限集合之中的一张图像。但我们总也能将某一个运动-图像当成一个内在性平面或一致性平面，能使其中的所有图像都被其他图像作用，然后再让它们去做出进一步的反应，从而再形成一个属于我们自己的新的内在性平面或一致性平面。[1] 在贝克特的小说中和舞台上，就形成了这样一个供继续搭建的内在性平面或一致性平面。画家波洛克和罗森博格的画面，就是这样一个内在性平面或一致性平面。培根的绘画也是。

内在性平面或一致性平面，是光线打上去后重新形成的那一平面。那么，当一个行人走在街上时，从他和他的影子开始也事实上形成了一个他自己的内在性平面或一致性平面，也就是说，通过他自己的打光，而找到了那一时刻里属于他自己的那一个时间-图像，他在其中重新组装出自己的那个世界，首先组装出的就是他自己身处的那一座城市。他一次次地在街上重新从他在那一刻里所处、所面对的时间-图像出发，装配出他自己此刻的城市。所以，城市总不可避免地是他自己的作品。在他将自己的城市打开的同时，他也必须向自己的那个城市敞开。

柏格森主张，物本身是发着磷光的，照片其实是从物中取出的，物与光的重合，就是图像。我们周围全是发光物，人的意识却是一块黑屏。人是图像的无限集合中的一个图像。只有图像本身，而没有为某人专门制作的图像。那些既能做出行动，也能做出反应的东西，就是图像。图像是对无论什么东西都做出反应

---

[1] 见 https://deleuze.cla.purdue.edu/seminars/cinema-classification-signs-and-time/lecture-02。

或被动地反应的东西。这是柏格森在《物质与记忆》中的重要假设。在所有表面上、在所有部分中，能够这样做出反应和被动反应的东西，都是图像。我也只是这样的一个图像。我的眼睛也只是这诸多图像里的一个图像。城市里，街上，就是这样的一堆运动-图像。

城市正是无数张运动-图像的堆积。我必须在这一堆运动-图像里，去淘洗出此时属于我的那一张时间-图像，当作我此时的内在性平面或一致性平面，并从中出发，去装配出我自己的那一座城市。城市是个人的系列作品。实际上，个人是基于目前的城市，也就是这一堆运动-图像，来一次次重新策展出自己的城市的。

今天，在城市中，手机就像电影镜头那样，将城市当作摄影棚内的道具来用。就连街上的建筑，也是有待我们的手机 app 来重新调度的。对于后者而言，城市也成了淘宝或拼多多的一部分。美团的外卖员在不断重新打印城市的街道线路，夹在外卖电瓶车之间的一个普通行人，的确像在旁观剧场内的排练了。而且，他最终一定也会是主演和导演。他的城市是由他自己导演出来、由他自己演出来的。[1]

---

[1] 有了手机，我们到任何地方都成了自己的倒影的一部分了。我们手里的手机也是城市的延伸。手机屏幕上的电影界面，是构成城市界面的基本物质。手机是城市的遥控板，但也是身份认证和身份的人工反射的媒介。有了手机，我们与城市的关系成了：在城市（系统）将用户当游戏玩的同时，用户将城市（系统）当游戏来玩。(Benjamin Bratton, *The New Normal*, op. cit., p.429.)手机引导那些正在做天际旅行的人穿过那一个开放的城市，穿过那一个被限制的、像整个世界那么宽广和深远的界面空间（全行星城市）。(Ibid., p.437.)列斐伏尔所说的全行星城市社会原来也是这样的一部地质电影。

第四章　城市与电影

## 2　打碎旧城市来找排练新城市的材料

德勒兹认为,是时间的力量逆转了图像-运动,使之转而成为图像-时间。这表现在电影的回闪之中:那个被说起的过去(电影《去年在马里昂巴德》里的某一个"过去")已不可见,甚至本来可能也并不存在,但电影能够通过回闪,使当前的某物误导我们,让我们想到过去的某个时刻。电影给我们带来了这种时间的力量。柏格森说,"过去是这样的一块区域:我们总需要翻好几个跟斗,才能进入它"。[1] 对此,记忆是没有用的,其他的细节也不能帮我们。因为记忆也只是运动-图像,是为了帮我们翻跟斗到过去之中。电影才是将我们带进过去,或将那个过去并排放到当前的技术手段。所以,是现代城市催生了电影。《城市之光》讲了电影和城市在工业操纵下的可悲处境,但也不无悲情时刻:我们在城市中的种种落难和绝望,也是被我们像编剧和导演一样,自编、自导、自演进去的,一转身,我们就能像卓别林那样,跟着幻觉轻率起来,拦都拦不住地开始自己的城市游牧。

面对运动-图像时,我们也是身处某个水晶图像之中,是一个人面对无尽的图像运动,已不只是在观看,而是在自己的时间-图像里忙着去与外面的一切通灵。我们想要在一堆运动-图像中找到真,通过这种真来透视一切(《公民凯恩》就是在做这个)。在麦尔维尔小说描述的船上,总发生着这样的情况:已没有真了,必须用图像运动,也就是假的图像力量,去找到或排练出主人公自己想要的真。一个年轻人进了大学,就如到了城市中,抬头只

---

[1] 引自 https://deleuze.cla.purdue.edu/seminars/cinema-truth-and-time-falsifier/lecture-07。

见到了景观。此时，他自己的真在哪里？他必须使他身边的图像运动加速，从中找出属于他自己的那一张时间-图像，从中找到他自己的那种真，再从这种真出发，去重看一切，重新去形成他自己的世界。在城市中，就如在一部电影前或之中，我们必须如此了。

进入一个城市，我们宛如走进一部别人拍好的电影之中。在城市中行走，是为了更好地从中冲出来，然后走进自己的时间-图像，围绕着自己的身体，去形成一个可称作自己的作品的城市。杜拉斯的《阿加莎与无边界阅读》就将我们带到这样的"形成自己的作品"的空间和时间里：窗外那片强烈地反光的沙滩上，才有我们的自由，镜头最终将我们引到了那里。电影里，女主角被小时候与弟弟的可能的乱伦情节所折磨，生活越来越显得阴暗，这时，镜头却将她引领到展出在窗外的、属于她自己的时间-图像之中。这时，她生活中的一切马上被打开，被带进这个敞开的总体之中，过错、疯狂和犯罪，也都是这一梦图像、时间-图像里的必要成分和情节了。她释然了，观众也终于放松。这是电影本身就能够做到的，也是我们对我们身处的城市所能做的。走向电影，就是在看电影时主动走向这一敞开的总体，电影是为这一点服务的。但看电影时，大家会忘了这一"电影本身"。在走向城市、进入城市时，我们也一样会忘了我们必须首先将它排练成我们自己的城市，我们也总忘了，我们当前在城市内的种种失落、迷茫、焦虑和绝望，也是我们去拍出一部叫作"我们自己的城市"的电影时不可缺的素材，如果我们能做自己的导演、演员、场记的话，如果我们是在寻找那个作为自己的作品的城市的话。

人是政治动物，在城市时代和电影时代，这句话的意思成了：人自己就能让他们自己幸福，通过像拍电影或在街上行走那样的活动，来排练他们身边的运动-图像，就能够通达自己的幸福。在看电影时，我们由于从中找到了自己的那一张时间-图像，而踏上了自己的溜冰场，就能幸福了。[1] 阅读时又何尝不是这样？我们在自己的读或写中找到了自己生活其中的那一张时间-图像，这时就能使自己幸福了，于是才会继续快乐地读下去和写下去。修改自己写的文本时，更是如此：如不修改出这种幸福感，肯定就写不下去。把我们自己写的东西修改——也就是重读——到第30遍，我们一定也会感到某种幸福，因为，此时我们就如艺术家一样，通过文本修改而给我们自己撑起了某种生命形式，完成了某种自我雕塑，我们获得了一种新的生命形式的支撑。其实，我们也在这样阅读和修改着自己脚下的城市，想要将它修改成我们自己的那一座，使我们在其中找到自己的新的生命形式，过起另一种生活，这时，城市就只是我们的生命的风景了。

而在看电影、电视和手机屏幕时，我们的生命时间却被剥削了。我可到手的那一点儿脑力时间，被谷歌这样的大广告公司征用，还被马斯克告知，要用脑连接技术来直接抽走我的这一点儿可到手的脑力时间。剥削者，也就是广告商和大数据平台公司，盗用了我的脑力时间去干什么呢？是卖给其广告大客户和大平台公司，让它们继续将我的日常生活当矿井来开采。所有的新技术或高科技全盯牢我们身上的这一生命时间，要它为它们的营销服务。就连尖端科技也都是卖给营销部门，做这种很低级的事来盈利的。就连人工智能也被平台公司用来吸走我们的脑力时间，并拿由此霸占的元数据去卖。当代的平台城市就是这样的一个被开采的数据矿，我们的脑力时间是被大平台公司盗挖的主要对象。

---

1 Gilles Deleuze, *Cinéma 2: L'Image-Temps*, op. cit., p.199.

另一方面,我们被平台公司吸走注意力,走神得连读完一本书都困难。那什么叫读完一本书或走完一个城市呢?也就是像好莱坞导演为了将书改编成电影,为了改编而去读它,也就是像导演一样,去行走于城市之中,想办法进一步排练和导演它。读最需要脑力时间,因为我们须在读中找到自己的那一张时间-图像。这就像是我在某一导演的电影中生产出一张属于我自己的时间-图像,将它变成我自己的时间-图像,变成我自己的一部电影一样,不只是看它,还必须将它写成一首诗,然后拍成我自己的另外一部电影。这时,我才不被剥削。这才是我在别人的电影里打井(盗猎),而不是让它到我身上、我的脑中来打井。读完一本书,与了解一座城市一样,是一个无法被完成的动作。在城市中,我们也像在阅读一样,无法完成我们行人与城市之间的那一解释学循环。我们每次必须在这一堆叫作城市的运动-图像里找出一张自己的时间-图像,再根据这一张时间-图像,重新组织出一个自己的城市,来当作自己的作品,奉献给我们共同的城市。我们必须每一次都这样重新塑造出一座属于我们自己的城市。

我们在电影、绘画中是一直都在这样做的:在看导演、剪、拍的图像的PPT里,找出一张属于自己的时间-图像,然后从自己这一张时间-图像出发,去重新剪、拍、放某一导演原来已剪、拍、放过的那部电影,使之成为自己的一部电影,然后再放给自己看。在电影院看了一会儿后,我们就在座位上自己制作电影给自己看了。电影院有一千个人在看同一部电影,那是同时在放映一千零一部电影。在城市平台上也一样。面对眼前的城市,我们也都像导演那样在重拍出自己的那一座城市。

我们是用电影、诗歌、文学来排练一座城市,使它成为我们的一个新作品,成为我们自己的一个新城市。在对文学(小说只是文学机器的一个齿轮)、绘画和电影的经验中,我们也都是进入一个细节(单子,但其实是宇宙)之后,就像单子那样,去席卷整个宇宙,成为动物,进而成为植物,成为分子,然后成为黑洞。德勒兹说,艺术作品正是这样的一架会卷入很多外面的东西的共鸣机器。观众很快就能在他们自己身上和身外发现艺术机器所生产出来的那些长远的效应。艺术作品靠它们自己身上和强加到它们身上的效应,来进一步生产自己、填充自己和营养自己。艺术替自然生产出共鸣。[1] 艺术作品的风格是指:使两个不同的东西共鸣,从而分离出一个对于观众而言的珍贵的时间-图像——看电影,是要从导演给出的一堆运动-图像中分离出一个珍贵的、属于观众自己的时间-图像。在城市中行走,行走者是要在街道两边一路退去的无数个运动-图像中,去选出他自己的某一个时间-图像,并围绕着后者来组装出这一刻的他自己的城市。

当前的这个景观城市或云计算平台城市,也是这样地被街上的行人重新排练和剪辑出来的。城市之于行人,就像好莱坞之于美国。好莱坞也是被它自己的这堆陈词滥调拖入泥塘之后,才让美国梦一直在那里没有了下文地荡着秋千。电影要求我们进行思想,而这思想只有靠我们去砸烂当前现实里的这堆陈词滥调之后,才会到来。[2] 城市也一样,砸烂旧城市,才能有排练出新城市的材料——也就是道具——可用。为此,我们必须为自己找到新的少数派、新的时间-图像,当作我们进一步排练的种子。城市需要这样依赖每一个行人在垃圾堆一样的城市街道上行走,依赖人人去找到自己的时间-图像,依赖行人们一次次将它排练到他们

---

[1] Gilles Deleuze, *Proust et les Signes*, PUF, 1998, pp.184-186.

[2] Gilles Deleuze, *Cinéma 1: L'Image-Mouvement*, op. cit., p.276, p.278.

自己的作品之中。

一个在大城市街上行走的人是像精神分裂者出游那样的。他们冲浪在当代资本主义平面上，不被社会所生产，却开足他们的欲望机器的马力，将街道当作他们自己的拍摄现场、后期制作间。美国作家亨利·米勒说，行走就是政治。与其接受治疗，我们还不如无目的地到街上去行走，去发动一场场无名的政治运动。

同样，看一部电影时，我只是要从中捞出一张属于我自己的时间-图像，然后照这个时间-图像来重新组合其余的几千个运动-图像，使这部电影最终变成我自己的电影。写和画不也是这样？在画画时，画家培根落笔前已见到画布上、稿子上密密麻麻地布满了陈词滥调。所以他必须先驱除它们，再在上面荡漾开另一个世界，让后者像泉眼那样从画布中冒出，这才能画出他自己的画，写出他自己的话。初稿因此就是用来被全部抹掉的，像画家里希特的作品中常发生的那样。这是要在那么多写出来的陈词滥调里，找到一张终于属于我们自己的时间-图像，然后照这个时间-图像来安排我们既后的全部创作。这就是，只有文本改到差不多的时候，才终于开始写。改得狠，才能开始写。写下，然后自读，写读，一簇簇地从自己写出的话中像拔除杂草那样地拔掉陈词滥调，改到后来，几乎所有剩下的都是后来种上去的。城市也是这样地时时被行人的步伐彻底修改和重写的。

为什么从这么多运动-图像中淘洗出一张自己的时间-图像，或在街上的行走中找到一个关于这个城市的属于行人自己的时间-图像，会如此之难？这是因为，有太多的东西已在逼我们说，要我们说出它们，而我们自己也只有说出了它们，心里才会觉得安宁，误以为这之后也就能真正去说出它们。说出它有难度，是因为我们没法不说它，说出来才能感到放松些，少些罪感，仿佛

第四章 城市与电影

我们早就欠得不好意思，无论如何必须先还掉旧债似的说出来，这时，要另外说，说得另起炉灶，就总是很难。努力不说、只说自己的话，是如此之难，这还是因为，广告、大众媒体设下了各种圈套，要骗我们帮它们去传播，压抑我们自己的说，我们总是忙着说它们，无法去开始说我们自己的话。我们必须先为它们推销，为它们生产利润，说啊说，我们就忙得忘了自己到底是要说些什么的。我们为什么必须读一本畅销书？因为出版社和工厂要印书来卖，而且只有我们快买、快读了之后马上扔掉，这样才好以最快的速度，去买别的新书，才能为他们的卖书生意做出贡献。是要你买了再买，才让你先买了读的，你的读最后也只是为了扩大内需，这样就可以印得更多，促进了印书，帮助生产出更大的利润。这时，真正的读在哪里呢？

　　说套话、假话、空话，越写心里话，越挖内心，就越流露出套话、假话，这居然成了社会的必需。人说话是为了更好地使自己被控制，就像对自己念咒语，给自己念紧箍咒。这就是德勒兹说的"控制社会"的高压秩序成为一种统治全社会的控制论回路的意思。所有的信息和话语，都像链条那样拖着、缠着我们，要我们为那个不可见的技术系统去说话，而忘了我们自己到底是要说什么话。我们也是这样地对于生活其中的自己的城市语焉不详的，仿佛要将官方的城市版本强加到我们自己的城市生活之上，骗自己去活出它，将城市当作商品，到处去为它所需的营销跑龙套。

　　这就是费里尼的那些电影的前半部中发生的情况，里面的人物的动作和姿势，都被凝固为好莱坞电影中的那种刻板人物的动作和姿势，需要一个像费里尼这样的伟大导演来排练，需要一场激烈的舞蹈，或另一个梦境，才能使他们的动作和姿势重新流畅。费里尼的电影就是这样的一个人物的身体姿势被解放的过程。本书也一直强调，我们不用怕，因为光是我们在街上的行走，就能将我们排练到那一个个新城市之中。在费里尼的电影的结尾，城市又正常了，里面的人们又开始手舞足蹈了。

在当前的城市生活中，我们每一个人也都陷入了这样一种读和写之间的矛盾之中。改造城市，就依赖于我们反复修改自己的读和写，像在修改一个永远改不完的文本。城市就是这样的一个在我们手里的还未完成的文本。它必须由我们自由改编成我们自己的电影，自己的城市。

## 3　新现实主义电影精神在街上的行走

今天的城市实践已是全行星式的。在正在到来的全行星城市社会中，城市实践将首先是一种接通生物圈本地与宇宙之间的那些知识实践。[1] 它必须先对抗专家和技术政客的话语，后者对我们形成更高的城市理性这一点有害。它必须去另外的道上寻找新城市。我们也必须先从今天的城市中走出来，然后进入一个我们自己创造的城市之中，因为，城市只是一堆运动-图像，我们作为其观众，必须先从中走出来，用我们自己的时间-图像去组合它，排练出它。那么，如何走出来？答：通过在城市这一堆运动-图像中找到我们自己的那一张时间-图像，用后者来重新组织我们不得不面对的这一堆运动-图像，就如同在看电影时一样。

看电影时，观众在观看过程中选定了一个时间-图像或观念，

---

1　Henri Lefebvre, *The Production of Space*, op. cit., p.142.

然后用它建立一个自己的内在性平面或一致性平面,再来排练、组织其余的一切,形成一部由他们自己导演的新电影。电影的总体是开放的,是绵延本身;城市亦然。我们像拍电影那样地来拍城市,将城市变成电影,而将我们不断带进更大的总体或者说一部更大的电影或者说城市之中。所以,尽管城市使我们不自由,但我们也只能通过排练它,使它变成我们自己的作品,来让它带给我们时间和自由,而进入我们自己的那一座城市。我们的城市实践必须是:先找到自己的那一张时间-图像,然后根据它来重新排练出一个我们自己的城市,每次都独特地去排练出一个个作为我们自己的作品的城市。我们说的城市是这样的无数个个人的城市的叠加。

一在街上行走,我就将时间带给了围绕着我的诸物,就使它们处于上手状态,来等候我的召唤,来参加排练。即使坐着,身体也仍每一寸都在扭动的儿童,特别具有这种使诸物都处于上手状态的能力。各种算法都能从儿童的大拇指那里冒出来,来动员周围的一切,就连人工智能也根本不是隐藏在儿童拇指上的算法的对手。同样,我们一在街上行走,城市就成了一部我们亲自拍、剪、放的电影,现实也变成了梦:人物不动,世界却已像一张飞毯那样,从我们脚下被抽走,一切就都有待全新开始了。我们的行走也使城市中的一切都对我们处于上手状态。我们的行走使街道和城市变成了电影,而这一电影又使现实变成梦。这时,我们对于城市的修改和改造,就可轻松地在这一梦之中完成。[1]

我通过行走来使世界运动,来排练它,来改变它,使它回不到原来的状态。当我不动时,那就是世界在动了,这时,我就进入

---

1　Gilles Deleuze, *Cinéma 2: L'Image-Temps*, op. cit., p.82.

梦境,只有广告、霓虹灯和路标才使我重新意识到我正在过某一种日常生活。是广告、霓虹灯、路标、纪念碑、交通红绿灯和各种手机 app,将我拖进日常生活之中。而一到日常生活中,我的梦就碎了,散落在周围的物之间,像在乔伊斯《尤利西斯》的主人公的生活世界中一样了。是行走又将这些梦的碎片重新动员起来,给我重组出一个现实,重组出一个城市。我的行走和我的城市之间是互补的。我的行走才带来了我的城市。

从早到晚,总已经有各种被制造的叙述萦绕着街道和大楼。这些像罐头一样的叙述通过教导我们必须怎样去存在,而想要自说自话地说出我们的存在。它们通过讲出一些日常事件,来诉说有关我们自己的那些传奇,听得我们当事者自己也莫名其妙。早上,一睁眼,我们就被电台的早间新闻捕捉住了,然后整天就行走在新闻、广告和电视的叙述构成的森林之中,睡前还要打开手机屏幕,来主动"吃"几条新闻推送,哪怕不看朋友圈、抖音和快手。[1] 这就是德勒兹所说的控制社会:它用话语和信息来监管和强制人们,人们互相说的话,也都是对对方的制服和监督。如果我们不开始在街上行走,城市就将永远被这样封冻着,我们将只能去过流行媒体中再现的那一生活。

但是,"二战"之后的新现实主义电影给了我们另外一种示范。罗塞里尼的新现实主义通过让主人公在街上行走,而使任何空间,哪怕城市的癌变区、不鲜明的城市纤维和模糊地带,都开始生机勃勃。[2] 里维特对巴黎的行走式查询和特吕弗的向巴黎之外的逃逸式行走,都像是在检查城市里的旧道具还能不能继续

---

[1] Gilles Deleuze, *Cinéma 2: L'Image-Temps*, op. cit., p.186.

[2] Gilles Deleuze, *Cinéma 1: L'Image-Mouvement*, op. cit., p.286.

为我们的排练所用，对我们是否危险，不断检测着城市当前的身体状态，仿佛后者的很多功能已经失灵。这是电影在给城市做体检。这是因为，城市就是由一堆运动-图像构成，而所有的运动-图像都是陈词滥调、一堆旧道具，从里到外都是。电影是在帮观众测试哪些是可用的道具，并带动城市住民去将这些废旧道具用到对自己的新城市的排练之中。

电影帮我们去实地验证：一个不是陈词滥调的运动-图像或城市应该是怎么样的呢？从什么地方开始，陈词滥调不再是陈词滥调，而有可能成为我们自己的时间-图像？新现实主义电影具体地为我们在街上做了这样一个实验：从哪一张运动-图像来开始我们的新现实和新世界比较好呢？今天的城市里不是更需要我们去开始这样的测试？在街上，经常是在雨中，如我们在《偷自行车的人》中看到的那样，主人公的双眼开始对街道出神。她或他要开始寻找那一张时间-图像了。

主人公一行走，周围的不起眼的东西就全都活了过来，活蹦乱跳地来做她或他的配角：在《偷自行车的人》《狂人皮耶罗》里，观众主动代入主人公的位置，跃入电影，成了主动观看街上的一切的主人公，成了街道上的总导演。德勒兹认为，接续意大利新现实主义电影的法国新浪潮，是对时间-图像的更深入的实践，也是对至今的全部图像实践的反思，是对图像的智性的反思，是希区柯克-马克思式的对现实社会的图像学式批判。它通过使运动-图像成为观众手里的时间-图像，而使图像成为思想和思想物。

正是新现实主义和新浪潮使观众的目光所及之处全变成假的：等我看见了，它就已是石头和僵尸，成了第三存留（表演、想象之后，成了一堆记忆材料）。但观众也从这一刻开始接过了导演权。在街上行走，将街道两边的所有东西当道具，行人是在一路排练着城市。在德·塞托看来,写,也就是作者在语言中行走,是在连续地抛弃已被占领的地方,以便让读者也进来行走,所以也是在排练。写,是快要死的人的迫不及待的动作。[1] 写是行人在街上进入自己的排练时的状态。是在街上行走的我们写出了新城市。

德勒兹认为,赫尔佐格(Werner Herzog)是最形而上学的导演,因为他在电影中倡导了一种行走哲学。赫尔佐格说,行走者是最无防卫的,因为他们已经开始自己去存在。一开始行走,他们就失去了自我防卫,被行走本身夹裹,变得渺小和易受伤害。在赫尔佐格的电影中,我们看到,一个小残疾人在行走中开始与世界发展出一种触觉关系,就启发了电影中的这样一个时间-图像:某一个图像突然对观众活了起来。这就像一个聋哑儿童撞到了一株仙人掌之后,突然能够听见,开口向我们说话了。[2] 这也就是观众找到了自己的那一张时间-图像的时刻。赫尔佐格在电影中一再向观众暗示了这种行走的神学,要他们去实践它,仿佛在对观众说:行走就是为了神学般地与某一张时间-图像遭遇,快动身吧!

新现实主义之后的电影向我们证明,城市的抽象空间想捕捉和剥削我们,但最后一定也会扑空,非但抓不住行人,而且首先会被行人的卓别林般的碎步撕成细条,被他们的身形抛在脑后。因为,在电影的里、外和城市的里、外,每一个人最终都是狂人皮耶罗,城市、警察、导演、好莱坞和观众最后都拿街上的行人没有办法。他们能围绕自己当时手中的那一张时间-图像,自己去排

---

[1] Michel de Certeau, *The Practice of Everyday Life*, op. cit., p.195.
[2] Gilles Deleuze, *Cinéma 1: L'Image-Mouvement*, op. cit., p.252.

第四章 城市与电影

练出一个城市,奋不顾身地将其卷进他们自己的作品之中,将一切都抛在脑后。

德勒兹指出,小津安二郎是实践时间-图像的最伟大的导演。他的电影能将空间彻底时间化。小津从1936年开始就使用纯光学和声音情境。镜头几乎不动,或被压低。他的表达形式具体展现为各种行走的体裁,比如:

- 逛;
- 火车上的旅行;
- 计程车上的旅行;
- 公共汽车上的旅行;
- 骑自行车或步行。

通过主人公的各种行走姿态,小津将电影里的一切都变得平常和庸俗,使它们成为随主人公的心情随意驾驭的道具。[1] 这是我们看他的电影时有如此的放松感,似乎夺回了自己的身体能动性的原因。在《晚春》里,从东京回老家的女儿刚进门时看老父睡着了,就半笑着,转头却又哭了。这一时间-图像化解了当时冰冷的现实空间,把一切定位到一个新的状态。观众感到是他们自己使这一切发生的,认为在其当前的活过的经验中,就可让这一场景发生,仿佛自己身上本来就藏着这一魔力。在小津的电影里,一切都"有其时",死、活、嫁、生、离,都有其恰切的时分。在其中,自然向我们说:一切都只是日常,都可被放进你想要的节奏和更

---

[1] Gilles Deleuze, *Cinéma 2: L'Image-Temps*, op. cit., p.23.

替之中。行走是在证明这一日常,这一连续的、像流水那样的当前的天然性。一切都是日常。一切都普通而有规律。也就是说,一切都有待某一个主人公的出场,来被排练,而重新生辉。它们目前还不是景观。可以说,小津的电影征服了城市日常生活,使其重新获得人的时间,是电影尽了最大的努力,去帮观众找到他们自己的那一张时间-图像。

小津的电影总是先将自然搞乱,而自然则默默地又把一切打点好,帮我们恢复。他总是用一条宇宙线,来穿起主人公人生里的那些主要时刻。他拍下的是那一在任何空间里都存在的状态。但空间必须为主人公的命运让道,必须为时间和时间-图像让道,让某种行走在其中成为首要任务。因此,小津电影中的城市生活,也是被行走带动的,城市本身被人物的脚步带动,也变成了电影。他的电影在支持我们观众身上的那一架欲望机器主动将城市空间融入我们自己的生命时间之中,推动着我们尽快与自己的那一张时间-图像遭遇。

新现实主义之后的电影经常向我们示范如何处理那些死去的城市空间。小津的电影里出现了很多死去的自然,而里维特的电影里也满是像尸体那样的巴黎的空间。时间在其中是变的东西和变之本身的形式,随时会被触发,像女主人公的眼泪那样。电影重新排练了这些死去的城市空间。[1] 剧中人必须继续排练自己的生活,否则他们也将被埋葬其中。这也是我们今天在城市中的处境。观众正是那些觉得自己将要加入排练的人。他们正在寻找剧组。对于城市住民也一样,不加入某种排练,他们也将没有自己的城市生活。如果不抓住这一点,我们就无法把小津和

---

[1] 见 https://deleuze.cla.purdue.edu/seminars/cinema-truth-and-time-falsifier/lecture-17。

第四章 城市与电影

里维特的电影看下去。

我们必须在这部叫作"城市"的电影里主动成为导演，才能把我们自己的那一部电影或城市继续往下拍，而不是去等下一季的美剧的到来。面对今天像有毒垃圾场一样的城市，面对这个平台城市，我们不也就应该像里维特那样去处理它——去成为它的导演，出门到街上行走，只是为了选景，为排练踩点，或本身就已经是排练？不是仅仅住在城市中，而是主动成为城市的导演，像给它做理疗那样，使它能够重新站立，成为你的、我的、她的、他的和它的城市。而只要能行走在街上，我们就能成为这样城市空间的导演。

总之，对于德勒兹而言，电影是要使观众在导演给出的一堆运动-图像中，在观众自己从运动-图像中得到的幻觉里，在宇宙内的无尽的运动-图像中，找到自己的那一张时间-图像，然后得到自己的时间，重新组织自己的现实，打开自己的那一个世界。而社交媒体后面的全球云计算平台，却正在将世界变成一个全球洞穴，将城市变成一个人人都像奶牛一样被挤奶的养牛场，一架将人人当成骡子使的控制论机器。城市的里里外外都不可避免地被布排着各种陈套、陈词滥调、鸡汤、励志标语。无论怎样文艺地去拍电影，我们都只能抱着电影机器，在某种抖音式场景里去开始抒我们自己的情。而电影这个机器装置本来是要像起跑器那样，来帮我们发动自己的抒情，开始像在过去的老电影里那样去爱、去杀人的，然后就像在《狂人皮埃罗》里那样，让电影主人公摆脱导演、观众和文化工业，自己一路狂奔而去。或者，像被贝卢斯科尼的电视帝国包围下的导演费里尼，通过努力重新做梦，用电影时间这一第二时间，去形成一个新的时代。我们今天的电影的任务仍然是：去形成一个新的时代，而首先帮每一个人去形成他们自己的城市。我们现在没有时代了，须由我们自己重新去形成一个，但由算法搅动的云计算平台上的图像传播速度，却在架空我们，使我们很难形成一个自己的时代，形成一个自己的城市。但电影仍是帮助我们从中形成自己的时代的一种技术手段。[1] 它仍是我们的城市实践的关键媒介。

今天的城市现实里，我们已能谷歌式地快进或微缩千倍地来看现实了，这就造成了层级之间的挤压，造成了电影式后真相。这种电影式后真相逼观众将未灭的烟蒂与某一桩谋杀联系起来，造成种种阴谋论，这就为各种意识形态开了道。但电影也是我们摆脱城市后真相的手段：观众通过观看电影、在城市街道上的行走，去发现自己的那一张时间-图像，而重新去组织整个电影（城市），使电影（城市）成为他们自己的电影（城市）。他们一定也能够在作为大数据的这一运动-图像的集合里，找到自己的时间-图像，剪出自己的电影，找到自己的真理，走进自己的那一座城市。[2]

我找到时间-图像后得到的时间，是第一时间，而电影提供给我的，只是第二时间。在城市中也一样，我在街道两边感受到的，只是第二时间，我必须通过自己的行走或游牧，去找到自己的第二时间，再通过进一步的行走，将街景加速，先找到我自己的那一张时间-图像，找到那第一时间，使我进入自己的生命时间，使我自己的生命形式在城市中像花朵那样开放。我是这样形成作为我自己的作品的城市的。

---

[1] Bernard Stiegler, *The Neganthropocene*, op. cit., pp.166-167.
[2] Bernard Stirgler, *Qu'appelle-t-on panser？*, Ⅰ, op. cit., p.195.

## 4 走进直接的时间-图像之中

根据德勒兹的说法，运动-图像有两面，一面与处于相对位置的物关联，另一面则与表达着绝对的变化的总体关联。物的各种相对位置处在空间之中，而处于绝对的变化中的总体，则位于时间之中。在街上行走时，我们的脚步带动了那个叫作"城市"的总体，搅拌了我们的身体到那个总体之中。观众在电影中找到了一个属于他们的自治的世界，因而失去了自己的世界的中心，他们的身体知觉也同时在电影中失去了重心。在电影中，知觉者和被知觉者都失去了重心，于是，观众的当前在电影中被动地无限地向宇宙敞开（哲学家海德格尔说的那种敞开）。是电影将观众带到了这样一种同时被过去和未来所萦绕的敞开的当前之中，等待被决定。在电影中，观众遭遇了与某一个过去和某一个未来并存的这么一个当前；电影是要拍出这个当前的之前和之后。在电影中，对于这个当前，我们是绝对吃不准的，一切都在被排练中，等待着我们定夺。戈达尔于是说，除了在那些糟糕的电影里，当前并不存在，因为它仍处于排练之中。德勒兹说，在让·鲁什（Jean Rouch）的直接电影里，"直接"就是指：直接在他的电影中将过去和未来与当前并置、叠加。而这也正是一个行走在街头的人所在做的事：他的过去和未来也都堆在街的两边，等着在排练中被调用，将过去、未来与当前搅拌到一起。

电影是训练我们寻找自己的直接的时间-图像的一个途径。小津拍的老夫妻跑去看以后将火化他们的尸体的那一火葬场，看见那儿的烟囱正冒着烟，这一场景就构成了一个直接的时间-图像，但惊人的是，当事人自己也走了进去：画面上所发生的东西对于主人公和对于观众就同时成为直接的时间-图像。人面对了直接的时间-图像:这一场景几乎就是对海德格尔的向死而生的图解。[1] 德勒兹认为,从这一镜头中可以看出,小津是像塞尚那样处理时间-图像的:日常、自然和图像本来都是平庸的,但我们想要从里面取出一张真正的图像,取出一张与我们的这个下午有关的时间-图像。从死的自然和空的风景中,小津和塞尚抽出了一张张的时间-图像,交给了观众。[2] 那一死的自然就是技术存留,是城市作为我们的集体体外化过程的存留,是被我们随着时间和变化而丢在身后的那些东西。那里只有空的空间和死的时间,被遗弃在那里的,都只能算是斯蒂格勒说的短记忆式第三存留,是等待着我们去排练它们的旧道具。只有我们此时开始的行走,才有可能重新带动它们,将它们拍进一部我们必须重新开拍的新电影里。这也是普鲁斯特的《追忆似水年华》在示范给我们的。我们能通过城市第三存留而回到过去之中,但将总是通过我们这时开始的一部新电影,而回到一个全新的城市之中。

直接的时间-图像也表现在比如说剧作家贝克特和他的人物身上那种一眼就可看出来的巨大的疲倦之中。我们看台上的主人公正在大喘气,因为他慷慨,因而就比我们更处于当代之中。[3] 这时,我们在人物身上目睹了一个直接的时间-图像(思想),像在我们自己喜欢的电影的主人公身上看到的那种命运感。这就是:我们在他身上直接地看到了时间-图像。

我们通过排练而走进了那一直接的时间-图像,这是在街上行走的结果。康德在《纯粹理性批判》中教导我们:时间是那些

---

1 见 https://deleuze.cla.purdue.edu/seminars/cinema-truth-and-time-falsifier/lecture-10。

2 见 https://deleuze.cla.purdue.edu/seminars/cinema-truth-and-time-falsifier/lecture-09。

3 见 https://deleuze.cla.purdue.edu/seminars/cinema-and-thought/lecture-16。

第四章 城市与电影

会变的东西的形式。但时间也是变本身。变是时间从这一个时间形式滑倒下一个。我们根本上是在被时间甩掉,被抛入当前,必须做点什么,才能逆转这一过程。电影正是在这一点上大做文章的。是康德最先发现了时间-图像,帮我们做出了那一逆转,在一百多年之后,才在电影中真正实现了这一逆转。我们在城市中也须做出这一逆转。康德也是像新现实主义电影导演那样,在街上行走就能排练出了自己的城市。

为了这一逆转,为了排练出它,我们需要从当前的自己的直觉里拿出一个形式(图式),才能捕捉住某一个过去,或者投射出某一个未来。我们在当前之中设立了某一个过去和某一个现在,综合了这两者之后,才得到时间,得到关于当前的那一个时间-图像:这就是我们在剪片子时所做的。这也是"看电影"的意思:绕开日历时间,去得到我们自己的那一张时间-图像,最后得到我们自己的时间,进入我们自己的那一将过去和未来都搅拌其中的"当前"。在城市中、在街道上的行走中,我们也想通过这样的搅拌,努力生活在当前之中。我们在城市中、在街上行走,而排练出了这一当前。

是康德最早发现了时间-图像,而且也是通过他每天下午在小镇上散步,其实那也是在排戏、拍电影、形成一个他自己的城市。从"二战"之后的新现实主义电影开始,拍电影,就成了一次康德式的散步、闲逛、畅游,就是通过边走边拍,来制造蒙太奇,而制造出导演自己的时间-图像,去拍成电影,进而帮助观众在电影中找到他们自己的那一时间-图像和第一时间。[1]

导演的工作是帮助观众起跑、助跑,像田径教练训练短跑运

---

[1] 见 https://deleuze.cla.purdue.edu/seminars/cinema-truth-and-time-falsifier/lecture-16。

动员。他自己并没有比选手跑得更快，但也在旁边跑，只是比画着让运动员改进他们的跑。是康德的《纯粹理性批判》最早向我们示范了如何从图像运动逆转到图像时间。他指出，我们的先验想象中的图式，像滑板，帮我们在图像运动中分枝出时间-图像，时间是这样地从运动中被派生出来的。看电影时，观众是先验的。他们要用个人的时间-图像去涵摄在图像运动中造成的蒙太奇，去促成新的图像时间。这时，时间就不再被运动统治。[1]《纯粹理性批判》是一本帮助我们去找到自己的时间-图像的训练手册，也是训练我们在街上行走的手册。

## 5　在城市中用技术去得到时间

德勒兹问：康德的思想是从哪一点上开始的呢？他自答：从他认为或怀疑时就开始了；当感到世界、自我和上帝都是人的理性的幻觉时，他就开始警觉，要求自己的理性来做主。如何使理性警觉呢？通过批判。正是理性使我们自己时时警惕，认识到自己的思想的界限；在这样做时，理性就是在批判了。批判是：我将自己的幻觉剥开来看。批判的工具是理性先天带有的那些先验图式。[2] 今天，我们也必须通过这种图式去学习手机屏幕后面的界面规则，然后用被增强的图式去压倒后者，获得我们的自由，也就是得到我们自己的时间-图像，也就是得到我们自己的时

---

[1] 见 https://deleuze.cla.purdue.edu/seminars/cinema-truth-and-time-falsifier/lecture-08。

[2] 见 https://deleuze.cla.purdue.edu/seminars/cinema-truth-and-time-falsifier/lecture-05。

间,用了像电影这样的新技术。拍、看电影时,我们是想用技术得到时间。在城市这部电影里,我们如何得到自己的时间呢?我们也需要用新技术去获得我们的时间。

看电影时,观众必须在导演给出的一堆幻觉里,在宇宙内的无尽的运动-图像中,找到一张时间-图像,然后得到他们自己的时间。城市是个人行走在街上,从两边的旧道具里选出被排练物,通过形成他自己的那一张时间-图像,再围绕它来形成他自己的那一作品、那一个城市。德勒兹甚至认为,读哲学时,我们也是这么来排练的:一开始读时,发现里面只有概念物(concepts),但康德在示范我们,必须将概念物与感性物(affects)关联,并用概念物帮我们更好地使用知觉物(percepts),更好地去察知。也就是,我们必须将哲学读成一本我们正在写的小说,一部我们自己正在编导的电影。在德勒兹看来,美国小说家赫尔曼·麦尔维尔是斯宾诺莎那样等级的伟大思想家,而导演奥逊·威尔斯铁了心跟着麦尔维尔的小说走,两人都发明出了他们自己的那一种时间-图像的格式,他们两个也都在康德的道路上去寻找时间-图像。哲学家、画家和导演都同时在操作概念物、感性物和知觉物,像康德那样,用理性反复去辨认世界、自我和上帝对于他们自己到底是什么。我们生活在城市中,也是像导演威尔斯那样,不断被自己在此刻发现的时间-图像引导着往前走。我们并不是生活在别人设计好、留给我们的城市之中,而是被自己在此刻找到的时间-图像引导着,去进一步编织出自己的那一座城市的。我们的城市此刻还不存在,我们此时也并不存在于城市之中。我们需要通过技术来获得时间,才能存在于当前之中,才能够生活在自己的那一城市之中。是我们生活进去了,那一城市才存在的。

康德所说的纯粹的过去和纯粹的未来这两者,都还没有发生过,所以要我亲自用手机屏幕去揭示它们,在我的手机屏幕上像做鸡尾酒那样,调制出过去和未来,一次次地重新得到那个"当前"。过去和未来也都是我此时当场调制的:通过看电影、看画、看雕塑、看其他艺术物。灵魂就是这种综合。是灵魂带来了时间。时间是还未被设计过的那部分空间。我们不断想办法,像挖泉水那样,想要将它引导出来,比如用电影、绘画这些方式。比如,我们可以说,画家今天早上在画布上找到了能够让他下手的某一个空间。这时,他就是找到了他自己的时间,找到了他自己的时间-图像,找到了他一直想要找到的那一当前的时间泉眼。有时就是一个上午都下不去手。这在我们看电影时是如何发生的呢?而这在城市生活里也是天天必须被操持的事儿。我们在街上的行走必须调制出这一"当前",然后围绕它再去一次次重构出我们自己的城市。

如何在城市这一运动-图像堆里分枝出一个时间-图像呢?瓜塔里说,我自己的时间-图像,已经是结晶的时间,但是,听音乐和看电影后,有某一部分内容会在我们脑中挥之不去,于是就成为我们自己哼出的翻转小调,越来越分明地一直在我们的脑中打转转。这就是留在我们脑中的我们自己的那一时间-图像,我们是从这一张时间-图像出发,去重放、重新组织整段音乐和整部电影的。我们使它变成了我们自己的时间-图像。这使它像一只水晶球,将我们也关在里面,但仍能用手去转动它,去观察那个有我们自己在其中的世界。比如,在看阿伦·雷乃的《我的美国舅舅》时,我们是通过电影来观察我们自己像飞蛾那样被关在其中的那一琥珀世界的。但是,我们最后总能翻转,通过看别人的被动的生活,而使我们自己活得更加积极。[1] 生活在城市中时,我

---

[1] 见 https://deleuze.cla.purdue.edu/seminars/cinema-truth-and-time-falsifier/lecture-14。

们发现我们自己就生活在这样的一个水晶球之中。

身在水晶图像中,我的眼睛面对无尽的图像运动,已不是在看了,而是在通灵:与包围我的水晶图像外面的各种力量对接。这时,我的此在就敞开,我开始走向宇宙。城市也必须是每一个人的每一次街上行走所造成的那一翻转小调:一开始感到这是一个阿尔法城(反-城,一个被暗藏了机关的城市),然后从中找到了那一张属于我自己的时间-图像,然后翻转,将我自己的这一小调强加到我此时已认领的这一城市平面上。

这就是在城市中找到了我们自己的时间的意思,用电影,或用城市空间,用街上的行走。这一我们自己的时间也像水晶球,我们自己也在里面,但也能用手去转动它,不断去观察我们自己的命运。这就是雷乃的《我的美国舅舅》所拍出的水晶图像对于观众产生的存在论上的提醒效果。里面人物的命运被放在水晶图像中供我们观察,使我们意识到,在自己的生活中不可以只这样成为水晶里面的被观察物。在街上行走时,我们就是要走出城市这个水晶图像,我们要在其中找到自己的未来:一切都还未定,要由我们此时的行走来决定。我们在里面,也每一步都在打破它,一次次地走到更外面去。

我们的回忆并不能通达过去。舞蹈者却能起身就立刻打破当时的感性运动-图像,直接给我们带来时间-图像。这就是在电影中,尤其是在印度宝莱坞电影中,常用舞蹈场景来给电影加速的原因:帮助观众更快地在电影中找到他们自己的那一张时间-图像。实际上,本书认为,在街上行走时,我们就处于宝莱坞电影那样的情境中,在里面,没有哪一种困难是一场舞蹈解决不了的。舞蹈者主动调动了周围的运动-图像,自己就成为一个时间-图像中的漩涡。这一漩涡也将街边的城市第三存留卷入,去形成一个舞蹈者自己的城市。所以,导演只有黔驴技穷了,才会搬出舞蹈,因为这本应该是观众自己去做的事,在电影结束前就急急地搬出来,是否定了导演的电影本身能带着观众去这样做的可能性。所以,聪明的导演是会尽量忍着不走这一步的。

德勒兹说,我们是从水晶图像里面望出去发现实在图像正在变成虚拟图像的,而虚拟图像又正在变成实在图像,两者之间发生着交换。我们总是在某个水晶图像里面的这一交换过程中,找到自己所要的那一时间-图像。[1] 这是电影这一时间技术的根本。在街上行走时,我们也是在这样一个水晶图像内工作,而生产出了我们自己的那一张时间-图像。"二战"后,希区柯克的感性运动-图像模式开始失效,电影不能再靠悬念和特效,而主要必须靠观众从运动-图像中找到自己的那一时间-图像。

从新现实主义电影开始,电影中的主人公常常自己就在电影中成了寻找者、远眺者和通灵者。主角自己也在水晶图像里寻找着时间-图像,带领着观众去找,只是借口。新现实主义之后的电影里,我们常见到,动作片里的人物也常常在电影中成了观看者。电影里仍有实际的图像,但那也被作为观看者的主演看到了。这被主角看到的,对于观众而言,就只是虚拟图像。观众与人物和虚拟图像一起处于一个水晶图像之中,但电影中的人物的观看使实际图像与虚拟图像之间连接,也将观众带入一个新的水晶图像之中,开始去找自己的时间-图像。[2] 观众是目睹了这个过程的发生之后,才被卷入的。

---

[1] 见 https://deleuze.cla.purdue.edu/seminars/cinema-truth-and-time-falsifier/lecture-18。

[2] 见 https://deleuze.cla.purdue.edu/seminars/cinema-truth-and-time-falsifier/lecture-19。

在水晶图像里,实际图像与虚拟图像之间形成了循环,等着观众从中抽出一张属于他们自己的时间-图像。在城市中生活,尤其行走在街上时,我们使自己的身体时间内的实际图像与街道两边的虚拟图像之间形成循环,来搅拌出我们此时需要的那一张时间-图像,形成我们自己的那一部电影。比如,德勒兹举例,在小说《白鲸》中,船对于麦尔维尔而言,就是这样的一张水晶图像。在里面,跛脚、黑面的亚哈船长是实在图像,白鲸则是虚拟图像。而机械式电影摄像机和放映机所生产出的是现实图像,与船的传动设备生产出的虚拟图像之间形成了循环。[1] 麦尔维尔是看穿这一机关里的秘密的第一人,导演威尔斯很快也懂得必须将这一点用到电影拍摄之中。再比如,塔可夫斯基的《镜子》也提供了水晶图像,后者将观众拖了进去,使他们在里面自己观察自己。他却从镜子那一头来问观众:什么是俄罗斯?观众也在水晶图像之内作答。而哲学形而上学其实也是一种像机械电影放映机那样的装置,艺术也必须越过这一形而上学的时间装置,来为生命自己的时间-图像辩护。古巴艺术家费利克斯·冈萨雷斯-托雷斯(Felix Gonzalez-Torres,1957—1996)关于时间的作品,向我们显示的也是一个直接的时间-图像。这个作品[《无题/完美情人》(1988)]说的是:这是我和我的恋人的时间,两面钟上的两种时间,虽然看上去像是一种时间,但它们是两种时间。只有灵魂才有时间,这世界里本来是没有时间的。而这一次,是一对恋人有了时间,有了像一枚双黄蛋那样的时间,同时有了同一个时间:两个闹钟一起走,两个人拥有了同一种、同一个时间,也许

---

[1] 见 https://deleuze.cla.purdue.edu/seminars/cinema-truth-and-time-falsifier/lecture-20。

你仍认为是两种时间。这可以说是具体地向我们示范了如何通过在街上行走,去找到自己的和所爱的人的时间,找到同一种、同一个时间:在我和我爱人之间形成城市,而不仅仅是两个人努力存在于城市之中。这就是用技术去获得时间的意思,也是哲学家贝尔纳·斯蒂格勒在三卷本《技术与时间》中对我们的伟大教导。

德勒兹认为,康德是第一个识别出时间-图像的哲学家。是他带人类离开了古典时代,不再将货币当作对财富的无限分配,不再将逻各斯当作上帝埋在人身上的声音,而能够自己找到自己的时间。康德认识到,人可以建构它自己的无限,可以逆转,可以成为上帝本身。[1] 比如在看电影时,观众一开始是导演的奴隶,但一旦在其中找到自己的那一张时间-图像,他们自己就成了导演和上帝。上帝是埋伏在我们的自发性中的,也就是说,是埋伏在我们的概念之中的。也就是说,人有能力像上帝那样,去建构自己的那一个总体。总体就是人根据自己的概念工作,将总体的现实重新安排进一个新的总体之中而形成。人时时想与更外面的力量勾结,不断扩展其总体。17世纪的人将上帝当起重机,来将自己搭接到更外面的力量之上。21世纪的我们则将自己搭接到了人-硅机器上。人总是这样地对自己不忠,想与更外面的力量勾结,而使自己的精神骨骼里缺了钙。人总是处于将死的状态,上帝死了就是指人的这种将死状态。上帝死了,意思是我们现在不用上帝这种笨重的起重机了,而是必须在一堆运动-图像里找出我们自己的时间-图像和时间。

康德说,只有这个"我"才是构成性的,是它构成了总体。导

---

[1] 见 https://deleuze.cla.purdue.edu/seminars/foucault/lecture-14。

演给我看电影,只是在帮我起跑,帮助我这架飞机起飞。一旦起飞,我就是在自己的总体里运动了,我就有了自己的广延。我就将你和你们安排进了由我当主人公的画里或电影里。在城市中,我们也落进了上面说的这种离奇的命运中,必须这样找到自己的时间-图像,来壮大自己的生命,让它成为我的城市平面。

但我们所找到的那一时间-图像也只是一个框。时间-图像内的各组成部分会被一次次重新整合到那个一次次穿越它们的总体之中。这一总体就是海德格尔说的敞开。电影就是这样帮观众使自己的当前向未来敞开。[1] 敞开后,观众就进入自己的时间-图像、自己的时间之中。在电影中,图像有两个发展方向:走向饱和与清空自己。在后一方向上,我们看到,小津就是清空了日常空间。希区柯克则是去掉了现实,只留下心理图像,比如牛奶杯里的一颗发着光的电珠。

图像同时是框和平面。而在图像之间制作出交换的蒙太奇,是要进一步确定电影中的总体。在蒙太奇的拼贴下,电影的总体成为电影后面的那一总观念。蒙太奇制造出了关于时间的图像,将剩下的当作死去的自然扔掉。[2] 小津电影里的死去的自然,正是我们永远也甩不掉的那些时间之壳。小津和塞尚都在这些时间之壳中追求一张直接的时间-图像,最后让那个大观念来左右画面里的一切。德勒兹看到,小津电影中是没有事件、没有那一决定性的动作的,动作图像在其中失效,最后都化为像平静的河水的流淌那样的时间-图像。而这正是小津的电影的魅力。[3] 在

---

[1] Gilles Deleuze, *Cinéma 1: L'Image-Mouvement*, op. cit., pp.30-31.
[2] Ibid., p.46, p.57.
[3] 见 https://deleuze.cla.purdue.edu/seminars/cinema-truth-and-time-falsifier/lecture-09。

上文已提到的《晚春》中,女儿回乡下看父亲,见他睡着了,就微笑,这时导演就将镜头拉到别处,给我们看花瓶,然后镜头再被拉回对准女儿,只见她的眼泪马上就要夺眶而出了。这正是相遇里才有时间,在这时,命运才活,才自由,而在平时,我们被日历、闹钟和手机统治着。电影帮我们摆脱日常生活对我们的统治。在小津的电影里,克制的情感与日常之平庸之间达到最大的对比和冲突。女儿终于嫁了,父亲微笑了,但事情总不会那么简单。小津总能用电影向我们演示:在非个人主义社会里,个人也可以藐视那些人生大事件。大家都认为它是终身大事,但当事人也可淡然处之,命运随时可出现新情节,一个新的时间-图像总在不经意间就冒出,使个人有了命运的下一节。正是电影让我们能够亲眼看到主人公面对的这一时间-图像。电影也是城市空间和城市时间之外的那一仍能给我们制造时间-图像和自由的机械装置。我们通过街上行走而排练出的自己的那一部电影,是我们当前身处的那一架云计算平台城市机器的对立面。

  电影主人公在看,观众在看她的看,在观众的看之中,现实已不分平庸和不平庸。而且也只有在这样的看之中,才能保持某种不平庸。日常生活和共同生活的恶的平庸是:哪怕最聪明的选择,也是平庸的。那么,把握命运,照着新自由主义式的奋斗和成功的教导,也是末路。小津的电影却向观众示范:生活、自然和宇宙里,其实只有平庸,但我们可以从平庸里绽放出神奇。在小津的电影中,可爱的原节子其实知道怎么做才是正确的,但她就是想了各种办法不去做。电影就带我们一直踟蹰在东京与乡下之间的那些几何线和宇宙线上,在主人公那些来回的脚步中,我们观众找到了自己的时间-图像。

  因此,小津电影中的城市空间里充满了一张张直接的时间-

图像。小津清空了电影里的运动-图像或动作图像,至少可以说,他不追求这个了。来来去去的火车、街上走动的人群,都成了人物的纯心理背景。电影里只有溪流般的时间和时间-图像,每个人都被平均地分配了命运。[1] 要说处理空的空间,或里面的一切完全互相脱节的空间,也就是艺术空间,逼我们去面对直接的时间-图像这一点,最厉害的导演,还要算小津和安东尼奥尼。

像电影中发生的那样,绘画也是要造成画里面的一切都互相脱节的空间,让观众到里面来亲自排练出一个许诺式空间。福柯向我们指出,在说和看之间有深渊,各有限制,还相互限制。在电影中如何处理这一互相限制呢?根据德勒兹的说法,每一部电影里都有两部电影,一部说,一部看,两者之间无法打通。说的电影在讲一个没有被看见的故事,而看的电影提供了历史事件的空的场地。被说的和被看的,是两个互隔的空的历史场地。[2] 电影是那段没被看见故事与那段未被说到的场地之间的短路,正是观众的观看造成了这一短路。小津的电影最好地表现了福柯向我们指出的说与看之间的脱节:被说的事件与事件的空图像之间短路了。纪录片就是这一短路。在本书第一章中,我们也已强调,城市也是这样的说和写之间达到平衡时的状态。说的、演的城市,与被设计、书写和规划的城市,是两座城市,它们之间互相对冲之后,才形成新城市。每一个城市住民都在使说的城市和写的城市叠加,来创作出他们自己的那一座城市。

在《千高原》讨论班中,德勒兹指出,弗吉尼亚·伍尔夫的小

---

[1] 见 https://deleuze.cla.purdue.edu/seminars/cinema-truth-and-time-falsifier/lecture-09。

[2] 见 https://deleuze.cla.purdue.edu/seminars/foucault/lecture-06。

说《达洛卫夫人》女主人公的一次伦敦街头的行走,就是沿着逃逸线扬长而去。她心里乱了,甚至出现了是该嫁给现在的先生还是单身好这样的内嵌式问题。但在行走中,烦恼着她的日常生活问题,都被她一一溶解。夹在伦敦的出租车之间的街上行走,成了她的分子式冒险。[1] 像达洛卫夫人那样,处在问题的内嵌位置上时,我们都会难受,这时可能就需要一个分子、一个病毒,来让我们解脱。分子或病毒是能将我们连接到那些未知种群的桥梁上的。在分子层面上,一切不光可以横向连接,而且也可以无数种方式被纵向连接。而在街上行走就通向这样的分子式连接。

《达洛卫夫人》的女主人公穿行在横冲直撞的出租车之间,这是一种分子式行走,因为出租车的行走是半随机的。在街上的行走中,遭遇一个小粒子就能解决我们心里的一个大问题。因为,平时我们总已是内嵌在二元结构里的,做了选择后,也仍陷在新的二元结构里,之后也仍然如此。德勒兹感叹道,面对同样的困境,伍尔夫只要写上三页,就能彻底摆脱这一二元论陷阱。而在德勒兹自己的写作中对文学的使用,也向我们演示了他所说的这种街头的分子式冒险到底是什么。在哲学上写到极限,似乎没话说了,这时,他就开始介绍他最喜欢的文学作者,让他们居高临下地介入当前的讨论,他自己则躲到一旁,充满感激地看着文学话语铺天盖地般到来。这是对文学取了一种非常慷慨的态度,因为文学是一种出自好客的表达。在艺术展览中,我们也必须这样感激地让艺术浩荡地到来,因为艺术表达也出自这样一种慷慨的姿态。我们每一次的街上行走,都能迎接城市这样慷慨和浩荡的

---

[1] 见 https://deleuze.cla.purdue.edu/seminars/thousand-plateaus-v-state-apparatus-and-war-machines-ii/lecture-10。

到来。正如达洛卫夫人说，在街上行走时，我是一把刀，一路走，一路劈开一切。我成了我熟识的一群人之间的一朵云。而这就是我们的分子式存在状态，一行走，就突现。我们的行走形成了我们自己的电影。而电影又使我们在城市中、在街上更好地行走。

也是行走造成了栖居。而建造是向栖居学习的结果。建必须向住学习。这是海德格尔的《筑、居、思》对我们的伟大教导：更好地思，以便更好地居，这才能更好地去筑。住不好就不会建，而住不好是因为思不好。城市搞得不好，首先是因为我们不会住了。住才是建的方法的来源。不会住，则又是因为我们不会思，不会思，是因为我们不会行走了。行走才折叠出住这一行为，最终是在城市里的住决定了我们怎么去建城市。建筑师们最爱讲栖居了，但总是用小偷般的思维：我来建得让大家最终能在我的图纸和设计空间里栖居，大家应该在我的图纸空间里学习如何去栖居。这是理解反了。先学着优美地栖居于城市之中，再学着去建城市，为此，应该先开始思。关键的那一步总是，让居住来引领建造。

既然还栖居得不够好，那么我们就应该先在街上行走，先在城市中游牧。是因为不会住，才建不好的。住统领建。走造成了住。住而有城。住，是要用技术来找到时间。街上的行走是城市中的那个叫作"to be"的不定式，"to be"就是住。那是人在城市中的最根本的存在境况，也是人走出城市困境的方法。

电影进一步带动了我们在城市中的行走。德勒兹认为，小津与塞尚都在向我们示范如何从庸常的现实中取出一张直接的时间-图像：日常、自然和图像都是平庸的，我要努力从里面取出一张真正的图像，像在挖矿一般。所以，德勒兹认为，塞尚的画有地质性,是要从死去的自然里挖出一张他今天直面的时间-图像。塞尚每一天都想从中挖出一张,那远远不只是"人文"的时间-图像,而且也是地质的时间-图像。死的自然和空的风景,是小津和塞尚要向我们示范的他们所看到的那种看到。[1] 死的自然是被我们的时间和变化丢在后面的那些东西。空是风景,是空间,是斯蒂格勒说的第三存留。技术升级总是如此之快,才过去一瞬间,我们一回头看,刚才目睹的那一切,就变成了一片白骨,我们也只能从这一堆白骨一样的道具里挑出一些,来拼凑着排练我们的未来。塞尚和小津都表现了在绝望中对美学的依赖:在求美的过程中,我们还是先抓住我们今天的这一张时间-图像吧。还会有其他办法吗?

小津的电影里已没有了运动-图像,只有时间-图像,空间被虚化,窗框和房门也都不受阻隔,断开了。来去的火车、街上走动的人群,都成了人物的心理背景。小津直接向我们呈现了时间-图像。德勒兹说,蒙太奇还只是间接的时间-图像,是来帮我们盯住一张自己的直接的时间-图像的方法。电影只是感性-运动图式对我们的身体(尤其眼睛)的拖动,生产的是由胶片运动造成、由图像运动造成的假时间。是观众从其中的某些间接时间-图像中认出了他们自己的那一张直接的时间-图像,抓住了一个当前,再根据后者去组织出他们自己的那一部电影。

帕索里尼说,正在运动中的图像,就是当前。当前无非是那些正在运动中的图像。蒙太奇是:对图像运动动刀,剪它、切它,再从里面割出一种图像时间(像森林里的割橡胶)。蒙太奇＝运

---

[1] 见 https://deleuze.cla.purdue.edu/seminars/thousand-plateaus-v-state-apparatus-and-war-machines-ii/lecture-09。

动-图像的死亡。就这一时间-图像之革命,德勒兹说,电影一路上的技术革命,其实都不重要,重要的是那一场意大利新现实主义革命,那是一场电影界的康德革命,从此电影才对我们重要。自那以后,电影终于变成向观众赋能的手段:使观众得到自己的时间-图像,得到自己的时间。也正是在这一点上,电影才对城市很重要,因为它训练了观众在街上行走中也这样去排练出他们自己的城市的能力。

获得时间-图像,我们才能在城市空间里找到自己的当前,通过街上行走而创作出自己的城市。因此,我们仍可相信,无论如何,个人面对城市时,仍处于主动地位。新现实主义电影对于时间-图像的挖掘,为我们如何居住于城市平台这一点做出了很好的示范。

德勒兹说,我们都在自己的内在性平面上游泳。实际上,我就是图像,因为我是由分子和原子构成的。并没有对于我而言的图像,因为我就是图像。我也只是宇宙这一部大电影中的诸多图像之中的一枚而已。[1] 一部电影是一个由许多外部图像集成的开放的总体,一个城市也是。一个观众在一部电影中找到了他自己的那一时间-图像之后,他就从这一个点上开始向宇宙敞开了,而这就是海德格尔说的那种敞开。[2] 如果广义相对论成立,那就必须是:每人每次敞开时,都重新建立了一种自己的相对论,在这个由运动-图像构成的宇宙中,去建立起一个自己的内在性平面。

---

[1] 见 https://deleuze.cla.purdue.edu/seminars/cinema-classification-signs-and-time/lecture-01。

[2] Gilles Deleuze, *Cinéma 1: L'Image-Mouvement*, Minuit, 1983, p.20.

我们每一个人都是图像的无限集合中的一个图像。宇宙本身也是一堆运动-图像。我的身体和我的大脑也只是这其中的一张运动-图像而已。在宇宙中，我给自己铺开了一个内在性平面，在其中，所有图像都被其他图像作用之后，又做出了反应。[1] 贝克特的小说和舞台就向我们呈现了这样一个内在性平面。画家波洛克和劳森伯格（Robert Rauschenberg）的画面，也都可算内在性平面。[2] 内在性平面是：光线打上去后罩住的那一平面。看波洛克和罗森博格的画时，我们将画家的内在性平面变成了自己的内在性平面。在行走中，我们获得了自己的时间-图像后，运动-

[1] 见 https://deleuze.cla.purdue.edu/seminars/cinema-classification-signs-and-time/lecture-02。

[2] 德勒兹1981年5月5日绘画哲学课：那个画面上的天窗，那个手工图表（diagramme），是手与眼搏斗的地方，手胜利了。格林伯格（Clement Greenberg）和弗雷德（Michael Fried）说，抽象表现主义是真现代，因为它真抽象了，形成了纯视觉空间。而康定斯基的抽象画仍有三角，蒙德里安仍用格子。但是，波洛克呢？波洛克在地上画，不要视野，不要眼，像中国书法和中国画那样画和写，像古埃及美学。地面是触的空间，手的空间。波洛克的画是手主导的空间。眼被手主导的画面，是手干扰眼的。手被眼捆绑的画面，是数字的，用手指头来控制的状态的，就是今天我们的媒体使用状态。所以，绘画与人工智能的关系就好理解了：用画来增强我们的手，不使它粉末化，使它继续成为爪子，保留它的野兽性。作品像恶魔。波洛克式的狂想派会成为人类世艺术和人工智能时代里的艺术的主角（https://deleuze.cla.purdue.edu/seminars/cinema-movement-image/lecture-05）。德勒兹认为，抽象画和表征性画里的线是死亡线，相比之下，波洛克的线才是生命线，因为那是逃逸线。德勒兹还认为，波洛克在绘画里看到的东西都不容置疑，都与艺术史彻底无关。他在我们边上咕哝几声，而画下的将一辈子都抹不掉了。波洛克的线在险谷中惊险地穿过，既不抽象，也不具象，而是一条逃逸线。为什么抽象画和具象画里的线仍是死亡线？因为那里的线仍造成了轮廓。波洛克的线既不抽象也不具象，它是用线去连线，所以是逃逸线（https://deleuze.cla.purdue.edu/seminars/thousand-plateaus-i-deleuze-paris-8-video-links/lecture-01）。

图像或动作就重新被组合,变成了只供我们自己驰骋的那一个内在性平面。

在《绵延与同时性》中,柏格森这样解释爱因斯坦的狭义相对论:"从太阳打过来的光线决定了地球上的几何线或僵硬线。"爱因斯坦读了这一句后很生气。而柏格森进而指责爱因斯坦"不可能为他自己的相对论假设建立一种辩护性哲学"。与爱因斯坦相反,柏格森主张,物发着磷光,照片是从物中取出的。物与光的重合就是图像。周围全是发光物,只有人的意识是黑屏。

本来是只有图像和运动-图像的。而运动-图像是下一个将要被生产出来的图像。维尔托夫说要为共产主义社会拍电影,这是要努力在图像和图像的间歇之中,去生产出新图像,来构成共产主义的新现象。[1] 德勒兹认为,这一间歇也就是人的大脑。大

---

[1] 见 https://deleuze.cla.purdue.edu/seminars/cinema-classification-signs-and-time/lecture-03. 拉扎莱托在《视频哲学》中向我们指出,维尔托夫在对我们说:我是电影眼。我是一只机械眼。我作为机器向您展示只有我才能看到的世界。电影不是要来生产出不同的内容,生产出不同的艺术、政治、社会的内容,而是要来摧毁原来用来生产感性、知觉、思想的那一架资本主义电影机器。所有的电影功能,包括资本主义式电影功能,请联合起来!电影是无产阶级的集体身体之我看。电影眼是时间的显微镜和望远镜。今天的视频艺术家都是在维尔托夫的阴影里工作。就连爱森斯坦的电影都在讨好观众的眼睛。今天,视频艺术家终于不用再讨好观众的眼睛,不用也不该。维尔托夫明白,电影已向我们宣布:我们必须重新组织出一架结晶时间的机器,来生产出主体性。(Maurizio Lazzarato, *Videophilosophy*, trans. by Jay Hetrick, Columbia University Press, 2019, pp. 24-26, pp. 32-36.)我们今天发现,这架机器总被用来做广告和营销,造成后真相和网络法西斯主义,在微信朋友圈和抖音后面,就有这一架电影机器,我们必须夺回它。电影眼帮我们选画布,肉眼选取是不可靠的。今天的真正画布是视频。视频到来了:图像已经在了,不需要画家另外去创造图像了。在视频里处理图像就够了。今天的视频艺术家正在为维尔托夫完成他的"事实工厂"的工作。维尔托夫要搞的,也许就是微信的朋友圈:大家拍了照放一起,

脑是一个分叉装置。它是"我"这个大脑图像在受到另一个图像的打击之后做出的反应中形成的一个间歇，在其中就形成新的活图像，维尔托夫式的电影就在这中间发生。[1] 这种电影可成为共产主义之城，但在现实中，它总已败坏为戈达尔拍的《阿尔法城》中的那种样子。

城市也就是一堆运动-图像的互插。在默片时代的电影里，也是看之图像和读之图像的互插。[2] 这是要让大块的图像之间产生间歇（维尔托夫），或在视觉空间里让文字穿过，或对写出的文本做图形字母式处理后，再放映到银幕上。但在有声片里，人物互动只能通过说话的动作来被看到。在那里，知觉是被活图像反照的那一图像。[3] 反正，总必须先给出一组图像到我们面前，我们才能思考。人脑也只是一组图像内的动作与反应之间的那一间歇而已。它是各种图像之间的一个中心，我们总是从它那里出发，但它自己也只是一张图像而已。电影替代大脑，潜入这堆运动-图像中，将世界降解为一个圆周，将它当成地平线。电影是运动-图像集合里的那个会动的、不确定的中心，人脑借

---

（接上页）编目、编辑，成为照片-电影-视频机器，成为集体组装的语法。只不过，平台公司半夜鸡叫，篡夺了这架机器，用算法另行组装了这家机器，使大家都必须在社交平台上为它卖命。按照维尔托夫的观点，我在朋友圈和抖音面前编辑我自己。他预言了电视的发展，也证明把电视看成低级文化是不对的。从电影向视频的过渡中，电视是必需的。维尔托夫的电影眼：使众多图像变花样、互动到极限，为此而放慢、加速、叠加、切碎、放大它们。这正是塞尚说的人到来之前的世界，是我们人类自己的黎明、有彩虹的混沌、世界的初状态。塞尚要将它画出来。（Gilles Deleuze, *Cinéma 1: L'Image-Mouvement*, op. cit., p.117.）

1　Ibid.

2　Gilles Deleuze, *Cinéma 2: L'Image-Temps*, op. cit., pp.294-295.

3　Gilles Deleuze, *Cinéma 1: L'Image-Mouvement*, op. cit., p.92.

助它而去找到人自己需要的那一张时间-图像。维尔托夫据此就认为，可以在其中搞电影共产主义。也可以据此认为，搞共产主义也是在这一堆运动-图像里开始一种集体的共产主义图像实践。

如果一切都是运动-图像，宇宙是，大脑也是，那么，德勒兹自问：一个没有人的世界还是可能的吗？是可能的，他自答。因为这世界里已经有图像运动，每一张图像（包括人脑和人眼）都不停地被宇宙中无数其他的图像影响，也不停地对其余的所有运动-图像做出反应。[1] 这时，人位于哪里？还会有单独存在的人？人能逃脱这无尽的图像运动？如何来逃脱这满是运动-图像或僵化景观的城市？德勒兹的回答是：去找出一张人自己的时间-图像，就能找到自己的时间，就能从这一堆宇宙的运动-图像中摆脱出来。在街上行走，就能摆脱城市这一运动-图像的集合对我们的捕捉，开始我们自己的排练，在这种排练中，我们自己的那一座城市就会到来。

## 6　在城市中找回失去的时间

镜头的移动是在抓取纯运动，随后，观众也跟着镜头运动了起来。如果宇宙是图像运动的总和，那么，存在于镜头之前的是此时可能的图像运动的总和，观众是跟着镜头去寻找他们自己的那一张时间-图像的。火车是运动-图像，镜头里的火车是运动中

---

[1]　见 https://deleuze.cla.purdue.edu/seminars/cinema-classification-signs-and-time/lecture-14。

的图像,看运动-图像的我们也是运动-图像。我们陷在一堆运动-图像里,像是被缠在果冻里。这一堆运动-图像的果冻,一起形成了一个水晶图像,我们都被夹在里面。[1] 作为运动-图像的我们也被夹裹在一堆运动-图像中了,但是,我们可以通过比如说街上的行走,比如说通过放映电影,去生产出、找出属于此时的自己的那一张时间-图像(直接的时间-图像),再用它去综合其余的运动-图像,形成新的总体。

费里尼在《阿尔马可》(Armarco)的结尾这样向我们演示,本身作为运动-图像的我们,应该如何用自己的时间-图像去综合周围的运动-图像:在旅馆前,五个初中女生相隔不远也不近地自顾自站立,在各自的小空间里拉小提琴、跳舞等,每一个人陷在不同的时代、季节、情绪和心境中。这是一个个由记忆图像形成的水晶图像:人处在自己的记忆的时空里时,就像珍珠被封在河蚌里。人在城市中居住,也处于这样的状态。但是,当这几个初中生开始表演时,她们就一个个地从一堆来自未来的当前的和过去的、但仍位于当前的运动-图像之中,分别找到了自己的那一张时间-图像,然后向我们走来。[2] 这是让这三种隐含的当前同时到场:未来的当前、当前的当前、过去的当前实时交汇于镜头之中。这种奥古斯丁式的时间也被落实在了罗伯-格里耶的新小说和奥逊的电影《公民凯恩》之中。当我们行走在街上时,也产生了这样的情景:过去和未来都被拖进当前,三者并排到场,一起被排

---

[1] 见 https://deleuze.cla.purdue.edu/seminars/cinema-classification-signs-and-time/lecture-16。

[2] 见 https://deleuze.cla.purdue.edu/seminars/cinema-classification-signs-and-time/lecture-23。

练。[1] 我们一开始是被封堵在原来的城市空间里的,但一开始行走,我们的脚步就对城市空间做出了否定神学般的改造,另行建立了我们自己的一致性平面,并从这个一致性平面出发,去重新组织出我们自己的那一个城市。

电影《去年在马里昂巴德》就用时间-图像不断去替换运动-图像,使同一事件在多重宇宙中分别发生,使其次次都"真",但所发生的各个版本之间互不兼容。这是要警告观众:他们所处的日常生活,其实是无着落的,他们只是夹在了一堆运动-图像之间。被某种时空捕捉的女人,不光对观众而言具有既施虐又被虐的功能,而且还阻止了图像的继续运动。因此,可以说,这部电影所依赖的罗伯-格里耶的同名新小说,也是脑小说、神经小说,因为它在镜头里展现了脑中所发生的事。新浪潮电影其实是典型的脑电影和神经电影,是将观众的脑神经活动部分地展现到了银幕上。罗伯-格里耶被陈词滥调和明信片这样的景观吸引,发现电影和小说里的感性运动-图像也都像它们一样,是板结和石化的,人物一个个因此都很飘忽。他就想从这样的僵化的景观中孵出他的小说或电影。他的小说或电影可以说为新浪潮电影运动提供了时间语法。这一新的"小说"方法一样可以被用到我们的城市行走中,因为我们在街上遇见的,只是一大堆的运动-图像,我们也每一次都可以构思或拍摄一部自己的《去年在马里昂巴德》,一次次找回失去的时间,但找回的总仍是用当前的材料制作的某种过去。同样,我们也是一次次地用当前的城市的残留来制作出新的城市的。

德勒兹认为,艺术正是那一被找回的时间。导演卢基诺·维

---

1　Gilles Deleuze, *Cinéma 2: L'Image-Temps*, op. cit., pp.132-137.

斯康蒂（Luchino Visconti）总在说，太迟了，太迟了，一切已无可挽回地失去了。但为什么他自己还继续在拍电影呢？这难道不矛盾吗？这是因为，艺术作品就是要在这种发现时已太迟的语调之中被做出来，仿佛是要从痛苦和苦难里抽出一个雕像来，是要从生命过程中抽出一张直接的时间-图像来。听音乐时，声音图像飘走了，我们绝望地跟着它，就自己去哼出一段小调。但正是我们哼出的这一小段，才托住了我们自己好不容易抓住的当前的时间-图像，感受到了生命时间的流动，而这就是对于我们自己的主体性的生产。这就是去找回失去的时间，是那一张我们好不容易才抓住的时间-图像。读诗时也是如此，因为我们必须做出自己的引用，紧接着就吟出了自己的小调或顺口溜，形成我们自己的时间-图像，来维持我们自己的生命时间，使我们自己的生命形式继续保持优美，就像芭蕾舞演员的日常练功那样。我们在街上行走时，也是为了这样继续保持我们在城市中的生命形式的优美，使一段段的生命时间变得优美。

我们一开始就在《去年在马里昂巴德》之中。眼见当前正在成为过去，定睛看，当前实际上已被隔在了玻璃窗之外，成了景观（如在费里尼那些电影的前半部那样）。我们必须将自己的记忆播种在其中，用我们的生命时间的嫩芽，去激活这一片茫茫景观，使之成为我们自己的艺术作品：成为我们找回的那一失去的时间。普鲁斯特的《追忆似水年华》提供给我们的，就是这样的一大堆供我们排练的材料。当前，我们脚下的城市也只是这样的一本《追忆似水年华》里的有待被唤醒的材料，等待我们在其中去排练出我们自己的那一座城市。

我们随时都在失去，但我们仍可以将正在失去的当前之中的一个个过去保存下来：这就是做艺术，不甘心就这样失去，绝望地要将时间当成作品保存下来。我们是在一个水晶图像内做自己的艺术。柏格森说,绵延是主观的。时间不在我们的身内,而是我们处在时间之内,是我们在运动、活着和变化。普鲁斯特说,我们在时间之内,但时间不断分叉,在它自己之中失去,又在它自己之中找回。时间使当前过去,然后将过去保存。我们必须隔着一道窗来找回它。比如,电影导演让·雷诺阿和小说家莫泊桑都懂得:从玻璃窗后看人和物,然后尾随其中的某一个,进入其现实,这样是最引人入胜的,最能抓住观众或读者。在这里,在玻璃窗外流走的,是时间。而正是时间使当前马上消逝,却又通过走向将来,用过去充满某一个当前。其中,某一个人物的生命的喷涌,就会成电影创造出的那一个未来,后者对观众而言就是那一被找回的时间。在城市的街道上行走,在街上找回失去的时间,也是这样地做着艺术,是将城市也做成我们每一个人自己的艺术作品。

帕索里尼说,正在运动中的图像,就是当前。当前无非是那些正在运动中的图像给我们造成的错觉。而电影的蒙太奇是要对图像的运动动手术,是要从里面割出一张时间-图像。[1] 蒙太奇是要弄死运动-图像,而去生产出间接的时间-图像。这是通过运动,也就是通过播放,帮我们盯住一张属于我们自己的直接的时间-图像。在电影中,感性运动图式拖动了胶片运动造成图像,使其运动,而产生假时间(第二时间),观众然后就将其中的间接时间-图像当作自己的直接时间-图像了。[2]

---

[1] 见 https://deleuze.cla.purdue.edu/seminars/cinema-truth-and-time-falsifier/lecture-08。

[2] 见 https://deleuze.cla.purdue.edu/seminars/cinema-truth-and-time-falsifier/lecture-09。

小津和塞尚都在带领我们追求直接的时间-图像,像在挖矿,最后留在现场的,都已是时间的渣。我们必须继续挖,去找到我们自己的时间-图像。从运动-图像到时间-图像的逆转,由技术干预造成,使我们在图像面前采取了积极的态度。

但是,要知道,电影中也存在着自动性:只是在电影前,我是不能思考我的思考的。那么,如何才能在电影、小说和画面前思考?那就必须通过时间综合。康德是这样来说时间综合的:我们的直观(直觉)用"时间"这种形式,或者说这种框框,去综合感觉内容。比如,我们就能这样去综合一部别人导演的电影里的内容,将其综合为"我的"。[1] 在电影(一组运动-图像)面前,一开始,我不能思自己的思,但过了一会儿,我就开始综合,就挖到了自己的那一张时间-图像,这时开始,我就是在围绕这一张我自己的时间-图像来思我自己的思了。看画、读小说也都是这样,这才看得和读得成功。

运动不给图像增加任何东西。一开始总是电影制造了运动的幻觉,但这仍没有逃出芝诺定律:不会到达,总处于某一"中间"。是电影发明了这种叫作"运动-图像"的东西,却是观众自己用其个人时间(这种先天直觉),综合出了属于他们自己的时间-图像。[2] 什么是电影中的时间?观众喜欢一部电影了,这时,他仿佛终于在电影中找到了他自己的时间:绝对新鲜的开端和绝对激烈的终点。这时,两者仿佛已重合。这就是观众找到了那一他自己的电影中的时间或时间-图像时的感受。[3] 在街上行走时,

---

1 见 https://deleuze.cla.purdue.edu/seminars/cinema-and-thought/lecture-01。
2 见 https://deleuze.cla.purdue.edu/seminars/cinema-movement-image/lecture-01。
3 见 https://deleuze.cla.purdue.edu/seminars/cinema-movement-image/lecture-13。

我们终于又找到了一张时间-图像,找回了失去的时间,重新创作出了我们自己的那一城市。街上两边的物理、模拟或数字第三存留,是我们的"失去的时间",我们的身体却通过在街上行走,从中找到一张我们自己的新的时间-图像,使那一"失去的时间"重回,形成一个新的城市。

# 第五章
## 全球城市化之中国化

## 1　全球城市化之中国化

要理解中国在今天的世界市场中的位置，或要理解中国正在加入的这个全球资本主义系统本身的未来，就必须认识到今天的中国城市化对于全球城市化、对全球资本主义系统的引领，和对于这个正在进一步被世界化的世界的未来的夹裹。这要求我们突破现存的很多学科、理论、意识形态、历史阐释的框架。以下讨论就是这样的一种尝试。希望读者自己也能半实验、半发明地去建构中国城市化与全球城市化之间的关系，去探索中国城市化对于全球城市化的引领。

本书提出了"全球城市化的中国化"这一概念，来具体框定发生在今天中国大地上的城市化的终极影响范围。它具体是指：全球城市化今后将越来越被卡在中国城市化过程中不断被重新设定的那些新口径和新标准上。今天的中国城市化已在大多数指标上领航全球城市化，尽管我们还说不清后者的轨程和图式。

全球城市化遭遇2007—2008年的全球金融危机之时，也正是中国的城市化过程的一个重大转折点；它也是在"扩大内需"这一口号下的中国城市化的第二个浪潮的开端。这最终使中国的城市化能够引领全球走出金融危机，也从此夺过了全球城市化过程中的领头羊位置。这时，不可避免地，在众多质疑和反对声音中，全球的城市化过程的标准本体学、构形学和认证学，也渐渐被中国的城市化的格式所接管、主导，并将被中国城市化的进一步的实践所引领。[1]

但与此同时,中国的城市化也必须面对人类世,尤其是全球变暖、生态自动化等新状况,必须在其进一步的城市化过程中,去思考如何通过城市这一人类生存形式,在全行星范围内寻求人类与其他物种在生物圈内的共生。这也要求我们将中国城市化拖进完全陌生的领域,使之失界,并不只是对西方城市化的简单地接棒。这也就要求我们,为中国城市化发明出一种基于人类世与生物圈的经济和政治的新制度及新实践,为世界其余地区做出示范。这也就要求我们先对这一至今高度敞开的城市化阶段,在理论上展开积极的探索。因为,城市化是无法被规划的一个过程,理论探索,尤其是城市哲学这样的赋权人人的理论性实践,必须冲在这一新阶段的城市化过程的最前面。

间接地,中国的城市化在2008年之后的加速所带来的各种后果,也更逼迫人类重思其在生物圈中,对于这个盖娅圈本身、对于其他物种的责任,并去大胆想象如何将其本地生活方式与生物圈的未来捆绑到一起。[2] 中国的城市化因此肩负了给全球城

---

[1] 现在的情形是,中国开始进入领头羊的位置。一旦中国成为领头羊,你会问自己,"这将会是什么样的资本主义?"而中国人已经认定人工智能是未来。人工智能是关于什么的? 实际上,"人工智能是要找到一种方法来消除生产过程中的劳动力,我认为其中最大的问题是:这对劳动力会产生什么影响?"(李开复,"人工智能的现状与未来",参见:https://www.bilibili.com/video/BV15v41187uT?from=search&seid=10492404390889841991&spm_id_from=333.337.0.0.)

[2] 正如哈维强调,中国快速的城市化进程彻底改变了城市化的风格。20世纪90年代中期,全球就有了超过100个百万人口城市。城市化推进速度每年在15%左右,大量人口从农村迁移到城市。例如,有人估计,"在过去10年或15年里,实际上大约有三亿人从农村迁入城市。如果你看一下从爱尔兰等地迁到美国的移民总数,你会发现,那大约只有三千万";"当我们将中国与全球其他地方进行比较时,中国转型的速度是最快的,规模也是最大的"。

市化寻找出路，在生物圈内示范共生经济、共享经济和贡献式经济的各种实践这样一个艰巨的任务。

本书认为，在发生了一种"全球城市化的中国化"或"城市的中国化"这样一个转折之后，中国的城市化也将来重新定义什么是城市、什么是生物圈内的城市等人类栖居或幸存单位，而城市本来也就是一个待我们进一步定义的人类生存单位。全球城市化之中国化，将同时是对于过往全部的人类城市实践的一次总编目，也必将是全球城市化的一次再出发。

这是因为，本书认为，这一全球城市化的中国化或城市的中国化过程仍在：

- 延续从古雅典开始，至12世纪定型的欧洲的城市模型；
- 以从中世纪城镇脱胎而来的地中海沿岸兴起的资本主义城市群为历史模型；
- 遵守至工业革命和之后被城市化进一步推动的现代城市的发展逻辑；
- 沿着升级至两次世界大战后，欧洲的由工业化彻底转向城市化，在美国转向全面的郊区化，进而全方位铺开的全球城市化过程；
- 走出了今天已完成的社会主义重工业化、改革开放四十多年后的、由工业化走进更大规模的中国城市化过程；
- 从城市化最终走向生物圈内的诸物种共生。

必须看到，全球城市化到了其中国化阶段时，已起了质的变化，更因为此时遭遇了气候危机和人类世的新的政治、经济现实，而逼迫我们在当前的节点上，去重新思考在生物圈内的城市化的新方向。中国的城市化正因此成了全人类的共同关注，因为它也附带着替其余的人类做出在生物圈内共存的榜样，为此而将继后的城市化过程当成一个全新实验这一任务。可以说，当代中国的城市化，或者说城市的中国化，很有可能是过去五百年的全球化过程的最后一次加速和最终落局，并不只是当代中国人自己的命运。全球城市化的中国化阶段，因此是一个值得全人类关注的开放议题，必须将它放到当代哲学视野内，在一种宏观的城市化理论眼光下来被讨论。

这一开放的议题更因当代中国的政治体制而引人注目。尤其是，中国共产党对于社会主义市场经济的长期的集体领导，可以说是在全球化过程中开创了另外一种政治调性。西方学者已论及，但不够重视的一点是，中国的城市化过程是由中国共产党的领导集体来引导的。当代中国的公共政治力量，因此已被多方看成是能抵抗资本主义式市场体制本身的重要力量，能对全球城市化过程做出政治干预的一种力量。虽然，在目前，由于经济发展的需要，中国共产党仍在努力推动这种国内的城市化。也就是说，全球城市化的中国化过程是由中国共产党来集体领导的，也是它在给全球城市化把守着最后的开关和阀门。这就是全球城市化之中国化阶段会如此值得我们认真关注的原因。也许大戏仍未开始。

因此，本书将全球城市化之中国化阶段或城市的中国化，当作全球城市化过程中的正面力量来看待。这一种公共力量将决定全球城市化走向什么方向，并将深刻影响我们在后续如何来创造出新的经济模式、生活方式和文明走向。所以，可以说，中国城市化也正在打开一种新的人类集体学习、共同献祭和各物种之间的共生方向,尽管我们现在还说不出那将是一些什么样的具体场景。

面对全球城市化的中国化这一新的转折,我们必须用历史唯物主义和辩证唯物主义的眼光,来定夺它在全球市场中的位置和角色,为它寻找到一种在人类世、在生物圈内健康发展的方向。本书以及《城市哲学》余下的三卷,将研究这一让人激动的课题。这让人激动,是因为,这一生物圈内的作为人类城市化最后阶段的中国城市化,也将被这个行星的绝对界限所拦阻,我们也将会在这一最后阶段中,由全球城市化迈入一张生物圈里的全球城市网,走进一个全行星城市社会。这时,人类必将为自己打开一个全新的生境。

## 2 资本主义在传统中国城市的兴起之难

在过去 500 年的全球化过程中,也曾发生过像过去 30 年的中国城市化过程这样的重大转折。法国历史学家费尔南·布罗代尔(Fernand Braudel)曾向我们指出,资本主义市场式经济系统和之后的世界系统的形成,起于资本主义的"地中海模式",当时从各地冒出的城市,也正是其一层层吐出的外壳。[1] 而他认为,宋、元、明、清的中国城市,由于被儒家文官系统所专制,资本主义很难在其中兴起。在他之前和之后,社会学家韦伯和布尔迪厄

---

[1] Fernand Braudel, *The Mediterranean and the Mediterranean World in the Age of Philip II*, trans. by Siân Reynolds, University of California Press, 1996, pp.319-325.

也分别强调了这一观点。他们的理由都是，中国当时的城市群还没有像威尼斯那样，找到资本所要拓殖的那个"外部"，并没有去开拓，甚至强加那个世界市场到全球各地的决心，没有开始那一必要的资本积累和海外拓殖的意图。这一点有没有影响过去几十年的当代中国的城市化呢？并没有。

在1978年以后的"改革开放"阶段的中国，社会主义式市场经济，由于被叠加了人口红利、建国30年后全面的重工业基础设施建设，和全球的后冷战的政治意识形态格局等要素，风云际会地在这阶段找到了一个通向世界市场的巨大入口。于是，改革开放后的中国就顺理成章地被搭接到了全球资本主义系统中，获得了向世界市场出口工业制品这一后来极为重要的历史性角色。而在那时，"亚洲四小龙"的工业产品生产基地，也由于劳动力成本的上升，刚好需要搬迁，因而大量地将它们的工厂搬到了中国内地。后者的工业现代化过程于是被加速，而形成一个从空间内生产产品，到需要生产出生产产品的空间这一"城市化"契机。于是，之后的城市化也就是顺水推舟的事了。

为了吸收巨大的产品和资本的剩余，就需要使城市化加速，通过建设更多的居住空间，来消耗掉这些生产剩余，从而使其经济系统和全球经济系统能甩开包袱，继续开足马力地向前行进。这就是全球城市化到了中国之后，获得了全新动能的原因。我们因此也应将它称作全球城市化过程的加速阶段、形成中国城市化阶段或城市的中国化阶段。

基于我们对于全球城市化的中国化阶段或城市中国化的以上定义，我们必须反复思量下面这三个问题，来定位中国在过去的40年以上的高速城市化在全球化和全球城市化过程中的战略地位：

• 全球资本主义系统内的市场经济下的生产模式，到了中国之后，是变移、变异(mutation)了吗？

• 在全球30%的经济增长来自中国的情况下，全球城市化的中国化阶段或城市的中国化的哪些层面将成为全球城市化的新的引领方向？

• 是市场经济的这种中国模式催生了中国的城市化过程，因而形成了城市的中国化，那后者转而将在哪些方向上重新定性、定型之后发生的全球城市化过程呢？

## 3　什么是全球城市化的"中国化"？

根据哲学家齐泽克的定位，在目前的世界市场系统中，本书所说的全球城市化之中国化中的"中国化"(Sinicisation)具体是指：

• 中国共产党的集体领导保证了社会主义市场经济的成功；

• 主张无神论的中国共产党的领导同时也保证了各宗教的自由；

• 单靠持续的中国共产党领导，就能保证中国成为以积极的儒家人文精神为导向的社会（社会和谐、爱国主义、道德秩序）。[1]

---

1　Slavoj Zizek, "Sinicisation", see: https://www.lrb.co.uk/the-paper/v37/n14/slavoj-zizek/sinicisation.

齐泽克对于全球化走向中国化的三个要点的描述，并不只是对一些非理性悖论的简单归纳。他对于这一定位的支持理由其实包括了如下三个方面，后者的确被在2007—2008年的全球金融危机和2020年新冠疫情中的中国共产党的出色的集体领导力所证明：

- 没有中国共产党的稳定力量，全球资本主义系统的（经济）发展，将会因层出不穷的经济危机，而引爆全球各地的骚乱，以及抗议之大混乱；
- 宗教派系争斗会干扰社会稳定性；
- 肆意的享乐的个人主义会腐蚀社会的和谐。[1]

在齐泽克看来，解决第三点很是关键，因为它是对西方"普世价值"（自由、民主、人权及享乐-个人主义）的腐蚀性影响的提防，而后者也被齐泽克认为是今天西方最大的社会问题。新冠疫情之后，越来越多的西方人也看到，终极的敌人看来并不是市场经济中的资本主义道路或社会主义道路，而是无根的西方文化经由互联网而放大的信息和能量的自由流动，威胁到了社会各方面的安全和稳定，造成了民粹和新法西斯主义的各种形式的到来。对比之下，中国共产党作为一种公共力量，则一直强调以爱国主义为武器，去跟这种来自西方的腐蚀力量战斗，为此，甚至各种民间宗教也需被"中国化"，以此来保证社会的稳定，这很好理解，也被越来越多的西方人看懂。齐泽克强调的这种在全球化洪

---

[1] Slavoj Zizek, "Sinicisation", see: https://www.lrb.co.uk/the-paper/v37/n14/slavoj-zizek/sinicisation.

流中的中国共产党集体领导下的中国化,是在全球唯一积极、开放的公共姿态。他的这一见解对于中国人民理解自己在全球城市化过程中的中国化或城市的中国化,是有很重要的指导意义的。这在广义上为我们理解今天的中国的城市化的终极走向,指出了一个清楚的方向。

齐泽克还进一步向我们强调,这一中国化已成了当代全球市场的靠山,甚至已是新自由主义式世界系统(沃勒斯坦系统)的救心丹,像在2007—2008年的全球金融危机中,中国替世界其余部分所做的那样。但人们会问:以特殊替代方案,例如中国式社会主义实践,在西方价值及其社会政治实践之外,来为这个世界系统找到依靠,理由是否足够正当?我们可以这样帮助齐泽克找到以上问题的回答:中国特色的社会主义及其社会主义市场经济版本,实质上是指拥有某些资本主义市场特征的社会主义(式市场经济),是一种马克思在《资本论》第一卷中描绘的世界市场内的那种社会主义市场经济类型。换言之,这是将中国完全整合进全球市场或世界市场之后的那种社会主义市场经济,相当于在全球系统的大合唱里,要让中国坚持来唱社会主义这一声部。[1] 因此,当我们说全球城市化的中国化阶段或城市的中国化时,就一定同时也在申明:全球城市化过程中已带上了中国的社会主义式

---

[1] 哈维在《资本之谜》中说,按照传统GDP衡量标准,中国是世界第二大经济体。如果你用购买力来衡量,即基于地方货币价值和购买力的标准衡量,那么,实际上,中国经济已经是世界上最大的经济体。如果中国经济繁荣,那么世界其他地方也会繁荣。如果中国经济陷入衰退——哈维认为,那么这对资本主义的演变有着巨大影响。(David Harvey, *The Enigma of Capital*, Oxford University Press, 2010, p.70, pp.144-145.)

市场经济的调性；[1]全球城市化的中国化阶段，是全球城市化过程中的那一将要走向主导的新的城市发展向量和谱系。

全球城市化的谱系中，还有哪些方向是微弱，甚至空缺的？哪一种潜存的方向即将成为主导性的方向？中国的城市化过程将会填充里面的哪一个方向？全球城市化的中国化阶段或城市的中国化路径的突显，是全球城市化过程中最新的格式转换。这同时要求我们从未来出发，回过头检测今天的城市化的各种发展方向，来定夺下一步或下几步的方向。当前，中国的城市化过程自身也处于这种需要自我定夺其行动方向的紧要关头。城市哲学应该为这一定位至少做出理论上的廓清。

## 4 中国的商业城市并不源于资本主义在中国的萌芽

本书认为，中国的社会主义市场经济的发展在其加速过程中，仍保留了世界市场的广普（generic）特征。但在中途，比方说在2007—2008年的全球金融危机的关头，这一全球城市化过程却不得不悄悄开始接受"中国化"，并渐渐将它当作有决定性的全球城市化的未来参考框架。全球城市化的中国特色（也经常被

---

[1] 哈维是在问我们：资本主义的未来在多大程度上是取决于中国正在发生的事情？如果确实如此，那么这将是一个怎样的未来？他问的第二个问题是：社会主义的未来会不会取决于中国可能发生的事情，取决于中国经济向中国特色社会主义经济这种纲领性的转变？任何一个左派都应该关注这个问题，因为从某种意义上来说，在我们生活的这样一个世界上，是马克思所说的"竞争的强制法则"在定义我们是谁的过程中起着非常重要的作用。(Ibid. p.43, p.71.)

泛指为"亚洲特色",这一泛化并不重要)或全球城市化的中国化,主要是指下面两点:

• 动员儒家的和谐社会策略,来做全球市场系统内的社会对抗爆发时的解压阀。
• 以社会主义市场经济这一格式为中国城市化或城市的中国化的主旋律。

而在目前的欧洲社会科学话语中,这两种特色一直被认为是不利于资本主义在小亚细亚生产模式下传播和运行的。中国最近30年的城市化,打破了上面这一历史图谱学上的定论。

说到全球城市化的中国化阶段或城市的中国化,或者说全球城市化过程的走向中国化阶段,还会涉及社会科学里的另一个关于中国的资本主义和资本主义式城市的兴起的经典背反。在宋、元、明、清时,中国已具备搞资本主义所应具有的一切元素,但就是搞不起来那种资本主义或资本主义城市,形成不了那种资本主义式的商业城市。而在全球城市化过程中,中国却一跃成为这个资本主义式的世界系统的急先锋,这中间需要什么理论铺垫,有什么课需要被补上,我们才能在事后叙述出它的故事总体,认清今天的中国城市化的真正的外围?

韦伯、李约瑟、布罗代尔和布尔迪厄都曾将资本主义为什么不能够在北宋至明、清阶段的中国发展起来的原因,归结为中国政治系统中的儒家文官制度的阻挠,认为后者的美学-伦理式、榜样式领导,就从国家层面上阻止了那种严格簿记、用法律来裁定法人利益、向海外扩张的资本主义发展模式在中国城市中的运行。就算是真有了萌芽，也将在第一时间里就被扼杀，虽然生意交换其实每时每刻都在那时的中国运行着。

为了对这一经典话题做出当代铺垫，本书将韦伯、李约瑟、布罗代尔和布尔迪厄的那一问题转换为下面这两个问题：中国为什么不能够发展出那种以商业城市为中心的资本主义生产方式？为什么未能发展出那种资本主义式生产和发展模式，中国就不可能自行发展出资本主义商业城市？本书在上文已做了很多铺垫，现在对这两个问题做出总体性的回答。在西方，国家总是躲在城市背后来运行，只是到了现代，它才走到了城市的前面。而在中国，则是相反，儒家政治下的朝代政权是无论如何不肯被城市的独立的商业运作架空的。在古代中国，在儒家的政治理念指导下的国家政治里，城市从来都只能在国家空间内运作；城市只是辅助国家运行的那一第三产业。中国的大城市并不是因为它先有了发达的商业，形成半城市国家的格式，然后才被并入民族国家之内的。无论是在近现代中国，还是在 1949 年后，或者是在 21 世纪初的中国城市化过程中，国家一直都是城市化的主体。的确，在历史上，从来没有一个中国城市能成为像威尼斯这样的独立城市主体，古代中国的各商业城市之间的竞争，也不如地中海地区的城市之间那样激烈。这是中国城市化过程与西方的根本不同。我们还得强调，今天仍是国家在主导中国的城市化过程，或者说，在中国，我们是在国家空间内完成城市化过程的。

关于为什么 12 世纪的中国具备了一切资本主义元素，但最终还是没有走向资本主义、没有走上资本主义商业化城市的发展之路，哲学家德勒兹似乎有比布罗代尔更好的回答。这回答也对马克思关于小亚细亚生产方式与城市的关系的思考做出了发展。

他说,资本才是现代社会的真正主体。资本关系是普遍主体之间的关系,是抽象主体去占有时所用的任何方式。宋朝的儒家文官和国家经济不允许这种抽象、普遍的主体对于任何东西的任何形式的占有。这是好还是不好呢?在哪怕宋朝以后的中国,资本也一直无法获得像在西方那样的不可阻拦的运行动能:使货币脱离人的占有,使土地能被放心地租出去开发,使人感到劳动力并不只属于他们自己,必须想办法将它租出去,来讨一份生活。在宋朝以后,资本仍被严格地拦截在城市经济运行的外围,这才是那个布罗代尔悖论的真正意思。[1]

这样看来,资本的确已在宋朝以后的中国运行了,但是,它仍然必须在儒家国家的统治框架内运行。它不是西方意义上的那种能够失界然后复界的资本。德勒兹在这里做出这种分辨,是要强调,运行于12世纪的中国的商业资本,还未被纳入那个自古雅典开始的全球资本主义内在性平面。但是,在2007—2008年的世界金融危机之后,中国的城市化就正式以全球市场为操场了。

依照德勒兹的上述看法,我们也可以将那个韦伯、李约瑟、布罗代尔、布尔迪厄的关于中国为什么在宋朝之后具有了资本主义运行的所有元素,但就是无法开始建立资本主义生产模式和支撑这一生产模式的资本主义商业城市这一论点,转化为这样一种立场:具有了所有的资本主义元素,也有了很发达的资本主义式商业城市格局,但那时的中国城市不存在于那个起源于古雅典的全

---

[1] 见 https://deleuze.cla.purdue.edu/seminars/thousand-plateaus-v-state-apparatus-and-war-machines-ii/lecture-08。

球资本主义内在性平面上。[1] 直到1842年的开埠、开放,直到中国加入全球化过程,到中国的城市化过程如火如荼地加速展开,直到2007—2008年的全球金融危机之后,中国不光成为经济强国,也在其城市化过程中成为全球城市化的领头羊之后,中国的各商业城市就一下子蔚为大观了。

资本主义未能在宋朝以后的中国城市中萌芽,并没有影响今天的中国城市化的动能和尺度。在未来,比如1000年后,当人们回顾全球城市化过程的起源时,很有可能也会将它确定为2007—2008年的中国呢。

实际上,当代中国的城市化或全球城市化的中国化,已经是对于上面这个韦伯、布罗代尔、布尔迪厄式问题的真正具体的回答:在全球化过程中,中国接过了在西方间断地延续了2500年的宏观的城市化过程的接力棒,接下去就要看中国的城市化往何处走了。中国的现代化,放在今天的全球城市化过程中来看,实际上也是指:完成初步工业化,而在社会主义革命和建设时期完成重工业化,在改革开放后的外向型经济的腾飞中,实现工业和经济领域的全面赶超,再走向以城市化为主导发展模式的"新时期"。从全球城市化的角度看,中国的商业式发展似乎没有自己的源头,中国的城市化似乎也没有源头。但一旦在改革开放中被纳入那一以世界市场为网格的全球市场经济系统,在中国共产党

---

[1] 到底什么才是资本主义商业城市,什么才是资本,也是从来都有争议的。说宋朝以来的中国的商业都市里没有资本商业资本在运作,或者说宋以后的大都市还都不是商业城市,那自然也是大有争议的,也许是欧洲式社会科学自身带来了这样的问题也未可知。那么,为什么斯密定义不了资本,要等马克思才能来定义什么是资本呢?布罗代尔说,是因为"他不像马克思,他读不懂黑格尔,所以不懂抽象劳动和抽象主体是什么"。(Fernand Braudel, *Civilization and Capitalism, 15th - 18th Century, Vol. I: The Structures of Everyday Life*, trans. by Siân Reynold, 1992, p.6.)

的集体领导下，在社会主义市场经济推动下，中国的城市化或城市的中国化，就在全球城市化过程中成了主旋律。几乎可以说，中国的城市化的源头也有可能是全球城市化的终结处。而正如上文一再强调的，这一城市的中国化也将中国和世界其他地区带进生物圈内的全新的全球政治敞口之中，逼迫我们必须为人类、为现存文明寻找到一种全新的幸存方式。也许中国城市化也是来接管全球资本系统从工业化到城市化到金融化的这一不断失控过程的，否则后果将不堪设想。

## 5  全球城市化的起点：自1848年开始的巴黎城市化

　　根据哈维的说法，全球城市化的起点，是第三帝国时期的巴黎的城市开发。开发1850—1870年的巴黎的"总舵主"奥斯曼侯爵与拿破仑三世之间的联手，推动了国家金融资本与城市开发之间的历史上的第一次带妆彩排，最后以"巴黎公社"结束。之后的美国在1945年后的大规模的郊区化，沿用了隐藏在巴黎城市化开发后面的那一抽象空间运作中的深层语法。哈维将这一深层语法看作一种全球资本的空间流体力学，我们在下文中将详细讨论，因为这是理解中国城市化之前传的必要基础。

　　其实，我们至今所知道的巴黎，表面上看是奥斯曼那次城市改造的结果，但从城市化之本体论看，却更多的是被巴尔扎克和左拉写出来的一座文学或文本的城市。[1] 巴尔扎克将巴黎当成

---

[1] David Harvey, *Paris, Capital of Modernity*, Routledge, 2005, p.23, p.28, p.41.

一个道德实体和感性存在,写进了他自己的文学文本之中。他想要刻下这座城市的历史的某些伟大的瞬间,让后人去发挥。今天,我们读巴尔扎克的《人间喜剧》系列,就仿佛是在读一部关于现代巴黎的史诗。后来的本雅明的历史观,如在《巴黎,19世纪的首都》中的那一对于巴黎的城市现代性的把脉,就很仰仗巴尔扎克和左拉们的小说中的那种时间观。[1] 事实上,想要说清某一时代里的城市化中的个人命运电梯上下般的沉浮,还非得有巴尔扎克这样的笔力和本雅明那样敏锐的历史眼光才行。今天的城市社会学这样的描述方法,反倒显得笨拙,因为,城市空间绝对不只是社会学家和人类学家们所说的"田野"。

在城市中,人类开始了另一版本的史诗。比如,巴尔扎克在《夏倍尔上校》中就将一个被巴黎的势利之徒们拒之门外的英雄,写进了一部关于城市化受害者的史诗之中。其悲剧命运并不是由文学研究者们爱说的人性的品质造成,而是城市化逻辑对个人命运的摆布使然。巴尔扎克自己似乎未意识到这一点,其对于"人间喜剧"的观察点,其对社会现实和城市化过程的判断,其对城市化本身的理解,在今天看来,其实都很值得商榷。也就是说,他并未捕捉到城市化后面的脉动。

在《夏倍尔上校》这一故事的发生地,也就是巴黎,当时总共有48万户人家,75万人口。这在当时都可算是世界的首都了,其实这只有一个今天的中国三线城市的人口规模。但在同样的逻辑口径的调校下,这故事将依次在伦敦、纽约被重复。今天我们才终于看出,是城市化和它后面的资本之搅拌,而不是巴尔扎克的想象力,才使人们的命运被那一架控制论机器或云计算平台

---

[1] David Harvey, *Paris, Capital of Modernity*, op. cit., p.49, pp.51-52.

拖动,脱离了当事人自己的想象,甚至脱离了民族国家和全球化的叙述框架,而成为生物圈内的又一出伟大史诗。而人们今天仍活在这种史诗的后继的变形之中,是大众媒体和文化工业才使人们麻木于目前的这种其实充满悬念的城市日常生活中的命运,甘于被各种碎玻璃式的拟像玩弄。

正如文学人物要等作家来安排命运,同样,城市本身也要等鲁迅、茅盾们来写过它之后,才展开其史诗的新篇章。我们在中学语文课本里了解到的20世纪30年代的上海,就是作家们的各种句子给我们做出的拼装,并不是上海先在了,再等鲁迅、茅盾来描述它,为它照相,将它记录下来。他们对城市的写并不是对当时的城市对象的素描,而是要等他们写过之后,城市才有,才在,才是,才有下文。我们今天是从哪里开始接上我们的城市的下文的呢?城市是没有原型的。上海其实就是被一代代的人不断写出、说出来的,我们今天也仍在继续写它,至今还没有定稿。

总是同时代最伟大的作家绑架了这一架叫作城市的写读机器,就如巴尔扎克对巴黎的写,压倒了后来无数的旅游手册对巴黎的吹捧,并且至今仍是人们叙述巴黎,或去巴黎游玩时所依赖的基本文本。而城市也是一架自我书写的机器,转而将我们和我们对它的写,一起写进了它自己之中。在城市化过程中,巴尔扎克和鲁迅们的城市话语,也被当成了基建材料,甚至被当成城市开发、城市营销的香水,成为今天的文化创意产业的推销对象,成为城市生产力的一部分。

总之,一边是巴尔扎克对巴黎的神话般的创造,一边是奥斯曼和拿破仑三世对于巴黎的历史性空间的全面摧毁。城市就处在这两种力量对冲之中——像好莱坞大片那样地被制作。今天的城市比20世纪30年代的那一个大了100倍以上,但说穿了,今天的这一个,也只不过是一堆可不断堆叠的固定资本而已,是像纪录片导演拍好、待剪的一堆胶片或视频而已,是由手机和互联网来组织的无穷无尽的小区群落,与宜家在售卖的可被系列地组织、排列的组合家具阵形,又有何不同?城市化是横向铺开的,是广延物,是自古雅典出发的全球资本主义内在性平面的持续的延伸。

不出所料,奥斯曼推动的城市化,最后还是刺刀见了红。这是因为由某种金融化推动的城市化,是一定会走向这样的极端的,因为它必然会造成1%的人与99%的人之间的无法化解的冲突:巴黎公社就是城市化带来的后果。[1] 后真相、贫富不均、民粹主义在当时的巴黎的城市化过程的后半程中,同时冲进了马克思所写的"法兰西内战",也就是当时的国内阶级斗争之中。巴黎这个城市内的阶级斗争白热化了。这是开天辟地头一回。也难怪,在当时,福楼拜、龚古尔兄弟、乔治·桑、托克维尔、雨果这样的公共知识分子,都被城市内的各种群众运动吓坏了,都主张政府马上开枪镇压,诗人波德莱尔、画家马奈却支持巴黎公社。艺术家库尔贝则直接参加了巴黎公社。西方城市内的阶级斗争最终总会这样地走到势不两立的地步。列斐伏尔要人们从"城市社会"这一框架出发,去理解西方城市化造成的这种尖锐的阶级斗争的新状况,将巴黎公社当成那一最终上下文。这是非常清醒的提示。

历史上,总是不名誉的城区先成了城市本身,通过某种拆迁。胡曼斯说服拿破仑三世,要他通过城建来恢复法兰西帝国的威望,但因此需要巨额投资,于是将巴黎推到了资本家、投机者和

---

[1] David Harvey, *Paris, Capital of Modernity*, op. cit., p.281.

高利贷者的怀抱之中,使巴黎主动出卖了自己。[1] 而这在城市开发的历史中并不鲜见。将城市变成有钱阶层的跑马场,总是城市化的前提。由新城市化过程形成的广大住民的那些情感、幻觉、思维模式和新生活方式,却是形成当时的财产形式和生存的社会条件的新土壤,是托起其余的一切的那一上层建筑,最后总被白白利用。他们的人生和故事总被金融资本当成了城市的建材。

是巴尔扎克和后来的马奈、左拉给我们补充上城市化叙述的残缺的部分,使城市可说、可论、可写,成为一个有下文的故事。那么,今天的中国城市化的那一需要被补上的命运背景,在几十、几百年后将由什么来叙述?要知道,并不全是资本主义和工业化,而总是还要加上城市化,才使人类文化变成目前这种样子。但城市化也将马克思说的上层建筑推入了商业开发。而资本金融化、城市空间被商品化后,也将被进一步地金融化。这也是今天的城市化这一摧枯拉朽的过程后面的基本运行逻辑。在马克思之后,我们必须延长他的思想的线束,来讨论我们今天所处的城市命运,讲出我们时代的城市化史诗。

平心而论,除了拆迁本身造成的后果,奥斯曼的城改并未主动加剧人们之间的社会隔离。他当时心中想得最多的,不是通过城市化来提高资本的利润率,而是想要在对巴黎的城建中去恢复巴黎那种罗马帝国式辉煌。而当时的巴黎还是广大游牧者的海洋。大家本来也还没有得到来自社区的稳定感,很难说对城市片区已抱有忠诚,所以,当时的拆迁在市民心中造成的隔离感,比今天要少得多。[2] 倒可以说,在那时,社区感就来自对新的城市

---

1 David Harvey, *Paris, Capital of Modernity*, op. cit., p.260.

2 Ibid., p.234, p.236.

生活的组织和排练。在那时，行业和手艺带来的忠诚和团结，已日渐式微，人们想通过新的方式生活到一起。重建一个新的巴黎反而能给人一些归属感。但这只是出发点和用意，并不能改变城市化齿轮的那一动力逻辑本身。

而且，还可以更乐观地来看，因为，要知道，巴黎公社的共产主义情怀，也首先来自这种城市化过程，来自新的城市生活逻辑造成的新的工人之间的团结。这种团结已不是来自传统社区，而是来自城市化所推动的城市诸众之间。相比，当代中国的城市化是在走不一样的路径。中国城市化鼓励千千万万的农民工进城市找工作。他们在城市中也许没有归属感，但在社会主义建设之后，他们在自己居住的农村被分配了土地。他们绝不是失地后进城的，像在其他国家所发生的那样。这是区分中国城市化在全球城市化过程中的特殊性的很重要的一点，我们在分析中国城市化问题时须反复思量这一点。

在西方城市化过程中，阶级和社群也会动态地发生质变。在巴黎公社时期，不同处境的人们以不同的出发点在问：是搞革命？还是搞社会运动？是搞共产主义，还是进行劳动阶级的联合？仿佛社会在那时已被推进实验室，或被送上了医院的手术台。人们想要描画出各自的阶级特征，参演的各方都摆出了自己的赌注。[1] 在这世界上的第一次城市化过程中，人们都乐观地认为，社会是可以被这样排练的。但请看今天的巴黎、纽约，人们还能够对城市的未来抱这样的乐观态度吗？

在不到 20 年的巴黎城市化之后，奥斯曼最后还是倒了台，其原因表面上是：他的金融帮手佩雷尔（Pereire）兄弟的银行太激

---

[1] David Harvey, *Paris, Capital of Modernity*, op. cit., pp.219-220.

进，最后收不住手了。但实际是，地产界嫌他的城改项目太总体化，不光拆和建，还进入慈善和拉拢下层阶级的地步，太面向社会改革了。他们于是就非常害怕他走出下一步。工业界则恨他将市中心腾空，会降低工业在城市中所占的那些地理位置的重要性。到最后，只有工地上的民工是全心支持他的，因为他们都需要一份工作来养家。而奥斯曼就是任劳任怨地替政府用城市化同时吸走剩余资本和劳动力。[1] 而这在后来西方所有的城市化过程中，都将成为标准的操作流程，成为任何形式的城市开发的不二法门。这绝对是奥斯曼对于当时的巴黎和后来全球各地的城市化的史无前例的贡献。因为，不稳住就业，城市化就是空谈；而要开发，就必须通过银行来向开发商和住户同时放款，这仿佛是用两只水泵同时一抽一灌。最后就一定会走向金融灾难。

1945年后的美国的郊区化，就是为了安排从"二战"战场上回来的大量精壮劳力，同时吸走战争中积累的大量的剩余资本和产能。因为快速的城市化所铺展的空间，需要无数的商品去填充。这一用商品填充新的城市空间的做法，是对于经济的最立竿见影的拉动。2007年后的中国的城市化加速，也是为了同时减轻高速增长的工业化和随后由生产自动化带来的就业压力，也是要通过进一步的城市化，来消化剩余资本和剩余产能，大幅度减少商品积压，使经济系统继续高速前行。

到最后，在整个城市化过程中，城市本身总会成为最大的投机者。像赌徒那样，它在危机中成了一头左冲右撞的疯牛。左拉在《萌芽》中这样写出形形色色的普遍的投机心理：人们开始像

---

[1] David Harvey, *Paris, Capital of Modernity*, op. cit., p.136, pp.147-148.

投资一只股票那样来投资一条街道了。[1] 左拉小说写的实际上就是城市化和巴黎的房地产开发的故事，却抓住了城市化的本质。在当时的巴黎，钱使科学能够有新发现。也是钱生产出了进步，他说。[2] 为城投所需而建立的那个信贷系统，加速了生产力的物质发展和世界市场的建立。[3] 它既而就通过全球城市化，而埋伏到了一个个民族国家的城市化过程的背后，形成那个外围的全球信贷系统，成为全球城市化过程中最大的那个吸血鬼，吸干一切。

工业化之后必然会推动城市化，来给剩余资本续航，这是不可避免的。哈维在《马克思、〈资本论〉经济理性的疯狂》中通过描述技术与商品生产之间的关系，来说明其不可避免。他说，在工业化过程中，技术越进步，单个商品中凝结的劳动就越少，所需要的劳动力也就越少。这时，生产商品的速度就必须更快，哪怕只是为了保持与以前一样的产值和利润。由此触发的技术创新，又激化了资本系统内部原有的矛盾，城市化因此是经济理性走向疯狂的根本原因。[4]

马克思的《资本论》第二卷已清楚地告诉我们，在社会再分配中，商业资本主导的商品生产模式背后的逻辑是：必须用凯恩斯式的国家干预下的资本流动，来保证资本的正常速度和利润。因此就必须使城市本身卷入工业化，也就是将城市本身变成一个工厂，变成一个在自己之中生产自己的工厂，同时生产出商品和盛

---

[1] 引自 David Harvey, *Paris, Capital of Modernity*, op. cit., p.130。

[2] Ibid., p.118.

[3] Ibid., pp.113-114.

[4] David Harvey, *Marx, Capital, and the Madness of Economic Reason*, Oxford University Press, 2018, p.9.

装它们的空间。因为，由房地产开发所形成的新的商业空间，本身需要很多工业商品来填充，这就要求消费者在扩大内需之后，不断进一步扩大。城市化过程通过按揭、家庭装修、电视连续剧、汽车和手机等，来软硬兼施，逼我们完成指定的消费任务，使生产、消费和再生产过程形成回路。于是，城市建设最后就导向了国家主导的那种房地产开发模式，也就是用城市化来代替工业化，再用无穷的金融创新，进一步激活资本的流动和加速，用城市化过程中的商品空间开发和因这种开发而引发的对于空间内的商品的需求，去确保每年资本利润增长率不低于3%，使资本本身的流动能够正常化。但在资本主义的生境里，这将永远难以做到。

但资本流入城市化过程之后，又怎么再让它流出来，进入新的流通渠道呢？靠不断的金融创新就能完成这一任务吗？资本不流转就会死，我们必须想办法，把剩余资本吸收到资本的运动过程之中。资本只有在更快的流转过程中，才能使既有的资本运行系统本身不倒下。所以，在过去的150年里，工业化后积累的剩余资本，都悉数又被投进城市化过程之中。掘地三尺的城市化莫名其妙地时时改变着人们生活于其中的城市，时时改变着这个星球上的人类生活方式、对世界的心理构想、安全感、对平均寿命的期待，不是因为资本想要来关心我们或毁灭我们，而是为了保证它自己尽量能够苟延残喘，它不得不这样做，而我们是被动受害。

在全行星城市化的过程里也慢慢形成了一个专门从中获利的国际信贷系统。它跟着银行先贷钱给开发商，让他们去买地建屋，而银行则同时贷款给消费者，当按揭来用。这是朝两边灌钱，这到底是要干什么？最后会导向何种结果呢？

在城市化过程中，总存在着这样一个简单但惊人的资本的运

第五章 全球城市化之中国化

行逻辑:必须提前投入大量的钱,才能把已经挣到的钱挤出来。只有周转得快,才能捞出更多的钱来。这一通过挤压来使资本流动加速的手段,就由目前存在于全球经济系统之外围的那一国际信贷系统来提供。它与现代国家平行。各国的城市化之后都有这一无名的国际信贷系统在推动,同时,前者给后者维持着流转的生态,主要是通过不让资本和劳动力有剩余,使资本的流动保持在很高的速度。

这一国际信贷系统的存在,才使城市化变成了一种新的工业化过程,只不过我们的身体也被推入这一新的城市空间本身的工业化过程之中,被当成对城市空间的商品式生产的材料了。只有继续搞更大、更深入的城市化,才能稳住这一国际信贷系统本身。广大城市住民和城市本身也是为这一隐身的国际信贷系统而存在。

哈维认为,城市化的三个主角是:金融资本、房产利益和国家。它们正好对应了资本运动的三个环节:利息、房租和税。[1]今天,西方城市化过程中的所有主角都想为自己搜刮出利息和房租,要从城市空间的每一条缝里抽出利润来,最后就出现了格雷伯说的毫无意义的工作,和今天无处不在的外卖快递员这样的被细分到极限、更加分化的新劳动分工。是城市化造成了快递员这样的细分而万能的岗位:他们的身体与算法一起,成了平台公司的城市固定资本的一部分。他们被当作城市的基础设施来使用。他们的前身邮递员曾是很新潮的职业,但现在他们被与算法和计算机(手机)捆绑在一起,形成人-机器-计算机,成为算法平台上的一个标符,代表了那一架控制论机器,去与人接触。外卖快递

---

1　David Harvey, *Paris, Capital of Modernity*, op. cit., p.98.

是：云平台控制论机器绑架了快递员的身体，去与小区里的无数被孤立、被无产阶级化的消费者互动。表面繁荣的外卖和快递，也是人们在城市空间里被进一步隔离的明证。

2007—2008年的金融危机告诉我们，当前的全球资本主义系统危机连连，但让我们哭笑不得的是，它本身也是靠着危机一次次幸存下来的。一直以来，它总是用战争、瘟疫和经济危机来大面积破坏生产手段和生产关系，给资本主义的危机放血，来打开新的局面。比如在1941年的美国，将一半男性壮劳力送到欧洲战场打仗之后，又让另一半为前线的同龄人生产弹药、装备和给养，美国的经济列车于是就又飞奔起来。这样快马加鞭的生产，终于使1929年经济危机后的美国经济腾飞。[1] 那么，今天，全球资本主义系统将用什么手段来苟延残喘，才能最后金蝉脱壳？

而照现在的全球经济发展速度，到2030年，将有3万万亿美元需到全球各地寻找投资机会，难道到时再像在2007年之后那样，在这个星球表面上掘地三尺，通过全行星的基建，来使资本重新快速流动？我们已经为下一个后果做好准备了吗？

哈维认为，城市最终总会走向像巴黎公社成立前的巴黎那样的结局：城市里的那些炫耀式消费者长期习惯了舔蜜，而忽略了正在一边"嗡嗡"地准备蜇他们的蜜蜂。所有的城市最后都会成为这样一些封闭的洞穴："野生动物，全身发臭的野兽，喷毒汁的虫豸，所有的无法被文明驯服的反咬的变态者，吸血者，纵火者，以偷为乐者……所有的心灵中的怪兽和精神的残疾者，一群来自另一个世界的人口，不喜欢白昼、在幽远的长影中贪求落入陷阱

---

[1] David Harvey, *The Enigma of Capital*, op. cit., pp.215-216.

的人们。终于,有一天,驯兽者不小心忘了拿走动物园铁笼的钥匙,这些噬血的怪物就野蛮地嘶叫着冲了出来,闯到城市各处乱咬。"[1]

当时,哪怕巴黎公社没有到来,城市化也在每一个人的日常生活中划下了一道道深深的伤口,就连一对坐在咖啡馆内的无辜的恋人,也不能幸免。波德莱尔的诗《穷人的眼睛》点睛式地描述了巴黎的城市化在人民的知觉、情感和心理上造成的微妙的转折:

晚上,你有些疲乏了,想到那家新开张的咖啡馆去坐坐。它坐落在一条新街的拐角,虽未完工,但堆在那里的石灰和瓦砾掩饰不住其豪华。杯中的咖啡闪着光,瓦斯灯放出了刚点着时的全部能量,毫不吝惜于它的光和热。室内四壁雪白,耀眼,一面面大镜子真炫目,房顶的护条和檐板都金灿灿闪着光。肥耳圆腮的侍从牵着链绳跟在狗的后面,太太们向手上捧着的猎鹰微笑。一群群仙女头顶着水果、馅饼和野味来往穿梭,赫柏和加尼米德平伸两臂,端来盛着甜奶油冻的双耳尖底瓮,或装满冰激凌的套色方罐。所有这些奔走忙碌、这些神话中的场面,都为一个目的——饱人口福。

这时,在我们正前方的马路上呆立着一个四十来岁的男人。他面色疲惫,胡须灰白,一只手拉着一个男孩,另一只抱了一个还不会走路的婴儿。他正担负起女仆的职责,让孩子来呼吸一下夜晚的空气。这三张面孔都极其严肃,六只眼睛呆呆地盯着新开张的咖啡馆。虽然同是赞叹的目光,却又因

---

1 David Harvey, *Paris, Capital of Modernity*, op. cit., p.274.

年龄而各有差异。

父亲的眼睛在说:"真美啊!真美!简直可以说,这可怜的世界上的全部金子,都堆在这堵墙里面了。"

男孩的眼睛却在说:"真美啊!真美!不过,这座房子只有那些和我们不同的人,才进得去。"

至于那最小的孩子,他被面前的景象弄得眼花缭乱,从他的目光中只能看出极度的、近于呆滞的喜悦。

艺人们的歌里总在唱道:快乐使灵魂变得善良,使心肠变得软和。就今晚的我而言,这歌算是唱对了。我对这个六只眼睛的家庭油然产生了一股柔情。不仅如此,甚至,我还为面前的过于丰盛的酒馔感到惭愧。我移过目光,望着你的眼睛,我最亲爱的,我这是想从中看出自己的思想。你双眼美丽绝伦,温柔无比,却也任性,明月般纯洁。我在你的目光中寻找……就在这时,你却对我说:"这些人把眼瞪得那么大,活像车店的大门,真让我受不了!你不能让咖啡馆老板来把他们赶走吗?"

唉!亲爱的天使,要做到心心相印是多难!人们的思想永远不可能相互交融,即使是热恋的情人也毫不例外。[1]

就这样,一对情人坐在大街上新开的咖啡馆窗前,梦想般地互望对方。他们在温暖的室内,互相陪伴,欣赏着对方,眼神同时徜徉在窗外的那一片欢快上。街上的热络,那种"巴黎春天"百货公司所代表的巴黎新生活的沸腾,仿佛是给他们做着伴奏。

---

[1] Charles Baudelaire, *Œuvres complètes*, Gallimard, 1975, pp.317-318. 上述引文为作者自译。

不一会儿,从他们的窗前走过的穿着褴褛的一家人,被咖啡馆内的氛围吸引,于是驻足瞟看窗内,两个儿童的鼻子甚至压扁在了透亮的窗玻璃上,惊叹着咖啡馆里面的人们身上散发出的那种靓丽。

"真美!"波德莱尔怂恿他诗中衣衫褴褛的人们残酷地向读者感叹。"真美!"但他们知道,这美不是给他们这类人留着的。他们最后总只能悻悻地离开。

美国城市学者马歇尔·伯曼(Marshall Berman)在《一切坚固的东西都烟消云散了》中评论这首诗时说,衣衫褴褛之人的着迷,"并不带有恶意;但他们目击了两个世界的鸿沟这一点,却是令人悲伤的。他们没表现出好斗,也不怨恨,只是顺从,这也就相当地令人悲哀了"[1]。也许,波德莱尔自己也认同于那个男性恋人,所以让他被"这一由好多双眼睛构成的家庭所触动"。[2] 他感到了自己与这一衣衫褴褛之家之间存在着奇怪的血缘关系与亲和性,尽管他们之间仍然有巨大的社会隔阂。他的恋人却不为所动,要咖啡店伙计赶走窗外的这一家人,赶到她看不见的地方。这些"把眼睛瞪得那么大"的人是波德莱尔用来使这个女恋人失态的:"真让我受不了!"

就在这一刻,波德莱尔拔出了他的诗歌创造中的一把伟大的匕首:此刻,对视中,"两个恋人对对方于是就爱得少一点了"。在波德莱尔眼里,城市化是外向的,是城市的自我剥光,于是,私人身体在公共空间里,或者说,公共身体在私人空间里,都捉襟

---

[1] 伯曼很形象地从这一首诗出发,去重现巴黎公社成立前巴黎的城市内部的阶级矛盾的尖锐程度。他这是在与 1980 年代的纽约做类比。(Marshall Berman, *All That Is Solid Melts into Air*, Penguin, 1988, pp.148-151.)

[2] Ibid., pp.50-51.

见肘了。城市化过程在这一瞬间里离间了一对恋人,将他们之间的爱各自打了折。从此刻开始,他们都比前一刻要少爱对方一些了。

"两个恋人对对方于是就爱得少一点了。"真的是一句诗的力量能超过很多本书啊。面对冰冷的城市化过程,我们手里却还有文学和艺术。是文学和艺术使我们看到了"这一由好多双眼睛构成的家庭"。波德莱尔具有伟大的预见力,最早看到了那一对眼睛和由好多双眼睛组成的那一家穿着落魄的人。

要知道,波德莱尔的这一描述也可被套用到 20 世纪或 21 世纪的我们正在经历的城市化过程中,也可被套用到巴黎的那么平常的一天上。"正在下雨。那么,就写一下最平常不过的雨,来结束本书吧。"1986 年的某一天,哲学家路易·阿尔都塞在《偶遇唯物主义》的结尾这样抒情起来:今天的这一最平常不过的雨,他说,其实也是一场深刻的雨,是哲学家卢克莱修说的原子的平行掉落,是斯宾诺莎说的无限的特性的平行降落,而且,这场平行的雨,也揭示了哲学史、宇宙史和地球的生命史的全部秘密。它是历史的一部分,比"我"在巴黎的存在更真实地存在着。平常却又神奇的雨啊,丝丝地往下落,天物般,也地物般地一直往下坠。生命就这样滴答、滴答地堕入了时间和空间开始之前的前历史的"虚空"之中。它稳稳地下着,像下着原子,跳着原子之舞。[1] 看着巴黎的雨,阿尔都塞出神了。城市化到底是一个什么样的过程呢?如何用历史主义的眼光去看它在宇宙的历史中的地位呢?它将如何完结呢?

---

[1] Louis Althusser, *Philosophy of the Encounter: Later Writings From 1978 - 1987*, trans. by G. M. Goshgarian, Verso, 2006, p.167.

在历史中,一切也都互相平行地在往下坠落,并不互相连接,互相看不见对方,互相限制着对方地往下坠落。它们掉落,直至在某一处打滑,分叉出一小绺,让一种偶然的小东西,来打破这一平行,产生无限的分叉,形成 clinamen(偶然偏离、分叉)。[1] 也正是它改变了历史,又是它开始了新的历史。就这样,阿尔都塞为他自己找到了城市历史的另一个转折点。他无法相信当前的历史会永远地统治着我们。那么,我们呢?我们如何在这全球城市化中找到我们自己的那一偏离或分叉呢?

也是在这一直通向 21 世纪的城市化的过程中,列斐伏尔也曾在某一天站在巴黎的公寓窗前,像阿尔都塞这样出神过一番。城市化吞噬了我们。我们正高速下坠。

那么,什么样的历史将接住加速下坠的我们,来稳住我们呢?我们又将如何从中分叉?引领着全球城市化的中国的城市化将何处去?这也将是我们必须像阿尔都塞和列斐伏尔那样去沉重地思考的问题。

最近出版的《向深圳学习》一书将发生在中国的城市化,理解成了去中心化。而该书想要用 citification 来指城市的重新中心化。于是,城中村被作者们理解为城市化核心的克莱因瓶,是城市中心化过程中的不可分层、无法定向的拓扑点,是永远不可被城市化的那一个个的点。本书认为,被《向深圳学习》一书描述的城中村的命运,也将是中国城市化的终结点。在未来,小区也将是城中村。长远地看,城市小区在目前这种城市化过程中,没有前途,因为它集中了劳动力,最终却不能创造出新的经济发展

---

[1] Louis Althusser, *Philosophy of the Encounter: Later Writings From 1978 - 1987*, op. cit., p.169.

的格式,来向大多数小区住户提供能够发放正常收入的岗位。

放眼全球,我们也看到,已经没有让大多数年轻人获得生活尊严的工作了。在目前这个全球城市化过程中,也许永远都不会有那种让一个人可以在底层谋生一辈子的稳定工作。为什么会没有那种工作了呢?因为,我们进入了残酷的金融资本主义的最后阶段,而资本要在全球范围内获得年增长3％的利润率,比登天还难了。这时,它创造出来的工作机会,也全是格雷伯说的垃圾工作。这种工作的数量再大,也扩大不了经济系统急需的那种内需,同时也使投资变得没有意义。正是全球金融资本制造出来的这种垃圾工作在制造出大量的"躺平者"。我们正在承受的,是某种社会归属感的消失,和一种特定的社会里的、人类学家米歇尔·阿格里塔(Michel Aglietta)说的基于工资的社会和阿伦特说的基于工作的社会的灭绝。这一给予人社会身份的"工作",显然不是人类学家和哲学家说的工作。它也不是农民耕地、工匠精做产品、作家打磨他的文本,或音乐家孜孜不倦地专注于其乐器的那种工作。正在消失的,是那种"抽象劳动",是那种可测量、可量化和可与提供者分离的劳动,是可在劳动力市场被购买到的那种工作或商业劳动。我们越来越难找到可用货币来交换的提供正常收入、给人带来安全感的工作或商业劳动,后者是在18世纪末由制造业资本主义发明,而被粗暴地强加到人们头上的。可悲的是,这种工作的消失,本来是两百年工业革命后的人类的伟大的集体成就,现在却因为我们脑中被灌输的各种关于工作的陈旧的意识形态,而被我们害怕。人们仍在沿用旧的想象力和利益算计,一个个政府也为了扩大就业而进一步扭曲经济,最终黯然倒台。这是因为,那种让每一个人都能在其中有一个地方、有一个未来的社会,那个"基于工作"的社会,已经死了。工作,在这个社会里只有幻影般的中心性：断臂者的对手的幻觉而已。[1]

而这后面的根本原因之一，就是今天的新的技术和资本形式导致了无产阶级化。因为社会创新跟不上技术创新，个人的知识生产被阻挠，数字技术产品代替个人做出决断和创造。过去的无产阶级化是被用来压低工资，制造廉价劳动力常备军，好把人们赶到一个低工资的新的工作环境之中。今天西方连这样的工作环境也没有了。整个欧洲的 30 岁以下的失业率长期居高不下，欧盟还专门为青年失业率超过 25% 的国家下拨了培训基金。[2]

实际上，在全球城市化过程中，中国的土地承包制下的农民，将是最后的星火。他们是社会主义土地所有制最后的堡垒。他

---

[1] "我们必须敢于准备从基于工作的社会中出离。那个基于工作的社会已不存在，而且它将再也不会回来。"在我们的社会中，"一个新的系统已被建立，它正在大规模地取消工作"。(André Gorz, *Reclaiming Work*, trans. by Chris Turner, Polity, 1999, p.57)

但是，"超越资本主义社会的可能性，也是内在地隐含于资本主义社会的演变之中的"。(Ibid.)我们必须在里面证明可以对此做一点事，必须以这样的精神去构划出一个政策的集合。"以下的每一个政策单个看都是成立的，但必须被与其他两个政策组合在一起，被它们支持。每一个都在襁褓中了，但还没有足够的活力来有力地前行，会被主导阶级利用而被搞臭：

1. 保证所有人有充分的收入；
2. 将对工作的重新分配与个人、集体对于时间的支配结合起来；
3. 鼓励新的社会组织蓬勃发展，建立新的合作和交换模式，由此使社会联系和社会融合远远走到工资关系之外。"(Ibid., p.59)

这三点，社会民主国家里的左派和右派都同意，分歧在于，右派，如芝加哥学派的新自由主义经济学家们认为，收入必须不足，才能迫使个人去挣第二份收入。左派则认为，收入必须充足到不工作也能全职为社会服务和自由地发展自己的能力，理由是，一个人不为社会工作是找不到活着的意义的。

[2] "2021 年意大利青年保障计划，30 岁以下就业实习可以参考"，网易，2021 年 7 月 10 日，详见：https://www.163.com/dy/article/GEHKEASM0525SGMA.html。

们的存在，证明了由城市化撒到广大农村的那一城市肌理之网，最终仍是吞不下各种城中村的。后者终将作为超级城市中的"城中村"而继续存在。当前在中国城市化过程中发生的，也是人类历史上从未有过的情形，而且，这还将被带进全行星空间内。这种全行星化下的城市化哪怕夹裹了全球的所有角落和所有人，也将吞不下向集体承包了土地的中国农民。

## 6 为了全球信贷系统的财务收入？  还是为了我们的居住？

全球资本已进入被无界限地驱动的过程。哈维在 2017 年接受的访谈中，反复向我们强调了上面这一点。[1] 他认为，是资本打通了全球血脉。它的剩余价值的量的边界，仅仅成了一种天然的屏障，只是供它自己不断去践踏和突破的；它是不断想要冲到它自己之外去的。中国是全球资本新发现的一块沃土。哈维的《马克思与〈资本论〉》中的主角是中国。他要将中国当成他讲述

---

[1] "马克思认为，矛盾永远普遍存在。在今天中国的发展中，确实存在着马克思主义提出的内在矛盾。比如马克思价值理论强调竞争，今天的中国道路和全球经济运行模式之间就存在合作与竞争关系，如何用马克思主义去阐释这一种矛盾，在学理上很重要。""我已经不再年轻，否则想要做一个项目，把马克思的金融、地租理论与中国房地产现实连接起来做研究，我非常愿意和这里的学生组成小组一起开展研究。我从事了 40 多年的马克思主义理论研究，我研究的从来不是枯燥的哲学，我所关心的是：用马克思主义去理解周遭的物质世界。"见："独家对话大卫·哈维｜带中国青年共读《资本论》"，江苏网，2018 年 5 月 4 日。详见：http://jsnews.jschina.com.cn/zt2017/mks/jdt/201805/t20180504_1576880.shtml。

的全球城市化故事中的主角。

中国的城市化正在为全球城市化开天辟地。哈维写道，2011—2013年，中国消耗的水泥是美国在整个20世纪消耗的水泥量的145％。2007年之后，它通过到全国各地消耗十几亿吨的水泥，来救活全球的经济。而这一番水泥钢筋铺到全国各地之后，全球的环境将进一步承压。这并不仅仅是中国人的责任，从世界系统和世界市场的角度看，中国这样做，是为了世界其余地区，为了这个全球经济系统的稳定。[1] 因为，不开动中国这个火车头，全球经济就要熄火。这就是本书所说的"城市中国化"的那一转折关头：中国的城市化从那一刻开始，就已在引领、维持全球城市化过程，为世界其余地区的进一步的城市化提供了外在标准，定下了新尺度。

大卫·哈维认为，危机前，中国已至少消耗全球一半以上种类的占全球67％—70％的量的矿产品。[2] 哈维说，2007—2008年金融危机中全球资本主义系统没有倒台，全是拜中国的生产性消费的持续增长所赐。从之后的情况看，这么说应该算公允。

全球金融危机期间，中国的出口也曾面临20％—30％的紧缩。2000万—3000万个中国的工作岗位消失或将要消失。但是，到了2010年，美国的工作岗位丢了750万个，中国却只丢了300万个。在危机之后，中国至少吸收了1700万劳动力到各种工作岗位上。这样规模的扩大就业，也是史无前例的。[3]

---

1 David Harvey, *Marx, Capital and the Madness of Economic Reason*, Oxford University Press, 2018, pp.177-179, pp.188-192.
2 David Harvey, *Marx, Capital and the Madness of Economic Reason*, op. cit., p.163.
3 Ibid., p.165.

为此，中国政府升级了其实一直都在轰轰隆隆地进行着的基础设施建设和重大工程建设。政府鼓励国有银行积极推动贷款业务，好在中国的银行系统是政府导向型的，必须为国家政策指明的建设重点服务。中央政府也有巨额的外汇，可对冲危机时有可能发生的金融风险，也可以向金融机构导入更多资本。在这样的百般呵护下，中国的房地产开发通过释放这种巨债的反价值（anti-value），来助推商品空间的价值生产继续向上走，来吸收更多的剩余劳动力，来稳定国内经济秩序和全球市场。

这些都是符合经济理性的行为。哈维的讨论重在强调：城市化就是由工业生产转向了对生产产品所需要的空间的生产，是要用城市化这一抽象空间的大网，将整个生产领域和消费领域囊括进去，进一步扩大再生产，解决全球市场经济发展的内在矛盾。于是，对城市空间的生产替代了对产品的工业式生产之后，城市就成了金融资本的实体运作场地和筹码。

回头看，我们会发现，中国是有史以来向城市化转型最快的一个民族国家，快到本书都不得不重新去认识中国的世界身份，重新认识什么叫城市化，什么叫城市了。因为，目击了惊人的中国城市化过程后，我们对这些老概念也都需做出重新认识。因为，用原来的城市化理论，是根本无法预测中国城市化最近的这种弯道超车的。但尽管我们还说不出一个所以然，砖头加钢筋的中国城市化却已像一台巨型雕塑那样，堆在了我们面前。这就像黑格尔说的一个民族的建筑：千言万语说不完自己到底想要表达什么，于是就做一个建筑放在你面前，但建筑本身就是一个象征，是能指和所指的叠加，已说出了一切。至于它到底说出了什么，仍是要很费一些思量的。

2007年之前,中国还没有高铁;2015年年底,中国高铁的营业里程为1.9万公里,这从任何标准来衡量都是够惊天动地的。[1] 中国的城市化虽然速度快,规模也大,但并不完全是一种完全创新的城市化或经济发展模式。

20世纪60年代的美国是通过郊区建房和往房子里塞东西,而走出经济危机的。但正如2007—2008年的全球金融危机告诉我们的,这其实也正是危机的原因,在推迟之后,又加速了下一个危机的到来。[2] 2008年后,中国的城市化加速了,但宏观上看,与1848年后拿破仑三世和奥斯曼式的巴黎重建及"二战"之后的美国郊区化模式有一定的相似之处。但中国城市化更快,规模也更巨大,加速扩张了全行星城市化过程中的使用价值和交换价值。[3] 中国的城市化的动员规模和后续效应,是前无古人,后无来者的。

爱尔兰商人在2007年的危机前,跑到纽约去买楼;20世纪90年代初的日本人也是要买下整个纽约。这都是过去两百年的城市化的故事。资本就是为了人和机构的投资需要才去造楼的,不再是为了给普通人住进去。[4] 连绵的楼群将成为全球资本的过度积累的具体体现,与普通人的居住需求早已脱了干系。至于这样做能不能使经济安全转型,我们也不得而知。

---

1 "截至2020年底,我国高速铁路运营里程达3.79万公里,较2015年末的1.98万公里,相当于在'十三五'期间翻了近一番,稳居世界第一。""高铁里程五年倍增……",2021年2月3日。见:https://www.thepaper.cn/newsDetail_forward_11199375。

2 David Harvey, *Marx, Capital and the Madness of Economic Reason*, op. cit., p.170.

3 Ibid., p.171.

4 Ibid.

但是,钱不管到谁手里,都仍必须继续滚动增值,因为只有这样,中间层,也就是那个国际信贷系统,才可拿走它们的财务收入,这才能维持整个链条的顺畅,这是金融资本的基本运行逻辑的要求。但是,这样一团巨大的债务会像滚雪球一样,吸走人们的所有,使一切都凋零,就只为它自身的增长数字显得好看一些,可让表格上的复合增长的递增箭头更上翘,直到它再无任何东西可吸为止,最终因为它的动能无法减慢而溃决,于是将一切都拖进深渊。这就是上文分析的抽象空间的功劳。也无法阻挡它,连最能说会道的经济学家,连曾经的美联储主席格林斯潘,也只是眼睁睁地看着它发生,最后也表示束手无策,因为电脑背后就是一个自动交易系统,眼和手来不及跟上它。这是格林斯潘在美国国会解释为什么会发生2007—2008年的金融危机时给出的借口。

在这债务膨胀的过程中,今后的两代人以上的发展资源,就被提前抽干。他们的未来提前被充公,这就像透支地底下的石油,将未来几代人的存储也都提前抽出来用掉。这就是全球城市化的倒吸效应。

全球资本主义的发展从1973年开始进入由债务经济的主力来推动的过程。进入债务经济是全球各经济体的命运。人人欠债才能推动经济发展。哈维和格雷伯都认为,全球资本的高速的自我挤榨,至今已没有余地,所以必须让所有人都欠债,更卖力地以自己的体力、心力、脑力,为全球资本付出劳动,继续贡献自己的劳动,被榨出剩余价值,使全球市场系统不倒。必须使人人欠尽量多的债才行,否则,资本的流通效率就不高,主导者将无法挤出他们所要的更多的用来维护这个剥削系统的利润。只要

利润产出增长率是零,整个系统就会崩溃,这是无论如何都不可以让它发生的。正是

> 通过创造负债,事先叫银行完全独立于任何价值生产地创造货币,社会的分配场地才内化了通过价值化来维持循环的巨大冲动。下面这样说是一点都不过分的:事后收债的动机,在今天是与谋求利润一样地急切的。债是对未来的价值生产的认购,因此,放债是对价值化的未来的提前没收。不能收回放债,会给资本流动系统带来没顶的危机。[1]

而这就是当今西方社会的内卷的真正原因,因为年轻人的未来早就被那个国际信贷系统没收了,他们将在今后 30 年的生活里一直都在还各种按揭。正如在美国,年轻人向父母欠债,向大学欠债,向公司欠债,向银行和国家欠债,欠了房子按揭后,也就欠下了所有其余。债务成了某种人人都摆脱不了的原罪。[2]

西方青年人的未来被提前押掉,再也赎不回来,这才是真正的内卷。内卷一代不知道自己的未来已被卖,这是因为,大家不知,钱、税、债在背后是联通的。格雷伯在《债》的最后一章中写道:钱是占领军强加给本地人民的,而债是西方国家强加给人

---

[1] David Harvey, *Marx, Capital and the Madness of Economic Reason*, op. cit., p.23.
[2] David Graeber, *Debt: The First 5,000 Years*, Melville House, 2014., pp.14-19.

们的压迫关系本身。[1] 格雷伯因此认为,毫无意义的工作和债务是一体两面,使西方人失去政治意志,因此人们无法走向那一个自由的开放社会。

根据人类学家莫斯的观点,最初是礼变成了债。但后来,西方国家开始强加按揭和学生贷款给年轻人。在国际上,债成了一种威逼和勒索:双向的,全世界付钱给美国,让它来搞定"安全";美国却屡屡通过霸权,来使世界动荡,各国因此更想求助于美国来获得安全,陷入恶性循环。而美国的军费和军火又加剧了全球的债务。对此,格雷伯是这样解释的:大规模的军费和军火生产是吸收剩余资本的最好途径,有多少就能吸掉多少,并且可以年年升级,避免了经济系统发生危机。[2]

格雷伯认为,货币没有本质。它不能算"真"的东西,它的本质总是被政治地争执的。[3] 从 2020 年看货币的起源的话,情况是这样:美国养军备的钱,是要世界其余部分来付的,其他国家通过买美债来付,来获得某种"安全",虽然美国才是最大的不安

---

[1] 拉扎莱托指出,正是"债将经济、政治和社会串到了一起"。由此,资本主义系统将阶级斗争逼进了债的经济之中,逼进了债这一抽象、去界的领域。无神论能帮我们把绑架我们的债道德和债话语都抛在脑后。按照拉扎莱托的说法,"农业补贴、教授的科研经费、失业救济金,都是债的形式",是来剥夺人们的行动和决断能力的,使人们永远不能自己来立法,而自我立法是自治的本意。债、按揭或补贴像一张大网,罩住了一个人的主体性。这是机器式制服,是用你自己的手机就能将你按倒在地的——如果你还不上贷款或按揭的话。德勒兹和瓜塔里说,在机器制服之下,个人成了裂人,群众成了样品、数据、市场或数据库。刷信用卡的人就成了这个消费社会里的一个齿轮,只签字,而钱到手这个过程是在不知哪里的进行的远处。这就是通过借钱来捕捉个人的主体性。

[2] David Graeber, *Debt, The First 5,000 Years*, op. cit., pp.365-367.

[3] Ibid., p.372.

第五章 全球城市化之中国化

定因素。但我们都知道,美国在同时维护和搞乱国际安全环境,它自身是这个世界最大的不安全因素。

格雷伯从当代的全球不正义秩序中,推理出了几千年前的货币的起源。这一货币的起源之说正好也可用来解释今天的美元和美国霸权。[1] 他的人类学研究将当前的世界霸权后面的深层结构说得很清楚了:货币是军事占领时强加的。债是数学式暴力,是对交换投毒。格雷伯的《债》能帮我们理解,在这个温水煮青蛙的当代世界里,那一温水到底是什么。美国用军事手段将美元强加给各国,还无能地将这事儿搞砸了,要将由此引起的巨大军费摊到各国头上。1944年,英国经济学家,也是时任的财政大臣凯恩斯,被叫到华盛顿,被美国这样怂恿:你们只能放弃大英帝国了,这样就可免掉你们向我们借的军费。连智商很高的凯恩

---

[1] 新自由主义式资本主义统治下的市场凯旋、治理自动化和债务经济的去政治化最后并没有搞定一切。我们正在制服那一正在包围我们的日常生活的内战。我们必须组建战争机器来反对当前的资本主义。资本不是结构或系统,而是"机器"和战争机器,我们看到的经济、政治、技术、国家、媒体等,都只是资本这架战争机器的策略式表达。"资本积累到何种程度,其漫无边际和无遮拦的破坏力,也被积累到了那种程度。"(Eric Alliez and Maurizio Lazzarato, *Wars and Capital*, trans. by Ames Hodges, The MIT Press, 2018, p.11.)环境不是被人类和他们的需要破坏的,是资本破坏了它。生态危机不是现代人类盲目追求技术发展的后果,而是有些人要通过无度开发所有人类和非人类资源,来实现绝对主导这一全球地理政治策略导致的。我们也必须让我们的敌人们听到经济、民主、一般智性后面的大规模智能性后面的多重战争的隆隆声。我们必须意识到,经济是资本的战争政策。资本对于暴力的积累和垄断,与国家对于暴力的积累和垄断之间是互相维持的。不对外发动战争,国家不对内发动各种主体性之间的内战,资本就永远不会形成。倒过来说,如果不是资本捕捉和价值财富,国家永远不可能来行施其主权功能,而上面这一切都基于国家要组织出一支军队。……而我们今天是亲眼见到了美国霸权的实质:钱和资本是战争的继续,城市化是它的症状之一。

斯都没算到美国会走到这一步。凯恩斯反应过来了,问:那我们放弃后,你们就对冲掉我们"二战"中向你们借的巨债?是的!对方回答,他们是早就算计好这一步了。但只说一半,另一半要下家自己去猜。凯恩斯回去就得了严重的抑郁症。

但是,总是全球人民自己将那一精神和身体上的债压到了自己头上,既毁灭悲苦的人们的身体,也毁灭物理世界和活物世界的身体,造成巨大的环境灾难。面对这样一种债的世界,法国哲学家和物理学家米歇尔·塞尔要我们乐观:未来将是青少年的世界,少女们将统治这个世界。他这样向她们求告:"女智者们,我要为你们的到来而歌唱。我们要你们生出我们。过去两三千年的父子关系下的死亡统治的历史,只是人类在娘胎里试图向外奔突。我在米开朗琪罗的《哀悼基督》中看到,犹太少女,也就是耶稣或后来的基督的母亲玛丽亚,在十字架前直面儿子的死亡时,没有任何仇恨和报仇的念头。这是在给我们立下新的法,是在宣布父传子式的用债和死亡来统治的时代的终结。"[1] 我们只好依赖她们以新的勇敢的姿态,去终结这种以债还债的恶性循环,至少能帮我们的下一代去终结这一循环。

今天的青少年在手机屏幕上能做一切,也包括用它立法。这些善于用拇指点开手机屏幕的青少年,将宣布弥赛亚的到来,免除一切债务和战争,斩断那根罪恶的父子关系的基于各种原始积累的统治毒链。于是,塞尔这样发展格雷伯的债论:康德说人人天生带着责任和道德,但我们一生给父母、子女的付出,最后又被谁收去了呢?上帝?但基督上了十字架,早替我们还过了。谁

---

[1] Michel Serres, *Darwin, bonaparte et le samaritain*, Le Pommier, 2016, pp.69-71.

偷走了我们一辈子的付出？是西方国家、资本家和各层剥削者。西方国家是资本家和各种剥削者的篡夺工具。还有：美国。它养着很贵的军队给全世界维持秩序，它的军费债务必须由全球人民来还。青少年们，你们在未来一定要打破这种古老的债务逻辑。[1]

讨论到终结一切债务这一前景时，格雷伯问出了下面这一问题：为什么我们必须还债？这事儿与道德有关吗？如果全体中产家庭拒绝还住房按揭贷款，银行和法院不就会崩溃？但是，格雷伯接着说，债还有很重要的心理制裁的功能，所以中产阶级是最不可能不还债的。而这种不敢不还，也正是尼采说的无限债务对人类造成摧毁性打击的原因：基督教和全球资本主义的信用基础，就建立在这种无限的、先欠下然后赎还一生以上的债务的做法之上。中产阶级是最严格地执行这个义务的那一阶层。人们必须还债，这种道德在格雷伯看来已成了今天的统治逻辑后面的最大理由。那一潜规则是：必须让人们欠更多的债才更容易被统治。

可以说，债务也是资本在未来两代人身上铺设的属于它自己的流通管道，甚至影响了未来几代人之间的生态。债务已是地球上活着的这三代人与之后两代人之间的生态中的真正雾霾。它也是我们为生态正义而进行的斗争中的头一个应该攻打的目标。当前这三代人后面，又会有两代人需要欠更多的债，才能从上一辈手里赎回他们的自由。他们不继续比上一辈欠得更多，欠人性、欠自然、欠自己得更多，资本主义系统就无法继续运转。这不也是一个全球生态问题，甚至整个文明的生态问题吗？这还只是一个代际生态正义的问题吗？

---

[1] Michel Serres, *Darwin, bonaparte et le samaritain*, op. cit., pp.65-67.

## 7　中国城市化是中华复兴的一部分

为了确定城市和城市化的中国化的性质,我们不妨用大卫·戈塞特在其《中国的复兴》一书中所说的"中国动力学",也就是今后的世界系统或将由中国的发展推动这一眼光,去做出进一步的掂量。他强调,理解了中国复兴中四种元素的复杂性,就能帮助我们认清中国和中国式城市化在全球化过程中,或在本书中所说的中国城市化在全球城市化中的重要性。[1]

第一种元素是人口。到最后仍是人口说了算。欧洲加上美国的总人口将少于中国。预计到 2050 年,100 亿的全球人口中,中国仍会占 10 亿以上。而当前全球范围内的消费式生活方式,是不可持续的,人口还会变化,社会会越来越复杂,人均寿命会被大大地延长。到 2050 年,全球总平均寿命有可能会达到 90 岁。那时将会达到高度的城市化,几乎所有人都将住在城市中。[2]

---

[1] David Gosset, Limited Views On The Chinese Renaissance, Shanghai Translation Publishing House, 2018, pp.5-8.

[2] 但是,我们将需要转基因食品、核电、高分子化工。我们真正的敌人将是计算机。这样一架愚蠢到自己的电费都付不起的玩意,却要来霸占我们的未来,来毁掉我们的这种碳生命形式。洛夫洛克预言,新西兰、澳洲和英国将是全球变暖后的最佳的人类世定居点,因为能隔海自防,不会被难民冲垮。(James Lovelock, A Rough Ride to the Future, The Overlook Press, 2015, p.29.)福建的宁德、漳州、浙江的临海,才是我们中国人的救命稻草。全国也许将有 24 个独立的核电供应点。根据洛夫洛克的预测,未来将出现电子生命,或半人半机器。我们将是他们的父母,但他们将不是我们的孩子。他们将接受生物圈的适者生存的层层淘汰测试而过关。我们也许将不能过关。

停电一星期,城市里就会尸体堆积。拯救地球式的风力发电是不行的,必须加速搞核电。高密度的城市将是保护盖娅的唯一办法。但我们必须学会使用二氧化碳、氮和水来合成食物,而且,在这样高密度的城市里,食物的自治也应到这样的程度才安全:在步行所及的地点就能解决我们自己的食物问题。人行道两边都应被种上粮食和蔬菜。

但到那时,我们也将扔掉原来的那种城市逻辑,克服那种我们目前看到的城市肌理对于人类居住的规定。戈塞特并没有说那时的城市里将存在一种怎样的社会关系,大家将会发明出什么样的生活方式,来支撑那时的城市生活方式,也没有说人们在那时会有哪些新的自由,来推动各种城市实践,使城市成为人类的更好的幸存地。一句话,这个分析未能考虑到城市住民在未来的能动性,于是将今天的世界城市圈内的住民的普遍被动认作当然,更没有考虑到本书所说的作为一种集体体外化过程的城市本身的技术命运:当前的平台城市到时将被拖到哪一种平面上?那将是怎样的一种集体体外化过程?

戈塞特强调的第二个元素是技术变化将会带来的更多的复杂性。在今天,谷歌已经是数码领土、全球网络主权领土上的真正的主权者或者说霸主了。它目前也通过谷歌地图和谷歌城市这样的平台技术,控制和修补着这一领土后面的深层的统治语法。在传统的地理政治逻辑眼光下理解,主权范围是领土加海洋层面,再加上空中和太空。法理学家施米特在1957年发现,太空将是真正的战略争夺地,将是未来的主权的落定之处。今天我们却发现,网络空间或者说全球普遍云计算平台,才是施米特所说的那个第五战略空间。但是,我们也发现,人工智能对我们的冲击,算法对于人类行动的捕捉,都使这个第五空间成了德勒兹说的"控制社会"的一部分。

量子物理学带来的量子计算和量子通信,可能会进一步扩展那个网络空间。而在量子计算方面中国目前是走在最前面的。在现有技术创新模式下,量子计算很可能会将中国拉到计算技术的最前端。技术之复杂性对我们的未来的进一步的冲击,还包括基因编辑对于人类本身的生物未来的可能的修改,而中国在这方面也走在了世界前列。因此,戈塞特向我们强调,中国的复兴是伴随着这些新层面的到来而展开,是在另辟的跑道上将世界的其余地区甩在后面。而更多涌现的复杂性,将是对中国在全行星空间内的未来发展有利的。

戈塞特强调的第三个元素,是全球权力坐标的散落。我们知道,手机加上它所能调度的网络空间,能让我们做两件事,而它们都是前所未有的:信息获得,以及知识生产对个人的增权。[1] 在社交媒体上,我们每一个人都成了新闻发布者,社交网络造成了一种好的"民粹主义",虽然我们因此也深受后真相政治之苦。这一网络或平台民粹主义将会把我们这个世界带到哪里,还有待观察。但看看美国总统特朗普上台和下台的场景,我们就可以知道这种社交平台上的民粹主义本身的复杂性。但我们必须对之抱开放态度。塞尔说,这些坐在我们的教室的拇指小姑娘已不再承认我们分期、框定和建立的那些古老机构:老房子、娱乐渠道、大教室、斗兽场式的阶梯教室、校园、图书馆、实验室,甚至知识——今天的知识已不通过教师的教学来传播。[2] 所有的知识和所有的人全在网上,被搅拌到了一起。在实地上的,已经是一个假学校,互联网吞掉了我们以为存在的那个学校。有了互联网,我们必须假设:所有的知识都已传达给了所有的人,只要检索,就能到达,只要编目,就能占有。

我们已进入历史的温柔时代,手机姑娘是第三种英雄了。我们已不小心闯入她们布下的无政府主义式天罗地网。淘宝是她

---

[1] 见 https://www.bilibili.com/video/BV17a4y1x7SA?share_source=copy_web。

[2] Michel Serres, *Petite poucette*, le Pommier, 2012, p.9.

们的捕鼠器。她们用手机向社会投进了一枚枚温柔的炸弹,写出一本书,也就是要来研究这之后的社会。虽然死亡是法则,我们的活着也是战斗——温柔的战斗——了。但我们可以通过温柔地逆熵,来活着。必须相信历史正由艰辛走向温柔。我们应该成为彼此的撒玛利亚人,温柔地为对方涂油。[1] 路德说,每一个持着《圣经》的人都是教皇。我们也应该说,用拇指在手机屏幕上重写着世界的青少年,是今天的领导者,已经是他们说了算。国家,也是他们的了。青少年手里的那一装置,也就是手机,是历史上最残忍的独裁者和太阳王们也不敢要的东西。手握手机的青少年代表了新的民主,新的知识民主。

我们必须指出的是,美国的帝国霸权的散落,不是由中国和其他国家来接棒,而将是青少年——作为数码原住民——对于这个行星世界的全面接管。他们将引领我们走出这种民族国家的地理联盟,走向一种新的国联,一种新的互联国,去过另一种减熵的生活。

戈塞特强调的令中国复兴的第四个元素,即他所说的未来复杂性,在于未来的不确定的地理政治的变化,后者要求我们同时思考与处理人口、技术、权力分散等问题。1945—1991年间形成的那一地理政治今天正在崩塌。历史终结了,美国会成为世界的中心,在全球化趋势下,我们必须有理论自觉,须知不是G7,而是G20,才能让所有的大陆都被代表。"多极"这一概念也还是不够的。关于现代的多重性这一概念,印度理解了,中国也以自己的方式理解了。而在其中,中国自己才是主要的变化因子。戈塞特建议,对于中国的复兴,我们(包括其他国家,尤其是西方国家)

---

1　Michel Serres, *Darwin, bonaparte et le Samaritain*, op. cit., pp.141-143.

必须理解,但不要太动感情,必须保持中性眼光,太狂热也不对。[1] 除此之外,本书认为,中国复兴还有这样一层意义:在生物圈内,通过帮中国找到新的经济发展模型,来使全球城市化被限制在一个可控的范围,在它自己的城市化的中、后场,勇敢地扛起全球的逆熵政治之任务。

那么,戈塞特说的中国的复兴具体是指什么?是指中国快速返回世界舞台,从明清的衰落,回到它作为第一世界中的新生力量的强盛。这也是指它从冷战时的社会主义阵营中,回到世界市场之中。中国作为市场,有巨大的体量,也深不可测。但是,经济和市场只是其复兴的手段。戈塞特提醒我们,中国在 1978 年后在世界舞台上的快速的重新出现,实际上只是回来,是回到它应该在的中心位置,并不是所谓崛起。[2] 这一提醒也是很有意义的。

中国曾被世界市场边缘化,现在它只是回来了,重新出现于其中。中国经济在 2016 年已达到 4 万万亿美元的规模,占了世界经济总量的 15%,在 1978 年则只占世界经济总量的 1.77%。已有众多的经济学家预测,到 2050 年,中国经济总量将占世界经济总量的 20%。[3] 美国经济学家理查德·沃尔夫(Richard Wolff)认为,社会主义苏联和社会主义中国的那些经济实验,因为并没有被给予足够长的时间,又被资本主义式世界市场包围,所以,短期内评判它的成果仍是不理智的。

与此同时,中国的社会、政治正在经历剧烈的转变。比较今

---

[1] 见 https://www.bilibili.com/video/BV17a4y1x7SA? share_ source = copy_ web。

[2] Ibid.

[3] Ibid.

第五章　全球城市化之中国化

天的中国和昨天的中国，我们看到，中国已达到另外一种自由的境界，移民、出国、职业分段学习、公司文化、企业性，再加上16 000家大型私人企业，尤其是如腾讯和阿里这样的新的平台公司，正将全民拉入数字平台，通过手机屏幕建成了新的智慧社区。这种变化在西方人眼里不一定算得上现代性的一部分，因为在他们的眼里，可能有另外一种关于好的或坏的管治标准。但在中国，这是一种已经被启动的真实过程，已经是一种无法被西方定义的管治方式，而且还会将这一社会管理智能化的进程推向更令西方咋舌的程度。

在当代的西方智库研究中，中国越来越被强调为一个文明，而不仅仅是一个国家。根本上讲，中国是一个还活着的古代文明，它正在复兴。如果像戈塞特那样，说这是中国的复兴，那就还是指对古代中国的复兴。那么，这种复兴用的是传统中国文化的语法，还是西方政治现代性后面的语法？还是中国的社会主义革命和建设时期曾使用的新社会语法，和无产阶级世界观下的世界主义的语法？在本书中，全球的城市化被进一步中国化，是指某种当代的中国化过程，在原有的全球城市化过程中，由全球的金融系统及其信贷系统放大。但是，在这过程中，中国社会主义经济的深层语法，会被组装到这一全球城市化的中国化过程之中，因此，在那一全球资本主义内在性平面上，也会产生很多新的平面和新的功能。对人类历史分出封建社会、资本主义社会和社会主义社会这样的阶段这样的做法，也许需要被重新探讨。在14世纪，荷兰有些城镇已经属于现代了。但中国的城市化会成为全球城市化的后期的发动机，会使这一全球历史叙述变形，因此，我们必须努力用新的历史框架来叙述它。

而在今天，拉图尔认为，资本和社会已不是政治的本体，行动者网络才是。地球表面的组装物是独立于心灵、国家和计算的。比如当代中国快递员就是一个组装物。摆脱，或高于当前的物的速度的物，就是组装物，如快递员的身体。是图像帮平台做出机器学习和深度学习，来加速快递员的身体。快递员的身体又转而相对地放慢了我们其他人的身体的速度。而从林·马古利斯的系列内共生理论看，人类这种多细胞动物，也是生物界的纤维组装剩下来的多余物。人类的细胞层面的生命，其实是恨不得马上让自己的纤维被组装到那个更大的共同生命体之中的，只是苦于做不到。城市和全行星城市社会应该被理解为现有生产关系和技术关系之外的组装物。[1]

　　另一种理解是，中国的当代变化，尤其是市场经济模式下的表面变化，是发生在表层结构上的，深层结构仍将是中国的文明本身。在这方面，本书认为，戈塞特下面的建议是诚恳和富有建设性的：当代中国人民正在走向全球化、城市全球化和全球城市中国化的过程之中，是去找到那些至今不可见的中国的新层面，转而以复兴的中华文明的新眼光去看世界，也重新阐释中国古典

---

[1] 代驾族、快递员之间的内部网络，就是组装体。在虚拟实体之间的互动中，比如在计算机模拟运算中，冒出的新实体，应被看作实验现象那样的合法对象。哲学应该成为这一模拟过程中的综合工具。在地球上的各原子核曾在各星球被组装，要等好多好多年，它们才有被重新组装的机会。太阳燃氢而促成碳和氧的到来，这也是偶然的：以物为导向的本体论想提出这一物论，来打破封闭我们的思考的物的分类法。关于组装的理论也是可组装的。
　　城市不光是对各种从建筑物到街道，到物质和能源流动的管道的基础设施的一系列组装，而且也是对人、网络和机构的组装。时间（历史）组装是通过基因和语言的各自的组装来完成的。其中，基因组装是所有动物共享的。动物就能编码和解码。基因组装在动物身上是独立于身体总机制的。

传统,以便进入新的中国现代性。这是戈塞特对于中国的"复兴"的积极的认知。这与本书强调的全球城市化过程的中国化是一种在当前的生物圈内的人类集体学习过程,是中国化进入生物圈阶段后获得的新任务这一点,是合拍的。中国的复兴已经不只是一个目标,也是待全体中国人民共同学习的一个任务。

如果在全球城市化的中国化阶段,我们在生物圈内必须开始集体的重新学习,去找到新的领土(详见上文对汤因比的文明作为学习领土的讨论),那么,中国未来的生物圈社会主义政治实践,也必将丰富西方的政治科学话语,并通过中国式的智性和文化上的创新,用中国式的宇宙论技术使用,去向其余世界做出逆熵示范,去证明现代性不仅仅属于西方,而且也同时属于中国。

1978年之后的改革开放使中国来到了世界的中心,世界也站到了中国之中心。至少,我们看到,工业生产的产业基地的移动,已给中国提供了下面这种可能性:通过产品和商品的交换,给中国和世界的其余地区共同带来互相学习和激励的可能性。至2018年,中国的产品总出口值已经超过了同年整个印度的国内生产总值了。

中国的复兴或本书所说的全球城市化之中国化,是在世界市场和美国的帝国霸权的势力范围内展开的。当前的中美关系正影响着全球城市化之中国化,甚至影响着我们走向那个全行星城市社会。如何理解中美关系,去冷静地看中美之间的科技和贸易之冲突,也是一个宏大的城市哲学课题,是关于整个世界应该如何走进那个全行星城市社会的问题,并不只属于外交和战略研究的范围。

## 8 被中国化的全球城市化对冲这个世界的美国化

虽然与本书的出发点完全不同，但美国前总统特朗普与前国务卿蓬佩奥也都认为，世界正在被中国化。而世界其余地区越来越多的人则开始认为，世界已被美国化得太过头，而且越来越多的人也很实际地看到，将世界中国化一点，来对冲美国化，未尝不是一个对策。与此同时，中国的城市化正在将全球化中的资本主义系统带到另一个方向上，而又由于这发生在人类世，发生在生物圈内，中国的城市化就又带上了其他的矢量和张量，同时也必须为由它自己造成的后果担责。但全球城市化之中国化，也并不是那种超人类主义式的向外星球的进一步的拓殖计划，它自身之中就带着那种未知的新文明的学习基因，担负着人类在生物圈内的集体生存的使命，必然是一种集体学习和实验的过程。城市哲学必须开放地来看这种全球城市化之中国化。

全球资本-商品景观装置正在被中国化，越来越被转换成中国置式，而原来的那个美国式运转版本，就有点难以为继。连后者的自由、民主的政治制度，也只在给它自己拖后腿。

但问题是，在全球城市化之中国化阶段，人类世中的我们并不可以高枕无忧了，它本身也会被其发展带来的伦理、生态、气候问题缠绕。中国过去四十多年高速的经济发展到底会将我们带到哪里，也是有待今天的全中国人民集体地深入思考的。我们今天的奋斗至少不是为了去过美国式的生活，对这一点，我们应该都有共识。但是，在当前，在人类世，在生物圈内的集体幸存问题上，这个全球资本主义系统已陷入出埃及式的境况，对上面这一点做出定夺，也绝不容易。作为中国城市化的研究者，我们手里的工具、理论、概念、幻想、梦想，可能也都不够我们来描述当前这一处境了。哪里才是我们的那一可以借力的外面呢?

中国知识界似乎一直都有这样一种错觉,以为美国应该可以给我们提供这些工具、理论、概念、幻想、梦。有的人甚至认为,关于如何去过更有意义的生活,如何使我们的生命在这个行星上变得优美,也必须向美国学习才行。在我们习惯性使用的那个作为普遍视角的美国主义视野中,我们总想让美国来到全球场景中当家做主;但它从来做不到。

不光是面对中国时,美国才这样;它面对任何对手时,都如此。对此,哲学家德勒兹解释说,并不存在那一普遍视角,美国的那一种视角,也并不普遍。实际上,美国小说家亨利·詹姆斯向我们示范了如何才能离开这一(作为普遍视角的)美国的方法。他应该成为全球人民努力摆脱"美国"这一全球之癌时的参考方向。[1] 他的小说写作的方法,是典型的巴洛克式,是从个人的无限出发,同时又将美国无穷地缩小。在他的小说里,在那个离开了美国,也无法融入欧洲的主人公来到后,美国就得退后,然后消失。读者并不羡慕他或她,但他或她是摆脱了那一叫作"美国"的癌症的(1944年,见到巴黎街上美国军队的大卡车,阿尔托在舞台上喊出:"美国是我们全球每一个人身上的癌症!")的人。那么,这个逃出了美国的他或她,也就是詹姆斯小说的主角,今天由谁来出任呢?

是由今天的已被全球化的城市里或正处于全球城市化过程中的任何一个人来出任的。他们是乔伊斯笔下的尤利西斯,也就是都柏林日常生活中的布鲁姆。

美国作家福克纳也号召我们必须离开这个叫作"美国"的位

---

[1] 见 https://deleuze.cla.purdue.edu/seminars/leibniz-and-baroque/lecture-03。

置。在他写美国内战的小说中,他号召其他白人也都应该去"做正在成为黑人的白人"。成为黑人,对于福克纳而言,是成为动物(卡夫卡),成为矿物、元素(贝克特),成为黑洞。但是,这一"成为黑人"的平面,却容易成为滋生民粹主义和法西斯主义的土壤。一直以来,美国的白人工人和白人穷人通过越战、中美贸易战,而跟着富人剥削和压迫了中国及其他第三、第四世界的民工们。他们假装要做白人,甚至想要做得更白人,而他们本来都应该成为尤利西斯才对。将财富搬到美国的各国有钱人,也是反方向地冲到了那个"美国"之中。他们也是在假装要做白人,想要把白人做得更像样。但福克纳说,这条路最终是走不通的。

第三世界的有钱阶层默契地、主动地美国化,而在 21 世纪初,2.7 亿中国民工则扛起了全球城市化的"中国化"的大旗。他们才是今天的这个世界的脊梁,才是那些真正离开了那个"美国"的人,是能够将自己的未来背在肩上的人。马克思告诉我们,这世界的命运将由他们这样的自我学习的人来活出、来认定。而正确的道路,在福克纳看来,也是由在美国正努力成为黑人的那些白人来探出的,正如也须由建筑工地上的民工来完成全球城市化那样。同理,我们在纸上也是设计不出城市化的未来的,因为后者本身就是那些无名劳动者自己创造出来的命运,我们可以在这里讨论城市哲学,但我们自己的命运也将被那一由未来无产阶级创造的命运所决定。

在今天的全球城市化关键节点上,我们须认真意识到下面这一点了:全球城市化进入中国化阶段了,但中国并没有落入传统西方左派所认为的中国对世界市场和第一世界的依附关系,并不滞留在其第三世界的地位上,也不再服从以美国为首的西方世界的殖民主义语法来发展自己。德勒兹曾说,殖民地是资本主义对

第五章 全球城市化之中国化

第三世界的组织方式。他用这一眼光来解读阿明的那一依附理论:不平衡发展的情况是,第三世界工、农业其实很先进,却发展得不平衡,总是出口导向的。[1] 德勒兹的这一眼光为我们上面的说法提供了支持:也正是发展不平衡和出口-外资导向,才使中国在过去四十多年里终于捅掉了那层第三世界经济发展的天花板,成了全球生产和出口的主力。

世界市场一开始很需要美国,现在就更需要中国了。资本主义世界市场是自我定型、自我同型的,其结果是每一次都走向异质。那也就是说,在中国城市化成为全球城市化的主旋律之后,世界市场的性质也变了,也就是说,世界市场的性质变成中国城市化式的了,就像欧元区是以德国经济发展为根本模型,欧元只是披着外衣的德国马克。[2]

今天,在21世纪初,我们发现,美国和中国这两个非常不同的国家,是同时走进了生物圈,在这一架叫作"地球"的航天飞机上,须共同面对人类生存的全新局面。

综上,也许,我们从此并不能说,中国也终于改革和开放了,而只能说,它一直都是世界市场内的隐藏的另一极。它未被开放时,也是一直在隐隐地起着作用的,只是在今天,它的作用才更加明朗。

马克思曾说,英格兰银行一建立,人们就开始不烧女巫了,而是去抓造假币者。这说明,资本主义总是跟在某些国家后面失界,造出更多巨型工程,印出更多的货币,使各国人民成为其筹

---

[1] 见 https://deleuze.cla.purdue.edu/seminars/thousand-plateaus-v-state-apparatus-and-war-machines-ii/lecture-12。

[2] "欧元危机",瓦鲁法基斯(Yanis Varoufakis)在牛津大学的演讲,见:https://www.bilibili.com/video/BV1LL4y1h7Ta? share_source=copy_web。

码和抵押品，甚至成为向云计算平台或计算机之机器学习和深度学习提供个人元数据的那些忙碌的算珠，甚至被当成专门以生产信息为生的手机畜，还被集体地转让和买卖。而中国城市化实践改写了这一语法，创造出了属于中国的全球新型城市未来。

## 9　美国全球霸权下的中国的崛起

在伊曼纽尔·沃勒斯坦（Immanuel Wallerstein）的世界系统理论中，中国被认为一直是在美国霸占的帝国地盘中发展自己。他说，《门罗协议》之后的全球政治地理，加上雅尔塔会议之后的冷战格局，再加上柏林墙倒塌后的全球新自由主义市场格局，构成了美国霸权的三个阶段。在这三个阶段中，他认为，中美一直没有，未来也不会发生致命的冲突。

要考虑到，以上判断是来自一个著名的、很认同中国的马克思主义者和左派思想家，所以值得我们三思。如果再考虑到全球市场自身也正系统地依赖中国的发展，我们就尤其应该重新去解释在中美冲突中所表现出来的那些常见的维度，在未来对我们将意味着什么。

2007年之后，中国的城市化更进一步加速，将城市全球化和全球城市化拖入一个全新的阶段。但这一"中国化"到底是在哪种世界历史或世界系统的框架里发生的呢？除了布罗代尔的地中海式资本主义城市的发展模型，他的弟子沃勒斯坦的世界系统理论，也是我们必须倚重的参照框架，尽管这是冷战后期形成的思想框架，但我们仍可以基于今天的情况，对其做出一些修正之后来借用。

参照沃勒斯坦的这一世界系统理论,中国的崛起也并不对非洲和南美形成霸权,许多时候甚至是在义务为它们做好事。美国在那些地方建立了霸权区域,但并不在那里行使基本职责,倒是中国在那里义务地做了后援。中国的介入给许多非洲国家带来了切实的好处,如给当地做了很好的水电、铁路和通信网络方面的基础建设。我们也没有看到中、美在非洲发生冲突,而只看到中国在给不负责任的美国霸权处理其在世界落后地区造成的不良后果。沃勒斯坦年轻时是研究非洲的经济学家,所以他的判断是值得我们重视的。

沃勒斯坦是这样高屋建瓴地整理出中美关系的历史线束的,对我们理出一些大思路特别有帮助:在1945年后的美国霸权下,世界系统共经历了三个阶段。德、日战败后,美国对它们和欧洲其他国家发号施令。1968年后,美国的帝国霸权开始挣扎。但这之后,中国在改革开放后在经济上崛起,对美国形成所谓经济或技术上的威胁。他认为必须在这个大框架中来看今天的中美关系的实质。我们也应该从这个层面上回看1945年后美国的帝国霸权在全球的运行。

照沃勒斯坦的叙述,世界系统在1945年之后有两条发展线索:

- 美国霸权的兴起和衰落;
- 世界系统内发生了结构性危机,一种天体系统般的结构性危机,一种离系统的平衡点太远或难以保持平衡之后的自我造成的混乱状态。

而我们当前正处于资本主义世界系统的这一结构性危机之中。

资本主义式的世界经济也正承受着这一结构性危机：当代的美国正感同身受。与此同时，中国一直在替美国完成全球制造业的那一剩余部分，因而也助力了中国的经济的全面的突飞猛进。但这种经济上的发展，并不会与美国自身的发展对撞，也从来没有真的发生过对撞，今后也不会发生。特朗普时代的美国外交精英们，尤其是极右和民粹势力，对于中国"霸权"的感受和描述，完全是错觉。实际上，中国正自觉地帮美国干本来应该由它去干的那些事儿，在非洲之内和在非洲之外都是如此。中美之间的所谓冲撞，必须放在这一框架内来被理解。

1945年后，美国在第二次世界大战中战胜了德国和日本，成为名副其实的世界霸权。整个世界系统被破坏，整个经济-地理世界也被破坏。未被破坏的，只有美国了。同时，工业生产的效率也在美国达到了人类史上的最高点，具体表现在两个方面：

- 机械化生产中的产品生产效率被大大地提高；
- 美元事实上成了各国的储备货币，成为世界系统内的通用货币。

这时，垄断就是获利最快的方式了。美国此时也获得了政治和文化上的主导，后者有助于使美国在经济上进一步垄断全球市场。美国为了垄断而去搞霸权，但搞霸权是很不容易的，要付出很多代价，所以，美国也一直是骂骂咧咧地搞，总想要别人来给它出成本，总想要少出成本，多捞好处。到今天也仍是如此。

那么，什么是霸权？根据沃勒斯坦的说法，霸权就是，某一方有能力单方面建立一些规则，要求别人必须遵守，而自己却在90%的情况下不去遵守，别人还不能将它怎么样。这就是我们在此所说的美国的"霸权"的意思。那么,是"二战"后的强大的军事力量使美国轻易获得了这一霸权?非也。在其国内,美国当时实际上拼命在削减军事力量,但与此同时,却有了原子弹。后面又有苏联的人造卫星上天,这时,美国便进入了与苏联的以载人登月为目标的太空竞赛。于是稀里糊涂地在冷战意识形态的引导下,走上了这种帝国霸权的道路。

回头看,美国霸权的起点实际上是1945年2月4—11日的雅尔塔会议达成的协议。那是一次协议而不是条约。这一协议是要在美、苏两种军事力量之间划出一条界线,划开后,就互相井水不犯河水。它具体包含三个方面的内容:

- 苏联占领全球三分之一的势力范围,美国占三分之二,两方都不能用军事力量来改变这一边界分割;这一状况一直持续到了1989年东欧各政权的倒台。

- 美国必须在经济上支援自己的阵营,苏联也必须搞自己阵营内的经济援助(如对中国的技术援助);美国的马歇尔计划管西欧、日本,苏联管中国和东欧在"二战"后的复兴。

- 双方假装在打冷战,不断互相挑衅,但从不出手,都是做给各自国内的强硬派看的,用看上去很激烈的冷战,来使自己这一方的强硬派不要乱动,而保持《雅尔塔协议》被继续执行,这一招一直很奏效。

出人意料地,美国的霸权从1945年到20世纪70年代中期在全球范围内开始了长达三十年的"美好、幸福"的统治(所谓"黄金三十年")。比如,我们在法国新浪潮电影中就看到了这个"美好时代"。但在1968年后,这一"美好时代"也开始被捅破。正是在这个阶段,这个世界里的被传说了很久的所谓的工业化的成果,才真正得以进入西方人的日常生活之中。普通人此时也才终于享用到其果实。比如,实际上,从1945年开始,巴黎才在一般家庭住所开始普及抽水马桶。可以说,美国霸权下的1945年到20世纪70年代是给西方工业革命补了课,使人民终于享受到传说了很久的工业生产带来的生活品质。

但是,在美国霸权下的经济扩张,本质上却是自我毁灭的。因为垄断得太厉害,就会造成过度的资本积累,于是,其他人也想方设法挤入这一交易过程。他们最终要钻到这种垄断里,获得好处。先来的是日本,后来者是"亚洲四小龙"。其实,在以前所有时代里也都是这样的,一种霸权下的世界经济的扩张,都会造成这种结果。是不是能让大家都进来,那就难说了。根据德国哲学家斯洛特戴克的说法,四分之三的人类,最终将是进入不了这个全球化风雨下最终形成的那一"气泡"的。

在这一时段的西欧和日本,比如在汽车制造方面,一开始是被美国垄断的。在20世纪50年代,美国车便宜到可以在贴上运费之后,还能打败日本、德国的本地车。但德国和日本很快就补上了必要的经济和管理知识,做出回击。到60年代,德国车和日本车比美国车还便宜,甚至加上运费后,还能比美国车更便宜。

但是,这时,美国仍可以告诉德国、日本应该怎么跟着它来称霸世界,甚至告诉它们在国内应该如何选举,甚至在幕后决定在大选中让谁胜出,决定反对派在议会里应不应该适可而止。苏伊士运河危机那会儿,美国总统拿起电话筒,英、法首脑就只好乖乖撤走,虽然很丢人,但也没有办法。

而垄断一旦消失,出口商品的价格就会往下走,因为竞争对价格有利,对利润则是不利的。美国霸权下的经济上的垄断的减

弱,就导致了两个后果:

• 美国遭遇霸权的终结,失去了相对于以前的那种对于全球事务的专制权力,于是就想要减慢其霸权的衰退。这之后,所有美国总统须得这么做:首先,对西欧和日本说,你们不再是美国的卫星国,你们现在只是美国的伙伴了。然后就又对它们说,我们开 G7 会议吧。然后说,我们搞达沃斯吧,我们互相协商,你们要多提建议哦。美国决定要做的事儿,你们可以撤,但也不能撤得太远。

• 在霸权减弱和经济衰退的背景下,"发展"这个说法登上了舞台。20 世纪 60 年代末,联合国宣布 20 世纪 70 年代是"发展的年代"。苏联和美国于是也都信了。结果却适得其反,各国内部一旦快速发展,就都抢着要出口,都要将国有企业私有化,这使得国际间的经济竞争更加白热化,而这最终对美国不利。所以,就需要搞所谓"华盛顿共识",来让大家围着美国转。

这时,美国动用霸权,用一次次被签订的核不扩散条约,来测试各国是否还听美国的话。美国用联合国安理会常任理事国的权重,来要挟所有其余的核国家,叫大家都放弃核力量。但印度、巴基斯坦、以色列就是不听。当时有 20 多个国家有核发展计划,包括巴西、阿根廷、瑞典、韩国。反正自此之后,美国霸权大大地打了折扣。

总体说来,在 20 世纪 70 年代后,减慢美国霸权的全球衰落速度这件事,美国其实做得还算不错。在七八十年代和 90 年代出现的三种情况,却大大改变了美国霸权的性质:金融化。但这难道是很新的方向吗？世界经济下沉时，不能生产出维持现有资本速度的利润，那就只好用投机金融，使人人负债，转而取得利润。自从1500年以来，每次都这样，在21世纪仍然是通过城市化，使人人先背上债并按揭，透支未来，为当前的增长服务，确保每年的GDP增长速度接近所要求的最低资本利润率，也就是3％。在某些国家和地区的确有了"发展"。韩国、南非、巴西等的确是发展了。而这就是"发展"的意思：将不大挣钱的产业从美国等第一世界移到第二、第三世界国家，来降低生产成本。"亚洲四小龙"于是被看成二流国家和地区，最后就把生产线搬到了中国内地。

美国实际上输掉了那场冷战，因为冷战继续下去是对美国有利的，这是因为：(1)苏联作为那种神话般的敌人的危险，能够使卫星国们更加死心塌地地依附于美国；(2)当初美国与苏联之间的协议是，双方都必须使内部强硬派不要乱动，这样即使是在核威胁下，美国和苏联也都还能借机维持自己的霸权，但苏联解体之后，美国失去了这种双方的互相担保，这反而使它不自信于这一霸权了。

所以，美国在1989年其实并不鼓励东欧各政权倒台，但实在是拦不住了。这之后，美国就必须独自应付，来维持其全球霸权。2001年具体发生了什么呢？小布什的当选是一次事故，因为1998年在得克萨斯州和迈阿密，其实都应该是他的弟弟杰布胜出的，结果小布什后来冒了出来，让支持他们家族的美国新保守派很难办，不得不转而选择他。本来，像副总统切尼这样的保守派是认为左派思想家沃勒斯坦说得对的，的确可以认为美国霸权已经衰落了。但他们总结之后却得出了另外一个看法，认为这是由历届总统在称霸方面都硬不起来造成的，连里根在他们看来也太软弱，更不要说其他总统了。所以，必须想办法来恢复美国霸权，而首先必须克服美国在这些年受到的羞辱，那就从攻打伊拉克开始吧。

老布什发动第一次海湾战争时，90%的钱居然是向德国和日本借的。打到半路，就不敢进入巴格达。新保守派认为这是美国的新的奇耻大辱。为了克服这一羞辱，第二次海湾战争就无论如何必须使萨达姆倒台了，所以，想过各种办法之后，就不管三七二十一地单方面出手了，可谓迫不及待。从十年、二十年的眼光看，这一次的结果却适得其反。本来是要用第二次海湾战争吓唬西欧和日本的，也好让伊朗不敢乱动，也吓唬一下像埃及这样的温和的阿拉伯国家。效果却是相反，自此西欧和日本在海湾战争后就更独立了。

从这时开始，美国霸权就从慢慢往下的衰落，到了断崖式衰落的阶段，可以说，它今天也仍处在这种断崖式衰落的过程中。

而这时的世界经济也持续地落入结构性危机之中：离开平衡点还有多远？还会不会摆回去？对这一问题，2007—2008年的金融危机已对我们做出了明确的回答。

1945年至20世纪70年代发生了人类历史上最大的经济增长，但衰退也同样是史无前例的；这时段里产生了最大的世界霸权，但其衰落的速度也是史无前例的。当前，我们就生活在这一结构性危机和经济和霸权的衰退之中。

1945年到20世纪70年代的冷战是一种假装。这期间，美国和中国的关系其实并不被这种冷战逻辑所决定。尼克松1972年访华后，中美相互隔绝的局面终于打破。小布什总统上台以后，美国对中国的外交相对温和。沃勒斯坦因此认为，十年、二十年后，中、美可能反而会走得更近。从五十年以上的眼光来看,可能也是如此。

沃勒斯坦认为,经济上的发展转向,也支持上面的看法。去工业化过程发生在美国、西欧和日本后,它们的工业生产空间最终就大部分让渡给了中国,因为后者的生产成本低太多。在美国霸权的衰落过程中,有很多这样的类似的国际战略空间,也都让渡给了中国。

人们今天是生活在美国霸权的过渡状态、全球资本主义系统的结构性危机之中。那么,怎么来理解人们身处的这一过程,才能更好地理解中国当前的城市化的前景?让我们借用沃勒斯坦的下面两个概念,来理解这一处境。

一是他说的"分枝"。也就是说,在结构性危机中,我们是无论如何也做不到继续待在原有状态中的。[1] 美国的霸权目前就处于这种不好的状态,它仍想要待在老的状态之中,但原则上讲,那是无论如何都不可能的,不是缺乏信息,而是不知如何决策的问题。必须分枝了。这一巨大的行动资格和行动位置,是落在当前世界系统里的我们每一个人身上了。人类的集体生存到底是要分枝到哪一个方向上呢?我们每一个人应该如何来为自己决策呢?这才是需要我们认真研究的问题。

中国、印度和其他金砖国家的兴起,导致太多的人都要到这个沃勒斯坦说的世界系统内来分享剩余价值。但是,过去500年里,总是1%的人占有了80%的财富,19%的人占有10%的财富,剩下80%的人最后永远都只能"玩完"(属于黑格尔说的社会

---

[1] Emmauel Wallerstein, "China and the World System Since 1945", 参见 https://www.bilibili.com/video/BV1rs411G7JM? p=2&share_source=copy_web。

第五章 全球城市化之中国化

总会制造出更多的残民、马克思说的无产阶级、朗西埃说的不属于任何阶级的那一阶级）。当前，世界系统内有了这样的转变：1％的人还是占有这么多财富，30％—40％的中产阶级分到的东西，却越来越不够多。结果，剩余价值被分享的过程中，连上层人士也开始不满，而开始不要目前的这一资本主义式世界系统，因为他们发现，资本主义是不值得继续坚持下去了。美国干脆将各种制造业生产线都给其他国家做。企业家如果得到太少，也就会认为不值得再去搞资本主义了。

所以分枝也同时是指企业家企图在资本主义系统之外，去找另外的系统、等级、出口和对极化。他们努力用这样的非资本主义方式去取得利润。这也是祖博夫说的以谷歌为代表的"监控资本主义"这样的新的资本主义形式正在到来的原因吧。这样就还会造成更多的小系统、新系统：它们之间会相对平等，相对民主。这就是资本主义经济之世界系统内的分枝。

所有人正在做的所有事，都在影响这个系统将会朝这里，还是朝那里摆动。要到三、四十年之后，系统才会转到某一个方向上。只有当它开始稳住时，人们才看得清最终是分枝到哪一个方向上了。

二是"混沌"（Chaos）。它不是混乱，而是巨大的摇摆，因将要到来的巨大后果，而事先就给我们造成巨大的不安。就像一个钟摆，这样摆出去，我们是知道的，但它将如何摆回来，如何击打我们，我们就完全不知道了。但我们也事先知道，当它摆回来时，将一定会造成极大的灾难，因此而更加害怕。而且，害怕也没有什么用，今天的人类世或者全球变暖就给了我们这种巨大的混沌中的无助感。短期看，我们如何继续挺下去的能力，完全依赖于我们的短期期待，一切都看上去像一次不可靠的投资。

那么，在这种情况下，资本家最需要考虑的是三年后还能否收回投资成本。这是一个像 pH 值试纸那样的问题，能测出他们对当前的这个系统的信任度，而且也能测出这个系统剩下的寿命的长短。如果每一次投资都要三年以上才能回本或得到接近 3％的利润率的话，资本家就不敢投钱了。而在今天，我们会发现，新的投资能够在四年内收回成本的，都已很少了。而这就是在美国的现状，世界的其余地区也都将如此，因为这是在那个全球信贷系统统治下的同一个江湖里。

总之，当前，依照沃勒斯坦的说法，世界系统正处于分枝和混沌中，连十年后的前景都不可预见。

而全行星城市社会可能快要到来，因为云计算平台技术日渐成熟。以后还会有国家吗？沃勒斯坦甚至这样反问我们。他说："你不知道，其实我也不知道。我们正生活在这一巨大的不稳定之中。"

而思想是要找到更外面的外面，布朗肖和福柯都向我们强调。那么，当代的中国城市化的外面是哪里？依照列斐伏尔原来的构想，中国城市化走向深入，最后的目标是融入全行星城市社会。

# 第六章
## 向生物圈敞开的城市

## 1　生物圈中的城市

历史学家汤因比指出,在生物圈中,已灭绝于死生物层级中的物种,要远远多于活着的物种。我们从中来,又回到其中的那一死生物质层(biomass)的一个例子,就是海底的那一由无数死去的生物尸体积累而成的厚厚的贝壳层。[1] 那里也是我们人类在过去的四百万年里形成的那个地下、冥界、阴间,是我们的灵魂和梦所要返回,然后又从那里绕回来的地方。每年的春天也都是从那里向我们姗姗走回,次次都像全新的一样回到我们面前。放在地质时间中看,每一个春天的确都是全新地到来的。在生物圈,城市就是建立在这一叫作"死生物质层"的物质-精神的深层结构上的。

因此,每一个春天里的每一朵花,都一定是独特的,因为地心的岩浆时时在搅拌出新的分子,然后被吸收进植物的叶绿素的光合作用反应堆之中,于是就搅拌出新的分子键,使每一朵花都以前所未有的芬芳和艳丽,开放到我们眼前。它们是像薄膜那样笼罩在地球表面的生物圈的产物。城市,甚至人类文明,也是这一生物圈的产物。追溯一朵花的来源,比追溯一个城市和一个文明的源头,还要难得多。

---

[1] Arnold Toynbee, *Mankind and Mother Earth*, Oxford University Press, 1976, pp.5-6.

人类所处的生物圈是地球的瘤,是行星冷却过程中流出的熔浆的遗留物被不断风化的结果,也是恶果。但人类也是其后果,比如说,人类就是氧气带来的偶然的后果,或恶果。但是,思考时,人往往就会脱离他人、其他物种和生物圈,误以为只有人类自己才能将他的先验世界强加到这个生物圈之上。但人类实际上从头到尾都位于生物圈之内,一直被它决定。在读了生物圈的有关论述之后,汤因比曾想从这一眼光出发来写人类的历史,也就是写出各大人类文明在这个生物圈之内的学习史、斗争史和进化史。

苏联矿物学家弗拉基米尔·维尔纳茨基对生物圈这一概念的理解,至今仍是我们理解生命在这个行星上所处的位置的最好参照。[1] 他所使用的生物圈这一概念,最早由法国生物学家让-巴蒂斯特·拉马克(Jean-Baptiste Lamarck)在《水文地质学》(1802年)一书提出。奥地利地质学家爱德华·休斯(Eduard Suess)在《阿尔卑山的起源》(1875年)中使用了这一概念。维尔纳茨基的《生物圈》(1926年)结合了这两者的意思,并将它重新定义为:对活物质加上由活物质影响而完成的沉积物的储存。地壳外的生物圈是地球的第一同心层。第二同心层的地心,里面主要是自由的铁原子和铁镍的合金。地壳主要是由硅、镁和氧原子构成,其中含有五种主要原子:硅、镁、氧、铁和铝。地壳厚度为60千米。[2] 它是生物圈的基座。

斯蒂格勒对维尔纳茨基的这一关于生物圈的定义做了进一

---

[1] Vladimir I. Vernadsky, *The Biosphere*, trans. by David B. Langmuir, Copernicus Books, 1998, pp.91-92.

[2] Ibid., pp.43-44.

步的浓缩,帮助我们理解这一已处于人类世中的生物圈:

> 在生命的全星球扩散的过程中,活物质的发散变得更明显。在地质历史的整个过程中,生命往往要占有、利用所有的可能空间……这一生命的发散是内在能源的标志,是生命所表演的化学工作……是对化学元素的转变,并从中创造出新物质。我们将把这一能源称作生物圈中的生命的地质化学能量。这一由活的有机体的繁殖导致的不间断的运动,是以无情的、令人震惊的数学式规律性,来做出的……无数个年代以来,生命完成了这一巨大的地质化学劳作。[1]

后来,美国数学家和生物学家洛特卡通过自己的生物学和数学研究,发现了工业式体外化对于器官所造成的影响,发现被自动化的市场所做出的计算,会影响对分子组合的选择,像今天的合成生物学正在启发我们做的,而那将会部分地规定生物圈今后的进化方向。根据斯蒂格勒的观点,维尔纳茨基和洛特卡曾相互阅读对方的作品。洛特卡的体外化理论,已经将维尔纳茨基的生物圈思想考虑在内。

根据维尔纳茨基的看法,生命潜在地连续扰动了这个行星表面的化学惰性层,创造了自然的色彩和形式,[2] 于是形成病毒网络和细菌网络。实际上,任何一种病毒和细菌,如果没有外在限制,都能在36小时内在地球表面铺上薄薄的一层。[3] 生物学家

---

1 Bernard Stiegler, *Nanjing Lectures*, op. cit., p.321.
2 Vladimir I. Vernadsky, *The Biosphere*, op. cit., pp.57-58.
3 Ibid., p.63.

马古利斯说,这一层层将会像许多层互联网那样叠加在一起。而人类就寄生在它们上面。因为是幸存于其上,所以,人类只能主动打破自己的免疫系统,不顾一切地生存进去,主动要求被这一层层的病毒网接纳,并没有别的选择。城市化看上去是人类将地球人工化的努力,但在新冠疫情中,我们看到,免疫仍是人类的首要自救办法,是每天的紧急状态。城市化和在生物圈中的进一步进化,反而将人类推到了一个更容易受伤害的位置。

如果没有外在障碍,每一种有机体都能繁殖到覆盖住整个行星,到达全部的海洋、地壳和行星本身的体量为止。但空间限制了它们这样去做。在印度,一头大象需要30平方千米的生存地盘。一只苏格兰山坡草地上的羊,需要1万平方米来生存。一只在乌克兰的蜂箱需要至少10—15平方千米的茂盛的森林。一升水只能让3000—15000个浮游生物生存。一株普通的草只需25—30平方厘米。单株树在森林里只需10平方米,但有时会要求有几十平方米。[1] 人类也被限制在这样的生境之内。我们无法想象将生物圈也城市化这样的说法,像全球城市化这一说法中所隐含的那样,但我们必须思考如何使全球城市化能在这个生物圈内最终安定下来这一问题了。这是本章讨论的重点。

生物圈中的活物质的移动、腐烂和重新形成中,主要的动因不是成长,而是繁殖。一切总是首要地走向了繁殖,一者的死亡,是另一者的繁殖的一部分。而细菌和病毒是活物质的完美的回收工厂,终将后事干净地搞定。活物质的总量并不大。加在一起有 $10^{20}$—$10^{21}$ 克的样子。使活物质幸存的生物圈的气体,等于

---

[1] Vladimir I. Vernadsky, *The Biosphere*, op. cit., pp.66-67.

活的有机体之间的气体交换的总量。[1] 而这一气体总量是全体生物的贡献的结果。正如詹姆斯·洛夫洛克（James Lovelock）指出，大气层中的甲烷主要由海藻提供，来抑制大气含氧量达到21%的水平，因为过多的氧气会毒害大量生物。

海洋中的绿色原生生物每秒可穿行几千厘米，其繁殖速度也惊人（所以，生物圈里的每一个生物都是同时生活在好多张互联网之上）。海洋中的绿色生命的总量，大大超过了陆地上的，在将太阳能转化为化学能量方面，它们起到了主要作用。总体上说，宇宙能量决定着星球上的其余生命对人类的压力。人类一旦在地球表面去掉一块植被，就必须能够顶住另外的植被的反扑，需做出与这一压力相等的努力才行。一旦弃守，人的全部努力就会被植被挫败。

植物的光合作用是通过比细胞还小的质粒体来进行的，正是后者给生物圈带来了绿色和其余的活物。在生物圈内，植物的叶子的尺寸，总被设计、铺排得能在其覆盖区域不放过从天上洒下的任何一缕阳光，仿佛就是完美的太阳能利用装置。[2] 生物圈的绿色能量转移装置，也就是铺满地表的那细细的一层叶绿体，帮助了植物中的叶绿素更高效地去工作。绿色物质只吸收了地球2%的辐射太阳能，后者只占太阳能总量的0.8%。从太古宙以来，生物圈内的活物质的总量，从来就没有变过。[3]

在生物圈内，一年内移动的元素的总量，是16千米厚的地壳重量的几倍。但在整个地质时间里，活物质的总量却是恒定的。

---

[1] Vladimir I. Vernadsky, *The Biosphere*, op. cit., p.72.
[2] Ibid., pp.66-67.
[3] Ibid., pp.82-83.

第六章 向生物圈敞开的城市

活物质的死也是生物圈的繁殖的需要。人类必须死,是因为他们身上的物质和元素还另有他用。[1] 生物圈内的生命执行节约的原则,绝不会让活物质内的原子回到地下。人死后绝对不会变成灰,而是响应另外的那些伟大的繁殖事件的召唤,带着尸体中的原子,去投奔到另外的活物那里。死后,我们身上的所有原子悉数投靠了另外的生命。[2] 那么,活物上的原子与惰性物质内的原子,有什么不同呢?最近一百年的无机化学,弄了半天,也说不清这一点。

总之,生命一言不合就繁殖。繁殖总压倒了爱。燃烧是碳原子带领其他原子从物质中出逃,然后投奔光明的最犀利的方法,腐烂次之。太阳辐射也必须借助于活组织,才能将它自己转换成化学能量,总必须这样里应外合。[3]

生命是与物质和能量一样重要的。它不光是地质力量,更是宇宙力量。而且生命也必须从另外的活物质那里涌出,才能出世,因为它们是遗传地关联的。活物质也使用宇宙能量,来修改那些非生物遗传的化合物为自己服务,于是在地球表面留下很细的粉尘。我们经常会忘记的是,地球上的惰性物质多为生命排出的垃圾。这提醒我们,自己的脚下其实只是一个人工地球、人工自然。

根据维尔纳茨基的看法,存在于地球表面的那些活的生物组织,应被理解为地质力量里最重要的一种。这种叫作"生命"的力量企图吞下整个生物圈,然后呈喇叭形地继续向宇宙无限地敞

---

1 Vladimir I. Vernadsky, *The Biosphere*, op. cit., p.84.
2 Ibid., p.86.
3 Ibid., p.89.

开。是生命在海洋和大陆上转变着一切物质。飞翔的含磷丰富的海鸥、变阵群游的马鲛鱼、啃着残渣的多毛纲蠕虫这样的生命,正化学地转变着地球的表面。

因而,生物圈是生命的一个总体剧场。人类也被分派了角色,但必须时时重新理解其新角色,找到其新坐标,后者是由其他物种、其他的不论多么微小的存在者来间接地决定的。人类必须不断积极地参加到由其他物种一起构成的那个行动者网络之中,才不会被抛弃,甚至必须主动追求免疫,让自己加入病毒和细菌的阵列,努力生存到生物圈之中。

反过来,生命也调谐着大气层。生物圈,或更广义上说的盖娅或盖娅圈,是所有地表生命共同经营出来的。维尔纳茨基就很唯物主义地将生命理解成了活组织、活物质,遍布整个地表,而人就被理解为其中的一堆会走路的矿物质。那么,如何解释人的心灵和技术?为此,他后来又加上一个圈,叫"精神圈"(noosphere)。[1] 对维尔纳茨基而言,精神圈就是指人与他手里的技术之间的互动及其联动的结果。[2] 斯蒂格勒也在这一意义上解释社交平台与精神圈的存在理由:那是人类的体外化的结果,是一个技术式体外圈(exosphere)。人类世平台城市就是这一精神圈加体外圈的一个具体的装置。

---

[1] 法国哲学家、神学家和古生物学家德日进(Teilhard de Chardin)对这个精神圈有很宏观的构想。他认为,人只是自然界的一部分,属于动物。但人类是"地球的皮肤",因为人类的出现,地球才形成"精神圈",才有了灵魂和精神。显然,他的这一说法继承的是亚里士多德、阿奎纳的"人为万物之灵"的理论,是20世纪科学版的"人文主义"。"人的现象"是科学和信仰的统一。人类就是地球40亿年历史的见证:猿人、智人、现代人;这是200万年历史的重大结果。

[2] Bernard Stiegler, *Nanjing Lectures*, op. cit., pp.158-159.

维尔纳茨基的《生物圈》深情地向我们提出，地表是太阳留在地球上的作品。人是通过太阳辐射转变，而形成的那一积蓄在生物圈中的化学式自由能量的不断积累的最近结果。[1] 生命本来是想要把地表空间填满的，但生物圈自有其平衡或生物性正义，来阻止它这样做。而达尔文却说，人是从某一个祖先那儿进化到人的。这是因为，达尔文太被基督教束缚，而维尔纳茨基是真正的唯物主义者。[2]

根据生物学家马古利斯的看法，红绿细菌、海藻和其他植物，是地上的绿火，不光促成了人的诞生，也推动着生物圈的全体生命的共生式自我创造。一群迁移的飞鹅，是一列满载着氮的开往全球各地的给养货车，移动的蝗虫则拓扑式地改变了地表的碳、磷和硫的分布。毫不夸张地说，它们是工业革命前就已存在的机器、工厂、火车、飞机和互联网。所以，对维尔纳茨基而言，技术内在于自然，在人到来之前，这一对于地表的化学式改造就早已开始。

而可见的菌菇层是地球的肾或肝。它们所养育的人类，却因游牧而来。在这个菌菇层上，人类的劳动和财富无止境地积累，但人类自己却不善于再分配。总是这个菌菇层最后来重新分配

---

[1] 尤其参见 Vladimir I. Vernadsky, *The Biosphere*, op. cit., p.18, p.30, p.44。

[2] 下面这段话也证明维尔纳茨基是一个坚定的唯物主义者："生物圈至少像它是太阳的创造物那样，也是地表过程的创造者。古代的宗教直觉将地表生物，尤其是人，看作太阳的子女，这是远比（像进化论那样）将地球上的存在者看作由物质和力量之间的盲目与偶然的互戏而带来的短暂的造成物的那一思想，更接近真相的。地球表面的生物是漫长、复杂的过程的成果，是和谐的宇宙机制的成果，在其中运行着固定的法则，在其中偶然并不存在。"(Ibid., p.44.)

资源,哪怕在人类灭亡之后,也将由它收拾后事。在这个菌菇层,构成我们的身体的材料、我们占有的财富,不消说,最终都将不属于我们。[1] 它们本来就都属于地球,属于生物圈,是须一次次交还给地球的,而菌菇层会将存在于人类身上的一切又悉数交还给生物圈。

说起来,菌菇还是生物圈里最根深蒂固的东西。它能使动物飘飘欲仙,也可让它们迷狂,找不到北,甚至也可以是它们的春药,经常还要了它们的小命。熬过菌菇的毒性后能活下来的动物,从此将被菌菇们百般呵护,时时被"补"养(这就是罗安清所写的蘑菇帝国)。[2] 人也是生活在菌菇布下的那一张罗网上的。在人类世,人要是能像蘑菇那样活着,那就好了。马古利斯说,真菌甚至能够将我们的脚气改造为肥料。它是真正的垃圾回收大王。[3]

在菌菇类里,我们随便吃的地衣,通常已活了4000多年。它不听我们人类摆布,一直在生物圈内重新分配着资源,就像细胞内的酶那样,随叫随到,做着总体的分配资源的工作。甚至是硅藻给了生物圈以性别标签。它是存在于生物圈中的真正的斯芬克斯因子,使人类最终无法知道自己到底是一种什么东西。人类的性和性别的核心物质,也都由它提供。它也向人类提供了死亡。[4] 在它建立的全生物圈的广泛的共生关系中,人类生命只是落在其中的一点渣渣,是这一共生关系的偶然结果。

---

1　Lynn Margulis and Dorion Sagan, *What is Life?* , op. cit., p.191.
2　Ibid., p.183.
3　Ibid., p.82.
4　Ibid., p.144.

## 2　氧气的诞生也曾是一次事故

生命大于细胞。它本来就是巧计的得逞,因为它的诞生先需要将吞噬这一行为逆转为出生,这是根本性的一步。那么,是什么促发了这一步? 无从知晓。也许是在海洋里发生了这一逆转,并由很多因素复杂地决定。反正从那时起,生命从被决定,而转向对海洋的化学物质做主动的生物-化学式控制。

而这一步肯定还需要细菌的帮助。最早,氧气是随着一种细菌活动而偶然产生在地球表面的。那是蓝绿菌利用阳光中的能量,分裂了水分子,以获取珍贵的氢,这才顺便生产出氧气这一副产品,为人类的到来铺好了路。

一开始,是紫硫菌由于其自由的光合作用,而能够容忍氧气。它是一种适合水生的细菌,不像植物,也不像海藻的氰质生物。[1] 也正是因为它,地球上才阴差阳错地有了氧气,并让后者带来后来的辉煌的一切,这后续者中就包括了人类。

很偶然地,因为蓝绿质生物要从水里吸氢,就必须吐出一个氧原子,这就有了氧气。但在早期,氧气曾对很多生物有毒,人类却在后来依靠它,而加入这个生物圈,进化成今天这种样子。所以说,能让人活下去的氧原子,在生物圈里完全是偶发的,是进化过程中极其偶然的事故,是生物圈里的无数可能性中的一种,人类却因这一偶然事件而蔚为大观。说得极端一些,人就是生物圈里发生的这一叫作"氧"的泄漏事故的意外产物。这一点对于我们理解人在生物圈中的位置,是相当重要的。

人因其细胞的主动的共生姿态,而变成今天这样强大。马古

---

[1] Lynn Margulis and Dorion Sagan, *What is Life?* , op. cit., p.104.

利斯一再向我们说，人体细胞中的线粒体，是在还没有氧气时就已潜伏、嵌在细胞之内的，后来才被挪用到人体之中。又是细胞这一工厂，将线粒体当作了自己的生产工具和材料，使早于人类出现的它，也能共生于人的体内，让人的细胞像地主找来了免费的奴工。人的细胞内的线粒体是在人诞生前就埋伏着的，比人类自己还古老得多，人是主动借它们来走向与生物圈内的其他生物之间的共生的。线粒体绝对是非人的，人却必须根本地依赖于这些非人之物，才进化到今天。

之后，史诗般地，所有的地表矿物质也都一一与氧气反应过了一遍。地球于是走出了冥古宙或太古。诗人里尔克曾惊叹人类竟能这样地从太古走出。斯蒂格勒也要我们学着苏格拉底的样子，绕魂到太古，在梦中去修补我们在白天被数字-算法机器击伤的灵魂，说的就是这一生物圈，尤其是其生物死物质层和死精神生物层对人类生命的补助。这是要我们回到梦中去充电，治疗我们的身体在数字时代带上的疯狂。

那么，如何在生物圈内理解生命？根据马古利斯的看法，生命是一种全行星内的茂盛，不是个体的蓬勃，而是全体的共生，是通过共生来一起活着。因为，它是一种太阳造成的现象。而正是太阳在天文规模上将地球的空气、水转变成了蛋白和细胞，后者通过生和死、处置和复魅、转变和衰朽的错综，做着连续的编织。[1] 而生命也是一种单一的扩张组织，是要对从达尔文的进化时间到第一只细菌的出现之间，在精神圈到生物圈内的所有公民之间的所有东西加以组织的那一组织：共生之网。从今天的人类意识回头去看生命，我们看到的是：它是宇宙在向自己提问，其

---

[1] Lynn Margulis and Dorion Sagan, *What is Life？*, op. cit., p.55.

最终的答案是——人类。人类是生物圈的最辉煌的杰作,却由氧气在地表的突然出现而带来。

## 3 生物圈的本地在哪里?

一个物种吃掉另一个,这是最简单的奢侈。而吃到最后,猛兽就成了生物圈内的奢侈的高峰,成为对能量的最荒淫的豪掷:比如,虎。诗人布莱克(William Blake)曾这样问一只虎:什么样遥远的海底、天边／烧出了做你眼睛的火焰?／跨什么翅膀胆敢去凌空?／凭什么铁掌抓一把火种?在布莱克看来,虎有挥霍众多生命积储的巨大能量之能力。在全行星上的生命的普遍闪烁中,虎总成为最刺眼的那一道白光。这道白光却由众多植物用其叶绿素从太阳那里一点点提取出能量,然后锤炼出来。其能量来自太阳,最终由虎向生物圈收缴,而又一掷千金于其中。由虎向其他生物送出的死,因其致命和无情,所以算得上最昂贵的奢侈。而对动物而言,交配是对能源的突然、癫狂般的挥霍,在一小会儿里就能达到极端,一泻千里。它是个体在某一瞬间里所能完成的动作极限。它导致财富的全面毁灭,也导致精神和身体的毁灭,最终与死亡的冷酷的奢侈和过度相接。

虎正在绝迹,而已处于大数据云计算平台城市上的今天的人类,也濒危了。斯蒂格勒感叹道,由于光-时间的网架的全球连接,生物圈内的新的本地性,看上去几乎已不可能被实现,需要我们对它做出解构,需要我们将新的法强加到我们今天所落进的临界区之中,才能在这个被再三地人工搭建的地球上,建立起和维护住新的本地。因此,在云计算平台上,我们必须拿出施秘术

(mystagogy),像仙子一样,降临到这些残破的小镇、老街、大都市和生物圈内,开始构建我们自己的生物圈本地。而这个生物圈已与人类的体外化过程永远捆绑在一起。每一个人类城市也都永远处于其与生物圈之间的互塑过程中了。

也可以说,是人代替了虎的位置,成了那一道白光,但好景不长。那一以虎作为众生命之顶的生物圈秩序,已被人类从生物圈抽取资源来为自己谋利的种种活动所毁坏。洛夫洛克的地球的生化控制论机器(盖娅圈),和马古利斯的生物圈有机共生之交接,是今天我们仅有的还能指认的"自然"了。但这种继续进化着的共生式自然,放在斯蒂格勒说的作为器官术和药术的技术的语境里看,显得被动。对斯蒂格勒而言,这种自然仍只是被组织的无机,仍有待我们用深度学习、贡献式研究和逆熵经济,去为我们自己组织出新的本地。绝不能说,只要恢复人与自然之间的和谐,只在生物圈内达到共生,就足够了。我们仍须通过集体的重新学习,在本来已乱套的生物圈中,去排练出我们自己的本地。我们将要找到的本地,一开始是被技术地组织过的无机的自然,只有被我们排练之后,才能成为我们的未来的幸存之地。

回应着从维尔纳茨基的生物圈到精神圈,到德勒兹和瓜塔里的资本主义的解码与解域的各个后自然方案之后,许煜提出了技术多样性和宇宙性技术与自然交错的第三自然问题。[1] 他认为,被自然化的自然应被理解为 natura naturata,而自然因此是自然的产物(productivity of nature)。这也是从系统论到马古利斯的共生论所持的立场。但是,许煜还认为,自然也有递归性。生物

---

[1] Yuk Hui, *Recursivity and Contingency*, Rowman & Littlefield Publishers, 2019, pp.330-331.

圈上会叠加技术圈,再叠加精神圈。[1] 这个递归性是一半好,一半不好的,当前的哲学也许过多地批判了那不好的一面。[2]

关于人工智能开发下的云计算平台与那个正遭遇全球变暖的全行星空间之间的递归,布拉顿最近一再地加以发挥,更加积极来理解自然本身所带的递归性。比如,他认为,在新冠疫情中,个人的社会感应与数字监控之间,有根本的不同。通过云计算平台,个人可与气候变化之间实现交互感应(sensing)。

马古利斯和洛夫洛克则仍都强调,地球是活的,会呼吸,因此,人的生存与这一盖娅本身的呼吸相比,是第二位的。许煜提出的第三自然[技术与自然互插、接壤(coextensive),全球变暖与人类未来混为一体]概念,将如何接纳他们说的这一盖娅呢?照许煜看来,自然在今天实际上是指:

(1) 第三自然;
(2) 哲学、技术、有机体和机器的关系;
(3) 将技术置于其起源处,置于多样性宇宙现实之中。[3]

---

[1] Yuk Hui, *Recursivity and Contingency*, Rowman & Littlefield Publishers, 2019, p.79.

[2] 根据许煜的看法,山水画就体现了中国人对自然的递归性的认识。(Yuk Hui, *Art and Cosmotechnics*, op. cit., pp.157-158.)面对自然,西方人运用悲剧性逻辑,中国人用道家逻辑,两者的后面都带着递归。中国山水画也要重组自然,画出的也是人工自然,是用后者来将画家和观众递归到更高境界?山水画是画家和观众与自然之间的反向递归?山水画起于道教屈服于儒教、佛教被翻译进来的魏晋时期,即公元3—4世纪之后。天(the cosmic)和德(the moral)汇成了气。气也就是技术活动,包括发明和使用。而气是递归的运行。

[3] Yuk Hui, *Recursivity and Contingency*, op. cit., pp.345-347.

这样看,我们就应该更将自然泛化。可以说,在今天,自然≈生物圈≈技术圈≈每一个人的体外化圈。我们只有执意栖居其中,才能将我们脚下的那一个人工自然重新变成"自然",也许还得通过一张中国山水画来做到。海德格尔的栖居论在生物圈里被理解,就成了:诗意地栖居,是要在生物圈中,通过集体学习,来更积极地居住,以便学习如何通过在生物圈里建立本地,而去学着建造;不再是建筑设计然后建造,而是通过学习居住,来学会建造。这一带着递归可能的自然,是比盖娅圈这一说法更具有"宇宙性"了。

许煜认为,海德格尔说的现代技术就是源技术,实际上是一种宇宙性技术,这种技术在不同的文化、宗教和风土里,是不同的。他认为海德格尔没有认识到这一差异。[1] 从一阶控制论(first-order cybernetics)到二阶控制论,我们终于到达某种人工自然,从第一自然可走向第二自然,再走向了第三自然。从德日进的精神圈到维尔纳茨基的生物圈,到许煜的技术多样性和宇宙性技术与自然交错的第三自然,[2] 让我们看到,再也不能把现代技术看作全体或背景,而须迫切地将不同来源的宇宙技术都考虑进来,在其中使技术与宇宙、道德联系起来。西蒙东说的技术与自然的共存,也许就是许煜说的第三自然。[3] 今天,我们不能再对第三自然视而不见。谢林对第一自然的描述比费希特更有力量,他似乎已懂得人工自然这个道理。[4] 许煜认为,正是谢林终结了

---

[1] Yuk Hui, *Recursivity and Contingency*, op. cit., p.338.

[2] Ibid., pp.330-331.

[3] Ibid., pp.282-283.

[4] 伊恩·汉密尔顿·格兰特强调了谢林的自然哲学中的自然成为对象这一点。"自然是从一开始就与我们在自己身上认识到的有智能的和有意识东西同一的。"康德的哲学是分开了先验主体与自然。今天的盖娅学说和生物圈理论似乎也都支持谢林的看法。人工地球和人工自然成了很流行的说法。

第一自然,康德也在第三批判中进入了控制论式思考。许煜还从康德《判断力批判》第 64 节中找到了有机存在这一概念:部分不只是在与全体相关时才可能,而且也必须在互相关联中互为手段和目的,并同时产生互为关联的那些形式,才可能。[1] 他进而引申:今天的控制论机器也应被理解为有机机器。这为我们今天理解我们与生物圈、与全球变暖的关系,提供了一个很清楚的理念论基础。这也使我们认识到,我们与生态、与全球变暖这一超级对象的关系,实际上一直是递归式的,并不是从今天才开始。

许煜的《递归与偶然》要使哲学直面控制论或云计算平台,帮我们去直面技术的发生处和根基处,要我们比海德格尔多走一步,迎向那一第三自然。康德的《判断力批判》中对目的论的批判,又使我们认识到:只有在我们自己身上感受到的因果性中,在我们的神经元和干细胞中,才能找到一直被我们称作"自然"的先天基础。控制论总已经在这一层面上起着作用。也正如莫顿所说,生态只是我自己的生态,全球变暖也是我自己的全球变暖。斯蒂格勒也向我们指出,康德的图式论就已向我们证明,我们的想象图式用到手机屏幕上后,会有弹性,产生反作用力,一开始被手机屏幕利用,但之后就会马上反作用于(递归)它。许煜还建议,我们应该将康德的《判断力批判》中的目的论批判,当作一种反自然因果论。这对我们思考生态和全球变暖这一控制论式的、药式前景,是很重要的。

而从列斐伏尔的眼光看,这一第三自然就是城市空间和城市社会。须知,空间是照出我们的身体的镜子,但也是由我们自己的身体生产出来的。但是,空间总会由自然走向抽象,社会空间

---

[1] Yuk Hui, *Recursivity and Contingency*, op. cit., p.68.

总变成抽象空间,来扭曲我们的身体表征:身体与空间的关系最后总会失去那一直接性。[1] 也就是说,空间事先就会排除身体的有机性。整个作为技术圈的生物圈,最后也都会被城市化,被全行星化。在全行星空间里,我们被城市化的同时,必须找到自己的斗争武器和旗帜,重新生产出我们自己的全行星城市空间,将后者当作我们自己的作品。创造出自然以外的东西,创造出第二自然、新的自然,而去形成第三自然,将云计算平台掌握在我们自己手里,这才能形成新的城市空间,走向从列斐伏尔到布拉顿都在说的那一正在向我们敞开的全行星城市社会。所以,必须像创作艺术作品那样,创作出作为作品、作为第三自然的城市和城市空间。

## 4 在生物圈与本地之间的城市

还是让巴黎不可见为好,因为从不可见的巴黎那儿望出来,每一个人才能自己去直面整个巴黎,如通过谷歌地球所做的那样。但在谷歌地球上,我们看到的就只是巴黎的碎片的拼凑。巴黎仍有待被组装。所以,它并没有全景。我们捉不到它的整体。须知,全景也是有地址的,是在暗室里被放映的。巴黎的地图也就是一本黄页簿而已,谷歌地球则更可怕,它用几个月前,甚至几年前的照片,来拼凑出我此时要查的巴黎。这简直像在看西洋镜那样地来看巴黎了。哪怕有 zoom 这样强大的从云层直视每家的计算机视觉技术的情况下,我们也会发现,仍只有主观的、个人的和个人化的视野,才是客观的。我们从中国去到巴黎旅游,

---

[1] Henri Lefebvre, *The Production of Space*, op. cit., pp.130-131.

在美堡（Beaubourg）的"花神咖啡馆"点了一次拿铁，我们的手指一触手机屏幕，就又一次改变了巴黎，也因此在互联网上修改了常去那里喝咖啡的哲学家萨特的个人传记：我们此时对于他的这一去咖啡馆的行动的致敬，逆向递归地修改了他的那一云咖啡馆的行动。

但是，真能够做到像计算机科学家许诺的那样的实时吗？我们要刷新到多快，才能拍出一张实时的巴黎全景？在现实中，巴黎是一只俄罗斯套娃，部分与总体之间互相嵌套，我们动得了它的小，却动不了它的大。现在就让我们来打开它，将它放在等离子射频下，就让最小的来定义最大的和比它更小的那些吧，不要事先排序，先打开它们之间的所有的关于部分与总体之间的关系的争议吧。这时，我们就得到了一个看不见的巴黎。这还是一个有待组装的巴黎。我们从作家、社会学家、心理学家、城市规划者那里，是得不到这个巴黎的，或者说，得到的总是我们应该立刻抛在脑后的那个假巴黎。

我们无法用谷歌地球来真正、真切地关注和关怀一样东西，比如巴黎。而政治则要去辨明（explicitation）我们要去共同关注和关怀的东西，比如众人眼里的巴黎。在当前，我们之间到底应该就巴黎来争论和争夺什么呢？找到我们的争论的真正的焦点，这就是政治要做的工作。政治是像如何处理我们一起在用的空调那样的事儿。政治是从部分出发去处理总体，从本地出发去对总体抱一个态度。构成绘画的，是各种等离子（plasma）。[1] 等离

---

[1] 关于等离子这一概念，我们可以举一些例子。为什么一个平时很保守的作曲家突然写出一首很激进的曲子？这是因为他身后的等离子在这一刻饱满到突然发生了质变。等离子这一概念可与哲学家哈曼所说的"对象"画等号：一个巨大或极小的、神秘的对象，我们观察者也在其中，只能面对，永远无法穷尽地描述它。

子是广场外面还有广场。但在城市中,今天已没有广场。城市里没有了它,政治里也没有了它。

根据拉图尔的说法,今天我们正身处那一不可捉摸的盖娅(等离子状态之一)的摆布之下。盖娅听不懂我们的抱怨,也不想被我们听懂。我们只能不断试着去听明白它的意思。根据斯洛特戴克的球面学,我们根本就没有外面。我们无法离开我们现在所在的地方,也就是本地。我们总只是在里面。外太空没有了神。而且,也没有其他的星球可让我们住。地面上的生物圈1(Biosphere 1)是比国际空间站里的生物圈2(Biosphere 2)的状况更糟的。因为,在生物圈之中,宇航员倒总还能向母星球报告,用一种男性的、沉着的嗓音报告:总部,总部,我们舱里有一个问题,需要总部给我们处理一下。但处在生物圈1之中的我们,目前却并没有一个休斯敦总部可求助。盖娅也是不会来考虑我们的需求或哀叹的,甚至根本不会来听我们。

拉图尔认为,盖娅是对自然的本地化。如果盖娅是本地性的,那么,人类世也是本地性的。如果盖娅不是自然,那它就只是自然的本地化的、历史性的和世俗的前身,同时是我们的历史、现实和未来。一直都只有盖娅,是我们错认了,才以为还有那个母亲一样的自然。我们从此只能在这一盖娅之中,去展开我们的行动者网络,这就是所谓的人类世处境。而这一张行动者网络将我们带向哪里,我们人类仅仅是参与者,并没有最终决定权。这是拉图尔对生物圈内很复杂的盖娅式政治的宣告,是他发动的继霍布斯、施米特之后的另一次政治哲学的范式转换。他认为,在人类世,霍布斯和施米特的政治哲学对于我们理解今天的人类世政治都成了障碍。因此,我们必须将手中的政治变成外交才行。在这种外交中,城市化将被看成人类自己患上的重疾,需要来自外面的各种力量来调和与援救。

NASA科学家詹姆斯·汉森(James Hansen)说,由于人类的影响,地球将会变成火星。我们现在就不应该再听人类的那些嚷嚷了,必须开始另外一种政治集合。在搞生物圈政治或人类世政治时,我们应该在城市广场上的最新的通信装置的中央,让发言者,人类或任何物种,像一个初到本地的人类学家那样,努力像外交官那样,去向各相关人员说清那些与他们自己有利害关系的事儿。必须在重新聚集中找下一步。在洛夫洛克的对于人类的后事的叙述里,城市被看成全球变暖的场景,那里将是人类幸存的最后堡垒。[1] 他甚至建议我们:最好是将城市建在海边,最好是在岛上,如在英国、日本的岛上。城市的头顶上也许真的可被巨大的反射穹顶[如富勒给纽约上空设计的那个反射/遮阴罩]罩住。在人类世城市中,我们只能像保护种子那样地来保护自己了,轮不到我们继续对自然和这个星球发号施令。

基于这样的前景,拉图尔开始重新审视现代人的那些自我许诺。他认为,欧洲白人其实也从未现代过,所以,在当前,并没有哪种生存模式是更现代、更进步的。谁也不能做谁的人类学家,谁也不能通过研究落后的对方,去了解原始的自己。我们只能努力建立自己的局部本体论,从自己脚下的这一片土壤出发,去考虑如何生存于自己的本地之上。而这时,我们需要本地人类学家的同时,也需要在诸种生存模式之间合纵连横的外交官了。[2] 在生物圈里,在人类世,我们必须在各种生存模式之间的外交关系

---

[1] 大城市是人类世的最后堡垒,因为它比小镇和村庄更能高效使用石油和煤炭。(James Lovelock, *Novacene*, The MIT Press, 2019, p.30.)

[2] Bruno Latour, *An Inquiry into Modes of Existence*, op. cit., the Preface.

中,重新学习如何更积极地生活于本地。全球城市化到了中国阶段后,所有的生存模式悉数被摆到我们面前,我们这时就应该学习着走向新的游牧,也就是学习着走向或组装出自己的新的本地。

拉图尔的行动者理论警告我们:不要因为我们在本地能够八面玲珑,就认为到了这个人工地球上,我们一定还能兵来将挡。借用哈曼的以对象为导向的本体论,拉图尔说:无论怎么着,我们都只能硬着头皮生活在生物圈之中,所以,我们只能开展以对象为导向的政治了。他借用了荷兰学者奴切·马锐斯(Noortje Marres)研究杜威的论文,来论证为什么生物圈内的政治,将只是一种在行动者网络之内的以对象为导向的政治。[1]

这一以对象为导向的政治的主要纲领是:无议题,则无政治。未来的政治必须针对具体的一个个议题,被一次次重新组织。而议题无所谓大小,所有大事,我们都必须从部分和细节开始介入,在一种扁平的政治本体论上,被争论和争夺。于是将形成一个代表生物圈内的各种对象、各物种的议会,也许是一个全物种议会,在其中,人类不得不平等地与所有物种一起,探讨让一切地球生存者共生的生物圈本身的幸存,人类自己的生存相比就是第二位的了。

基于生物圈正在成为体外圈这一点,斯蒂格勒向我们指出,我们不得不从天体物理学转到宇宙学的量级,同时考虑到数字第三存留已经穿透了所有规模上的个人和集体活动,也必须考虑到那些生物圈中被发现的新的本地,考虑到我们是在被热力学式时间之箭引导和规划的正在膨胀的宇宙之中,所以,我们必须先认

---

[1] Bruno Latour, *An Inquiry into Modes of Existence*, op. cit., p.337.

定:海德格尔在《存在与时间》中的本体论眼光,已不够我们用了。[1] 存在于世界之中,这已是一次不可能的操作,这一眼光太局限了。我们必须存在于这个星球上了,不论以何种方式,不能像海德格尔那样做挑选了。从此,我们必须将城市当作一块学习的领土,学习着面对未来。这是让我们处于正在学习中这一状态,而不是去寻找新的幸存框架,去重新"存在于世界之中"。

斯蒂格勒向我们提出了关于如何在生物圈中生存(相对于海德格尔的"在世界中存在"是更宽阔的眼光)的体外化式经济这一概念,其基础是:使城市变成学习领土。[2] 他认为,今天的知识已成为固定资本的一部分,知识和技能的积累对社会大脑的生产关系、生产力的积累,也都被各种手机上的 app 吸收到了资本之中,与劳动力对抗。我们的知识和技能正在被平台公司捕捉,成为它们的固定资本,同时使其转而又成为剥削我们的手段。盖茨和扎克伯格们只是租用了这一社会固定资本来剥削我们而已。我们无法在这其中"存在"了。我们必须用作为学习领土的城市,来替换我们脚下的那一个云计算平台城市、那个由各种 app 撑着的半自动城市。我们必须把城市变成生物圈内的训练场。

斯蒂格勒认为,体外化的历史是心智的历史,总来自心理内化和社会组织,每次都独特,每次都构成一个新的时代,而每一种新时代里都同时应该有一种新的经济。每一种经济也同时将是政治式和力比多式的,又在每一种情形中都构成新的友爱形式。今天,我们无望地想要在社交媒体上建立这种友爱的新形式,想要

---

[1] Bernard Stiegler, *Nanjing Lectures*, op. cit., p.298.
[2] Ibid., p.59.

以此开始新的经济而不得。城市正被社交媒体平台割裂。

在20世纪,阿多诺和法兰克福学派还没有看到:在直觉、理解和理性之间,是由那一时代的第三存留和短记忆第三存留来构成新的图式的,而图式就是大脑在工作时用来简化编目的那些范畴。[1] 康德对范畴的理解是观念论式的,也就是说,他是不懂第三存留对我们的记忆的指称,也不懂海德格尔说的真理是有历史性的(我们认识真相的过程是被那时代的技术第三存留决定的)。也就是,康德认为范畴或图式是先验的,阿多诺的文化工业理论也与康德一样,没有考虑到第三存留(而本雅明考虑到了)作为药罐的作用。也就是说,他们的哲学和既后的各种批判理论都没有对我们在生物圈里作为学习领地的城市中新的力比多经济、贡献式经济的建立做出指引。

而斯蒂格勒认为,我们能够通过学习和知识,把比如谷歌在使用的新的元经验稳定下来的新图式或范畴,通过共时性和历时性这样的手段,内化到我们每一个人自己的新的生活方式之中,形成新的时代和新的经济。用了自己的先验想象中的图式,我们就能简单地逆转。之后,我们再通过自己的体外化,来将这些被正反地使用过的新图式,接纳为我们自己的生活方式,开始一种新的心智生活。心智就是个人的体外化,而体外化就是心智。而这一"是"(在体外化的控制论式回路里找到自己的未来),却是被海德格尔所说的某一时代的"真理的历史"所决定的。也就是说,是被我们时代的技术使用格式决定的。[2] 就比如影集这一编

---

1　Bernard Stiegler, *Nanjing Lectures*, op. cit., pp.332-333.
2　Ibid., pp.327-329.

目方式，曾使观众不习惯美术馆的那种展览方式和艺术史的那种叙述格式，于是，马尔罗在1950年提出了"想象的美术馆"这一天才的想法：照个人或家庭影集的样子来编排美术馆的展陈。但是，媒介的变移根本不会因此停下来，"影集"也只是稍纵即逝的一个"历史的"格式（是海德格尔说的"真理的历史"的一部分）。下一个格式是什么呢？如何跟上人类自己的体外化，去找到新的技术、媒介格式呢？对于什么才是我们时代最恰切的展示方式，我们在21世纪也仍处在一片迷茫之中。

在生物圈内的城市中，我们也将进入一种新的真理的历史。我们只能通过新的集体学习，在某种深度学习中，为我们的新的技术-政治-司法-伦理实践找到新的衡量标准。城市成为生物圈内的一块学习领土之后，说不定会替代学校。因此，我们必须改造它。但它也是指引我们的这种城市改造的实验室和试验田。这种城市与我们之间的互相递归的学习型关系，将是城市在生物圈中的自我幸存的最终依靠。

## 5 生物圈内的新贵族

自愿的自我无产阶级化的行为，如既开车又健身，用苹果手机，却又在骂"996"制度，就都是自愿中毒。因此，在这一新的集体体外化过程或人类世城市或平台城市中为幸存而展开的斗争中，才会有真正的阶级斗争，在其中的激烈争夺之中，才能形成新的社会等级，才能够找到体外化的新阶段中的最新的人，才会出现能够引领全行星城市社会的生活方式的那些新贵族。未来的阶级斗争的目标将是,争夺新的体外化入口,主动克服我们自己身上的无产阶级化,为进一步的人类集体体外化做出优美的个体示范。[1]

人类世的新贵族将是我们中间那些能够发明新的学习方式、新的生活方式,能找到新的追随者的人。甚至说,在新时代,必须是能发明新的生活方式,能得到广泛响应,成为生物圈内的本地逆熵的榜样的人,才能号称自己是艺术家,或精英、贵族了。当前,这个人类世已到了扰乱一切的阶段,必须要有时代之间的一个清晰的转换,我们才能集体地找到活下去的目标。这一转换不应该是黑格尔式的辩证扬弃,而必须是德勒兹说的内因式的转变,因而必须是对有毒的药性状态、对新的体外化回路、对将我们带向灭亡状态的那些技术倾向的治疗式扭转。[2]

也必须是内因式、将我自己押进去的那种转变。不应只是辩证扬弃式转变,而应是内因式转变的意思是:这一转变必须基于我们的当前的体外化过程。那么,什么是生物圈内的体外化?我们将如何在生物圈中去求得体外化知识?比如说,建筑师的知识并不只存在于他的脑袋里,而是也存在于他的工具使用里,存在于他的图纸上,存在于他自己住的屋中,存在于他对当前这个文明对于材料的使用方式的改造中,并且,穿过它们,还进一步构想、设计了它们,给他自己生产出次次都独特的个人建筑知识,为其他住民的复杂的体外化提供居住和建筑的知识,同时向我们提供一个能够抵抗人类世风雨的庇护所。建筑是设计者对于自己的各种体外器官的使用中才得到的某一个体外化作品,后者同

---

[1] Bernard Stiegler, *Nanjing Lectures*, op. cit., pp.313-314.
[2] Ibid., p.291.

时也辅导、示范、支持和激励了其他住民自己的体外化过程,让他们也能像他们所拥护的建筑师那样,在自己的居住中,做出自己的独特的体外化,拿出新作品。这就是建筑师必须向他的人民示范的教学法,他是通过自己的新的居住和建造方式,而成为新贵族的。[1] 而这是在生物圈城市这一学习领土上人人都应该互相激励着去做的,以便使每一个人自己的体外化、集体体外化与生物圈之间形成各种独特的本地关系。

这一由艺术家、建筑师的个人教学法来带动的在生物圈内的人人的体外化过程,肯定是一种社会雕塑。如果人人都在做自己的这种社会雕塑,那城市就成了生物圈内的学习领土、实验室、试验场。这对列斐伏尔原来说的、本书在说的城市将是人人的个人作品这一点,会产生怎样的影响?斯蒂格勒要我们认真思考列斐伏尔和社会心理学家卡尔·梅叶森的关于作品的概念。[2] 我们还应思考拉图尔和哈曼说的"行动者网络中的作品是什么"这一问题。比如,我们就应该问:什么是行动者网络中的建筑和城市?斯蒂格勒的将体外化的心理-集体-技术个体化的结果当成

---

[1] Bernard Stiegler, *Nanjing Lectures*, op. cit., p.265.
[2] 卡尔·梅叶森是社会心理学的创始人之一。他认为,人的行动导致了机构和作品。人的精神存留于其作品之中。城市和大学都是我们的作品。我们在大学或城市里进一步将大学或城市做成了我们自己的作品。我们的体外化过程使我们不得不如此,拦也拦不住。什么是作品?斯蒂格勒进一步问。什么是艺术家的个人体外化过程中的"作品"?什么是艺术家在生物圈中的个人和集体体外化?根据梅叶森的说法,我们应该说,从个人到群体到心理-集体个体化这一过程,是靠我们自己的作品来支撑和进一步完成的。这是个人在将自己的生命形式做成艺术作品。艺术家的创作是与这一人人正在进行的跨个体化平行的。在这一平行过程中,我们才能决定:什么才算是作品?作品是要拿来干吗的?这之后,我们才能决定如何去展示这些作品。(Bernard Stiegler, *Nanjing Lectures*, op. cit., p.344.)

作品这一点，与拉图尔的行动者网络本身成为作品这一看法，是完全不兼容的。本书一直犹豫在这两种立场之间，读者必须自己做出定夺。

不做出这一定夺，我们对当代艺术、城市和建筑的讨论，就无法找到清晰的界限。并且，我们也必须在生物圈眼光下做出这一选择。对比之下，马斯克的超人类主义和脑连接，是极其荒唐的一个选择：这是想要通过复杂的技术干预，来实现脑器官的体内化，这完全是在倒退，是想要回到体内化。而我们的脑是一个比马斯克还更能够无法无天的体外化的大师。比如，它甚至能够外化到碑帖上，两千年后仍很清晰。它是一个拓扑空间，储存起来比计算机还省力，能像钢琴家记谱那样，一边还能灵活发挥，爆出灵感。马斯克和超人类主义者们是邪恶的，因为他们竟然如此地小看了人和人脑。

在此同时，经济学也必须为人类在生物圈内的集体体外化寻找新标准。熊彼特的助手乔治斯库-罗伊根已对未来经济学做了如下定位：必须使生物学成为经济学。体外化过程、生物经济过程必须与力比多经济一起并入人类的经济算计。这一并入必须在城市这一集体学习的领土上来完成。未来城市将是这样一种在生物圈内的复杂的人类集体体外化、生物经济化的结果，将不是事先设计和规划出来，而是边学边体外化地形成的。要知道，经济学仅仅为计算装置提供了脚本，以便协调切割、分享、布局、分配，也就是限定（了结、实现终极，也就是为其融资）创新、搭接、赋值、介入。它是各种各样的物和人在生物圈内的串场，必然是没完没了的。只有人人在自己的体外化中实践新的真理，转而指导人人的生活实践，才能使这一生物经济成为人类幸存的基础。这转而要求城市本身成为集体的学习领土，使每一个人在其中都可试验和实践自己在本地的与宇宙之间的独特的生态、经济或宇宙政治，在集体的体外化过程中进一步学习、实验、发明。在这种集体学习、社会雕塑和人人都成为艺术家的过程中，那些能够成为本地的学习委员的人，就是生物圈里的新贵族，后者将肩扛未来城市的命运。

## 6 城市的免疫性与本地性

哲学家斯洛特戴克说，现代人想要死得甘心，不想死得像在荷马笔下，于是才找到基督教，让自己死得好看一点。尼采对基督教仍不满意，才提出一般免疫学（术）的主张，认为我们应该用后者，将自己握在自己手中，去死自己的死。免疫系统是调控体内和体外的这里与那里之间的差异的一个体内系统。恰恰由于它在维持作为一种不可能的逆熵体的人的生命（薛定谔），就会造成它身上的存留和预存上的误判和脱节，易于滑向自我免疫式紊乱，而酿成自杀式大祸（汤因比说，西方变成了欧洲后，正在自杀，也属这一种）。

当体内免疫系统跟不上人的技术活动引导的体外化神经系统扩张时，就会造成人体内的紧急状态，这时，生命就有可能在其免疫系统的自我防御过程中，无端地错杀自己。德里达也这样说美国民主的自我免疫。他担忧美国式民主的最终的自我错杀给这个世界带来可怕的后果。今天的平台城市内也可能会发生这样的情况。

而斯洛特戴克的球面免疫学（拉图尔借用了它）未考虑到斯蒂格勒所说的书写化（神经系统的被工具式扩展过程）与体内免

疫系统之间的紧张。因此，罗斯（Daniel Ross）认为，我们应该将斯蒂格勒和斯洛特戴克放到一起来讲。[1] 实际上，斯蒂格勒更明确地对我们说，我们的体内免疫系统里就藏着比神经系统里的那一个还更古老的记忆存留，会被突然激活。现在，神经系统里面的概率和可能性正在被我们的计算机算光，所以，我们很有可能在神经系统里已没有了可被当作未来的那一内存，所以正在奔向疯狂。而那一古老的免疫系统里则还保留着我们未知的生命的自我逆熵的信号知识。但这并不是说，听免疫系统的就一定对了，而是说，我们必须保持书写化（技术化）与寻求本地免疫之间的张力，让生命自己对此做出定夺。因此，本地既须向宇宙开放，但也须在再也躲不开的大数据平台上建立本地免疫性。

体内免疫性在本地就表现在我们每一个人舌尖上的那一来自童年时代的故乡口音或口味后面的示播列。我们的家乡方言口音的核心，就是这一示播列。正是围绕着它，才构成了我们的个人主权免疫区，才形成本地的起点。而这一示播列后面的免疫系统，是比神经系统更深层的记忆系统，无法被我们的工具-技术活动左右，是生命自己雕塑自己的手段，是我们的身体用来对冲神经系统的活动时所使用的那一隐形武器。它也许是我们在茫茫生物圈里的唯一的本地堡垒了。

斯蒂格勒更宽地理解了免疫问题。照他看来，免疫系统调控

---

[1] 内容出自2019年11月3日—28日同济大学斯蒂格勒研究讨论班。另见罗斯对斯洛特戴克的球面免疫学与斯蒂格勒的书写化之间的对比：在全球气泡内的被保护的消费者的行为仍导向自我毁灭，原因是德里达说的自动免疫。由此看，斯洛特戴克的球面免疫学并没有充分地考虑到这一当代球面化和脱球面化的药性，他对于全球化和人类世的药学特征认识不够。（Daniel Ross, *Psychopolitical Anaphylaxis: Steps Towards a Metacosmics*, Open Humanities Press, 2021, p.350.）

和干预着我们每一个人的自我塑造系统,是所谓的社会雕塑所依据的深层语法。斯蒂格勒从胡塞尔第一、第二存留这两个概念里发展出来的第三存留理论,能帮我们看到:免疫系统是身体的自我塑造系统,与我们的技术系统——也就是文明系统——是叠加的。这就使我们可以下这样一个结论:我们的免疫系统也许是我们在平台城市、手机屏幕后面的控制论平台上,建立我们自己的本地的唯一可靠的根据地了。

而斯洛特戴克所说的免疫学与宇宙本地性,则是指那个欧洲在场形而上学的最新版本。他认为,免疫术是这个世界的全球性、世界性被建构为一个新的免疫系统时所需的根本语法。哲学本体论在他看来因此也应该成为第一免疫学。欧洲的古典哲学被他看作一种关于如何建立一个庇护空间的理论,因而也就是宇宙论式、神学式球面学,甚至是太空免疫学。它是在过去500年的全球化运动中被使用的真正制图术。

不过,斯洛特戴克的免疫学完全忽视了本地的存在。他不大考虑存留问题,只是强调过去500年里人类就处在一个不断离开本地而走向新的免疫阶段的过程。

拉图尔以另一种眼光向我们指出,疫情给了我们一个教训,给人类世中的我们一个清晰的警告:只能尽量活下去,不论以何种方式,必须形成群体免疫,努力找到一块土地,在上面待下去,像平衡木运动员那样,尽量不要掉下来,动作还应该让人看着美。然后就是努力做到:即使不用谷歌地球和测量仪,也照样能给我们自己描述、划出一块领土。为此,我们必须认识我们身上的分子。我们身上,酶就是这种有自我觉悟的大分子,是我们身体的近卫军。它是人体的警察。我们身体中重达 7—12 公斤的蛋白,都是有机大分子,是搭建细胞的砖瓦。陌生病毒对它有兴趣,是因为蛋白是生命运动里最活跃的场地,里面有精彩的球赛,是最高级的美食饮料和先锋鸡尾酒。这对于年轻的身体反而是加持,是扩大了根据地,但会触发老年身体的自由免疫系统的信息系统混乱。过去,分子生物学家们总在他们自己眼中的人工结构里讨论分子与生命的关系,而德勒兹借用斯宾诺莎来讨论的却是:构成我的灵魂的我的身体的分子的运动,如何也给我带来了恶——自我免疫病。恶是我们自己对生命形式的错乱使用而造成的,是我们自己对自己造成了恶:是伦理上的自我免疫造成的。

在解读德里达的《雅克·德里达研讨班:论生死》(1975年)这一文本时,弗朗西斯科·维塔莱(Francesco Vitale)向我们指出,生命是每天对那一必须被不停地更新的短暂悬置的征服。活体必须克服、摧毁它的自我免疫系统,也就是它自己的身份,才能活下去,但这同时意味着也向他者和"它者"开放,意味着迎受免疫风暴,意味着死亡。[1] 两头的赌注都很重,但生命必须玩着这一游戏来继续。达到完美的身份(同一),就是死亡。太强大的生命,也就会走向死亡。康吉莱姆说,健康是能从病中恢复的能力,是钟摆能摆荡回来的能力。维塔莱绕道细胞生物学,向我们指出:人体发现自己身上的免疫防卫太强时,就会削弱它一些,通过向卫兵细胞发信号,叫某些细胞先自杀。我们的身体与免疫系统在致命地搏斗,生命不断向某些细胞发出死亡令,以此来加强自己的免疫能力。[2] 自我不会用自我免疫系统去对付自

---

[1] Francesco Vitale, *Biodeconstruction: Jacques Derrida and the Life Sciences*, trans. by Mauro Senatore, Press of State University of New York, 2018, p.183.

[2] Ibid., p.180.

我免疫系统，而是会先破坏免疫系统来保护它自己，在艾滋病和抑制器官移植中的免疫反应，就是这种情况。活物总是摧毁自己的保护系统，来自我免疫，总是涉及细胞自杀。[1] 受孕后，我们的生命一开始只有一百个左右的细胞，它们成为母细胞后，就会命令后面培育出来的某些新细胞主动自杀。是细胞的这种程序性死亡维持了生命本身的同一性。[2]

人体在免疫过程中通过摧毁它自己的过度自我保护，来保护自己。免疫过程高于神经系统，人自己无法干预其免疫过程。正因此，德里达在《宗教》中向我们指出，生命是一架错乱的机器。自我免疫时，它有可能摧毁自己的自我免疫系统，总是通过在更广范围内容忍病原体的侵入来幸存。[3] 自我免疫时，人体总以先破坏其自身的防卫机制为前提。写自传，就是生命在铭写其活体的自感、自染、自忆、自案，是要到保险区、神圣区、免疫区、赦免区、纯洁未染的裸处找安全、救路、脱赎，是想要免疫，于是不幸地反而走向了免疫式灾难。[4]

这要求生物圈中的城市也必须成为人的自我免疫的矛盾性的"保险区、神圣区、免疫区、赦免区"。生物圈内的城市的第一要务，就是打通这一作为本地的自我免疫区与生物圈。城市将位于本地与生物圈之间。

---

[1] Francesco Vitale, *Biodeconstruction*, op. cit., p.175.
[2] Thomas Pradeu, *Philosophy of Immunology*, Cambridge University Press, 2020, p.63. 免疫系统是神经系统的告密者、落实者和信使。中枢神经指挥脑内分泌系统，再指挥免疫细胞来发动一场免疫运动。因此，个人的心理和社会问题也可能由个人的特殊的免疫过程导致。血管和脑各有独立的免疫系统，脑内免疫系统建立在小神经胶质细胞上。
[3] Francesco Vitale, *Biodeconstruction*, op. cit., p.174.
[4] Ibid., p.169.

## 7　从城市肌理到开放的本地

　　同一块菜地上的生境到底是照着玉米、照着地瓜，还是照着豆角或其他蔬菜形成的？是照着每一个生物形成那一共境，使每物都多价吗？正是本地使其多价？新冠病毒与人类之间的致命遭遇，逼着我们去面对这一生物圈中的城市必然要面对的本地。疫情也在逼人类使自己变得多价：使他们不光能这样，还可以逆来顺受地那样，以及再那样。在对付新冠病毒中，一件令人鼓舞的事迹发生在巴塞罗那和马德里这两个西班牙大城市，那里的本地无政府主义组织这次是彻底接管了街区，集体地安排生活，集体地关心每一个人，虽然每个人都被隔离在自己家里了。无政府主义组织第一次尝试了本地接管，这是一种从本地开花的共产主义式社会管理实践，这在平时的全球资本主义系统里是难以想象的。

　　在平台城市和疫情城市这一双重上下文里，也许我们应该用生物圈内的"本地"这一概念，去换掉我们一直习惯说的"城市肌理"这样一个模糊的说法了。历史上，城市中的空间也总是被不断本地化的。城市曾经也是一种本地化的机器。回看城市历史，我们会发现，西班牙1513年在美洲开始的城市建筑，是为了勒索、抢掠，为欧洲的资本积累服务，那时的城市是抽水机，要从北美抽出超额利润，送回欧洲。1810年开始的对纽约城市的建筑，则是为本地积累服务的，是在构成一个同质的本地资本的生产和积累的空间。[1] 这导致了纽约的本地，后来有35种以上的官方语言的纽约，勒·柯布西耶说的"必要的灾难"，库哈斯说的"癫

---

1　Henri Lefebvre, *The Production of Space*, op. cit., pp.177-178.

狂的纽约"。这个本地至今仍有待定夺。

今天,为了推动一种由官僚机器张罗的扩大内需的、由供给侧发动的消费而展开的营销,大众媒体和文化工业首先就是要用"城市肌理"这一逻辑,消灭本地,通过将我们互相隔离地关在景观的监狱里,将一种有助于国家官僚体制张罗下的以消费为目标的日常生活,强加到城市空间之中,强加到我们每一个人的头上。"二战"之后,休闲空间在全球分割了社会空间和精神-情感空间,分割了感性空间和智性空间,也分割了日常空间和节日空间。但这也同时揭示了那些脆弱空间和潜在的空间爆破点,使我们知道,改造城市必须在哪几点上下手:日常生活、城市领土、身体、由重复而在身体中引发的那些差异。休闲空间连接了基于纪念碑性的传统空间和基于工作和需求的本地化空间,也揭示了快感和欢乐的潜在空间。[1] 因而,休闲空间是空间矛盾集中体现的地方。

在这种景观式、消费式日常生活背后,本地的城市空间中仍存留了之前的那些酵素。后者由魔法式宗教实体、好的和坏的、男的和女的、与大地和地下相连的各种神等构成,都可用祭式、仪式和节日来调动。古代的苍穹、天际、地中海沿岸构成的基督教世界的中心,其代表性空间,被留存到了今天:死者的领域、本地和地层的力量、深和高的地方。节日和艺术正是从它们那里获取精神资源。中世纪的高雅文化也曾有其史诗空间,罗曼史的空间和圆桌空间,横跨了梦和现实,战争与节日也不大分得清。[2] 这些仍是今天的城市之本地的营养要素,是酿成我们自己的那一

---

[1] Henri Lefebvre, *The Production of Space*, op. cit., p.385.
[2] Ibid., pp.231-232.

城市的核心酵素。

　　这之后，人们也越来越依赖本地小神，因为罗马世界里有了组织空间和司法空间。然后就有了传奇、神话、森林、湖泊、海洋的抒情空间，去与官僚空间和政治空间搏斗，于是在17世纪形成了民族国家。这时，空间也就带上了文化性。本地被官方文化覆盖，成为今天的文化产业和创意产业的开发目标。

　　当代西方住宅空间是对城市延展过程中急需的生育的确保，有生物性，有社会性，也有政治性。社会不再用纪念碑来总体整合各元素，而是将其本质一点一点地滴灌到其建筑物之中，形成那个人口繁育空间。西方住宅小区是对古代纪念碑的替代。但小区内的社会空间已被资本主义生产关系彻底粉碎，家庭空间及其生殖性是国家可用来捕捉人们的那些空间坐标了。其中的本地性被小区、城市和国家所驱逐。老龄化和少子化已开始袭击才刚刚开始的中国城市化。

　　正是城市规划和建筑设计中所要去考察和恢复的城市肌理，先已——而且还将继续——覆盖掉"本地"。城市肌理或城市文脉是一种生物性繁衍网络，是被抽往城市中心的、从枝节被抽向主干的那种不平等整合，会拉下一些小村庄，甚至整个地区，但整体地完成了村庄的非-农（业）民化，使其失去手工艺和本地小商业，使自古以来的农村本地生活方式，被清扫到民间传说之中。它是金融、商业、工业中心网络、城市居住和休闲方式无情地穿刺农村的过程，是城市社会对农村的覆盖和替换过程，使农村的社会和文化生活彻底变质。城市生活通过城市肌理而击碎了农村。[1] 因此，本地必须在这一被击碎的农村的废墟上被重新

---

1　Henri Lefebvre, *Le droit à la ville*, op. cit., pp.19-20.

建立,必须先对冲掉这一城市肌理。

而本地也是存在于全球资本主义的内在性平面上的。这一全球资本主义内在性平面开始于古希腊,终结于今天的中国的轰轰烈烈的城市化。为什么黑格尔要说哲学只属于古希腊?为什么海德格尔也要说,德国只是哲学的一片领土,古希腊才是哲学的大地?为什么德国浪漫主义要哀叹失去了领土,想要去找回来?这是因为,哲学和全球资本主义位于同一个内在性平面上,需要一起在这一内在性平面上折叠出一个本地:外面是古希腊,我们通过一致性平面,又到外面去折叠出一个本地来。比如,海德格尔必须用那些古高地语去听,像医生用听筒听病人的胸一样,来找到那一个外面。古希腊人最早会用的动词"是",那是要用这个"是"来折叠和自我折叠。于是也出现了最早与智者们的决裂,来直面"是"和存在的哲学家。[1] 黑格尔说中国的哲学家都是智者,写着诗来表达,这一点也必须在这一框架里被理解。中国的哲学家往往会画画和写诗。他们是连接了本地和宇宙来抒情和思考的。

而马古利斯说,在今天,只有从热力学的角度,才能理解交流、模仿式学习、工具使用和有意识的思想,才能从本地出发,去思考人类面临的宇宙技术、宇宙政治问题。哪怕在耗散结构里,也还是有一部分有用的能源可被用到本地的小项目中。[2] 薛定谔从物理学出发的对生命的定义,也是从本地出发的:总体熵增中的一些本地的逆熵行为。生命是在某一本地的一种反抗着这个行星的普遍的熵增的逆熵行为。它是一种自发的本地反抗。

---

[1] 见 https://deleuze.cla.purdue.edu/seminars/foucault/lecture-21。

[2] Lynn Margulis and Dorion Sagan, *What is Life?*, op. cit., p.151.

因此，也必须在热力学原则下，从这一关于"本地"的眼光，去重新理解波依斯所说的社会雕塑。社会雕塑是生命的必要的活动，塑造社会的同时，是在本地树立了各种生命形式：是我们身在社会之中来雕塑社会，将自己的生命形式也放在社会之中被雕塑，因而雕塑了社会。我们也被我们自己的社会雕塑所雕塑，所以不只是被解放和启蒙。所以，社会雕塑就是海德格尔说的 Er-eignis，是斯蒂格勒说的重新居有本地，是在我们找到了新标准后，能回收以前时代的体外化过程的那种新的集体体外化。社会雕塑在利用超感性（the supersensible），鼓励每一个社会成员用自己的手，去施压眼前的物，产生对自己而言的惊人效果，使行动者自己大惊，而留下深刻印象。这种手对物的压，就是搞艺术，就是做社会雕塑，就是在创造形式和体裁。人人能这样，人人在下面这一意义上讲都是艺术家：从本地出发，去雕塑生物圈，像哈拉维一再说的那样，与共生的所有生物一起存在，一起活得好，也一起死得好。[1]

本地曾被胡塞尔理解成源-大地上的小生物圈，其特殊性是可由本地的学校来定夺的。所以，学校不只应该教，还应从本地

---

[1] 在哈拉维看来，克苏鲁世（Chthulucene）是一种让我们能在受伤的地球上学习勇于回应并负责地去活、死的一块时地。我们人类像受伤的野兽，被卡在自己的还未被完成的地点、时间、物质和意义的构型之间动弹不了。为了对付人类性之毒和资本之毒，认更多的亲，与尽量多的地球定居者一起好好活，一起好好死，是我们的唯一的办法。至少，我们得面对下面这一点：包含人类生命的地球上的生命，就其还可忍受程度这一点说，是已经完了，末日是真的近了，做什么都来不及了。我们必须在克苏鲁世里赶快认各种亲，主动切断与人类世、资本世的关联。（Donna J. Haraway, *Staying with the Trouble*, Duke University Press, 2016, p.1, p.5.）

出发,去理解本地的社群与生物圈和源-大地之间的关系。[1] 由于今天的光-时间的高速网架连接,生物圈内的新的本地性,看上去几乎是不可能了,需要我们通过解构,将新的法度加到我们的临界区,在这个被再三地人工搭建的地球上,建立和维护新的本地。[2] 我们因此必须拿出施秘术,像仙子一样,主动降临到这些残破的小镇和老街上。根据斯蒂格勒的说法,我们就必须这样地立足于作为生物圈的宇宙式本地(cosmic locality),在人类世中帮助生命与熵斗争。[3]

根据莫顿的看法,我们每一个人都像某种现象那样地被黏在生物圈。我们关于生物圈的想法,对它的感受,对它做出的计划,也是与里面的各种生命形式和生物圈本身并存(共生)的。[4] 生物圈也是现象学式地位于我们的项目、任务、我们正忙着的事情之中(共生)的。[5] 比如生态圈就包含了我们的观念,如贝特森和瓜塔里所说,我们的精神健康是与生态健康绞在一起的。

基于控制论的生物圈 2 的实验数据,至今仍是建筑设计中对于本地生物圈的敏感性的主要凭据。[6] 生物圈 2 是发生在亚利桑那州立大学的一个真实的流浪地球实验,花掉了一亿五千万美元,结果还是被里面野蛮生长的蚂蚁大军击垮了,谁都还来不及享用它。这与人类世里将发生到人类身上的情形之间形成了类

---

[1] Bernard Stiegler, *Qu'appelle-t-on panser?*, Ⅰ, op. cit., p.262.
[2] Ibid., p.386.
[3] Ibid., p.383.
[4] Timothy Morton, *Being Ecological*, The MIT Press, 2019, p.41.
[5] Ibid., pp.30-31.
[6] Peder Anker, *From Bauhaus to Ecohouse*, Louisiana State University Press, 2010, pp.121-125.

比:平均气温如果高五度,树就会长到三百米高,蚂蚁也会来吃掉家里的小猫。结果,蚂蚁就成了最大的主人,抢走人类的生存机会。[1] 这些物种之间的关系会发生巨大的改变,人将不得不去适应其他物种共同形成的生活条件,这在伦理上是对人类的大挑战。

本地与生物圈之间的城市是我们的新的本地实验室和试验田,但同时也是我们的方舟。我们一边对它做着试验,一边依赖它来幸存。所以说,它已经是"地球"号航天飞船了。

## 8 搞生物圈经济,还是全球社会主义?

经济学家皮凯蒂向我们提出了减少全球不平等的一种经济学眼光。但他仍只想从一种有限经济的眼光,改善经济不平等,仍是经济学式算计,需要我们给他的平等经济学加上生物圈思想的维度,为他提出的奋斗目标,也就是累进收入税之下的全球经济平等,带来更多的正当性。我们在下面将从全行星城市社会里的生物圈社会主义这一角度,来批判皮凯蒂的21世纪新资本论,用生物圈内的政治经济学和力比多经济眼光,来升级他那一种全球累进税制下的以全球平等为目标的新政治式经济愿景。

在皮凯蒂看来,不平等不是经济问题,也不是技术问题,而是政治问题,是由观念和意识形态造成的。他认为,不平等的受害者被喂了一种意识形态的药,因而他们相信自己的苦难是自己不

---

[1] Peder Anker, *From Bauhaus to Ecohouse*, op. cit., p.121.

努力造成的。[1] 他认为,市场和竞争、利润和工资、资本和债务、熟练工人和不熟练工人、本地人和外来者、避税天堂和竞争性这些说法,都是后天的历史建构,是为了掩盖剥削之真相而做的编造,实际上也成了受害者被劝说后,自己选择的那些关于法治、财政、教育、政治系统的颠倒的说法,而他们本来是可以集体地改变这些系统的。因此,经济上的受害者必须从本地出发,去改变他们的经济处境。但是,皮凯蒂谋求在现有格局下,通过新的资本逻辑,去改良这种全球剥削和不平等机制,并不敢动现存的全球资本主义框架和逻辑分毫,并且对于今天的大数据时代的新的资本和剥削境况,他也不做任何考虑。

为此,皮凯蒂提出了一种基于社会占有、教育和被分享的知识与权力的参与式社会主义。在这种体制里,财富税将以普遍资本馈赠的方式,倒流到每一个公民身上,使财产和财富进入永久的循环。在他的笔下,累进收入税、普遍基本收入和教育正义,将是我们未来的三个保护神。他认为,这些前景在今天的数字货币的技术条件下,实际上已无限接近我们,可以也必须在全球范围内搞一次全民公决,来决定是否实施。[2]

为了实现这一全球经济平等的愿景,皮凯蒂更进一步建议,把每个民族国家的历史看作一个集体学习的过程。他认为,与学校、书、移民、通婚一样,社会科学也应向人民提供超民族眼光,使自己的国家的人民主动认同那一全球历史。[3] 对这件事的保

---

[1] Thomas Piketty, *Capital and Ideology*, trans. by Arthur Goldhammer, Belknap Press, 2020, p.12.
[2] Ibid., pp.649-650.
[3] Ibid., p.14.

障是：在云计算平台上，全球机构的格式已越来越统一，执行起来已不难。另外，由于普遍选举权、强制中小学公共教育、普遍医疗保险和累积制税率，都已成了人类的进步机构和机制，已被全球普及和联网，所以，他认为，无论保守派或自由主义者有多少反对的理由，都挡不住变化的到来，这种变化也将是一劳永逸的。[1] 与马克思不同，皮凯蒂认为，政治意识形态领域从来都是自治的。意识形态、机构和统治方式，都是无限地可塑的。国家可塑造它，人民也可以，而且可能需要先改变这一意识形态，新的经济制度才有可能。在《21世纪资本论》后，他在这一意识形态雕塑上做了更多的研究。因此，在他看来，克服了意识形态的障碍后，全球统一的财产关系可用许多方式被安排。

他乐观地认为，我们仍有很多可另选的通向经济上的平等和正义的道路。而今天的精英层中普遍的保守主义，以为什么办法最后都不会成功，已太消极。而赌押今后的革命时刻什么时候将会到来，也不对。在这一点上，皮凯蒂的这本《意识形态与资本》是做出了积极的推动的。

而且也正是意识形态使我们看不清自己在生物圈之中的处境。皮凯蒂把意识形态分成几类：财产论、社会-民主式、共产主义式、功能单体式、奴隶制式、殖民主义式。[2] 根据他的分析，起初，每一种意识形态是都想要表达出某种社会正义的，只是后来在过程中越来越退让，到最后就放弃了大原则。作为经济学家，他要从法治系统、税收次序和教育资源三个角度，来分析现存、混合于当代社会的各种意识形态。但这一方案似乎避开了人类

---

[1] Thomas Piketty, *Capital and Ideology*, op. cit., p.12.
[2] Ibid., pp.485-493.

今天的最重大的焦虑:人类世和人类在生物圈中与其他物种之间的共存。

皮凯蒂只是指出,在收入、财产、教育之分配等事务上,从现在开始,我们就不能光从本国历史和当前政治配方出发,而更应该从全球历史的角度,来求分配的平等和正义。那什么叫全球历史角度?就是原有的普遍主义平等话语,加上今天的大数据云计算平台上的经济现实,还有新的关于平等、社会性占有、教育、知识和权力分享的意识形态。[1] 但皮凯蒂不愿看到会导向一种制度选择的意识形态眼光下的比拼。在他看来,不论原有的体制怎样,在与不平等斗争时,我们都必须将那全球历史角度带到全球各地的具体实践之中,来引领我们的本地斗争。

皮凯蒂讲的个人总财富,是指一个人一生所能拥有的使用价值的总和。他认为,这至今仍是衡量一个人拥有的财富的最准确的尺度。在这一尺度下,他问,今天的一个35岁的白领比2005年的一个35岁的白领拥有更多的使用价值吗?答案是:没有。今天流行的那一超不平等叙述,是在20世纪80年代末东欧政权倒台后,才占了上风的。[2] 对于个人财富的理解,从来都深缠着当前最有问题的意识形态,后者也是大学内学科之间的愚蠢的分裂导致的。同时,西方社会内的身份政治的过度,和今天毒害公共政治的那种认为一切都已来不及的政治斗争上的主动放弃,都是这种新自由主义意识形态能如此猖獗的原因,而正是它使我们相信,2021年的一个年轻人已占有得比2005年的一个年轻人多。

---

[1] Thomas Piketty, *Capital and Ideology*, op. cit., p.10.
[2] Ibid., p.9.

因此，皮凯蒂认为，必须寻找一种关于平等、社会占有、教育、知识和权力分享的新意识形态，来克服当代人对于财富和占有的种种近视。每一个社会都必须主动为其不平等找出辩护理由，如果找不到，那么，其整个政治和社会大厦就有倾覆的危险。也须知，每一种对不平等的辩护理由中，都同时充满真相、夸张、厚颜和猥琐、理想主义和自我利益。[1] 因此，讨论经济问题时，人们也必须在公开的政治辩论中挤掉那些最终阻挡人们的政治斗争眼光的意识形态造成的偏见。

为此，本书认为，我们应该在皮凯蒂的这种21世纪资本论的基础上，提出一种生物圈社会主义的经济主张。它具体应该包括这样几个面向：

- 从社会最低基本收入走向贡献式收入制度；
- 以发明新的生活方式为入口，形成一个新贵族阶层，经由阶级斗争，区分新的伦理-政治目标；
- 由工业经济、消费经济、大数据经济，走向一种基于集体体外化的生物型经济；
- 终结现有的民族国家的地理政治割裂，建立一个新的互联国；
- 建立一种普遍的生物圈社会主义道德和文化。

已有的本地经济的实践，就已为我们积累了经验，我们应该重新检视。如20世纪20年代，英国、德国、法国、美国就搞过"本地交换系统"。这些实践是我们开展生物圈社会主义经济的参照底

---

[1] Thomas Piketty, *Capital and Ideology*, op. cit., p.8.

线。生物圈社会主义的基本原则是:任何人都不欠任何人的,谁身上都潜藏着无穷的非物质资本。生物圈社会主义式、贡献型经济的核心,将基于处理永久养老或护理的时间银行制度,用后者去压倒资本主义银行对于所有人的货币式统治,为大规模的社会改造提供保护垫。所有的社会或共同体成员的额外"贡献"都被存入时间银行,成为为其老年时需要被共同体关怀时的一种服务性、物质性担保。[1]

本地自治方案措施比如,通过每城、每镇30种商品独立,可用来反对大资本、大公司的垄断。还可发行代工货币。这些实践的要点在于:在本地架空那一普遍货币的掠夺权力。[2] 哪怕不能发行本地货币,我们也可通过本地全民公决,来选定地方上的20种左右的基本商品,当作本地绿币。[3]

---

[1] 斯蒂格勒和他的"贡献式"项目的同事们强调,贡献式收入是要"为那些减熵的集体的重要的合作和交换提供连续的资源","通过城市领土上涌现的FabLab来提供"。它是来代替免费劳动的。宏观上讲,它是要来"强加社会转移支付和工业经济的新逻辑,由城市内的一个个贡献式经济运行中心来操作"。贡献式收入"不是刺激大家去工作,也不是代替国家福利的工作福利。它被铭写于第三种逻辑之中,是一种正在涌现的创造性福利,结合了社会保障和对于集体生产很必要的自由空间的扩大"。贡献这个词来自司法系统,指赐予或充入公共开支。"贡献式收入与共同创造相关,与共同投资有关,从资本和劳动者这两个角度说都是如此。"这一收入"反映由数字技术推动的集体创造的上下文,与我们对于新的财富生产和分割合拍"。贡献式收入因此不是最低保证收入,也不是帮助性收入,而是公共力量所投资的奖掖自能发展的方式(Bernard Stiegler et al., *Bifurquer*, op. cit., pp.135-137.)

[2] André Gorz, *Reclaiming Work*, op. cit., p.104.

[3] Ibid., p.108.

# 9　社会基本收入与新工作的发明

高兹说，全球资本主义所能给我们的工作，必然是已被粉末化的。当前，每一种工作都正在无限靠近快递员的工作。同时，全球资本主义系统也是通过工作、按揭来给人们制造小恐惧、小恐怖、永久的分子式的不安全感，要人们就范于这个越来越可怕的劳动制度。正如维利里奥说，它们"向你提供了安全感的宏观政治，与在你身上制造恐怖的微观政治，这两者是互补的"。[1] 当前的社会精英的工作，既在生产财富，也在生产失业。他们的工作的真正目标，其实是尽量消除其余的人们的工作机会。记者、宣传人员、广告文员、艺术家、公关专家和研究者，都将自己整个卖给了一种虽然干起来时让人满足，但总已成了某种诡异的意志和恶意的听话工具的工作。[2]

另一例子就是在中国城市中穿行的那些美团外卖快递员，在平台城市的领土上，他们的身体已被与电瓶车捆绑在一起，像云计算平台上的一个外活动坐标，既干活，也必须为平台造成进一步的数据。我们的身体渐渐成了会干活的商品。资本有的是办法来对付人工智能时代的工人的自治，比如减少生产，以便生产出用来控制活劳动的那些社会和文化条件，后者不外乎是一些劳动时间，但被当作科学、信息、一般知识、语言交往，来维持生产和财富的基础。普遍智性时代的全部的工资劳动力，不久就将成为永久的劳动后备军，任资本随意宰割。

20世纪70年代以来，在西方新自由主义经济政策下，对集

---

1　引自 André Gorz, *Reclaiming Work*, op. cit., p.96, p.130.
2　Ibid., pp.43-45.

体问题的集体解决和对集体需求的集体满足都被取消，人民间的团结关系，被那种方法论个人主义打碎，为的是加强国家机器对被贬低为客户的公民的主导。[1] 理论或艺术的创造者只有在教、演讲、完成一个被公共和社会要求的事情或委托时，才被算作工作。

本来，艺术家、哲学家、运动员的生活目标，是创造出意义、自我和知识，而创造却是不可被社会化或代码化的。它出自孤独和反叛，是对工作本身的挑衅，甚至是和工作对着干的。但是，在当前的社会里，创造仍无法被换算成工作。但它也绝不是用来维持这个基于工作的社会的。波依斯说，作为自我奖励或治疗，我们其实人人都是想在社会里创造的。黑格尔在《精神现象学》中说的主体之精神的外化，就是波依斯说的社会雕塑，是个人用他创造出来的东西鼓舞自己。个人在贡献式社会场景之中打下自己的烙印，因而延异、分枝、在心理-集体上将自己进一步个体化，成为自己这类艺术家，并在自己对社会的贡献中自我肯定。

在当前的全球语境里，必须足够大胆，人们才能出逃，而带着同一症状去对付"危机"，那一定是徒劳的，因为那里还会发生新的危机。一个叫作"自动社会"的新系统正在被建立，正大规模消除人们所说的"工作"，这时，如果我们强迫每一个人为保留老工作而战斗，就是在恢复最坏的那种主导和剥削。[2] 我们要反对的，不是对工作、规矩、尊严和待遇的取消，而是要反对下面的这种做法：想保留住原来的那种工作的声称，将后者看成义务、规范、所有人的权利和尊严的不可替代的基础。因为，我们不要任

---

[1] André Gorz, *Reclaiming Work*, op. cit., p.4.
[2] Ibid., p.2.

何人来给我们提供工作机会,我们自己在一起时就能够创造出工作机会。

我们必须准备好从"基于工作的社会"中出逃。这种社会已不再存在,也不会再回来。在未来城市里,只有基于某种贡献式经济的社会最低收入制度,才能激发大家为社区、社会和生态干活的积极性。[1] 我们相信下一代人一定会懂得这样一个浅显的道理:对收入的权利,并不是对工资的权利。每一个人都应该有两份收入:劳动收入和社会收入。第二份收入必须无条件。

无条件的社会基本收入对于今天城市的意义在于,工作岗位正大量减少,和人口的加速老龄化,需要我们及时拿出社会的收入托盘。此时,我们应该用无条件最低社会收入制度来整体地改造社会,而不是等社会有条件了,再来搞无条件最低收入。什么是无条件?它指的是:社会大多数人不从道德上评判少数人的懒惰,让懒惰者也可安心领走他们自己的那一份。对这种无条件性,高兹有一个很严格的标准:共同体内互爱的人之间共同地得到的,才能算收入。只有这样,我们才能无条件地走到工资劳动之外。

法国经济学家洛尔东(Frédéric Lordon)为我们澄清了斯宾诺莎眼中的工资与自由之间的关系,为我们理解社会最低收入,打开了另外一个维度:工资本身是劳动者的最大的锁链。工资并不是收入,它打断了我们的欲力,使我们为公司老板的快乐而快乐。工资是社会的毒瘤。它是当代资本主义一切苦难剥削欺骗的根源。只有在具有最低社会收入保障的条件下,自由地走出工

---

[1] André Gorz, *Reclaiming Work*, op. cit., p.100.

资劳动,我们才能去爱斯宾诺莎的那种大爱。[1] 当前,有特权的一小撮仍将用他们的专业知识,霸占待遇好的工作。但绝大多数人将不能找到今天意义上的正式工作,而是要靠他们自己的天才性和实用的自我革新能力来工作。如果人口中的99%都这样了呢?那将是何种局面?

不论怎样,未来都不会是一个躺平社会。哪怕绝大多数人成了过剩人口,人人有了更多的社会自由时间,他们也会如阿伦特说,只有开始过自己的积极的生活,获得公共参与感,才会发现自己的生活的意义。反正怎么也不能通过车床和柜台来表达他们的创意了,这时就要通过政治表达,来实现他们的创造。他们将排练自己,用改变自己来改造现实,在城市废墟上主动使自己成为城市,使自己成为城市领土,使自己同时成为城市的本体、领土和手段。那一在今天只表现在算法平台上的普遍智性,那时将成为他们的工作平台,也就是真正的"云"平台。他们将构成一个云城。但资本主义系统要每个人都向他们的主人,也就是向他们发放现金的人,交出自己的行动和参与的力量。[2] 在云城或那个全行星城市社会里,我们必须克服这一看似天经地义的工资制度。

企业家和工人其实本来也都是共物主义者。生物圈中的社会主义的某一形式,也就是共物主义,将这样来反对目前的资本主义的物权:影响着所有人的东西,因而也应该是属于所有人的共物,必须被共同地使用,政治上、经济上、生态上,都应如此。共物化就是重新公社化。当前,青年人反抗资本主义现实,往往

---

[1] Frédéric Lordon, *Capitalisme, désir etservitude*, La fabrique, 2010, pp.48-49.

[2] Ibid., pp.171-172.

从组织青年公社开始。资本主义系统骗你：你我感到无力，是因为资本主义系统通过向你发钱、发工资，而偷走了你我的行动和参与能力，因而使你感到无力。其实，那行动和参与能力一点不少地仍埋在你我身上。

为多拿工资而愿意被额外支配，将工资，也就是钱，与自己的快乐混淆，为老板的快乐和欲望去快乐和欲望，这就是通过商品异化，而动员身体的快乐，使身体被快乐所奴役，拼命去生产商品，转而使我们自己更被奴役。[1] 而在所有的异化里，商品对我们的异化是最严重的。而斯宾诺莎说，只要这样地被异化，那么所有的快乐的希望后面也都跟着钱了。

消费的快乐仍只是外在的。新自由主义资本主义意识形态的核心却是要我们相信，我们是为了自我实现，不是为了多拿工资而干，而所谓自我实现就是能够开心地消费。[2] 这是因为，资本主义是某种欲望配方，安排我们必须照资本主义的字和物的秩序来欲望，根据资本主义式社会关系来欲望，于是，资本主义式社会结构也被刻印到了我们的欲望和心理构型之中。于是，不需要主人鞭打，我们就很自觉地主动为主人的欲望和快乐而欲望和快乐着了。

在工资劳动之中的无产阶级仍然需要被进一步解放，需要"被允许去希望"。在这之上，我们还必须用斯宾诺莎的"欲望-主人"这一说法，来替换无产阶级这个说法。人人都是巴菲特，人人也早就是马斯克。我们不再需要所谓的自我实现。为此，我们必须这样处理关于占有的那一问题：共物、城市是集体的成果，但它是我自己的作品，应该让尽量多的人来共同占有同一个作

---

[1] Frédéric Lordon, *Capitalisme, désir et servitude*, op. cit., p.51.
[2] Ibid., p.73, p.76.

品，不要被洛克式的财产权欺骗，后者引诱我们去排他性地占有一些空洞的东西，将占有、消费和享乐隔开并等级化，最后，就连富人实际上也都被这种物权秩序欺骗了。要知道，对人最有用的是人，而不是财产。

在当前的市场经济里，我们都是在工资生活的沉浮中飘荡的灵魂。我们被大公司预先设计的快乐和自我实现的允诺牵着鼻子走，这是因为我们身上的感素（affects）有两面，一面是悲伤，一面是快乐，广告、大众媒体、社交媒体、公司、机构、学校控制了我们身上的感素的这两面，使它们互玩，互相调戏，逗得我们一会儿悲苦，一会儿又甜蜜，我们于是不能由衷地去快乐和悲伤了。我们自己身上的这些感素被外部力量，也就是工资关系和消费圈套操纵了。[1] 我们被大众媒体和社交媒体做着这样一种愚蠢的人工呼吸：一会儿使我们晕倒，一会儿又要给我们做人工呼吸。只有斩断工资关系，我们才能与新自由主义市场经济的血泪经济做斗争。

人类学家格雷伯还将工资劳动与狗屁工作关联，认为服务和关心的劳动，尤其不可货币化，而成为主管们的当代奴隶服务。反过来，如有了社会最低基本收入制度，我们可以将对他人的免费服务存入时间银行，等我们自己老了，就可被服务和关心，就可当作对我们的贡献的回报。而今天的全球养老和医疗体系，仍建立在那个有可能会一夜崩溃的金融体系上，因医疗费用而破产仍是美国的第一破产原因。

用社会最低基本收入来克服工资劳动的可怕后果，本身会成为社会的一伟大的进步力量。在印度的普遍基本收入（UBI）实验中，由联合国儿童基金会资助的"自雇妇女协会"（SEWA）特别

---

[1] Frédéric Lordon, *Capitalisme, désir etservitude*, op. cit., p.134.

令人激动,是因为,当钱成了共同物,当大家不分种姓和性别地发一样的钱后,社会完全变了样,连男女关系都变了。每个人都不得不要这笔钱,即使并不需要它。[1] 想要好好活着,是要这笔钱的最大理由。而实际上,一个人想让自己好好活着的生活资料,在任何时候都可以堂堂正正地向社会去要,不用任何人来审批。

目前,大家无法理解"普遍基本收入",恰恰是因为大家在现有的工资关系下不能理解国家的钱、税和福利、债之间的深层关系,误以为是自己的工资劳动在支撑后者。格雷伯在《毫无意义的工作》中写道,社会无条件基本收入制度能解决一个重大的社会问题:权力问题。更早一些时候,我们在福柯最后的访谈中看到,他认为,在有些关系中,比如在性关系和爱情中,只要是开放的策略游戏,只要关系是可逆转的,当一方运用权力时,就会顾忌对方扭头便走。女性在公司遭受性骚扰而不敢反抗,往往是因为上司知道她需要这份工资。如果知道她有一份基本收入,上司

---

[1] David Graeber, *Bullshit Jobs*, op. cit., p.195. 在印度"中央邦"的8个村子里,每一个男人、女人和孩子每月都被给予现金。最初成人200卢比,儿童100卢比,儿童的直接付给母亲或监护人;后来提高到成人300卢比,儿童150卢比。在一个部落村庄也实施了12个月的同样金额的支付,另一个部落村庄作为对照组。

这笔钱最初是以现金方式支付给每一个人,三个月后,打入其银行账户或合作社账户。国家和地方政府若想在偌大的国家中铺开直接的现金福利,可以从这一实验中吸取经验。

在实验中,村民不允许以食品补贴代替现金支付。对收款人没有任何附加条件,这点是至关重要的。那些要求附加条件的人实际上是不信任人们会按自身的最佳利益行事,他们相信,只有政策制定者才知道什么是人们的最佳利益。(Guy Standing,《印度收入实验》,见微信公众号"实验主义治理",2016年7月24日。)

马上就少了权力感。这种基本收入造成的社会后果将普遍地改变社会的权力关系。但同时，福柯也认为社会内不可没有权力关系。社会无条件最低基本收入能解决这一福柯悖论。社会基本收入制度告诉我们，一个不用建立在很高物质条件上的自由社会是可能的。[1] 只有实现这个自由社会，才能为我们的计算机使用、对环境的破坏和造成全球变暖等灾难性后果，给出一点差强人意的理由。

格雷伯将消灭毫无意义的工作当作治疗我们这个文明的重要途径。他说，当你发现有人被付了很高的工资去干一份以提高经济效率为名，但从经济角度上看完全非理性的工作时，你就该问：这样做是谁得到了好处呢？要知道，正是这些毫无意义的工作的存在，才使底层人民失去了劳动的尊严，而这却构成对富人的最大好处，是后者要机构性地制造出这些垃圾工作，要我们去做的。盯住社会基本收入和消灭毫无意义的工作这两件事，是射向我们这个文明的核心的两支利箭。大家通过毫无意义的工作而终于看清了当前这个文明的实质，明白了我们的文明正在将那些不喜欢干自己的工作、不能在不喜欢的工作上也干得别人好的人都看作坏人，认为他们不值得被爱、关心，不值得被社区帮助。仿佛，我们已屈服于一种集体奴隶制了。[2]

因此，我们不应该将工资制度和毫无意义的工作带进生物圈城市。生物圈城市作为学习领土，将是发明、实验现有工资和工作制度之外的新的生物经济、贡献式经济下的生活方式场地。意大利领土派曾提出了自我维持的本地发展的动议，强调要保证本

---

[1] David Graeber, *Bullshit Jobs*, op. cit., p.198.
[2] Ibid., p.11.

地环境的优化,为本地领土好也就是为这个行星好。这种领土管理是一种自下而上的重新全球化。由他们提出的跨本地的团结这一概念,是与敞开的本地这一概念合拍的,赋予不同的本地的多样性与可持续生活的模式之间以灵活性和非等级关系,也打开发展的风格的多重方向,不让新自由主义市场逻辑抹除所有的独特性,帮助本地重新达到精神多样性。[1]

## 10 在生物圈,城市将融入行动者网络之中?

拉图尔提醒我们,如果我们对人的社会和狒狒的社会稍加比较,就会发现,在我们建立了复杂的行动者网络之后,社会反而会变得更简单,手机屏幕、外卖、"全家"的街角店,几乎就可构成一个人的生存平滑面,而且它们的确也已经成为很多城市人的平滑面。而狒狒只会用它们自己的身体,来亲自做一切。于是,在它们的世界里,它们其实每一步都走得很艰难,对什么都无从下手,因为事事都须次次从头学起。[2] 人却总是不自觉地就建立了一张行动者网络,将自己和各种行动者都当作可利用的对象,组合到其中,不分成分、工具、软件或程序,扁平地将一切都网罗进来。也就是说,人也将自己当作这一张行动者网络的组成成分,将自己当作与别的对象无异的对象,也就是,人最后也成了别的行动者的配角、配料,将自己的命运交给这一张行动者网络。

拉图尔将实验室手套、苹果手机、疫苗、地铁车厢和电视信号

---

[1] Bernard Stiegler et al., *Bifurquer*, op. cit., p.114.

[2] Graham Harman, *Prince of Network*, Re. Press, 2009, p.21.

发射台都当成行动者,因为它们本身都是那一张行动者网络中的行动者。因此,在他看来,它们也都可被当作严肃的哲学话题来研究。它们也都是行动者,互相关联,构成一张动态的行动者网络。后者与人一起行动,不是配合人来行动,而是人也决意通过这一张行动者网络来行动了。之后,新的行动者总是不断被拖进来,一次次形成新的行动者网络。[1]

根据拉图尔的这一行动者网络理论,我们必须用"团体"这个词,代替"文化""社会"和"文明"这样的说法,来突出未来的人类聚集的特殊性,显示其合成性,表明那是异质因素的连续搅拌后的每次都全新的集合。[2] 拉图尔要我们相信,人类世里的新的人类幸存团体,也将会这样形成。那时将真的是根据新的幸存目标,不断重组人类共同体,根据不同主题来排练和自我排练,一次次决断,看如何根据不同时间点的幸存的需要而将政治搞下去。人类学家马塞尔·莫斯的互联国或全球大学系统这样的说法,在这个行动者网络中,是没有地位的。

拉图尔曾用阿司匹林做例子,来解释他的"行动者+网络"理论的使用过程。阿司匹林的实际作用虽然听上去很山寨,但一旦头痛,我们就只好拉着它与我们一起排练,请它解决我们的复杂的头痛问题,用了几乎神秘的方式,反正很多次都是怎么也无法被解释地就生了效,只要我们自己先相信它,它就多半会奏效。[3] 要知道,根据约瑟夫·杜米的《终生药物》中的说法,阿司匹林是医药公司最爱卖的药品,利润最大,因为它很没用,但因此也就

---

[1] Graham Harman, *Prince of Network*, Re. Press, 2009, p.5.
[2] Bruno Latour, *An Inquiry Into Modes of Existence*, op. cit., p.296.
[3] Ibid., p.229.

没有什么副作用,于是在美国这样的容易被消费者起诉的国家,就不大容易惹上麻烦。[1]

我们的身边有很多像阿司匹林那样的"对象",都与我们一起行动,给我们跑龙套。我们请它们来帮我们,下放了权力给它们,请它给我们跑腿。它们虽是非-人存在者,我们却将它们当成与人类平等的行动者来求助。总是我们主动想要与它们之间建立一张行动者网络,而不是倒过来。在生物圈内的城市中,我们原来熟悉的那一切,也都将成为某种阿司匹林。我们只能与它们一起排练着往下走。目前的这一云计算平台所张罗的那一城市基础结构,再不可靠,我们也得先拿它顶着。问题只在于,既后我们所建立的行动者网络将如何将计就计地将它用到更高的版本上。

关于行动者网络,拉图尔用登山这个例子来解释。登山者是在地图上看见山后,再将山变成地图的,这才将山组合到他们的行动者网络之中。手握地图的人,是将山和地图以及其余的一切都动态地组织到一张行动者网络之中。不是地图,不是山上的线路,而是那一张行动者网络,才将登山者带到了峰顶。[2]

拉图尔提醒我们,欧洲现代白人往往忘了自己也仍然是在一张行动者网络之中行动的。他们自己也只是在登山。可是,他们却总想要同时去启蒙和解放别人,教第三、四世界人民实现现代化,教他们获得知识和进行科学式研究的方法。但他们不知道的是,这些实际上也只不过是局限于行动者网络的知识而已。我们

---

[1] Joseph Dumit, *Drugs for Life*, Duke University Press Books, 2012, p.128, p.200.

[2] Bruno Latour, *An Inquiry Into Modes of Existence*, op. cit., p.113.

最后只得使用这张行动者网络,因为没有更好的途径了。但在使用它时,我们必须像志在必得,但仍手里捏着一把汗的$4\times100$接力赛中的现场田径教练那样,在其队员的每一次交接时,都将心提到嗓子眼那儿,就算是交接完了,心里还是放不下的。所以,我们不应该像欧洲现代人那样,只成为电脑前的鼠标双击动物,以为什么都已接通了,行动者网络已经是可以代入的语法或函数公式了,只要轻轻触两次键,就可启动。哪有这样便宜我们的事儿!

拉图尔说,现代人都是这样的电脑前的鼠标双击者,以为一切都已通畅,后面有政治、科学、宗教、法律等装置在为他们撑腰,自己只要用手指点击一下,后面就会发生连锁反应。但如果有机会自己给自己编上网程序,他们很快就会发现,这其实是像登山那样复杂和充满偶然的过程,后面只有那张漏洞百出、让我们摸着石头过河的行动者网络可供我们使用,我们其实是一直必须边爬边重做全局映射(mapping)的。[1]

拉图尔说,总只有在登山时,我们才会老老实实地捡起以前的登山者一次次留下来的行动者网络,因为那时我们就没有选择了。这时,我们也会替后来者着想,要给他们留下正确的提示,甚至将剩余的食品和设备留在山上的一些容易被看见的地方,给可能的迷路者们使用。在人类世,在人人之间将要展开的总体战争,也就是气候政治中,我们不得不也用这一张行动者网络去替换政治、科学、宗教和法律,因为我们是处于一次复杂的登山过程之中了。没有别的老办法在后面候补着了。[2]

---

1　Bruno Latour, *An Inquiry Into Modes of Existence*, op. cit., pp.93-95.
2　Ibid., p.75.

身处行动者网络中，就像在球场上，我们这时就只有四种传球、接球的方式了：法律、科学、宗教和布满全域的行动者网络。我们怎么选？要知道，是行动者网络将前三种拉进了它自己之中，我们实际上没得选。实际上，拉图尔提醒我们，在生物圈中，我们就并不只存在于社会之中，并不只存在于城市中，而是首先存在于一张本地的行动者网络之中。生活在城市中，我们必须在其中串起一张行动者网络。因为，哪怕在城市中，我们也仍是在登山。而生存于生物圈时，我们其实时时都像是处在登山过程中那样的。

那么，如何来确定我自己到底是属于哪张行动者网络的呢？比如，法律就是一张大多数时候我们不会去用，顶多偶然用一下的行动者网络。它是由文本、先例、签字证据、信念、控辩双方的矛盾、文件的确认，等等，来担保各方说出真话的。但它也就是一张行动者网络而已。基督教，尽管不信它的人看着觉得可笑，其实也是一张行动者网络，后面水很深的。是什么使我们相信用鼠标一点，就可以将一切搞定，不用基督教的？我们能不要基督教吗？不要，那可真是脑袋发昏了。退一万步讲，哪怕基督教真的没用了，将它做成一张快递网络，那也将是超一流的。不要现在这个行动者网络了，我们去另建一张？但你倒是去建另一张试试看啊。[1] 绝不能放弃已形成的行动者网络的，像登山时那样，每一个前人留下的工具和提示，都可能救我们的命。

在拉图尔看来，是现代欧洲白人自己将自己隔离到了行动者网络之外，因为他们以为自己已经很现代了，而其他大陆板块上的住民却不够现代，需要先被现代化之后，才能与他们平起平

---

1 Bruno Latour, *An Inquiry Into Modes of Existence*, op. cit., p.60, p.62.

坐，才配与他们一起改造这个世界。但是，从这一行动者网络来看，欧洲现代人自己其实也从未现代过。所以，拉图尔建议，也不要说学科之间的界线或跨学科之类的了，还不如让我们用比较人类学研究一下欧洲现代白人的实验室部落。我们一定会发现，所谓现代科学的实验室或气候科学，也只不过是一张张的行动者网络而已。在实验室，或在社会科学研究的田野，我们就像站在篮球场上一样，是落在一张行动者网络之中了，必须先传出球，才能自由跑位，去实施战略，才会拼出机会。只有传出球，我们才能恢复原样，才能该干什么就干什么，跑位，找到或创造出新机会。[1] 而每一次传出球，我们都是在组建一张新的行动者网络。在行动者网络里，社会行动就可被理解为打篮球时的传接球。从某个时间点看去，实验室主任只在传球，但他误以为自己在搞科研突破，一切离了他就会不行。但现代欧洲白人似乎已不懂这个道理了。我们因此应该将他们的实验室当原始部落来研究，今天也与过去一样，法律、宗教和科学已乱套了，我们需要一张行动者网络，将它看成在法律、宗教、科学背后真正起作用的那一张网络。[2] 在这些社会子系统功能失调时，我们就只能用这一张行动者网络顶上去，使社会继续运行。

　　行动者网络理论是一种广义的跨学科理论，大学里想要用学科思维去建立的那一种"跨"，仍是太狭隘。这种"跨"是行动者网络的动态形成，不只是"之间"的联系。拉图尔形象地向我们这样类比：将俄罗斯天然气运到巴黎厨房的灶头这件事，在中间的那一张行动者网络里，就会包括黑帮、乌克兰总统的情绪等只

---

[1] Bruno Latour, *An Inquiry Into Modes of Existence*, op. cit., p.41.
[2] Ibid., pp.34-35, p.37.

有勒卡雷间谍小说里才会有的场景。[1]

拉图尔要我们尽量把行动者网络理解得宽些。我们似乎必须先有预备:拉图尔说,在科学中其实不全是与科学有关的事,在经济中也不全是有关经济的事,现代人却假装不知道这一点。[2] 研究者进入这一张行动者网络后,会无所适从。所以,我们应该先派人类学家进去,让他们将行动者网络当田野、当一个原始部落来研究,继而就让人类学家成为外交官,为后来到来的行动者做出斡旋。我们必须从一开始就用行动者网络理论,不顾现代人傻傻地设计的那些边界,去大胆地做田野。

对于拉图尔的这一行动者网络,哈曼的批评是:它不够实在论,不够以对象为导向,在现场将弄不清这一行动者网络里的每一个行动者的到场和缺席。拉图尔的对象能中介人类关系,但他的行动者网络理论不能解释宇宙中更多与人无关的对象与对象之间的关系,如两片温度不同的云的对撞将会产生什么样的雨量。哈曼认为,每一个对象都是蓄着能量的潜睡巨人,并不是一下子就释放出其所有的能量的,我们是永远摸不清它的深浅的。拉图尔的行动者网络不足以以对象为导向地来应变,尽管拉图尔很惬意地将哈曼的以对象为导向的本体纳入他的政治本体论之中。[3]

正如拉图尔自己也意识到:实验室是字与物、语言与存在之间的原初连接。但我们很快就把实验室当科学权威的来源加以崇拜,忘了其理论、仪器、公式和机构之间的指称链从来都是脆

---

1　Bruno Latour, *An Inquiry Into Modes of Existence*, op. cit., pp.32-33.
2　Ibid., p.29.
3　Graham Harman, *Immaterialism*, Polity, 2016, p.6.

弱的。[1]实际上,各种生存模式之间的商业、误解、合金、杂糅和妥协是一环套一环,一步触发另一步的。实验室才是摸着石头过河的地方。也许拉图尔就是用行动者网络来隐喻地指出今天的各种机构已不再能够应付人类世的事务。而哈曼的以对象为导向的本体论,要求这种行动者网络必须在与各种对象打交道时留出足够多的余裕,而这种扁平政治后面的社会,是由像印度尼西亚的无数个小岛那样的个体构成。对此哈曼自己的政治哲学也是至今都说不清的。

总体上,拉图尔和哈曼都受不了以康德为起点的现代人的分开主体和客体的陋习,提出了行动者网络理论和以对向为导向的本体论,反对将现实与多元性对立起来,要我们发明另外的方式,生产出新的普遍因素,用各种方式到地球上去重新找到我们自己。或如拉图尔常说的,使我们自己终于能够"降落"在那个地球上,而之前我们都错误地认为自己是生活在宇宙之中,可从空中坐飞机降落在机场,然后回家。

拉图尔认为,现代西方人对地球表面的识别和定居远远不能算数,今后,通过对接和合金,地球上的那些活性存在者完全可以在今天的技术圈或者第三自然中去成为人,将自然人撤到一边。而现代西方人所谓的人,本来也是通过吃盐、用火、给自己打各种针,还派自己去太空一探究竟,并虚荣地与其他在地球上讨生活者对比,才活成了今天的这种样子(成了斯洛特戴克说的动物园中的人类)。所以,让后人类来接管当前的前-人类又有什么不可以?这是拉图尔与马古利斯、罗安清、哈拉维共享的后人类主义情愫。对拉图尔的这一点念想,本书是持保留态度的。

根据马古利斯的系列内共生理论,曾使我们人类成为现在这

---

[1] Bruno Latour, *An Inquiry Into Modes of Existence*, op. cit., p.153.

个样子的那些地球上的存在者,和我们一样,都是地球存在者。拉图尔认为,正是它们与我们一起构成了一个必须用专有名词来称呼的这个"地球"。地球是将所有看上去有家族气质的东西聚集起来的结果,因为它们有共同的源头,一起延伸、扩展、叠加,几乎到处都是、一起改变底部、不断调整起始条件,以便有利于既后的发明。[1] 地球是所有地球表面上活动着、生存着的行动者构成的网络。想要在这个已快要崩解的地球上生存下去,我们就应该努力"成为动物",学习与其他物种打成一片。像在卡夫卡的《变形记》中,我们看到,萨姆沙一家里,爸爸胖,妈妈懵,妹妹萌,格里高尔有一天早上醒来成了昆虫之后,却发现家里人也都像昆虫,不好理解他们了。照拉图尔看,这一家里的情况,也是今天地球上的情况了。父母仍活在可理解的宇宙里,而格里高尔身背地球,要到处找一个本地来降落而不得,已经成了盖娅人。

其实,在疫情前我们就已经是盖娅人了,求待在地球之上而不得。拉图尔说,我这两天能从城里的房间来到山上的老屋,是要多谢头上的大气层,才使我不至于窒息。实际上,我们头上的这一穹顶,也是技术的产物,是海藻的呼吸、奶牛的打嗝和屁,才提供了足够多的甲烷,使大气层内的氧气含量维持在 21%。也多亏了技术装置、工厂、飞机库、码头、实验室,我们才能更好地理解无数有机物的劳作。它们改造了它们周遭的生存条件,找到了安全港、球面、合适环境、有空调的气泡。有了这些,人类才能更好地理解"自然"的自然。因为,自然并不是绿的。自然首先是由工艺物和工艺者组成,给后者更多的时间,它们是什么都能应对的。

---

[1] Bruno Latour, *Où suis-je ?* , op. cit., p.20.

而城市是一个蚁穴，在其中，栖居地和栖居者是互相定义的。拉图尔指出，城市是其栖居者的外骨骼，是栖居者在其航路上留下的骨壳，就如他们被葬于墓地之后留下的那一切。一个城市人是被裹在壳里的一座大酒店，很复杂，但也很难被侍弄。我在哪儿？我在里面，通过，并半依赖，并成为我的壳。我要上楼去我家，还得上电梯。城市人因而是一只等不到它的电梯的昆虫，因为电梯的沟槽得上油了。只在这时，我们才会认识到，原来，每一个本地物件后面都有一只假肢，每一只假肢后面都有一个业主和他能叫到的施工队。那个动不了的框架，和那个能让框架动起来的，原来是同一个东西！

一个城市人到了生物圈，就是在裸奔，因为他在城外无法存在，正如白蚁在其蚁穴之外就会找不着北。一个城里人是一部其沟槽必须马上被上油才能运转的电梯，是一个失去了他的森林的印第安人。

## 11　走向另一种全行星城市社会

由于个人的行动位置和城市平台的自动化都带上了更多的人工性，这个将要到来的全行星城市空间，将更是以人类为中心的。这也将意味着会有更多的人对大地的重塑。[1] 以谷歌为代表的云计算平台，通过其街景计划、谷歌地球等手段，正在把全行星变成一架控制论机器，成为所有城市后面的那一架语法机器

---

1　Benjamin Bratton, *The Stack*, op. cit., p.41.

加大数据包,于是就造成了复数的地理和云地理政治。[1] 布拉顿因此而要求一种全行星物流和人工计算全行星来当我们的共同视野,而这要求:美国和中国必须先同时放弃云争端。鉴于只有美国才有对互联网的拉闸权,谷歌才掌握着真正的国家领土,所以,美国应该主动鼓励中国与它一起走入这种云计算平台上的全行星空间里的全球城市社会的构架之中。今天,我们看到,从谷歌到优步,这明显是在用平台取代国家,可直接在地面上收税,使目前这种形式的国家形式有可能会沦落为谷歌的二房东。这在云计算平台上将造成永远无法解决的内主权、外主权困境。中美因此必须同时考虑民族国家在今天到底应该担当何种主权角色这一点,争取在这个事情上一起理出一个头绪来。

但我们也许应该乐观地来看这一问题。全行星、自动性加上全球变暖,正在逼美国和中国一起同时勇敢地走进这一全行星城市社会的前景之中。双方都已看到,国家这一统治装置在云计算平台上早就漏得像一面筛子,我们本来就应该拿出更有远见、更能压倒控制论平台的那些政治解决方案。必须看到,各大平台公司已用各种 app 把我们大家的身体踪迹霸占为它们自己的数据,也就是固定资本,城市早就是它们的囊中物,国家会是它们的下一个猎物。正如布拉顿指出的,谷歌实际上已经是真正的我们想象中的国家,虽然它自己还不承认。只有谷歌才能回答美国往何处去这一问题。无论谷歌正将这个世界拖往哪里,美国必须跟着它走,而且无论如何,美国也必须把中国带上,因为考虑到在自动化和全球变暖这些共同的全球重大问题上,中国的决策将在全球具有决定性作用,美国已无法单方面行动,哪怕它能找到自己

---

[1] Benjamin Bratton, *The Stack*, op. cit., pp.112-115.

第六章　向生物圈敞开的城市

的行动意志。所以,美国当前必须主动先停止对中国的信息战、技术战、贸易战、经济战,要知道,这些单方面的战略,也只是欧洲主权政治时代留下来的老掉牙的自欺行为。在今天这种杂交的地理与随机的爱国主义之间,这种老套的主权政治行为一不小心就会造成一个火药桶,再加上民粹意志的急转弯,就会给这个世界带来可怕的后果。美国和中国应该是合在一起来避免这种后果才对,双方必须先主动成为压舱石才对。

布拉顿乐观地认为,这种全行星性和正在到来的全行星城市社会,反而是中美信息战、技术冲突的防爆装置。因为,在今天,我们正面临另一种人工全行星性:技术圈加上它的全部人工性,地理技术+地理政治+地理经济。[1] 它基于全行星的多层级、多重时间模型,跳脱了原有的全球性的制图术模型。我们已生活在多个连体的未来之中,需要一个更全包的普遍主义空间,而不被欧洲、中国和俄罗斯或任何一个物化的普遍主义主权单位所束缚。中国和美国必须在这一全行星框架下,主动带领其他民族国家进入各种新主权的实验区。

但是,布拉顿也指出,我们既有的哲学和城市理论对于这一全行星性的认识是不够的。对这个全行星计算装置的既有的讨论中,维利里奥强调了军事监控对从生物到心理的各分子域的捕捉,后者具体表现为平台对于个人的递归,而有的哲学家则想要把气候建模的基础结构,归到金融感应和建模的外在经济逻辑之下。根据布拉顿的说法,德里达之后的对于根源和终极之形而上学的解构,也反而阻挠了哲学去讨论外太空、技术圈、精神圈、生

---

[1] Benjamin Bratton, *The Stack*, op. cit., p.38.

物圈和全行星性。[1] 布拉顿这么说，是要强调：在全行星云计算平台上，生态也是计算式地自动的，我们应该在它之上，去建立新的经济模型，而这要求我们也抛弃那些旧的哲学模型。

后疫情的生命政治要求我们通过内在的非人类中心的眼光来看一切，走出一时、一地、一生地看今天的人类在生物圈中的位置。从地质历史的眼光下看的基于现实主义伦理的全行星性，也必须建立在某一种合金的基础上，也就是说必须建立在被拉图尔归纳出的全球人类至今实践过的14种生存模式的混杂状态上，不让其中的任何一种领先。为此，我们必须主动去拥抱由全行星的各种生活方式的合金带来的那一全行星表面的自我组合的人工性。

但在布拉顿看来，今天，人们对全行星规模的计算总是抱着看闹剧般的技术伦理调控和批判式眼光，希望对大数据领域做法治整顿。这都是基于那一可笑的误解：以为那些被过度个体化、过度地受恭维的人类用户，真会需要这种低幼水平的保护。实际上，转用采珠式或钓鱼式的对个人信息的收集，并不就能保护个人用户不被大公司专制地捕捉。我们对计算的政治批判，绝不应该简单地停留于此。布拉顿说，我们耳边最常听见的这一对计算和平台的批判，是来自浪漫的、自恋的资产阶级自由个人主义。今天完全不是坏人掌握了坏的机器来统治我们这么简单的一件事。那么，是怎么一件事呢？是人们对于技术的误解？今天大家对技术的批判和鞭打，在布拉顿看来，就是巴甫洛夫说的"愤怒的小丑"的行径。[2] 我们必须从坏人手里夺回数据，然后呢？这

---

1　Benjamin Bratton，*The Stack*，op. cit.，pp.27-28.

2　Benjamin Bratton，*The Revenge of the Real*，op. cit.，p.148.

些关于你我自己如何消费和到处浪迹的数据,又有何用呢?会对我们的积极的生命政治和进步的气候科学有一丁半点用处吗?我和另外70亿的人的点赞、帖子、表情包、度假照片我要自己留着,不给谷歌?我留着干啥用?我是要用它来解决气候危机吗?但是,你说应该如何来解决我们的社会基础结构的问题呢?现在蹦出来的这些数据,你说已经够了吗?训练我们大家聪明地生产出聪明的数据,那才是大事,还绝不是一件容易的事。数据不是像矿物质那样事先形成、被嵌在某处的,而是在建模它时被不断重新生产出来的。它并不稀缺或有排他性,而是使人迷狂地蓬勃的,同一现象里可从不同角度被生产出信息。[1] 布拉顿这样说,是从构建全行星空间的角度,忘了数据的生产和捕捉本身就是在那一个老的法治构架里发生的。但是,等到我们进入那个全行星行平台,我们就会需要新的法治,而这一新的法律状态也不是他的这种技术解决主义的好意就能成全、能带来的。

今天,大多数时候,我们自己生产出来的数据,其实与我们自己真正需要的那些社会模型不相关。气候科学也是被归档方法和选择之伦理前提牵引的。它也必须能够通过生产出多重时间模型,来生产出可靠的气候图像,于是需要动用地球本身的各个感应层,强迫超计算之建筑的各层边界来生产出关于这个星球的未来的可靠图像(斯蒂格勒说的当代蒙太奇):地球如何演化,也要通过对地球表面的感应层提供的数据的演算来得出。德里达在《档案在发高烧》中论档案的性质时曾指出:档案是活着的这代人对未来的人类做出的一次许诺——我们会为未来的你们负

---

[1] Benjamin Bratton, *The Revenge of the Real*, op. cit., p.149.

责任的。[1] 气候科学就是在做这样一件几乎不可能的事：从我们这一时代出发，去为未来的和过去的所有时代负责——通过大数据采集，通过之后的计算。因为这只有通过生产出巨量的数据才能做到，所以也必须将地球当作一个横跨几十亿年的档案来细读。面对从冰柱到树轮、到水测的各种对象，气候科学必须实事求是地阐释这个星球，身处在它的变化之中，阐释它的变化，用我们所能计算的、相比之下很小的对于那一个不可思议的整个星球的数据所形成的二阶档案，来取样和建模它，一次次重建它，给出它的各种未来：由我们来告诉地球它未来应该是怎样的。

因此，布拉顿号召，对各种全行星现实的管治，再也不能留给各国的花拳绣腿式的议会政治来执行，不能再继续打着民族国家的幌子，被私人利益钳制。这要求我们在全球摆平过去的和长远的未来之间的账目。这无关阴谋论者害怕的全球式全知全能，而事关全行星动员能力（资质），后者必须建立于全行星空间内的感应和建模之上。[2] 布拉顿这里是从政治哲学之主权学说出发，但又很快滑回设计主义套路，留给了我们这样一个麻烦：是用主权设计去改变目前的全球政治格局，还是通过设计去触动全球政治层，去改变其主权结构，主动修改自己的深层语法，以一种新的集体共存和幸存部署格式，集体地走进生物圈？这里有三种选择：民族国家的地理政治联盟在生物圈中依旧，用气候科学借全球感应层获得的关于其过去的数据，来计算出地球也就是生物圈的未来，让人类自己找到第三种未来。布拉顿选择了第二种。我们如何为自己选择的第三种辩护呢？

---

1 Jacques Derrida, *Mal d'Archive*, Galilée, 2008, p.37.
2 Benjamin Bratton, *The Revenge of the Real*, op. cit., p.143.

第六章　向生物圈敞开的城市

疫情也提醒了一个更大的事：我们同样对气候变化没辙，拿不出任何全行星管治方面的能力，因为我们还做不到渗透式感应，还没有对实在界的指数式、建模式计算，来应对气候危机。但根据我们上面的对于斯蒂格勒的体外化心智理论的讨论，对人类发源的气候变化的反应，仍必须是人类发源的。但布拉顿只是要我们克服认知局限，认识到我们做出的回应之人工性，不光是我们应该接受的，而且还应拥抱。最终，地质技术和（主权）地址政治之间必须作出区分，这样，他认为，感应、建模和积极的全行星生命政治（以及深度气候治理）的关怀能力，才能跟上。

所以，布拉顿自我矛盾地又这样恳求我们：必须从现有的民族国家地理政治假联盟，移到一个全行星政治-技术基础结构上，也就是一个生命政治的堆栈上，来展开全行星治理。这是一个被整合的、可到手的、可建模的、可编程的、灵活的、可调的、可定制的、可预测的、平衡的、会反应的、可维护的感应、建模、模拟和递归行动的全行星基础结构，矛盾地依赖于我们自己对自己的感应和建模。气候科学只能这么做，不这样做，就走不出下一步。因为他认为，诊断之后必须治疗，但是，数据呢？全行星社会的建立需要我们拿思辨理性和移情理性，冷静地考虑当前的数据政治，不要被表面的数据经济转移注意力。

如果我们要讨论中国城市化之后的城市走进生物圈，我们就必须对布拉顿的这一全行星例外状态的选择表态。我们应该跟进吗？他在最近的《新常态》《来自实在界的复仇》等书中都鲜明地强调，以美国为首的西方在这一全行星空间到来之际，不断用阴谋论来妖魔化中国在其中的其实相当重要的角色。而阴谋论在很大程度上是政治哲学思维的中风造成的。他指出，阿甘本式政治哲学在告诉我们，应当由个人主体性本身的主权来决定什么是真、什么是实,因为个人主体性才是有效的。这是要我们出于信念本身来抵抗,拒绝承认我们也是这个世界的生物性的一部分。[1] 这是今天的政治哲学急需被升级的地方。不过,布拉顿也懒得来搞这种升级了。他认为,阴谋论也只是一种感应和建模,也想要一下子就抓住全球性和全行星性,但往往会从个人的优越性和自治角度来这么做。比如,美国的知识精英一将中国场景考虑进来,就马上会走向阴谋论。为构建全行星政治空间而在当前的疫情中开始这种建模,也许正是克服美国或西方对于中国场景的阴谋论建模式的观察和描述的一个开端。布拉顿号召,在后疫情政治里,必须复兴西方国家的合法性、能力和效率。这要求包容性的、平衡的生命政治,分开身份、主体性、地位、行动位置,学会在全球领域建构互相免疫的共同物。

就中国的治理方式而言,其感应层数据会更有利于那个全行星空间,因而更有利于全球去面对危机。布拉顿的这一从设计主义出发的立场会与从海德格尔、德里达到斯蒂格勒的一众技术思想家的立场冲突。他的这一关于中国在全行星空间和全行星城市社会中的作用的思考,值得我们认真推演,但我们仍需要在关键点上做出新的定夺。

海德格尔在1966年的《明镜》访谈里说,我们脚下只剩下纯技术条件了。今天的人类并不生活在地球上了。[2] 胡塞尔也只把地球理解成原初方舟。但是,照今天的全行星思想来推展,我们也必须说,人类只有被新技术从地球那里连根拔起之后,才能真的拥有一个行星。把地球折叠之后,才造成了今天的人类,人

---

1　Benjamin Bratton, *The Revenge of the Real*, op. cit., pp.64-65.
2　Ibid., p.7.

类反过来又折叠了地球,使之成为一架天文望远镜。由这架机器带回来的关于我们自己的感应数据,被做成了图像,我们只看到了无底的深渊,并不能看见我们以为的自己应该是的那种样子。布拉顿的全行星计算是从设计的角度走出原来的欧洲哲学对于这个行星的想象。他的这些话语本身也仍处于设计状态,所以,不能被我们原有的哲学话语辩护,也是正常的。这是一个很有意思的问题:如果哲学也有待于被在全行星空间内重新"设计",才能找到其新的发言位置,那么,布拉顿的上面这些立场,就真的不用服从现有哲学的话语理性吗?政治哲学、关于建筑的批判理论、新设计理论和软件哲学,在布拉顿看来,在当前的正在形成中的全行星空间里,都被悬置了,而我们仍会一不小心就留在老的哲学和批判理论地盘上去守护它们。他说的堆栈设计必须被优先考虑,也值得我们三思。

2015年以后,布拉顿的基于莫斯科"新常态"项目,实验着从那里望向太空,又从太空望回地球,来定位全行星性到底是什么。这是一个关于正在到来的城市,或看得见的城市与看不见的城市之间的关系的项目。他认为,地理技术、地理经济、地理法度、地理生态等问题都位于那个正出现于我们面前的世界,与我们应如何向这个通过人类技术而能向我们回望的世界显现之间的。[1] 布拉顿因此认为,必须基于被设计的人工性,而不是自然地把地球表面当作火星表面来设计,做超前的生态性设计,当作未来的全行星尺度上的城市规划和设计的主题。但这种更高程度的城市化,目前看来,在技术、哲学和生物上会有巨大的风险。这种设计似乎是要将我们带进一种诡异的、被超功能必然性左右

---

[1] Benjamin Bratton, *The Terraforming*, Strelka Press, 2019, p.5.

的投射式偶遇之中,太科幻了。但我们毕竟还须综合考虑城市作为全行星网架的过去和未来的角色,必须开放地来看待布拉顿的这一论证。

因此,我们有必要在斯蒂格勒提出的体外圈的极限内,来思考城市、建筑和规划,必须考虑到:体外圈背后的生物圈自己就已经能够用卫星、感应器、同步服务器来回应我们的规划和设计,而我们也已经生活于这种实时设计之中了。也就是说,布拉顿想要在大地设计中主动利用这种体外圈内的自动性,而斯蒂格勒却对此非常谨慎,因为考虑到任何的技术使用都带了药性,都会造成进一步的体外化后果,都需要我们拿出新的治疗方案,去吸纳新的病理过程。布拉顿的全行星设计是彻底未考虑到这一层的。

布拉顿自己也承认,他的上述的全行星空间设计的立场,无异于将我们带进一个新的哥白尼转向,将给人类的心理带来巨大的创伤。但不论怎么说,人类诱发的气候变化和由基于云计算平台的自动化带来的新地缘政治,正在逼我们认识到,城市尺度上的自动化及其背后形成的云计算平台或堆栈,也是信息、行动位置、劳动、能源共同形成的扩展风景,我们必须跳过原有的那些文化叙述,转而聚焦于对时间尺度上将存留得更久的基础结构的治理。[1] 其余的则必须交给其他部门。那么,布拉顿的设计是投石问路,像探测火星上的居住可能性这样的工作?

根据布拉顿的说法,向所有用户开放的全行星空间内的政治性设计因此必须:

---

[1] Benjamin Bratton, *The Terraforming*, op. cit., p.8.

- 支持规划；
- 支持人工性；
- 反坍塌；
- 支持普遍主义；
- 反-反-集权；
- 支持唯物主义；
- 反-反-利维坦；
- 反神话学；
- 支持平等主义式分布和分配。[1]

他认为,对气候变化的预判和回应,本身就能算全行星计算在认识论上的伟大成就。而自动化也可以成为生态系统运作的一般原则。因此,人工智能与当前的政治生态学并不矛盾,我们完全可以将全球变暖和人工智能同时纳入全行星设计之中。布拉顿的思路看来是:先造成地缘政治上根本性的转变,才能导致地缘治理技术的根本转变,才能在全行星范围做出政治设计或者说展开设计政治。由此看,利用人工智能和算法经济平台,在云计算平台上去对全球的碳流转做出监控,是一桩大好事。建立在这一平台监控的基础上的、基于长期垃圾回收的能源结构,也将很可取。考虑到所谓"文化"在生态上的耗费是远大于科学对于生态的耗费的(文化本身对生态可能更有害),这种全行星性就要求哲学必须能够基于和思考外太空,但它目前还不行,最需要补充的其实是哲学自己。作为一种城市哲学的本书,也是在这个领域的继续学习的一部分。实际上,我们也应考虑:这一城市哲学是

---

1 Benjamin Bratton, *The Terraforming*, op. cit., p.5, pp.38-41.

否也在布拉顿说的全行星空间内的主权式设计之内？也就是说，这一城市哲学是否应该服从于那一设计？对此，本书的读者应该自有主张：必须由大家自己的那一种城市哲学对之做出定夺。

基于这样的全行星眼光，今天的以全行星空间和全行星城市社会为框架的思辨设计，必须盯牢那些最深层的功能性的，以至于看上去几乎不可能的面向，使我们不光能够实现，而且也能够去阻止某些未来。这样看，平台城市也只是一种过渡性存在，是全人类共同设计出一种全行星城市社会的过程中的某一个中间步骤。依照布拉顿的看法，在当前的气候模型和地球系统科学中，被概念化的地球＋工具性的地球感应媒介已经与海底神经、地表皮肤、大气和太空天线连到一起。这个生物圈或技术圈或体外化圈里已形成一种人工反馈环的递归节奏，新的城市动脉和神经系统将由此而被重新布局。说得远一点，全球金融系统与全行星感应系统之间的合金，将决定这个星球的未来，决定我们必须生活在一个什么样的全行星城市社会，来做出何种实验和冒险。在布拉顿看来，我们也许应该乐观，因为这一行星上的当前的冷漠和不可谈判的现实，也可用来帮我们确定未来模型的客观的标准。这不是说，后面的模型将更精确，而是说，它能在与生态事件之间的互动中，比我们临时的应对更减少一些递归性，让我们先取得一些主动。也就是说，减少被自己所建模的生态事件递归（牵连、陷害），就能使我们在气候危机前更主动一些。而在当前，全球各民族国家在面对气候问题时，就是被这一递归性拖住了，每走一步就会惹出很多麻烦，如巴黎气候大会时的美国的退出协议框架等，于是在走出下一步时就带来重重忧虑。从这一角度考虑，布拉顿提出的全行星空间内的对治理结构的主权式设计,才是我们可选择的政治手段,也才可以让我们考虑通过全行星空间设计,去打通全球政治血管中的那些瘀结。

更进一步地,布拉顿还想要把金融经济模型归入全球人工计算的气候建模之下,认为后者更客观。也就是说,他要让全行星感应、索引、交互的计算下的气候建模,来规定或教育人类在生物圈中找到怎样的一种新经济模型。[1] 这显然也是斯蒂格勒会竭力反对的,后者在《来自通伯格的教训》中明确说,布拉顿的这一立场是形而上学的,应该被解构。[2] 从斯蒂格勒的技术哲学看,布拉顿的确有这种倾向:他似乎认为生物圈和细胞壁就在规定人应该怎么样,全行星空间似乎也是在云计算平台和气候危机双重胁迫下才被动形成的。说人应该被——而且还应主动被——他们的生境和细胞所决定,这样的哲学立场,不就是不折不扣的形而上学吗? 布拉顿怎么回应这一指责? 难道说,进一步的设计就能修复这一形而上学,升级哲学对于人工智能的认识?

拉图尔在《我在哪儿?》(2021 年)中也讨论了新冠疫情之后的全行星性为什么成了对于全球政治的新律令。他强调,全球隔离的经验使我们既如此痛苦,也如此悲剧性地着迷,是因为它让我们看到了对人类的护育的那个新面向:全人类掉进同一条贼船上了。我们一方面更感到自己是囚徒,而另一方面也奇怪地感到了自己的被解放。一方面感到窒息,另一方面却又感

---

[1] Benjamin Bratton, *The Terraforming*, op. cit., pp.27-28.
[2] 斯蒂格勒不认可布拉顿的全行星主权哲学设计,但表扬了大卫·贝利(David M. Berry)的信息体外化(身下化)理论模型、洛文克(Geert Lovink)的网架设计和鲍温斯(Michel Bauwens)的新共同物设计。(Bernard Stiegler, *Qu'appelle-t-on panser?*, II, op. cit., p.180.)

到找到了新呼吸。我们也许应该用"全行星意识"来命名这种新感觉,不过现在还空洞,需要我们给它填充意义。拉图尔将这一全行星情愫带进了他策展的2020年中国台北双年展《你们并不拥有同一个星球》上。

套用了马克思的话,拉图尔号召我们:被隔离的全球人民,团结起来!你们有共同的敌人!你们的敌人是:像马斯克那样的相信还另有一个行星可开发的人们。[1] 这一年的疫情隔离给我们的最大教训是:我们必须以另外的方式来栖居在这同一个地方,而这需要我们拿出杂技演员般的功夫,像人类学家罗安清所说,得天天练功,才能待在同一个地方了。每一个人都还在家里,但从此也都必须以另一种方式待在家里了。[2] 在哪一块地上,我和依赖我的人才能存活啊?土壤、土地、本地,这些听上去本来都是右派、民粹的关心对象,但深层地看,全世界各地正在以无数种方式对此做出反应。我们当前的最深层的关心点,不就是这个?但是,回到土壤、大地和本地可没那么容易了。如何安好地最终着落呢?[3]

疫情教导了我们:我们的实验室对地面上发生的疫情如此缺乏了解。在现场的观察做得越多,地表就变得越异质。因此,实验室总必须土法上马,不断临时发明出新手段。地球表面的这层生物薄膜,从远处看,只有地衣那么个厚度。平时,生命也仿佛是就待在抢救室里,需要时时被续费了。[4] 我们终于都知道了,

---

[1] Bruno Latour, *Où suis-je？*, op. cit., pp.30-31.

[2] Ibid., p.34.

[3] Ibid., p.28.

[4] Bruno Latour, *Où suis-je？*, op. cit., p.24.

地球也只不过是一个专有名词,是指所有看上去有家族气质的东西的被聚集,就因为它们有共同的源头,经延伸、扩展、过渡、叠加之后,才几乎到处都是、都有,但我们从现在开始也必须一起改变其底部、不断调整其起始条件,这才能有利于我们继续发明它。毕竟,地球是所有行动者构成的一张网络而已。是疫情提醒了我们这个全行星生命剧场的存在。在这种眼光下,列斐伏尔在1970年提出的"全行星城市社会"这一构想将越来越显得是人类真正的命运共同体的底座。

# 后　记
## 从智慧城市走向开放的智能城市

照德勒兹的说法,城市应该是每一个人自己的内在性平面。它是无数个主体之间的集体组装,由无数种主体性组装而成。因此,我们不该问城市是什么,而该问:城市能(为我和我们)做什么?我们绝对不应该继续相信城市最终能救我们,而应将城市当成我们自己的内在性平面,用它来流畅地活着。

在《千高原》中,德勒兹和瓜塔里告诉我们,城市一开始曾挡开了资本主义,但后来,国家就给了资本主义一种发展的模型,是国家将资本主义发展模式强加给了城市。全球城市化至今所实现的,是一个城市元宇宙,是"一个独立的、全球性的准则宇宙,像一个单一城市、一个巨型城邦,或'巨型机器',国家只是其部件,或邻里"。[1] 被全球化、被城市化的世界,所有的民族国家,都被嵌入这个资本主义元城市,那些常规的区分线,随着各种界域化的力量的扩张而瓦解,甚至走向了全行星城市化。当前,我们急需问:我们应该走向所有国家都被囊括其中的一个巨型太空城市,还是走向一个全行星城市社会呢?

---

[1] Gilles Deleuze and Félix Guattari, *A Thousand Plateaus*, trans. by Brian Massumi, University of Minnesota Press, 1987, pp.434-435.

这个正被全球化的世界正在成为一座单一城市,一个终极的元城。在元城中,速度带来的超政治使社会治理被放松,居住者在领土和政治议题上将被数字技术引导,形成新的人的模式。[1]这时,我们就需要做出抉择。而这个抉择在当前的城市化过程中表现为下面两个选项:走向智能城市,还是走向智慧城市?

## 1 智慧性与智能性之间的抉择

小孩越来越少。除了高昂的教育费用,和螺旋式上升的房价,小区的水泥高楼、从街上被挤到人行道上的汽车,都在驱逐他们。表面上这是小区给自己制造了危机,实际上却是那一个被全球化的地产业正在断送它自己。密密麻麻的小区水泥楼群有可能成为全球城市化的坟场。

小区是铁门内的非城市空间,像疮疤一样,割裂了城市,使它失去开放性和共同性,在造成从未有过的拥挤和堵塞的同时,也造成人人的进一步被隔离。事发后,我们才知道,它原来还能使城市不育。这是因为,在西方城市化过程中,人被当成了把空间生产为商品时所需的一种材料。我们忘了人口本身还需被再生产到一定的体量。对城市的设计和规划是考虑得够周全了,但居然仍没有任何一家机构考虑到如何将对人的生产保持在一定的速度和规模上。但是,人总是这样一不小心就被当成手段的。

人到底应该成为城市空间生产的目的还是手段的这一问题,也深缠着当前的智慧城市计划。由于云计算平台的控制论回

---

[1] Paul Virilio, *Open Sky*, trans. by Julie Rose, Verso, 1997, pp.16-17.

路与城市设计和管理的智能化，这问题也变得越来越微妙。今天，在追求城市的智能化时，我们到底应该追求城市平台本身的智能化的提高，还是应该以积累全体城市住民的集体智能为目标？

面对世界各地的一片片小区、一幢幢水泥高楼，我们如何戴着铁链起舞？如何使重重铁门里的城市开放？如何让人人都能够去活出自己的那一座城市？如何由智慧化走向智能化，由封闭式城市规划走向开放城市和贡献式城市呢？

## 2　桑内特的开放城市策略

照理查德·桑内特的说法，奥古斯丁说的上帝之城是 ville，也就是所有的城市设施和被规划的空间，而人类之城是 cité，是人靠自己的手艺、风俗和伦理而制作出来的那一城市。前者是落在观念、图纸和规划中，应该去成为的城市，后者是我们实际建成、落进的那一城市。[1] 当前的城市化将我们带进了何种 cité 呢？如何将那一照勒·柯布西耶的伏瓦生规划平面（the Plan Voisin）模式来规划的 ville 方案设计出的无数个小区，重新融入一个 cité 之中？如何使城市小区走向对每一个人都开放的城市？

为此，基于他的全球城市眼光，桑内特提出了"开放城市"这一计划来应对。他认为，我们不光应在设计中追求城市的开放性，还应追求已经建成的小区和那些已被过度规划、建设和更新的城市，以及已经产生严重问题的城市的开放性。面对乌压压的

---

[1] Richard Sennett，*Building and Dwelling*，op. cit.，p.20.

一片片住宅小区,这是身处城市化之中的人们的下一个艰难任务。

让我们来归纳他说的这一城市开放性。

第一,桑内特将基础结构的未完成和不完整,看作开放城市的可能性条件。他认为,未来城市必须是一个开放的系统,可随时转变,能迎接种种不可能的事件的冲击。在评论桑内特的这个开放城市计划时,斯蒂格勒指出,开放城市也必须是一个活的逆熵系统。开放城市也必须是出于贡献式城市设计,必须是城市的活着的三代人一起对城市的共同制作。[1] 我们将在下文展开这方面的讨论。

第二,根据桑内特的看法,对开放城市的设计应落实为不完整或未完成的建筑形式,随时可被修改,同时顺应住民的需要,邀请城市住民来反复修改,形式也必须随建成物的功能的改变而一再被改变。开放城市应主动成为能够进化的、活的结构,为城市空间今后的各种目前看上去还不可能的分枝留下足够的余地,而且在开放城市的设计中,必须推动住民之间的合作伦理。

第三,开放城市也需是像比利时建筑师卢希安·克洛尔(Lucien Kroll)倡导的那种参与式建筑设计式的集体的城市制作,使设计能够催生各种本地新知识共同体、媒体和生态实验室的建立。毕竟,建筑设计的目的,也是要给住民带来新的做的知识、活的知识、技术知识和理论知识。[2] 而当前的智慧城市是要用 ville 来规训 cité,走到了开放城市的反面。

那么,有没有一种开放的智慧城市呢?桑内特认为是有的。他说,封闭的智慧城市使住民变笨,而协作式的智慧城市就通向

---

[1] Bernard Stiegler et al., *Bifurquer*, p.246.

[2] Richard Sennett, *Building and Dwelling*, op. cit., p.276.

开放的城市。智慧城市首先必须努力成为开放城市。这是给当前的全球智慧城市的死胡同指出的一条出路。斯蒂格勒提出的那一贡献式城市的构想,是对桑内特这一开放城市构想的加强,我们将在下文中详细讨论。

那么,如何在智慧城市中促进住民之间的协作,走向一种合作和共同生产,走向城市的开放?根据桑内特的说法,在开放城市中,我们必须在当前的集体城市实践中坚持下面三条原则:

• 交界(border)是好的,必须多孔;边界(boundary)是不好的,因为它拦断,或使变弱。

• 但在此之外,我们也必须从细胞或单元出发,来看这种多孔性。因此,从开放城市这一理念来看,细胞壁是不好的,细胞膜则是好的,因为后者是多孔的。

• 同时,里与外之间必须建立一种抵抗式对话,在被严重冲击时也仍能存留。[1]

今天,这一开放性对城市规划者的最大挑战,就在对城市之膜的设计之上。如何使这一城市膜给人们带来两边的开放呢?美国金斯勒建筑事务所(Gensler)设计的上海中心被当成一条垂直的街道,不同的电梯能到不同的街口,配有多层公共空间和放射式走廊,看上去已很开放和公共。但是,为什么要设计这种被严密包裹的垂直的街道呢?上海真的这么缺土地了?建筑师们被这种内含的差异带偏了,整个设计于是只在其内部保持了某种开放

---

[1] Richard Sennett, *Building and Dwelling*, op. cit., p.414.

后记 从智慧城市走向开放的智能城市　　475

性,是在上海的市中心再建了一栋与城市隔绝的城市空间,尽管千方百计要将它设计得像一条开放的街道。他们设计了膜,但又将它封闭在了一栋高楼里,使它像浸泡在福尔马林里的动物身体,不活也不死。这既矛盾,也致命。这样大体量的建筑却成了上海这一个琥珀里的一只蚊子。它不打开自己,也不打开城市,只是矛盾地秀了一下想要打开自己的意图。

开放城市这一概念在提醒我们,对城市的制作是长期的劳作。在每一刻,每一个住民的自我建造项目,都仍处于一种未完成的形式之中。正是每一个住民自己的建造和栖居活动,使城市仍保持在未完成状态,保持为一个开放城市的状态。[1] 以这一眼光来看,巴克敏斯特·富勒的超轻、超强的可被无限展开的地质设计式城市穹顶,也不够开放。上海的新天地式的镶嵌式重新装修,也就太纯洁主义,太势利眼,是清除后再用细针注射,没有打开城市本身。对石库门的改造也是搞得宽敞了,但只为给当代营造和商业逻辑找到合法性,失去了它原来在灾难和动乱中对流动人口极具弹性的包容作用。它的好客逻辑被彻底阉割了。

那么,难道必须将城市变成推特/新浪的页面的那种实时状态,才够开放?也不是。根据桑内特的说法,开放城市是"一个"开放城市("an" open city),不是那个开放城市(the open city)。它的壳、类-形、边界、记号、不完整的空间,都必须取音乐中的"主题与变奏"这一形状,必须留在像室内乐被排练时的那种状态之中。[2] 这是要使城市建筑和设施全面被道具化?根据桑内特的

---

[1] Richard Sennett, *Building and Dwelling*, op. cit., p.428.
[2] Ibid., p.443.

说法,开放城市是要包容尽可能多的公共空间,推动共时性活动,重交界,轻边界,使城市各部分之间的关系尽量多孔。它要谦虚地标记城市,用简单的材料,约定俗成地安放标记物,以便突出无法被描述清楚的地点。它在建构中是要动用既有类-形,在城市中去谱写出像音乐中的主题与变奏那样的表达格式。它还要用种子式规划,用各种新示范,引导全体市民从个人出发,开始自己的城市制作(city making)。[1]

开放城市也必然会召唤开放设计,召唤学习型城市及其教学法式设计的到来。由城市中的每一个住民参与的开放城市制作,必然也要求我们走向一种斯蒂格勒说的贡献式城市,和为这种城市的制作服务的贡献式设计。这是要在学习型城市的基础上,使城市中的每一个住民的知识追求也同时影响其他住民,在集体协作下的贡献式实践中,去养成一些"新贵族",后者将成为学习型城市的先锋队,引领城市成为一片片互相竞争的实验室领土。根据桑内特的看法,麻省理工学院的 Media Lab 式的本地实验室,将在未来替代今天的街道办,来独当一面地关怀未来城市社会中的各种问题。城市必须能够归还人的自由。[2]

开放城市将不再只依赖于进一步的规划和设计,而是要求:城市必须迫使人人为他人着想,去与各种另有忠诚的人——比如难民和移民——打交道。因为,城市是大家不情愿也仍得一起待着的地方。在城市里,真正的手艺是那种同与自己不一样、自己所害怕和所仇恨的人打交道的能力。而我们人人身上都埋着一

---

[1] Richard Sennett, *Building and Dwelling*, op. cit., pp.452-453.
[2] Ibid., p.123.

种以自己独有的方式去与自己害怕和仇恨的人打交道的能力,而这正是每一个人的独特的手艺。城市正是我们人人用自己手上的这一手艺制作出来的。要与别人打过交道,我才会知道我原来有这种手艺。合作也让我知道我原来有这种能力。根据阿马蒂亚·森和玛莎·努斯鲍姆的自能理论(capabilities theory),我们自己就能做比学校、工地、行政机构和政权允许他们做的还多得多的事。城市因为人们的自能、手艺和合作能力,才走向开放。

## 3  城市智能是城市住民的集体智能

在城市被真正开放之前,我们应先着手对付这个自己已经掉入其中的平台公司为导向的平台城市。这首先要求我们使城市真正具有智能,也就是让全体城市住民的智能有地方用,尽量用出用大他们的智能。斯蒂格勒问得好:如果手机和平台使城市住民的思想的可能性减少了,那么,怎么才能让城市更有智能呢?难道是不要市民的被智能化,城市自己就能智能化吗?我们需要发展出一种周密的批判力和伦理,认清出于逆熵或熵增的不同律令的对于城市数据的处理对城市本身造成的后果。[1] 但又如何才能使城市住民出于自己的那一人类世栖居者的智能,来开展与熵的斗争呢?城市如何主动成为逆熵斗争的基地、实验室和试验田呢?这就是斯蒂格勒和他的蓬皮杜同事们在巴黎北郊的平原公社的贡献式学习领土上努力想要示范给我们的那一方向。

---

1  Bernard Stiegler et al., *Bifurquer*, op. cit., pp.105-106.

从智慧城市、平台城市走向智能城市的过程中，我们必须考虑到今天的数字环境的那种智慧性。根据罗伯特·米切尔（Robert Mitchell）和奥利特·哈尔蓬（Orit Halpern）的观点，智慧城市之智慧性是指：某种广泛使用了信息基础结构的函数运算的结果。它本身是一种应该被城市住民的理性加以操作的过程。但是，目前的智慧城市的工业式进路，却只将市民看作能够在环路系统内响应智慧城市的数字基础结构中的自动学习技术的被动的行动者。于是就造成这样的代价：屏蔽了城市住民的个人的理性，任由平台用过去的行动数据（收集到的过去的大数据）激励市民做出未来的行动。这种智慧性会重构、重选人类人口，不光将他们打造为基础结构的使用者，也使全体人类人口形成另外一个基础结构，并被误认为就是那个真正的城市平台。

现在，我们已知道，这种智慧城市导向下的平台城市的实际的数字商业模式，主要基于下面两条原则：(1) 像美团那样极快地到达领头羊的位置，转而将其规范推广到其他运行者身上；(2) 进一步开发其积聚的数据，根据新的算法，来开发这些数据。如"叮咚买菜"可让你我在下班路上决定晚上全家吃一个什么样的火锅。而这样的一个商业决定随即可使它在纽约的股价大涨，转而加强它的这一运作模式，进而使市民的日常生活中的这一网上点火锅餐模式更定型。

我们必须看到，智能城市的建构在其实际操作中具有根本的投机性。虽然其中也带着诸多城市设计者为 21 世纪城市发展排忧解难的好意，但它的实际模型仍是基于过去 20 年渐渐布排于金融世界的那些动力装置和衍生工具之上的。智慧城市这一适用于全球的尚方宝剑所促成的城市设计，及其金融衍生所推动的那些治理、定位和掌控形式,反而事与愿违地使城市本身更摸不着北,也使城市的集体决策更错误连连。[1]

反过来,斯蒂格勒等作者强调,技术主权、政治缺位和新城市智能的形成,才能使城市智能化过程表现为一个城市场景被平台化过程。因而,为了能够从作为智能数据矿城的城市过渡到真正的智能城市,城市住民就应该真正被赋能。[2] 而这就是要肯定每一个城市住民身上的经济学家森说的自能,帮助个人积极面对城市平台上的越来越强的垄断经济制度,像手工匠那样去积极对待自己的社会、经济处境。这一自能表现在如收入不及纽约哈勒姆区的穷人救济金的 1/10 的一位残疾的孟加拉国农民身上。他不光会劳动,而且会主动关心村里老人,于是其幸福指数,甚至寿命指标,也都远超前者。

## 4　开放的智能城市是一个贡献式城市

在构想其贡献式城市的模型时,斯蒂格勒利用了桑内特关于城市手艺的说法:汇集于城市后,我们必须努力同与我们在各方面都不一样的人打交道,这种能力就是我们每一个人的城市手艺。使城市开放,使城市成为贡献式城市,有赖于我们人人手上的这一城市手艺的使用。这也就是经济学家森说的那一我们人人身上都具有的有待被加持、被训练的自能,那一人之为人的根

---

[1] Bernard Stiegler et al., *Bifurquer*, op. cit., p.108.
[2] Ibid., pp.108-109.

本能力的一部分。[1]

在城市中也一样，城市智能是指所有的城市住民身上的自能加到一起而形成的那种集体智能，并不只是城市平台本身被智能化到多高的程度这一点。智能城市的落实水平主要表现在城市住民的自能有没有被真正升级，而不是看城市的硬件已有多么智能化。上面说及的那一位残疾的孟加拉国农民的自能，就是通过他主动去关心和爱邻人的行动升级的。他的爱的能力决定了他的自能的水平，决定了他使自己幸福的能力。因此，我们应该鼓励城市住民针对城市技术的那些批判和抵抗实践，帮助他们从被技术制服的状态下解脱出来，夺回其城市中的技术主权：用他们的集体智能和个人的独特手艺去制作城市，而不是等待着一个新的 app 来搜刮他们。

城市中的技术主权这一说法还指：城市住民应该有权干预那些夹裹着他们的技术基础结构的功能和规定。他们有权责疑和定位这些城市技术基础结构的方向。这一技术主权也要求我们

---

[1] 森指出，"一个人的利益，是他的福利，而一个人的优势是他的成就感"。福利是一个人自己的成就。"优势是指一个人具有的真正的机会，特别是在为什么他或她能得到，而同样情况下为什么其他人得不到这一比较之中。"总有这样的可能：一个人有真正的优势，但不知怎么就抹杀了它，或先牺牲自己的福利，去为别的目标奋斗了，于是没有充分利用自己的这样一种自由——是他们自己使自己达到了更高程度的福利。"优势是指一个人手里的相对于其他人而言的真实的机会。""成就自己的福利的自由更接近优势而不是福利。"（Amartya Sen, *Commodities and Capabilities*, Oxford University Press, 1999, p.3.）这一说法惊人地接近斯蒂格勒的人与技术的关系之说。森在向我们证明，不用富足，不用收入，不用功利（utility），而只用自能来衡量一个人的福利和优势，也许是更可取的。斯蒂格勒在这里强调的是，每一个城市住民的自能，才是走向开放的智能城市的真正依靠。如果有智能化，那首选就是使这一自能更智能化。

拿出城市社会中的新的民主政治意志与其匹配。住民和公共行政管理者都应主动居有城市的建造、制作技术、数据和数码基础结构(数据主权)。而这要求我们拿出一种整体主义方针,同时考虑对数据的治理、智能性和标准,以及全体住民的决策知情权。改变司法系统也许都是不够的,因为,硅谷的那些技术创新就是用来绕开监管系统和司法系统的。必须挑战这些所谓的智能基础结构,克服它们使现有的规范和法律监管都失灵的方式,用新的法的状态,去规定当前的这一以智慧城市为代表的事实状态。

不过,在此同时,由大平台公司主导的城市的智慧化这一不妙的现状,也为基于让城市住民发展他们的知识和自能的经济与政治项目,提供了机会。这些基于发展城市住民的集体智能的数字城市项目,必须优先考虑一种有助于带来新的城市智能的贡献式城市经济模式。它必须有助于体外化和体下化的城市器官发生作用。

1945年,美国生物学家洛特卡注意到,活物的进化是器官源发的,而另外还有体内器官源发,还有体外器官源发。在这过程中,被生物环境限制的人的技术生命,会自发地事先做出调整,甚至利用体外器官,也就是技术器官来适应。这一被洛特卡称作"体外化式进化过程"的生命过程,是逆熵的。[1] 这一体外化式进化过程,是被人的生命在与熵斗争过程中所获得的知识引导的。我们只有用了这一知识,才能来判定我们自己正在做的工作是不是对生物圈的贡献。

斯蒂格勒同时强调,最近由大卫·贝利(David M. Berry)提

---

[1] Bernard Stiegler et al., *Bifurquer*, op. cit., pp.29-30.

出的"信息体外化"概念，也就是数字技术造成我们的身体周围的同时的去时间化和去空间化，正在使我们在一种算法专政下失去审视的能力。这更要求我们走出今天的城市的智慧性，去争取真正的数字城市性。[1] 具体的对策是，我们应该在本地更认真地去培养城市住民对于新的数字功能的觉悟，帮他们主动利用那些能给他们加能的对象，提醒他们警惕会使他们失能的那些对象。鉴于此，我们必须认识到，当代城市体外化和个人在城市这一复杂体外化有机体中的体外化，有如下特点：

• 城市住民自己就首要地是体外化有机体式存在，也就是说，他们自己也是由各种人工器官构成，生活于一种体外化有机体场景中；
• 住民集体构成了各种体外化有机体式共同体，本身形成一个体外化有机体，又一起形成了城市体外化有机体；
• 这种体外化正在加速，当前的所谓创新在推动这种加速；
• 数字技术对于城市住民是当代药罐。

这也要求我们在云计算平台上去构想、构建新的本地的贡献式平台，使全体住民从本地出发，用自己生产出的新的活、做、思、创、设的知识，重新制作出生物圈内的城市。

而另一方面，斯蒂格勒强调，在支持城市住民的个人城市智能的同时，我们也应该帮助城市住民重新成为贡献者，也就是重新成为新公民，使他们有能力做出自己的城市规划，在一种开放

---

1　Bernard Stiegler et al., *Bifurquer*, op. cit., p.90.

经济的框架下，偏重自己的本地潜能，保持自己的独特性，使自己的独特性有价值，也就是说，在自己的生产活动中逆熵式地去制作自己的城市。

总之，在平台城市上，当前的斗争的焦点在：是要走向城市智能，还是走向被自动地监管？从一开始，各国对于数字性城市的营销就只表现在改进城市运行管理上，通过对从城市领土上被捕捉的数据的最优中心化，和在"城市仪表盘"上做标注处理，来将城市变成一个更有利于算法专政和更有利于营销的网格。无一例外地，目前总是商业企业的工程师在对城市当局和本地决策者指手画脚，要后者更好地理解他们的城市的那些被编程的功能，正在教他们实时地监控他们自己的城市，通过算法的辅助来决策。这是不对的，也隐含巨大危险。

目前的智慧城市方案是有问题的，因为它只将城市看作技术的，以为大数据、算法或人工智能能比行政当局和住民更有效地解决问题。它的最终目标总只是维利里奥所说的元城。对于它的规划和设计，总是偷偷绕开了辩论、民主的审查、集体学习和决策的行政程序，这是其"智慧"的一部分。城市的这一智慧模式的发动者们总是假装在通过自动计算来处理未来城市所要面临的问题的集合，比如气候变化、安全、流动性、就业、营养，他们的具体方案却又在加剧这些问题。他们遵从的是一种伊夫杰尼·莫洛佐夫所说的技术解决主义的逻辑，最后，解决总会导向另外的更大的问题。比如，由 IBM 主导的里约的操作大厅，由微软主导的纽约的城市层面的自觉系统，执行的都是这种技术解决主义式的安保逻辑，只基于对城市的军事构想，还力图将这样的项目推向全球各城市。这些项目想要将预测式算法大规模地用到将城市区域军事化的过程之中，这必然会加剧社会问题，在城市中创造出无数不可见的社会政治漏洞。正因此,我们至今仍无法从这些全球智慧城市实验模型中看到积极和负责的示范性。

城市也必须反抗这些打着智慧城市的名号,来重建城市基础结构的企业,后者只为捕捉数据和循环它们来建立新市场这一点服务。我们必须仍然坚信,新城市革命与数字城市是可以合拍的,后者应该能带来一种在功能上与城市的贡献式经济关联的新的体面。但是,正如奥尼尔(Cathy O'Neil)指出的,大数据的算法专政限制了分枝的可能性,成了大规模杀伤性武器。[1] 这就进一步要求我们通过新学习领土上的城市革命,去打开各种可能性,与人类带来的熵增做斗争。这就要求我们一方面持续地、在功能上考虑技术的药性层面,另一方面又构想和创造有助于阐释、慎思、集体决策的逆人类熵式的城市基础结构。作为贡献式学习领土的城市中的新实验项目,必须为智能城市实践找到另外一个基地,以便让住民积极参与到城市被编程、被建筑、被建造、被管理的过程中,并成为其催化剂。

这要求城市投资也必须改变方向,必须重在知识和本地性的变现,而不是以利润变现为第一目标。这也要求我们必须用贡献式城市平台,去对抗在功能上被从域外强加的城市与大平台公司之间的那些"合作"模型。不论怎样,在作为学习领土的城市内,各种贡献式经济模式之社会实验必须基于下面两根支柱:

- 第一根是贡献式研究[2]:鼓励不同领域的学者和城市

---

[1] Bernard Stiegler et al., *Bifurquer*, op. cit., p.112.
[2] 贡献式研究是发展出亲密地、日常地联合住民、协会、机构、企业和行政部门的实验领土(Ibid., pp.46-47)。

领土上的积极分子们一起在研究和实验网络内工作。我们必须加速实验经济发展的新模型、经济活动的新概念、城市新职权、新的工作的权利、新的生产和工程开发的方法、新数字工具帮助下建构起来的新本地生态系统和新学习社区的可能性,等等。

• 第二根是贡献式经济的本地模型。当前生物圈的临界状态正要求我们拿出城市新智能,而这其中已预设了一种新的经济形式:从本地开始的基于个人逆熵知识的自下而上推动的贡献式经济模式。

那么,在人类世,在生物圈,在今天的云计算平台上去"开放"城市,人们应如何转换城市小区和大区的功能,使人们的"活着"与城市的"被建成"之间产生对话和变奏?麻省理工学院总喜欢标榜开放,它想将 ville(精神的城市)和 cité(物理的城市)搞到一起去。微软总装腔作势,Media Lab 则要拆开来看它,说:你看,拆开来看也就那么回事儿。我们因此也必须将城市变成 Media Lab,为全体城市住民的技术主权撑腰,因为城市是复杂和暧昧的。今天的城市化的出路,只能是将城市打开,使智慧城市走向开放的智能城市,走向各种促进在生物圈内的人类幸存的贡献式城市实践,最后走向全球城市社会。